Karla Dyck
NIE DAS KNIE GEBOGEN

Gewidmet meinem Mann, unseren Söhnen, Schwiegertöchtern und vor allem unseren Enkelinnen Charlotte, Matilda und Ella.

Meine Großmutter Eva von Glasow, von deutschen Faschisten ihrer vermeintlichen Andersartigkeit wegen ermordet, hätte das Lesen über die Eigenwilligkeit anderer Frauen sicher erfreuen können. Auch dieser Gedanke trieb mich beim Schreiben.

Karla Dyck

NIE DAS KNIE GEBOGEN

Rebellion und Schreiben adliger Frauen
von Sophie von La Roche bis Hermynia Zur Mühlen

Novitäten & Raritäten

NoRa

ISBN 978-3-86557-443-5

© NORA Verlagsgemeinschaft (2018)
Pettenkoferstraße 16 - 18   D-10247 Berlin
Fon: +49 30 20454990 Fax: +49 30 20454991
E-mail: kontakt@nora-verlag.de
Web: www.nora-verlag.de
Alle Rechte vorbehalten
Druck und Bindung: SDL – Digitaler Buchdruck, Berlin
Printed in Germany

Inhalt

Vorwort	7
Sophie von La Roche	23
Karoline von Günderrode	63
Bettina von Arnim	105
Annette von Droste-Hülshoff	143
Jenny Marx, geb. von Westphalen	179
Malwida von Meysenbug	203
Marie von Ebner-Eschenbach	253
Bertha von Suttner	295
Lou Andreas-Salomé	331
Franziska zu Reventlow	373
Hermynia Zur Mühlen	421

Warum ich Welt und Menschheit nicht verfluche? –
Weil ich den Menschen spüre, den ich suche!
                                Erich Mühsam

Tribun ist der echte Künstler
Und war es jederzeit.
In ihm lebt ewig Empörung
Und glühend Rebellengeist.
                               Andrej Wosnessenski

Vorwort

Als ich vor 10 Jahren mit den Vorbereitungen für das vorliegende Buch begann, war die Welt durch Kriege und Zerstörungen jeglicher Art schon außer sich geraten. Seither wuchert dieses Chaos. Es lässt Städte, Regionen, Grenzen, Staaten versinken und Millionen Flüchtlinge auf der Suche nach einem Ort zum Überleben wagnisvoll durch Wüsten und über Meere irren, um oft genug nur an unüberwindbaren Zäunen und hasserfüllten Mauern zu enden. Das Wissen um die Ursachen und Zusammenhänge derartiger Verwüstungen lagert über Jahrhunderte sorgsam aneinandergereiht in Bibliotheken, allein zur Befriedung der Welt kann es heute nicht mehr genügen. Unübersehbar, unüberhörbar schreit es nach tiefgreifenden Veränderungen, die Menschheit und ihre Lebensgrundlagen vor dem endgültigen Aus zu bewahren. Stattdessen aber – unbehauste Leere, in der sich giftige, in Hysterie oder Aggression steigerbare Launen aufplustern, so als sei außer Sintflut kaum Weiteres zu erwarten. Nicht wenige Haltlose treibt es rauschhaft zum Tanz auf den Vulkan, dort säuft, kifft, twittert man sich, aller Hemmungen entblößt, in die Vernunftlosigkeit und belästigt die Erde mit Selfies jenes gespenstisch-banalen Treibens. Andere, deren Energien längst entkamen oder schon beim ersten Start verpufften, sind der Agonie erlegen. Und wieder andere jagen umso stringenter, mit ihren glamourösen Ausstaffierungen und sich selbst genügenden, saturierten Gesichtern, den entferntesten Raritäten des Planeten entgegen, sie für sich allein beanspruchen wollend, wohl witternd, dass bei unverhoffter Erschütterung ihr hochgezüchtet Gerierendes im Handumdrehen, einer angestochenen Blase gleich, in nichts zu verschwinden droht – genau jenen Vorgang jähen Entgleitens vermeintlicher Zivilisation in die Barbarei schildert die in diesem Buch bedachte Hermynia Zur Mühlen 1936 in ihrer

Vorwort

eindrücklichen Erzählung mit dem Titel »Kultur«. Ja, alle Menschen wollen glücklich sein, nur spüren sie sich unterschiedlich gestört, weil irgendetwas nicht mehr im Lot ist. Also wird drauflosgelebt, immerfort, irgendwie so. Dieses wie zu kurzfristiger Beruhigung in einer Falle hingeworfene »Irgendwie so« ist gegenwärtig die gebräuchlichste Floskel, bekräftigt von ratlosem Achselzucken und verdrehten Augen, wenn man nicht weiterzudenken vermag.

Nein und abermals nein, das kann nicht alles sein. Existent ist nach wie vor eine aus Jahrhunderten überkommene unbestechliche humanistische Vernunft, die sich in vereinzelten Initiativen und Bewegungen der Zivilgesellschaft erhalten hat. Sie liefert – wie wir gerade erleben – nicht mehr selbstverständlich die Gewähr, indes immer noch die Hoffnung, dass, wenn sich die Menschheitsprobleme derart zuspitzen und auf Gedeih und Verderb nach Alternativen drängen, Lösungen zum Überleben gefunden werden können. Grundsätzliches an der Wurzel zu packen, und um weniger wird es in Zukunft nicht gehen, heißt in aller Regel Revolution, und die kann, wie die unmittelbare Übernahme der Macht und aller strategischen Punkte durch die Bolschewiki 1917 beweist, staatsstreichartig schnell und sogar gewaltfrei verlaufen. Anders als durch Revolution lässt sich gesellschaftliche Unerträglichkeit kaum beenden. Überliefert ist uns diese Gewissheit durch die großen europäischen Revolutionen, sie wälzten tatsächlich die nicht mehr zumutbaren Verhältnisse vom Grunde auf um. Das französische »Freiheit, Gleichheit, Brüderlichkeit« und das russische »Alle Macht den Sowjets« schufen neue Epochen, in der nicht die Hoffnung auf Erlösung, sondern der reale Kampf um Freiheit und Gerechtigkeit die Welt veränderte. Ihr Geist hat keineswegs ausgedient. In Zeiten von Restauration, wie der unseren in Deutschland und weiten Teilen Europas, ist von Revolution zwar akut keine Rede, aber gedacht werden muss sie, denn eines Tages wird die erdrückende Zuspitzung menschlicher Nöte und gesellschaftlicher Widersprüche auf neue Verhältnisse bestehen. Von Alternativlosigkeit, gar dem Ende der Geschichte als gott- oder naturgegeben stoisch zu predigen, entbehrt je-

Vorwort

der Verantwortung. Warum auch sollte ausgerechnet das so schwer beladene 21. Jahrhundert von einer das Leben erlösenden Umwälzung verschont werden?!

Meinem nach der Epochenwende 1989 nicht mehr nachlassenden Grübeln und Trostsuchen entsprang schließlich ein Interesse, mich mit adligen Frauen zu beschäftigen, die sich aufmachten zu neuen Ufern, nachdenkend, schreibend, handelnd, aneckend, sich trotzig nützlich machend, die »vergähnte Lebenszeit« (Marie von Ebner-Eschenbach) und die »Behaglichkeit ihrer faulen, verschwenderischen Klasse« (Hermynia Zur Mühlen) verlassend. Daraus entwickelte sich ein Buch, die vorliegende Hommage an 11 deutschsprachige Schriftstellerinnen, durchweg keine unbekannten, meiner Wahl. Ist es nicht allzu dürftig, sich angesichts heutiger Probleme adligen Frauen aus längst vergangenen Zeiten zu widmen? befragte ich mich überprüfend in Abständen. Die Resultate meiner Beschäftigung aber befeuerten mich, fortzufahren, denn ich stieß auf vieles, was mich und andere heute betrifft oder sehr nah kommt. In den Fokus meines Interesses schob sich rasch auch die immer unausweichlicher werdende Frage nach der Bereitschaft zu Veränderungen gravierender Art, zur Revolution. Fast jede der hier vorgestellten Frauen hatte »ihre« Revolution, individuelle Rebellion ohnehin. Die älteste der von mir ausgewählten ist Sophie von La Roche (1731-1807). Sie positionierte sich zu ihrer Französischen Revolution anfänglich begeistert, dann aber, als tiefergehende Veränderungen mit Gewalt erzwungen werden sollten und aus den französisch besetzten Gebieten die Pension, das Geld zum Überleben, ausblieb, minderte sich ihre Sympathie, anders als bei ihrer jüngeren, dichtenden Zeitgenossin Karoline von Günderrode (1780-1806), deren Ideale sich durch die französischen gedeckt sahen. Während Bettina von Arnim (1785-1859), Jenny Marx, geb. von Westphalen (1814-1881) und Malwida von Meysenbug (1816-1903) ihre Revolution von 1848 bejahten und unterstützten, lehnt Annette von Droste-Hülshoff (1797-1848) diese vehement ab. Während Lou Andreas-Salomé (1861-1937) ihrer russischen Oktoberrevolution und der deutschen November-

Vorwort

revolution kaum etwas abgewinnen kann, ist Hermynia Zur Mühlen (1883-1951) Feuer und Flamme und verkündet, inspiriert von ihnen, den Eintritt in die kommunistische Partei. Das Maß für bleibende Literatur oder Interesse an ihr sollte unter keinen Umständen lediglich an der Zustimmung oder Beteiligung des Urhebers an revolutionären Ereignissen festgemacht werden. Sonst schlösse man Annette von Droste-Hülshoff von ernstzunehmender Wertschätzung aus und uns würde entgangen sein, dass sie *die* Dichterin des 19. Jahrhunderts ist. Wie auch umgekehrt, die bloße Akklamation zu revolutionären Ereignissen nicht a priori zu anerkennenswerter Literatur gelangt. Befragen lassen allerdings muss sich Literatur nach ihrem Beitrag für humanere Verhältnisse, wenn sie die Zeit ihrer Entstehung überdauern möchte. In diesem Sinne ist die These »Man wird unbedeutend, sobald man sich vom Sozialismus lossagt« aus dem Essay »Vernunft im Abseits« von Detlef Kannapin ein handhabbares Instrumentarium für die heutige Bewertung von Literatur. Was ich damit meine, verdeutlichen die Sätze von Adam Mickiewicz im Revolutionsjahr 1849: »Der moderne Sozialismus ist nur der Ausdruck eines Bewusstseins, das so alt wie das Bewusstsein des Lebens ist. Er ist Ausdruck der Empfindung dessen, was in unserem Leben unvollkommen, eng und anormal und infolgedessen unglücklich ist. Das sozialistische Bewusstsein ist das Streben des Geistes nach einem besseren, nicht individuellen, sondern gemeinsamen und solidarischen Dasein.«

Alle hier versammelten Frauen eint der Entschluss zu schreiben, sich dem vorherbestimmten Weg ihres aristokratischen Standes mit allen Konsequenzen zu widersetzen. In ihnen reiften charakterliche Stärken, den, wegen der Andersartigkeit, auf dem Fuße folgenden Demütigungen und Brüchen standzuhalten. Genau jenes Moment zu beleuchten ist es, was mich in unseren desaströsen, aus den Fugen geratenen Zeiten zu diesen talentierten wie überzeugungssicheren Frauen treibt und, wie sich für mich erweist, ermutigen kann. In Deutschland vermisse ich gegenwärtig eine Autorität, eine Institution, wie es die sozial überwache und angriffsfreudige Bettina von Arnim einst war. Sie zeichnete die beispielhafte

VORWORT

Gabe aus, die Resultate ihres Denkens nicht allein in originellen Büchern, Schriften und Briefen festzuhalten, sondern sich selbst und andere zu mobilisieren, Unterdrückten und Bedrohten vielfach zu helfen und die dafür sich einhandelnde Verachtung und Verspottung ihres Standes glänzend zu parieren. Diese hohe ethische Haltung scheint wie ausgestorben zu sein. Heutige Fernsehshows präsentieren bis zum Überdruss sogenannte Prominente, die ihr zynisches oder anderes sinnfreies Geschwätz, den ganzen abgelebten Ungeist, folgenlos in den Äther pusten und nicht im Mindesten glaubwürdig sind. Weiß doch jeder, sie enthuschen, kaum abgeschminkt, ihren auf Jahre angestammten Darstellungsplätzen, das Elend dieser Welt überfliegend, um es niemals auch nur ansichtig werden zu müssen, in die abgeschirmte, privilegierte Wohlhabenheit.

Völlig anders indes die Frauen dieses Bandes. Sie waren gebildet, ohne je eine systematische Bildung erhalten zu dürfen, denn diese war in der Aristokratie ausschließlich Männern zugedacht. Die von mir ausgewählten Frauen verfügten über ein seltenes Maß an Wachheit und Intelligenz, womit sie alles, was sich an gewinnbaren Erkenntnissen darbot, kamen sie auch noch so zusammenhangslos, einseitig oder unstet daher, wissbegierig und vorurteilslos aufsaugten und sich der schmälernden Benachteiligungen schmerzhaft bewusst wurden. Die meisten profitierten von dem Umstand, in früher Jugend einen gebildeten Vater wie Annette von Droste-Hülshoff und Jenny Marx oder eine besondere Großmutter wie Bettina von Arnim und Hermynia Zur Mühlen oder einen politischen Ziehvater bzw. Lehrmeister wie Malwida von Meysenbug und Lou Andreas-Salomé oder einen intellektuell-oppositionellen Freundeskreis wie Franziska zu Reventlow (1871-1918) oder eine kluge tschechische Amme wie Marie von Ebner-Eschenbach (1830-1916) oder eine ungewöhnlich belesene Freundin wie Bertha von Suttner (1843-1914) nah bei sich zu wissen, die sie beeinflussten und ermutigten, in jedem Falle einen lebenslänglich wirkenden Impuls versetzten. Natürlich absolvierten alle, die einen mehr, die anderen weniger, das im Adel übliche Programm, mit dem sie auf ihre eigentliche

Vorwort

Perspektive, den Gatten beglücken und Kinder gebären, vorbereitet werden sollten. Auf Reisen und Bällen, ausstaffiert mit modernster Toilette, hatten sie mitzuwirken an der vermeintlich unumstößlichen Aufgabe. Aber das verfing bei ihnen überhaupt nicht. Zeitig schon wurden sie eigenwillig, aus dem Rahmen fallend, Außenseiterinnen, manche denunziert, isoliert, enterbt. Diese Behandlung setzte sich auch in späteren Jahren noch fort. Jenny Marx beispielsweise wurde im englischen Exil, veranlasst durch ihren preußischen Innenministerbruder, von dessen Polizeidirektor persönlich perfide bespitzelt, Malwida von Meysenbug erging es ähnlich, ihr Gesandtenbruder »kümmerte« sich von Berlin aus um ihre Ausweisung aus Deutschland, auch sie rettete sich ins englische Exil. Die größte Fallhöhe für ihre Entscheidung, sich von einer österreichischen Hocharistokratin zur kommunistischen Schriftstellerin zu entwickeln, hatte Hermynia Zur Mühlen, bitterarm endend im englischen Exil, zu bewältigen.

Die erworbene Bildung paarte sich bei den Frauen mit einem sensiblen Gespür für »Gegensätzlichkeit«, einem sozialen Gewissen, andere teilhaben zu lassen an vorhandenen Reichtümern und aufgedeckte ungerechte Geschehnisse wegzusehnen. Ihre Augen, Ohren und Herzen öffneten sich weit über die Beschränktheit dünkelhafter Untätigkeit und »seligen Nichtwissens« (Bertha von Suttner) hinaus ins eigentliche, schöpferische Leben oder wie es Hermynia Zur Mühlen in ihrer Autobiografie mit dem Bekenntnis »Ich lernte arbeiten« glasklar beschreibt. So kam die Katholikin Annette von Droste-Hülshoff durchaus in die Lage, obwohl dem Ansinnen der Revolution von 1848 völlig abgeneigt, erduldete Bedrängnisse des Volkes oder eigene – so den sie quälenden Widerspruch von Aufgeklärtheit und Gläubigkeit oder den unauflösbaren von sehnsuchtsvollem Begehren und weiblichem Entsagenmüssen – zu erkennen und darüber wahrheitsgemäß zu reflektieren. Das tat sie in Gedichten und vor allem in der »Judenbuche« in vollendeter Weise und sichert ihr einen unvergänglichen Platz in der deutschen Literatur. Einer der allerersten, der dieses Talent zu würdigen wusste, war der junge Friedrich Engels, damals unter dem Pseudonym Fried-

VORWORT

rich Oswald publizierend (ohne seine ebenso außergewöhnliche Begabung zur Freundschaft hätten Jenny Marx und ihre Familie niemals überleben können). Ein anderer, nur scheinbarer Widerspruch lag in Hermynia Zur Mühlen selbst. Sie, die sich 1919 zum Kommunismus bekannte und ihn mit ihren Büchern pries, konnte am Ende ihres Lebens, enttäuscht vom Stalinismus und gequält vom Faschismus, nur in einem, allerdings sehr links ausgerichteten, katholischen Glauben Halt finden. Resignation oder Abkehr von ihrem postulierten Prinzip der Aufhebung der »Gegensätzlichkeit« bedeutete dies keinesfalls. Ihre Hoffnung auf gerechtere Verhältnisse wollte sie nur auf andere Weise erfüllt sehen.

Diesen 11 Lebenswegen, mit ihren gelegentlichen gegenseitigen Berührungen, in fernen Zeiten, Kreisen und Gegenden nachzuspüren, entfaltete sich zu einer mir ungeahnte Erkenntnisse und Zusammenhänge offenbarenden Aufgabe. Es konnte mich froh machen, einen Mann wie den revolutionären Gelehrten Gottfried Kinkel dicht bei Bettina von Arnim, Jenny Marx, Malwida von Meysenbug und der jungen Lou von Salomé zu erblicken, freilich stets an unterschiedlichen Orten und aus unterschiedlichen Gründen. Kämpfte Bettina um seine Freilassung aus dem Berliner Zuchthaus und stand seiner Frau Johanna Kinkel zur Seite – diese hatte in frühen Jahren bei Bettina gewohnt und den Arnimschen Töchtern Gesangsunterricht erteilt –, war er es, der Malwida im englischen Exil, wohin sie geflohen waren, unterstützte und Jahre später seine Studentin Lou in Zürich mit einem Empfehlungsschreiben für Malwida in Rom ausstattete. Seine einstige revolutionäre Gesinnung allerdings verflüchtigte sich und somit auch alte Freundschaften, z. B. mit Jenny und Karl Marx. Ähnlich späherisch ging ich dem großen Interesse der Frauen an Tolstoi nach. Sie lasen ihn nicht nur begeistert, sondern korrespondierten mit ihm, wie Bertha von Suttner, oder besuchten ihn in Moskau und Jasnaja Poljana, wie Lou Andreas-Salomé. Ich hatte also viele Bücher um mich, überwiegend die Bücher der Frauen selbst und über sie, um mir letztendlich ein eigenes Urteil zu bilden und zum Kern meiner Frage, durch welche Bedingungen befördert, man sich unan-

Vorwort

gepasst, abweichend, eigenwillig äußert und mutig zu seiner, sogar bekämpften Überzeugung steht, vorzudringen. Meine Herangehensweise würde ich weder wissenschaftlich noch feministisch im engeren Sinne bezeichnen, obwohl ich selbstverständlich gesicherte Forschungsergebnisse zur Kenntnis nahm und natürlich wie eine Frau denke und schreibe, jedoch zähle ich mich zu jenen, die eine Gesellschaft ohne Ausbeutung, wo »die freie Entwicklung eines jeden die Bedingung für die freie Entwicklung aller ist«, also die Emanzipation für Männer und Frauen gleichermaßen, – nicht zuletzt aus gemachter Erfahrung – sehnlichst (zurück)wünschen und der Bebelschen Auffassung folgen, dass die dafür notwendige radikale Veränderung nur im Schulterschluss beider Geschlechter aussichtsreich wird. Es war für mich deshalb erfrischend, darauf zu stoßen, wie beeinflussend die Schrift »Die Frau und der Sozialismus« von August Bebel auf einige Frauen, insbesondere auf die junge Franziska zu Reventlow wirkte. In dem Kapitel über sie gestattete ich mir, mich an die eroberte Gleichberechtigung in der DDR zu erinnern, wie ich mir auch zu anderen sich bietenden Themen bedenkenswerte Erinnerungen, erstmalig nach drei Jahrzehnten ausgesprochen, nicht länger versagen wollte. Das selbstbewusste Agieren der Frauen gehörte über alle Zweifel erhaben zu den historisch großen, weil bisher einmaligen Errungenschaften dieses nach 40 Jahren versunkenen kleinen deutschen Staates. Warum auch sollte ich den Verlust verflossener Freiheiten und Rechte verschweigen und dem Vergessen überlassen, nur weil sie politisch gerade nicht opportun, gesellschaftlich nicht herstellbar sind! Gedanken und Träume von schönster Gleichberechtigung, zumal wenn sie schon einmal als spannungsreiche Realität nachhaltig erfahren wurde, stehen uns frei, nun notgedrungen mehr denn je.

Die Idee des Buches veranlasste mich, neben den Arbeiten der 11 Frauen, von denen ich eine kleine Textauswahl innerhalb bzw. am Ende eines jeden Kapitels präsentiere, Bücher männlicher sowie anderssprachiger Schriftsteller adliger Herkunft ins Visier zu nehmen, die ebenso aufrecht den Gewohnheiten ihres Standes den Rücken kehrten. Da wäre

VORWORT

Alexander Graf Stenbock-Fermor (1902-1972) zu nennen. In seiner Autobiografie »Der rote Graf« lässt sich sein spezifischer Werdegang von einem Freiwilligen der Baltischen Landwehr über einen Bergarbeiter im Ruhrgebiet zum aktiven Widerstandskämpfer und Mitglied des Bundes proletarisch-revolutionärer Schriftsteller Deutschlands nachvollziehen. Sein Werk wird heute nicht mehr verlegerisch gepflegt. So lässt sich kaum in Erfahrung bringen, dass zwischen ihm und seinem russischen Großonkel, Fürst Peter Kropotkin (1842-1921), revolutionärer Anarchist und Schriftsteller (»Die Französische Revolution«, »Memoiren eines Revolutionärs«), sehr ähnliche Auffassungen über Gewalt und Solidarität in Revolutionen bestanden.

Besonders schätze ich den berühmten Schriftsteller Ludwig Renn, geborener Arnold Friedrich von Golßenau (1889-1979), der nach mehreren Inhaftierungen in Deutschland als kommunistischer Stabschef bei den Internationalen Brigaden zur Verteidigung der Spanischen Republik kämpfte, danach ins mexikanische Exil geriet und nach dem Krieg die DDR als neue Heimat annahm. Hier waren seine Bücher millionenfach gedruckt und gelesen, z. B. sein Welterfolg von 1928 »Krieg« oder sein biografischer Roman »Adel im Untergang«, der die parasitäre Verfasstheit des sächsischen Königshofes kongenial schildert als »das völlige Versinken im Nichtstun«, als »ein Leben in dieser schönen, faulen Welt« (ähnlich dem Hermynia Zur Mühlens Lautenden: »das nutzlose, behagliche Leben«). Im neuen alten Deutschland ist er so gut wie vergessen. Die folgenden Sätze aus seinem letzten, 1980, veröffentlichten Buch »Anstöße in meinem Leben« scheinen aus der heutigen Zeit zu fallen: »Mir aber dämmerte, dass der Wert eines Menschen erst dort beginnt, wo er für andere lebt. Heute würde ich das so ausdrücken: Die individuelle Bequemlichkeit, der Opportunismus, ist unwürdig. Nur das soziale Handeln kann zur höheren Stufe führen, auch beim Individuum.«

Zu den schreibenden adligen Frauen nichtdeutscher Zunge möchte ich an dieser Stelle unbedingt die russischen Revolutionärinnen Vera Figner (1852-1942) und brillante Diploma-

Vorwort

tin Alexandra Kollontai (1872-1952) und die irische Sozialistin Gräfin Constanze Georgine Markiewicz, geb. Gore-Booth (1868-1927) erwähnen. Sie einte die bereits früh empfundene Ablehnung sozialer Ungerechtigkeit und die bewusste Entscheidung, sich dagegen tapfer aufzulehnen, nicht zuletzt mit ihren Büchern. Zu dieser Reihe Adliger nichtdeutscher Zunge zählt der schon genannte Peter Kropotkin. Er traf sich mehrfach mit Lenin, der ihn gerne für eine Zusammenarbeit gewonnen hätte, aber sie wurden sich nicht einig. Als Anarchist hatte Kropotkin Vorbehalte gegenüber jeglicher Realpolitik. In Russland wird er heute noch verehrt, sein Name erschallt in der Moskauer Metro, sobald sich der Zug der nach ihm benannten Station nähert. Sein Buch »Gegenseitige Hilfe in der Tier- und Menschenwelt« ist großartig, voller Sach- und Geschichtskenntnis, revolutionärem Geist, Originalität. Entgegen der sozialdarwinistischen und oft missbrauchten These vom »Kampf ums Dasein« steht Kropotkin für das Konzept der gegenseitigen Hilfe, der Solidarität für das Überleben der Menschheit. Welch weiten Weg musste dieser Mann der russischen Hocharistokratie bis zu diesem immer noch hochaktuellen humanistischen Gedanken zurückgelegt haben!

Keineswegs unbeachtet lassen möchte ich die dem Adel entstammenden schreibenden Frauen der Jetztzeit, als da wäre Marion Gräfin Dönhoff (1909-2002). Sie gehörte zu den realistischen Publizisten der BRD, die die nach dem 2. Weltkrieg entstandenen Grenzen in Europa akzeptierten und das einstige Land und Besitztümer nicht revanchistisch zurückforderten. Sie war frei von Bitternis und Hass auf Polen und Russen, im Gegenteil, sie konnte ihre Heimat »lieben, ohne sie zu besitzen«, mit diesem Credo lässt sie ihr Buch »Kindheit in Ostpreußen« so friedfertig enden.

Es gehört sich für mich, die streitbare Jutta Ditfurth (geb. 1951) in den Reigen fortschrittlicher adliger (sie hat ihren Titel abgelegt) Frauen aufzunehmen. In ihrem jüngsten Buch »Der Baron, die Juden und die Nazis« wird anhand ihrer Familiengeschichte, genau genommen ihres Urgroßonkels und Schriftstellers Börries von Münchhausen, die enge Verquickung des Adels mit den Nazis, zum ersten Mal aber

VORWORT

überhaupt das Verhältnis des deutschen Adels zu den Juden kritisch thematisiert. Ich achte diese Autorin auch für ihr mutiges antifaschistisches Engagement. Bei ihren Auftritten, in Thüringen z. B., benötigt sie Polizeischutz, denn die dort ansässige Wehrsportgruppe Hoffmann fühlt sich durch sie entlarvt und aufgestört.

Auffällig groß ist die beißende Empörung über die Bevorrechtung und Amoralität des Adels in der englischen Literatur, nicht von ungefähr lasen die Frauen dieses Bandes gerne Thackerays satirischen »Jahrmarkt der Eitelkeiten« und sein »Snobsbuch«. Und ich füge noch die adelskritischen Literaten William Godwin (»Die moralischen Folgen der Adelsprivilegien«), Percy Bysshe Shelley (»An Englands Männer«) und den scharfzüngigen Amerikaner Mark Twain hinzu. Die Kritik am Adel hält sich – und das kann nicht überraschen – bis in unsere Zeit. Das kürzlich veröffentlichte philosophische Poem »Die Windsors. Eine schrecklich nette Familie« des englischen Dichters und politischen Aktivisten Heathcote Williams (geb. 1941) widmet sich dem kriminell erbeuteten unermesslichen Reichtum und der Asozialität der Königsfamilie, die noch niemals irgendetwas wirklich Nützliches für das englische Volk oder andere Völker geleistet hat. Ja, noch schlimmer, ihre Milliarden fließen in die übelsten Rüstungsgeschäfte, mit denen die unsägliche Zerstörung der Welt fortwährend gesteigert wird, anstatt endlich mit dem Frieden zu beginnen. Lange überfällig ist die Abschaffung von solch schmarotzendem, antidemokratischem Mummenschanz. Das dachte schon vor Zeiten der französische General und Staatsmann Maximilien Foy (1775-1825): »Was ist Aristokratie? ... Die Aristokratie ist der Bund, die Vereinigung derer, welche genießen wollen, ohne zu schaffen, leben wollen, ohne zu arbeiten, alle Ämter begehren, ohne sie ausfüllen zu können, alle Ehren beanspruchen, ohne sie verdient zu haben: das ist Aristokratie!«

38 Jahre lebte ich in der DDR und in Bälde werden es 30 Jahre in der BRD. Der Vergleich meines Befindens in diesen sehr unterschiedlichen Deutschländern schärft sich von Jahr zu Jahr und versetzt mich in einen immer eklatanter

Vorwort

wachsenden Widerspruch, in eine tiefe Nichtübereinstimmung mit der das jetzige Leben beherrschenden Utopie- und Geistlosigkeit, dem lähmenden Bewusstsein, welches einzig dem innewohnenden Trieb dieser Gesellschaft, Sämtliches zum Höchstprofit zu verhökern, zu gehorchen hat. »Ich kann nicht meinen Grundsätzen gemäß handeln«, befand Volker Braun, »Niedergangsepoche« Peter Hacks und westliche »Traum-Leere« Christa Wolf. Dies – die Unlebbarkeit ohne Utopie – ist ein wesentlicher Grund, warum ich die DDR mit ihrer mich wie meinesgleichen zum Handeln motivierenden »real existierenden Utopie« (entnommen Christa Wolfs Vorwort zu Maxie Wanders Buch »Guten Morgen, du Schöne«) nicht vergessen werde, ich sie immer noch meine Heimat nenne, meinen Ursprung sowieso. Das Recherchieren, Reflektieren, Schreiben über Biografisches anderer wurde, und das war am Anfang nicht beabsichtigt, zu meinem eigenen Erinnern und tieferem Begreifen von bisher ungenügend Überdachtem wie aber auch von allzu lange, dem Ungeist der Zeit geschuldet, Verdrängtem, Unterdrücktem. Ich hatte mich also herauszufordern und gemahnte mich, ausschließlich meiner Stimme zu vertrauen und nicht etwa aus Feigheit dem Sog eines unzuträglichen Klimas mich zu beugen, ganz so wie die hier versammelten Ausnahmefrauen es zu ihrer Zeit für richtig erachteten, Gedanken, Assoziationen und Tatsachen nicht schon selbst zu brechen. Dem mutigen »Ich habe nie das Knie gebogen – den stolzen Nacken nie gebeugt« von Franziska zu Reventlow fühlte ich mich schließlich verpflichtet.

Seinen Stand, seine Klasse mit größter Konsequenz zu verlassen, ist mir durch den ungewöhnlichen Weg meiner Eltern von West nach Ost vorgelebt, vielleicht sogar verinnerlicht worden. Bis auf ihre adligen Namen und Erinnerungen verloren bzw. wechselten sie alles, Landesgrenzen, Vermögen, Verwandtschaft, Tradition, und ernteten dafür westlicherseits die »Ehre«, als Verräter, als Kriminelle und, das durfte nicht fehlen, Kommunisten verunglimpft zu werden. Die Worte dieser Schmähbriefe sind in meinem Kopf über alle Jahre nicht verklungen. Meine Eltern hatten während des

VORWORT

Kalten Krieges die politischen Seiten gewechselt, um sich mit ihren Möglichkeiten am Aufbau eines neuen, antifaschistischen Deutschlands zu beteiligen, und das wurde ihnen – bis zum heutigen Tage – nicht verziehen. Ich habe meine Eltern, die sich fortan den gänzlich anderen Gegebenheiten einer DDR mit asketischer Würde stellten, niemals klagend erlebt, weder über den Verlust der ostpreußischen Heimat noch über fünf Jahre sowjetische Kriegsgefangenschaft, geschweige denn Versorgungsengpässe. Diese Haltung war prägend, auch für mein Verhältnis zur Sowjetunion, ich konnte sie frei und offen, ohne Ressentiments betreten. Und ich tat es dutzende Male. Nie fragte mich jemand, was mein Vater oder andere Verwandte während des Krieges getan hatten, und zugange waren sie dort alle, sehr, sehr unrühmlich. Mit meinen Begegnungen, für einen merkantil-unspirituellen Westeuropäer kaum erschließbarer überschäumender Güte und Toleranz in östlichen Weiten, egal ob bei schwerer körperlicher Arbeit oder bei Intellektuellen, ließe sich ein ganzes Buch füllen. (Just in diesem Moment denke ich an den gemeinsam mit Lou Andreas-Salomé Russland bereisenden Rilke, der ob der ihn völlig unerwartet treffenden kulturellen Wucht – »Mir ist, als hätte ich der Schöpfung zugesehen« – zusammenbrach und dem es erst Monate später gelang, im »Stunden-Buch« seinem seelischen Gleichgewicht – »Jetzt bin ich wieder aufgebaut ...« – gültigen Ausdruck zu verleihen.) Hier sei lediglich vermerkt, dass ich zutiefst allergisch bin gegen jede Form von Russophobie, so wie keine meiner hier versammelten Frauen – von denen drei zeitweilig russische Pässe trugen, oder wie im Falle von Bertha von Suttner, mit österreichischem Pass im russischen Kaukasus neun Jahre glücklich lebte –, jemals nationalistisch, rassistisch, antirussisch, antipolnisch, antijüdisch oder antikommunistisch agierte. Sie befanden sich auf der Höhe der Zeit. Galt es die polnischen Freiheitskämpfer zu unterstützen, so tat es Bettina von Arnim, galt es den französischen Kommunarden zu helfen, so tat es Jenny Marx, galt es den Krieg zu bekämpfen, so tat es Bertha von Suttner, galt es dem Faschismus zu widerstehen, so tat es Hermynia Zur Mühlen.

Vorwort

Anstelle des ererbten Besitzes von Land und Gütern, Müßiggang und Standesdünkel war uns, meinen Eltern, Geschwistern und mir, das Menschenwürdige in der DDR gegeben: Leben in Frieden, unbegrenzte Bildung und soziale Fürsorge, Universitätsstudien und Kultur, Existenz durch ausbeutungsfreie Arbeit, Gleichberechtigung der Geschlechter, Reisen in die nahe und östliche Ferne und viele andere Freiheiten und Rechte. Es ist wahnwitzig, ausgerechnet heute, wo Millionen Menschen Unrecht, Krisen und totaler Überwachung ausgeliefert sind, das Erinnern an soziale Gerechtigkeit und alternatives Denken zu kriminalisieren oder auszulöschen. Es gehört zur Geistlosigkeit, die Realität zu verkennen. In solcherart Zeiten empfinde ich es als angebracht, sich der Menschlichkeit, der Vernunft, der Solidarität bei anderen und vor allem bei sich selbst zu vergewissern. Wie ich Peter Kropotkin entnehme, haben diese Fähigkeiten das Überleben der Menschheit bisher gesichert. Unzählige derer entdeckte ich, indem ich diese 11 charakterlich starken und künstlerisch originellen Frauen zu ergründen suchte. Leuchttürme fand ich, die mir Zeichen senden. »Lies und betrachte nicht nur, mach dich auf und hilf den Flüchtlingskindern, sammelt euch gegen das Elend eures Jahrhunderts«, höre ich Bettina sagen.

Berlin, im August 2018

Sophie von La Roche

SOPHIE VON LA ROCHE

»Nützlich sein ist der Wunsch edler Menschenfreunde
und Tätigkeit ihr wahres Leben.«
*Sophie von La Roche an ihren Freund
Johann Georg Jacobi*

Die älteste unter den mir nahe gekommenen Frauen und der Ursprung für alle hier versammelten ist

SOPHIE VON LA ROCHE
(1730-1807),

die erste anerkannte deutsche Romanschriftstellerin. Während der Monate dauernden Beschäftigung mit ihr erwachte ich eines Nachts mürrisch-staunend aus einem Traum: Sophie von La Roche stand mir im Gespräch provokant selbstbewusst gegenüber, aufrecht und zierlich und mit einem schönen Tuch über ihrer leicht gepuderten Perücke, und wirft mir beherrscht – wie ihr nachgesagt wird – unsere neuzeitlichen Begriffe wie Smartphone, Tablet, Apps entgegen und ist verwundert, dass mich diese für sie ganz normalen Gegebenheiten nur zurückschreckend, verständnislos erreichen. Sie hebt an gegen mich eindringlich schwäbisch zu fluchen, um sich unversehens wieder zu zügeln. Von meiner Hinterwäldlerei ist sie sichtlich enttäuscht, fast erbost. Ich deute diesen Traum als eine von mir eingestandene Anerkennung selbstverständlicher Modernität meines Gegenübers. Sophie von La Roche war offensichtlich praktisch, wissend, auf dem Laufenden – besser als ich. Und trotz meines Makels oder vielleicht gerade deswegen ohne viele Umstände zur Belehrung in mein Zimmer getreten. Natürlich hätte ich mir eine zu meinen Gunsten vorteilhaftere Begegnung gewünscht, stattdessen stellte sie mich mehr oder weniger dezent bloß und richtete sich kurzerhand zu einer Respekt heischenden Person in meinem Leben ein. Ich hatte einiges von und mehr noch über sie gelesen. Durch die Vielfalt der Schriften biografischer, wissenschaftlicher oder auch belletristischer Art war in mir ein Bild gewachsen, schließlich so lebendig, dass Sophie von La Roche in meinem Traum auferstand und seither mein Leben nicht mehr verlassen will.

Mitte der 80er Jahre des vorigen Jahrhunderts setzte in den beiden noch getrennt voneinander existierenden deutschen Staaten ein neuerliches Interesse für Sophie von La Roche ein. In der DDR wurde das klassische Erbe für die Ausgestaltung einer sozialistischen Nationalliteratur intensiv erforscht und nutzbar gemacht, in der BRD entsprang der Impuls der aufkommenden Frauenemanzipationsbewegung, die sich auch auf ihre Vorläuferinnen berufen wollte. Mit den vielen hierbei ausgebuddelten Dokumenten und den in der von zwei deutschen Verlagen – beider Staaten – erstmals gemeinsam hervorragend edierten Reihe »Bibliothek des 18. Jahrhunderts« ausgewählten Briefen und Werken der Sophie von La Roche selbst lässt sich heute ein ungefähres Bild dieser besonderen Frau reproduzieren.

In ihrer zeitlebens währenden Sehnsucht nach Wissen, Wahrhaftigkeit, natürlicher Schönheit, Harmonie, Toleranz, Frieden, nach »Tugend«, »Empfindsamkeit« und »tätiger Güte« – wie sie und ihresgleichen es damals nannten –, drückt sich auch heute, nach 250 vergangenen Jahren, das für uns noch Unerfüllte, Erstrebenswerte, Einzufordernde aus. Die Barbarei gegenwärtiger Kriege und Krisen, die Zerstörungen ganzer Staaten und Regionen und die aus ihnen quellenden Flüchtlingsströme, die dazu konstruierten medialen Lügen und Deals, das ganze angerichtete und sich vertiefende Chaos unserer Zeit hätte sie zutiefst verdammt und, da bin ich mir sicher, wütend und zugleich mitfühlend zur Feder und zupackender Hilfe greifen lassen.

Ihr eigenes Leben hielt eine Reihe von schweren Schicksalsschlägen und existenziellen Brüchen für sie bereit, und alle bestand sie mit Würde. Als Adlige wurde sie nicht geboren, sowohl ihr Vater, der Arzt Georg Friedrich Gutermann von Gutershofen, als auch ihr Mann Georg Michael Frank

Sophie von La Roche

von La Roche, beide wurden erst im Laufe ihres Lebens in Anerkennung ihrer beruflichen Verdienste geadelt. So gelangte das »von« schließlich auch in ihre Namen. Das Ehepaar La Roche war an verschiedenen deutschen Fürstenhöfen gebunden. Ihr Mann diente anfänglich vom Sekretär des Reichsgrafen und Staatsministers Friedrich von Stadion am Hofe des Kurfürsten von Mainz über einige Ministerposten bis schließlich zum Regierungskanzler am Hofe des Kurfürsten von Trier mit Sitz in Koblenz-Ehrenbreitstein. Überall betätigte sich Sophie von La Roche als eine außergewöhnlich gebildete und aktiv zuarbeitende Gesellschafterin. Die Kenntnis der neuesten Werke der deutschen wie der europäischen Geisteswelt war für sie selbstverständlicher Standard. Jean-Jacques Rousseaus utopischer Gedanke einer Gemeinschaft gleicher und freier Menschen als natürlicher Gesellschaftszustand fiel bei Sophie von La Roche auf fruchtbaren Boden. Außer den damals anerkannten, einflussreichen französischen Autoren Diderot und Voltaire las und verehrte sie vorrangig die zeitgenössischen englischen Autoren. Warum? Die ersten 50 Jahre des 18. Jahrhunderts waren eine überaus fruchtbare Epoche der englischen Literatur. Einige Namen und Buchtitel mögen das unterstreichen. 1719 erschien »Robinson Crusoe« von Daniel Defoe, 1726 trat Jonathan Swifts Werk über Gullivers Reisen in die Weltliteratur, 1728 hinterließ die Aufführung von John Gays berühmter »Bettleroper« nachhaltigen Eindruck, 1739 verfasst David Hume sein »Traktat über die menschliche Natur«, 1740 beginnt mit »Pamela oder die belohnte Tugend« der damals riesige Erfolg von Samuel Richardson, dem Begründer der empfindsamen Literatur und unmittelbaren Vorbild für Sophie von La Roche. In Folge melden sich weitere bedeutende Autoren, so 1748 der Schotte Tobias Smolett mit »Abenteuer Roderich Randoms«, 1749 Henry Fielding mit »Tom Jones«, 1759 der überragende Ire Laurence Sterne mit »Leben und Ansichten Tristram Shandys«, 1766 der Ire Oliver Goldsmith mit »Landprediger von Wakefield« und 1768 wieder Laurence Sterne mit »Die empfindsame Reise«. Ihnen auf der Spur – im 19. Jahrhundert – sind dann Lord Byron, Shelley, Dickens und

Sophie von La Roche

Thackeray. Sie alle spiegeln die Veränderungen seit der Mitte des 17. Jahrhunderts in der englischen Gesellschaft wider, realistisch, illusionslos, sozialkritisch, häufig ironisch bis satirisch. Neben dem eroberten unermesslichen Reichtum und den Privilegien der herrschenden Oberschicht aus Aristokratie und Großbürgertum entwickelten sich neue Schichten in immenser Armut wie in keinem anderen Land Europas. Auf diese spannungsvollen Prozesse reagierten die englischen Intellektuellen mit einer großartigen, bleibenden Literatur, die für die damaligen deutschen Dichter und Denker allerhöchste Attraktivität besaß, nicht zuletzt für die Selbstfindung des bürgerlichen Individuums. Sie sorgte dafür, dass auch Sophie von La Roches Interesse für England nie erlahmte. So verwundert es nicht, dass genau dort ihr erster Roman und viele ihrer »Moralischen Erzählungen« angesiedelt sind.

1771 debütierte sie mit dem Brief- und Tagebuchroman »Geschichte des Fräuleins von Sternheim« – anonym. Obwohl als Herausgeber ihr Vetter, einstiger Geliebter, Mentor und lebenslanger Dichterfreund Christoph Martin Wieland fungierte, wurde sie als Verfasserin dennoch schnell ausgemacht, fortan verehrt und vielfach in Europa übersetzt. Zu ihren Bewunderern gehörten neben Herder, Goethe, Lenz und Schiller natürlich die eigentlichen Adressaten, »alle tugendhaften Mütter« und »liebenswürdigen Töchter unserer Nation«. Ihre nächste von mir zu würdigende originäre Leistung bestand in der Herausgabe des monatlich erscheinenden 100-seitigen Almanachs »Pomona für Teutschlands Töchter« 1783. Als 52-Jährige, in ihrem Herbst angekommene, glaubte sie, insbesondere jungen Frauen durch ihre »Briefe für Lina«, ihre »Moralischen Erzählungen« (auch als eigenständige Bücher 1784 und 1786 erschienen), durch die Publizierung ihres Briefwechsels mit der Leserschaft, die vielen praktischen Ratschläge und Veröffentlichungen von ihr ausgewählter und übersetzter europäischer Literatur (darunter das in Fortsetzungen erscheinende und allseits geliebte Naturgedicht »Die Jahreszeiten« des schottisch-englischen Dichters James Thomson, 1801 vertont von Joseph Haydn) ein neues Frauenideal zu kreieren. Hervorhebenswert sind ihre Sonder-Länderhefte zu Frankreich, England, Italien und Deutschland, die als Beginn der deutschen Frauengeschichtsschreibung gelten und in denen sie immer wieder die Männer auffordert, Frauen eine höhere Bildung zuzugestehen. Nach zwei Jahren beendete sie diese aufwendige Arbeit, offensichtlich fehlten ihr literarische Beiträge bzw. halfen die Einnahmen nicht – wie erhofft – ausreichend genug gegen die finanzielle Mittellosigkeit.

Mit ihrer Praxis, als Frau für Geld zu schreiben, ging sie ihrer Zeit voraus. Die erste von einer Frau herausgegebene Zeitschrift für Frauen spielte in der damaligen Öffentlichkeit tatsächlich eine Rolle, Sophie von La Roche trat mit ihren Leserinnen und Lesern in einen direkten Kontakt und beteiligte sich an deren veränderndem Bewusstsein. Später verlegte sie ihren literarischen Schwerpunkt vornehmlich auf Beschreibungen ihrer mehrfachen Reisen in die Schweiz, nach Frankreich, Holland und England. Sie schrieb ohne Unterbrechung bis an ihr Lebensende, nicht zuletzt aus finanzieller Bedrängnis, nachdem ihr Mann 1780 auf Grund seiner kirchenkritischen Schriften und seiner strikten politischen Ablehnung von Steuererhöhungen gegenüber Bauern aus dem Dienst des Kurfürsten von Trier ohne Pensionsansprüche entlassen wurde. Die Familie büßte Einkommen, gesellschaftliche Position und Wohnsitz ein, in dieser Situation fand sie Unterschlupf und materielle Unterstützung beim Speyerer Domherrn von Hohenfeld, der aus Solidarität mit La Roche als Konferenzminister in Trier zurücktrat. Die Entlassung zog auch Jahre später weitere finanzielle Folgen nach sich, wie beispielsweise die Verweigerung der Pensionen für die jüngsten Söhne, als Sophie von La Roche bereits Witwe war. Immer gab ihr das Schreiben Halt und musste das Auskommen sichern helfen.

Sophie von La Roche zog zwei Töchter und drei Söhne groß (von insgesamt acht Geburten). Bedingt durch den Tod ihrer ältesten Tochter Maximiliane (sie verstarb nach der Geburt des 12. Kindes) und wenig später auch durch das Ableben von deren Mann Peter Anton Brentano (der in drei Ehen insgesamt 20 Kinder zeugte) nahm sie ab 1797 über mehrere

Sophie von La Roche

Jahre die drei jüngsten Enkelinnen auf: Bettina (eigentlich Elisabeth, 12 Jahre), Lulu (eigentlich Ludovica, 10 Jahre) und Meline (eigentlich Magdalene, 9 Jahre). Sophie von La Roche war inzwischen Mitte 60, verwitwet und wohnte in ihrer »Grillenhütte« in Offenbach. Andere Enkelkinder wie Clemens Brentano waren bei ihr gelegentlich zu Besuch bzw. korrespondierten mit ihr. Allzeit lebte die zehn Jahre ältere Nichte ihres Mannes im Haushalt und musste mitversorgt werden.

Mit ihren fünf Kindern hatte sie nicht nur Glück, zwei, Tochter Maximiliane Brentano und Sohn Franz, verstarben noch vor ihr, ihre Tochter Luise von Möhn ist mit einem gewalttätigen Trinker verheiratet worden, von dem sie nach qualvollen Jahren geschieden wird und vorerst in den Haushalt ihrer Eltern zurückkehrt, ihr ältester Sohn Fritz verschleudert das gesamte Vermögen seiner einst wohlhabenden Frau in Amerika, verlässt Frau und drei Kinder und verschwindet in den Weiten Russlands und ist nie mehr gesehen. Lediglich ihr Sohn Carl nimmt eine unkomplizierte Entwicklung, konnte sich aber auf Grund seiner beruflichen Verpflichtungen als Bergrat im Salzbergbau in Schönebeck bei Magdeburg nur wenig um seine Mutter kümmern.

Zwei Jahre pflegte sie aufopferungsvoll ihren Mann, bevor er 1788 verstirbt, drei Jahre später nimmt sie Abschied von ihrem 23-jährigen Sohn Franz und wiederum zwei Jahre darauf von ihrer Tochter Maximiliane. 1800 stirbt ihre Enkelin Sophie Brentano während eines Besuchs bei Wieland in Oßmannstedt. Haus und Herz, egal wo und wie sie lebt, bleiben für die Sorgen anderer geöffnet. Ganz im Sinne der Aufklärung war sie ein gebildeter, kritisch und zugleich tolerant denkender und »empfindsam« fühlender Mensch, der Vernunft und Sittlichkeit verpflichtet, im Leben wie in ihren Werken. Und sie war neugierig, kommunikationsfreudig und reiste gern in die Ferne. So beschwerlich, zeitlich aufwendig und teuer das Reisen durch Deutschland (eigentlich hieß es Heiliges Römisches Reich Deutscher Nation), das aus mehr als 300 Territorialstaaten bestand, auch war, es schreckte sie nicht. Sie suchte und fand finanziell potente

Partner oder beglich die späteren Reisen durch Vorschüsse ihrer Verlage. Viele, sehr viele irdische Aufgaben hatte sie zu managen.

Die Französische Revolution 1789 begrüßte sie am Anfang, denn sie verachtete das Ausschweifende und Verschwenderische des herrschenden französischen Adels und der Geistlichkeit. Sie weiß sich eins mit Mirabeaus Vorstellungen der konstitutionellen Monarchie nach englischem Vorbild und liest begeistert seine Reden und Schriften, auch laut vor ihrer Enkelin Bettina. Diese wird von seinem Gesellschaftsmodell und den neuen aufklärerischen Gedanken, besonders auch zur Besserstellung der Juden in Europa und vom Plädoyer für die Selbstbestimmung der Geschlechter, geradezu elektrisiert. Mit Zunahme der gewalttätigen Auseinandersetzungen in der radikalen Phase der Französischen Revolution unter Robespierre und schließlich der selbsterfahrenen französischen Besetzung ist es mit der anfänglichen Akzeptanz vorbei. Auch den einst von ihr und vielerorts geschätzten Forscher und Autor Georg Forster mit seinem Engagement für die erste bürgerliche Republik in Mainz im Frühjahr 1793 lehnt sie jetzt ab. Sie befürchtet und erlebt tatsächlich die Verwirrung und Zerstörung ihrer gewohnten Lebensverhältnisse. Durch den Anschluss der deutschen linksrheinischen Gebiete an Frankreich verlor sie ihre Witwenversorgung aus Koblenz und gleichermaßen die bei ihr verbliebene Tochter Luise ihre Pension. Auch die in ihrem Offenbacher Haus wechselnd einquartierten Soldaten während der Schlacht zwischen französischen und deutschen Truppen im Juli 1800 und die ihr überlieferten Erlebnisberichte der geflohenen französischen Emigranten machen ihr zu schaffen. Das konnte sie für diese Art Fortgang der Ereignisse (die mancher zu Recht als Krebsgang der Revolution bezeichnet) nicht begeistern. Am Ende ihres Lebens ist sie verzweifelt, 77-jährig stirbt sie 1807 und hat den erhofften Frieden nicht erleben können. Stattdessen sah sie das Heilige Römische Reich Deutscher Nation 1806 endgültig zerbrechen, die preußische Armee nach der Schlacht von Jena und Auerstedt völlig vernichtet. Die durch die Französische Revolution vielfältig angestoßenen bzw. re-

Sophie von La Roche

alisierten Reformen in den deutschen, vor allem französisch besetzten Staaten, beginnend mit dem »Code Napoléon«, dem ersten bürgerlichen Gesetzbuch von 1804, blieben ihr vorenthalten.

Dennoch – wie inspirierend der Charakter, das Auftreten und die Werke der Sophie von La Roche wirkten, ist uns durch eine Reihe von Zeitzeugen, wie z. B. Goethe und ihrer berühmt gewordenen Enkelin Bettina Brentano, verheiratete von Arnim, hinlänglich hinterlassen. Nachlesen kann man es in Goethes drittem Teil der Autobiografie »Aus meinem Leben. Dichtung und Wahrheit« (1814) und Bettina von Arnims »Die Günderode« (1840) und »Clemens Brentanos Frühlingskranz« (1845). Die beiden letztgenannten Bücher enthalten 30 bis 35 Jahre nach dem eigentlichen Verfassen stark bearbeitete Briefe, einen bewusst komponierten Briefwechsel zwischen Bettina und ihrer dichtenden Freundin Karoline von Günderrode von 1804-1806 und im zweiten Fall zwischen Bettina und ihrem Bruder Clemens Brentano aus der Zeit zwischen 1801-1803.

Sophie von La Roche war nach ihrem literarischen Debüt 1771 nicht nur eine anerkannte und berühmt gewordene Schriftstellerin, sondern unterhielt außergewöhnlich viele anregende Kontakte mit Persönlichkeiten ihrer Zeit. Insbesondere in ihrer Koblenz-Ehrenbreitsteiner Zeit (1771-1780) wird ihr Haus zum gefragten Treffpunkt, sie veranstaltet Lesungen, empfängt viele Dichter, Künstler, Politiker der verschiedensten Konfessionen, Denk- und Himmelsrichtungen. Sophie von La Roche wollte erlebt sein. Auch macht sie viele Besuche auswärts und lernt dabei u. a. die Familie Goethe, der sie während der französischen Besetzung und Bombardierung Frankfurts 1795 Obdach bietet, kennen.

Für ihre Enkelkinder-Waisen war sie eine lehrreiche und zugleich liebevolle Respektsperson. Ihre mündlichen Erzählungen, ihre Liebe zur Natur, ihre ganze Daseinsweise beförderten die überschäumende Fantasie und sehr eigenständige Denk- und Lebensweise ihrer Enkelin Bettina. An dieser Stelle möchte ich durch einige wenige Auszüge aus den drei erwähnten Büchern exemplarisch den vielfachen Einfluss beleuchten, beginnend mit einem Brief aus »Clemens Brentanos Frühlingskranz«, den die junge Bettina, gerade frisch – nach fünf Jahren bei der Großmutter – wieder nach Frankfurt zurückgekehrt, an ihren Bruder Clemens richtet, der um den Ortswechsel gebeten hatte, um seine Schwester »in einen höheren Kreis und Verkehr mit der Welt treten« und den von der Großmutter beförderten Eigensinn zugunsten von mehr Gefälligkeit und Häuslichkeit steuern zu lassen:

> Lieber Clemens,
> ... Das alltägliche Leben ist hier sehr zudringlich, wo nicè bella nicè ingrata mich verfolgt durch die ganze Wüste, in welchem die Gemeinde der Gesellschaft sich versammelt, da wars in Offenbach doch anders, wo ich jeden Tag im Erbrausen der Symphonieen mich konnte verlieren. Die Abendstunden waren lieblich bei der Großmama, wo wir über alten Büchern studierten, dort sind mir oft über Nacht die tiefsten Gedanken eingefallen. Ich hab die höchsten Rollen durchgespielt, mich tief ins Leben hineingedacht, nicht bloß so obenhin, und hab mehr in denen gewaltet und geschaffen in meinem innern Sinn, als in allem Äußern. Ich dachte oft: auf was freust Du Dich denn so sehr?

Die Enge, Kühle und Unruhe des viele Personen zählenden Frankfurter Hauses (nach dem Tod des Vaters vom ältesten Stiefbruder Franz geleitet) stehen im Kontrast zum geistig freien Leben bei der Großmutter:

> ... Dies Lebensbild schrieb ich auf und sagte der Großmama, so sehe es aus in mir; die weite Welt wollte ich durchlaufen und bleib liegen unterm Feigenbaum und warte, dass die Feige mir in den Schoß falle, und vergesse aller Zukunftsgedanken. Der Großmama gefiel dies alles, sie sprach von poetischen Gesichten und Geistergegenden, und die Seele könne oft in ganz andern Klimaten gedeihen als der Leib. Und, sagte sie, wenn man reiset, kommt man in Gegenden, in denen die Seele zu Haus ist, da kommt

man mit ihr zusammen; und lernt erst ihre Persönlichkeit zu verstehen.

Wieder in einem anderen Brief schwärmt Bettina:

> ... im Herbst hat sie ihre Freude dran, wie die roten Blätter der wilden Rebe es (das Brennholz – K.D.) mit Purpur zudecken. Im Frühling regnen die hohen Akazien ihre Blütenblättchen drauf herab, und die Großmutter freut sich sehr daran!
> Ach, was willst Du? – es gibt doch keine edlere Frau wie die Großmutter!

Reichlich fündig werden wir auch diesbezüglich in Bettina von Arnims Buch »Die Günderode«:

> Ach, Günderode, ... Sehnsucht ist inbrünstige Schönheitsliebe. Heute nachmittag brachte der Büri der Großmama ein Buch für mich – Schillers Ästhetik – ich sollt's lesen, meinen Geist zu bilden ...

Einige Zeit später bekommt die gleiche Adressatin folgendes zu lesen:

> ... Meinungen von geistreichen Männern zu hören, was der Großmama ihre Passion ist, das scheint mir leeres Stroh, liebe Großmama – »Du kannst doch nicht leugnen, liebes Kind, dass sie die Welt verstehen und dazu berufen sind, sie zu leiten?« sagte sie gestern. – »Nein, liebe Großmama, mir scheint vielmehr, dass ich dazu berufen bin.« – »Geh, schlaf aus, du bist e närrischs Dingle.« Bei der Großmama wird jetzt abends allerlei Politisches unter den Emigranten verhandelt, da wird die Umwälzung des großen Weltkürbis von allen Seiten versucht, er deucht ihnen angefault. ... Das Haus wird jetzt nicht leer an merkwürdigen Leuten, alle französische Journale werden gelesen und besprochen, ich muß wider Willen Anteil nehmen an ihren Witzen über Hof und Hofstaat, Kostüm,

Livreen, Uniformen, Schmuck und Spitzenbehänge des weiblichen Personals, alles wird durchgemustert ... Ich stehe unter den Disputierenden wie unter einer Traufe; Protestant, Philosoph, Enzyklopädist, Illuminat, Demokrat, Jakobiner, Terrorist, Homme de sang, alles regnet auf mich herab ...

In einem anderen Brief an ihre Freundin ist überliefert:

... Gestern nahm mich die Großmama ins Gebet über meine vermöglichen Fähigkeiten, sie sagt:»Wer den Most nicht fassen kann in Gefäße, der kann ihn nicht bewahren«; da hielt sie mich mit beiden Händen und sah mich groß an, da versprach ich ihr alles; da sagte sie:«Lern doch Latein«, und ich versprach's ihr, aber gleich befiel mich eine frevelige Angst, und mir klopfte das Herz vor Ungeduld, dass sie mich loslassen solle, aber aus Ehrfurcht bleib ich vor ihr stehen, und wie sie sah, dass meine Wangen so brennten, da sagt sie: »Geh hinaus, liebs Mädele, in die Luft, und morgen wollen wir weitersprechen.« – Gleich klettert ich aufs Dach von der Waschküch und erwische so einen Akazienzweig und kletterte hinüber auf den Akazienbaum und hab ihn umhalst und wieder abgebeten, daß ich gesagt hab, ich wollt Latein lernen.
Bettine

Einem weiteren Brief an ihre Freundin können wir vieles über die persönlichen und zugleich politischen Lebensumstände des Ehepaars La Roche entnehmen, die Sophie von La Roche ihren Enkelkindern vermittelte:

... Heut abend mußt ich mit der Großmama spazieren gehen am Kanal im Mondschein. Sie erzählte mir aus ihrer Jugendzeit, wie sie noch mit dem Großpapa in Warthausen beim alten Stadion wohnte und wie der den Großpapa weit lieber gehabt als die ändern Söhne und wie der ihn erzogen hat, gar wunderlich mit großer Sorgfalt. Er ließ ihn als Jüngling von nicht achtzehn Jahren schon eine große und ausgebreitete politische Korrespondenz führen, er gab ihm Briefe von Kaiser und König, von allen Reichsverwesern und Staatsbeamten aller Art zu beantworten, es kamen Verhandlungen über alle mögliche Staatsangelegenheiten vor, Handel, Schiffahrt, alte Anrechte, neue Forderungen, Länderteilung, Verrätereien, Umtriebe, klösterliche Stiftungen, Geldangelegenheiten, kurz alles, was einem großen Staatsminister obliegt, zu untersuchen und zu ordnen, dies alles besprach der Stadion mit ihm, ließ ihn seine Meinung drüber darstellen – Aufsätze darüber machen; dann mit eignem Beifügen von Bemerkungen ließ er diese von ihm ins reine schreiben, Briefe an verschiedne Potentaten schreiben, namentlich führte er die Korrespondenz mit Maria Theresia, zuvörderst über Thronbesteigung, über Mitregentschaft ihres Gemahls, dann über die leere Schatzkammer, dann über die Heereskraft des Landes, über Mißvergnügen des Volks, über die Ansprüche von Bayern an die östreichischen Erblande, und wie die Kurfürsten wollten die Erbfolge der Theresia nicht anerkennen, über den Krieg mit Friedrich dem Zweiten, mit England, Anträge um Hilfsgelder; Briefe an einen französischen General Belle-Isle, dann einen Briefwechsel mit Karl von Lothringen, mit dem Kardinal Fleuri, mit dem östreichischen Feldherrn Fürsten Lobkowitz, dann endlich einen Briefwechsel mit der Marquise de Pompadour, immer im Interesse der Kaiserin; diese letzte Korrespondenz war erst ins Galante und endlich ganz ins Zärtliche übergegangen, es kamen Briefe mit Madrigalen als Antwort, worauf der Großpapa im Namen Stadions wieder in französischer Poesie antworten mußte. Da habe der Großpapa manche Feder zerkaut, und der Stadion habe ihm gelehrt, die Politik mit einfließen zu lassen, und hat Anspielungen machen müssen auf Reize, auf blonde und braune Locken – und dem Stadion ist's häufig nicht zärtlich genug gewesen. Die Antworten sind dann mit großer Freude vom Stadion ihm mitgeteilt worden, besonders wenn sie Empfindlichkeit für des Großpapas Galanterien hatten spüren lassen, da hat der Stadion so gelacht und ihn angewiesen, wie die feinste Delikatesse zu beobachten sei. – Und endlich einmal, als nach der Thronbesteigung der Maria Theresia und ihrer Krönung als Kaiserin die Gratulationen abgefertigt waren, an seinem einundzwanzigsten Geburtstage, da schenkte Stadion dem Laroche einen Schreibtisch, worin er alle seine Briefe, in drei Jahren geschrieben, die er über Land und Meer gegangen wähnte, noch versiegelt wiedergefunden und die Antworten, welche von Stadion selbst erfunden waren und von verschiedenen Sekretären abgeschrieben, dazu, und er sagte ihm, daß er ihn so habe zum Staatsmann bilden wollen. Dies hat den Großpapa erst sehr bestürzt gemacht, dann aber ihn tief gerührt, und hat diese Briefe als ein heilig Merkmal von Stadions großem, liebevollem Geist sich aufbewahrt. Die Großmama hat diese Briefe noch alle und will mir sie schenken. – Sie war gesprächig heut, sie wird alle Tage liebevoller zu mir, sie sagt, mir erzähle sie gern, obschon manches in die Erinnerung zu wecken ihr schwer werde. Sie sprach viel von der Mama, von ihrer Anmut und feinem Herzen, sie sagte: Alles, was ihr Kinder an Schönheit und Geist teilt, das hat eure Mutter in sich vereint; und dann Tränen erstickten ihre Stimme. – Sie legte die Hand auf meinen Kopf, während sie sprach, und als der Mond hinter den Wolken hervorkam, da sagte sie – wie schön dich der Mond beleuchtet, das wär ein schönes Bild zum Malen. – Und ich hatte in demselben Augenblick auch den Gedanken von der Großmama; es war gar wunderlich, wie sie unter einem großen Kastanienbaum mir gegenüberstand am Kanal, in dem der Mond sich spiegelte, mit ihren großen silberweißen Locken ihr ums Gesicht spielend, in dem langen schwarzen Gros-de-Tours-Kleid mit langer Schleppe, noch nach dem früheren Schnitt, der in ihrer Jugendzeit Mode war, lange Taille mit einem breiten Gurt. Ei, wie fein ist doch die Großmama, alle Menschen sehen gemein aus ihr gegenüber; die Leute werfen ihr vor, sie sei empfindsam, das stört mich nicht, im Gegenteil findet es Anklang in mir, und obschon ich manchmal über gar zu Seltsames hab mit den andern lachen müssen, so fühl ich doch eine Wahrheit meistens in allem. – Wenn sie im Garten geht, da biegt sie alle Ranken, wo sie gerne hinmöchten, sie kann keine Unordnung leiden, kein verdorbenes Blatt, ich muß ihr alle Tage die absterbenden Blumen ausschneiden. Gestern war sie lange bei der Geißblattlaube beschäftigt und sprach mit jedem Trieb: »Ei, kleins Ästele, wo willst du hin«, und da flocht sie alles zart ineinander und band's mit roten Seidenfaden ganz lose zusammen, und da darf kein Blatt gedrückt sein, »alles muß fein schnaufen können«, sagte sie – und da brachte ich ihr heute morgen weiße Bohnenblüten und rote, weil ich ihr gestern eine Szene aus ihrem Roman vorgelesen hatte, worin die eine Rolle spielen, sie fand sie auf ihrer Frühstückstasse. Sie ließ sich aus über das frische Rubinrot der Blüte, hielt's gegen's Licht und war ergötzt über die Glut – mir ist's lieb, wenn sie so schwätzt – ich sagt ihr, sie komme mir vor wie ein Kind, das alles zum erstenmal sehe. – »Was soll ich anders als nur ein Kind werden, sind doch alle Lebenszerstreuungen jetzt entschwunden, die dem Kindersinn früher in den Weg traten, so beschreibt das Menschenleben einen Kreis und bezeichnet schon hier, daß es auf die Ewigkeit angewiesen ist«, sagte sie, »jetzt, wo mein Leben vollendet, so gut als mir's der Himmel hat werden lassen – so viel der schönen Blüten sind mir abgeblüht, so viel Früchte gereift, jetzt, wo das Laub abfällt, da bereitet sich der Geist vor auf frische Triebe im nächsten Lebenskreislauf, und da magst du ganz recht ahnen.« – Ach, Günderode, ich will auch erst wieder ein Kind werden, eh ich sterb, ich will einen Kreis bilden, nicht, wie Du willst, recht früh sterben, nein, das will ich nicht, wo ist's schöner als auf der schönen Erde, und dann als Kind, wo's am schönsten ist, wieder hinüber, wo die Sonne untergeht. Die Großmama erzählte auch noch eine schöne Geschichte, die ich Dir hierher schreiben will, weil ich sie nicht gern vergessen möchte, von dem Vater des Stadion, der habe einen Löwen gehabt, der sei zahm gewesen, der habe nachts an seinem Bett geschlafen, da sei er eines Morgens aufgewacht, weil ihn der Löwe gar hart an der Hand leckte, da war er von seiner rauhen Zunge bis aufs Blut geleckt, und dem Löwen hat das Blut sehr gut geschmeckt; der Stadion hat sich nicht getraut, die Hand zurückzuziehen, und hat mit der andern Hand nach einer geladnen Pistol gegriffen, die am Bett hing, und dem Löwen vor dem Kopf abgedrückt. – Und als die Leut auf den Lärm hereingedrungen waren zu ihrem Herrn, da hat der Stadion über dem toten Löwen gelegen und ihn umhalst und ihn ganz starr angesehen und hat einen großen Schrei getan: »Ich hab meinen besten Freund gemordet«, und da hat er sich mehrere Tage in sein Zimmer eingeschlossen, weil es ihn so sehr gekränkt hatte. – Ach, ich hätte dies Tier lieber nicht umgebracht und hätt auf seine Großmut gebaut, ob der Löwe mich gefressen hätt, ich glaub's noch nicht, und mir wär lieber gewesen, die Geschichte wär nicht so ausgegangen. – Sie erzählte noch manches von ihm, was seine große Gegenwart des Geistes bewies, und sprach so weise über diese große Eigenschaft, daß ich ganz versunken war im Zuhören; sie sagte, daß die Menschen als lang sich abmühen, was Genie sei, sie kenne kein größeres Genie als in dieser Macht über sich selber, und daß die endlich über alles sich ausbreite, da man alles beherrschen könne, wenn man sich selber nicht mit Zaum und Gebiß durchgehe, »wie du, kleines Mädele«, sagte sie zu mir, »so steil hinansprengst mit den Füßen wie mit dem Geist und der Großmama Schwindel machst«; – und wenn je große Herrscher gewesen, so wären sie durch diese Geisteskraft allein hervorgebildet worden, die sie in einem früheren Leben genötigt waren zu üben. – Die Großmama glaubt, die Seele, das Wesen des Menschen gehe aus einem Geistessamen in ein ander Leben über, dieser Same sei, was er während einem Leben in sich reife, und dann sich durch allmähliche Erkenntnis, durch geübtere Fähigkeiten immer in höhere Sphären zeuge. Dann erzählte sie mir von dem Ahnherrn unseres Großvaters, der im Dreißigjährigen Krieg sei auf dem Schlachtfeld gefunden, bei Tuttlingen, wo die Franzosen eine große Niederlage erlitten, als Fahnenjunker die Fahne um den Leib gewickelt und die Stange durch Brust und Leib gestoßen und eingehauen, und sein Bruder auch tot über ihm gelegen, der hat die Fahne schützen wollen und mit seinem Leben bezahlt; sie waren in französischen Diensten, das hat der große Conde gesehen und gesagt: ferme comme une roche, da sie sonst Frank von Frankenstein geheißen, so haben sie jetzt sich genannt Laroche, weil der König der Witwe seines Bruders, der auch in jenem Gefecht geblieben, ein Landgut im Elsaß geschenkt hat und ihnen drei Fahnen zu dem Fels ins Wappen gegeben. Über diese letzte Geschichte hab ich meine eignen Betrachtungen angestellt; eine so einfache und doch so große Handlung hab ich mir im Geist dargelegt, er war Fahnenjunker, dieser Ahne von mir, und haben eine unsterbliche Tat getan, beide Brüder, indem sie die Fahne, zu der sie geschworen, treu verteidigten, und ließen ihr Leben dafür. Da der Junker die Fahne sich um den Leib gebogen und so den Tod fand, so schützte sie sein Bruder, der Wachtmeister war, noch im Tod mit seinem Leib, und retteten dem Heer die Fahne des Conde, daß sie nicht als Siegeszeichen in die Hände des kaiserlichen Tilly komme, obschon sie von Geburt Deutsche waren. – Ein Schwur muß doch Erwecker einer großen Kraft im Menschen sein, und die gewaltiger ist wie das irdische Leben. – Ich glaub, alles, was gewaltiger ist wie das irdische Leben, macht den Geist unsterblich. – Ein Schwur ist wohl eine Verpflichtung, eine Gelobung, das Zeitliche ans Geistige, ans Unsterbliche zu setzen – da hab ich's gefunden, was ich mein, was der innerste Kern unserer schwebenden Religion sein müßt. – Ein jeder muß ein inneres Heiligtum haben, dem er schwört, und wie jener Fahnenjunker sich als Opfer in ihm unsterblich machen – denn Unsterblichkeit muß das Ziel sein, nicht der Himmel, den mag ich denken, wie ich will, so macht er mir Langeweile, und seine Herrlichkeit und Genuß lockt mich nicht, denn die wird man satt, aber Aufopferung und Not, die wird man nicht müde. – Und im Glück, im Genuß wird der Mensch nicht wachsen, in dem will er immer stille stehen. Und was ist denn das wahre, das einzige Fünklein Glück, was von dem großen Götterherd herübersprüht ins Leben? – Das ist Gefühl, daß Bedrängnis das Feuer aus dem Stahl im Blut schlägt, ja, das ist's allein; – die geheime innerliche Überzeugung der lebendigen Mitwirkung aller Kräfte, daß alles tätig und rasch sei in uns, einzugreifen mit dem Geist und die eigne irdische Natur wie ihr Besitztum und alles dranzusetzen. – Nun wohl, geistige Kraft, die die irdische zum eignen Dienst verwendet, die ist das einzige menschliche Glück. – Ja, ich glaub, Besitz ist nur insofern Glücksgüter zu nennen, als sie uns gegeben sind, damit wir sie verleugnen können um der höheren Bedürfnisse der inneren Menschheit willen. – Dies Verleugnen, dies Dahingeben, daß es durch jene Glücksgüter in die Hand gegeben ist, uns über sie hinauszuschwingen, das deucht mir göttliche Gabe, ach! ach! die lassen wir aber fallen; wir lassen die Begeisterung, die im Göttertrank des Glücks unsre Sinne durchrauschen dürfte – und fürchten uns davor, und wenn wir schon lüstern wären, doch deucht es gefährlich, wie ein Gott trunken den Becher in die Weite hinzuschleudern, wenn er ausgetrunken ist. – Merk's, zu unserer schwebenden Religion gehört das auch, daß wir den Wein den Göttern trinken und trunken die Neige mitsamt dem Becher in den Strom der Zeiten schleudern. – So ist's, sonst weiß ich nichts, was glücklich wär zu preisen, als nur tatenfroh immer Neues schaffen und nimmer mit Argusaugen Altes bewachen. – Außerdem wüßt ich nichts, was mich anfechte, was ich möcht sein oder haben, als nur mit meinem Geist durchdringen. – Von mir soll niemand hören, ich sei unglücklich, mag's gehen wie's will, und was mir begegnet im Lebensweg, das nehm ich auf mich, als sei's von Gott mir auferlegt.

Dieser Brief ist so typisch für Bettina und noch lange nicht zu Ende, sie steigert sich – allein angeregt durch das Zusammensein mit der Großmutter – in eine große Schwärmerei über den Widerhall ihrer Gefühle.

In einem neuerlichen Brief an ihre Freundin heißt es:

Sophie von La Roche

... Die Großmama war mir sehr freundlich, wir sprachen von Dir, sie will, daß Du sie besuchst, wenn Du zurückkehrst. Ich sagte ihr, daß ich, wenn sie es erlaube, nach Marburg gehen werde mit der Meline, diese kleine Ehrfurchtsbezeugung, um ihre Einwilligung zu bitten, schmeichelte ihr sehr, sie gab mir ihren besten Segen dazu, nannte mich »Tochter ihrer Max, Kindele, Mädele«, ringelte mein Haar, während sie sprach, erzählte im schwäbischen Dialekt, was sie nur in heiterer Weichherzigkeit tut und einem Ehrfurcht mit ihrer Liebenswürdigkeit einflößt, ihr Bezeigen war mir auffallend, da ich vor vier Tagen sie so tief verletzt, beinah erbittert fand über die Schmach, die ihrem gütigen Herzen widerfahren war. – Sie zeigte mir ein Wappen in Glas gemalt in einem prächtigen silbernen Rahmen mit goldnem Eichelkranz, worum in griechischer Sprache geschrieben steht: Alles aus Liebe, sonst geht die Welt unter, es ist dem Großpapa von der Stadt Trier geschenkt worden, weil er als Kanzler in trierischen Diensten sich gegen den Kurfürsten weigerte, eine Abgabe, die er zu drückend fand, dem Bauerstand aufzulegen; als er kein Gehör fand, nahm er lieber seinen Abschied, als seinen Namen unter eine unbillige Forderung zu schreiben; so kamen ihm die Bauern mit Bürgerkronen entgegen in allen Orten, wo er durchkam, und in Speier hatten sie sein Haus von innen und außen geschmückt und illuminiert zu seinem Empfang. Die Großmama erzählte noch so viel vom Stadionischen Haus, worin sie so lang mit dem Großpapa lebte, wenn ich's nur alles behalten hätt, doch vergeß ich die Beschreibung ihrer Wasserfahrten nicht auf dem See von Lilien, wo immer ein Nachen vorausfuhr, um in dem Wald von Wasserpflanzen eine Wasserstraß mit der Sense zu mähen, wie da von beiden Seiten die Schilfe und Blumen über den Kahn herfielen und die Schmetterlinge – und alles weiß sie noch, als wenn es heut geschehen wär.

Und an anderer Stelle dieses Briefes:

... Die Großmama besitzt noch eine Korrespondenz, wo mehrere Briefe von des Kurfürsten eigner Hand dabei sind, mit den Abschriften vom Großvater; – der Großvater hatte ein Buch gegen das Mönchswesen geschrieben, was gar viel Aufsehen in damaliger Zeit machte, ins Französische übersetzt wurde, das hat mir die Großmama geschenkt; es war die erste Veranlassung zur Unzufriedenheit zwischen dem Kurfürsten und ihm, weil darin so viel Skandal der Mönche aufgedeckt ist ...

Immer noch im gleichen Brief erscheint eine weitere von der Großmutter berichtete wesentliche Begebenheit:

... Der Großvater schrieb noch in einem andern Brief an den Kurfürst über den Mißbrauch der vielen Feiertage und Verehrung der Heiligen, er wollte, daß eine reinere Grundlage eine verbesserte Religion sei. – Statt so viel Heiligengeschichten und Wundertaten und Reliquien, alle Großtaten der Menschen zu verehren, ihre edlen Zwecke, ihre Opfer, ihre Irrungen auf der Kanzel begreiflich zu machen, sie nicht in falschem, sondern im wahren Sinn auszulegen, kurz, die Geschichte und die Bedürfnisse der Menschheit als einen Gegenstand notwendiger Betrachtung dem Volk deutlich zu machen sei besser, als sie alle Sonntagnachmittag mit Brüderschaften verbringen, wo sie sinnlose Gebetverslein und sonst Unsinn ableierten; – und schlägt dem Kurfürst vor, statt all dieses mattherzige, zeitversündigende Wesen unter seinen Schutz zu nehmen, so soll er doch lieber eine Brüderschaft stiften, wo den Menschen der Verstand geweckt werde, statt sie zu Idioten zu bilden durch sinnlose Übungen; da könne er ihnen mit besserem Gewissen Ablaß der Sünden versprechen, denn die Dummheit könne Gott weder in dieser noch in der andern Welt brauchen; aber Gott sei ein besserer Haushalter wie der Kurfürst, der lasse den gesunden Geist in keinem zugrunde gehen, aber in jener Welt könne nichts leben als der Geist, das übrige bleibe und gehöre zur Petrefaktion der Erde.

Sophie von La Roche

Auch der junge Goethe verkehrte sehr gern in dem großzügigen und geistig anregenden, geselligen Haus der La Roches. Sein mehr als nur Geneigtsein zur Tochter Maximiliane blieb leider unerwidert, hatte aber dennoch Folgen für sein Nachdenken und Schreiben, bezogen auf seinen »Werther«. Im dreizehnten Buch des dritten Teils von »Dichtung und Wahrheit« können wir heute sehr genau nachlesen, wie gern sich Goethe auf den Weg zu den La Roches machte und was und wer ihn dort erwartete:

> Mit Merck war verabredet, dass wir uns zur schönen Jahreszeit in Koblenz bei Frau von La Roche treffen wollten. Ich hatte mein Gepäck nach Frankfurt, und was ich unterwegs brauchen könnte, durch eine Gelegenheit die Lahn hinunter gesendet und wanderte nun diesen schönen, durch seine Krümmungen lieblichen, in seinen Ufern so mannigfaltigen Fluß hinunter, dem Entschluß nach frei, dem Gefühle nach befangen, in einem Zustande, in welchem uns die Gegenwart der stummlebendigen Natur so wohltätig ist. ... Nach einer so angenehmen Wanderung von einigen Tagen gelangte ich nach Ems, wo ich einige Male des sanftigen Bades genoß und sodann auf einem Kahne den Fluß hinabwärts fuhr. Da eröffnete sich mir der alte Rhein; die schöne Lage von Oberlahnstein entzückte mich; über alles aber herrlich und majestätisch erschien das Schloß Ehrenbreitstein, welches in seiner Kraft und Macht, vollkommen gerüstet, dastand. In höchst lieblichem Kontrast lag an seinem Fuß das wohlgebaute Örtchen, Thal genannt, wo ich mich leicht zu der Wohnung des Geheimrats von La Roche finden konnte. Angekündigt von Merck, ward ich von dieser edlen Familie sehr freundlich empfangen und geschwind als ein Glied derselben betrachtet. Mit der Mutter verband mich mein belletristisches und sentimentales Streben, mit dem Vater ein heiterer Weltsinn und mit den Töchtern meine Jugend.
> Das Haus, ganz am Ende des Thales, wenig erhöht über dem Fluß gelegen, hatte die freie Aussicht den Strom hinabwärts. Die Zimmer waren hoch und geräumig, und die

Sophie von La Roche

Wände galerieartig mit aneinander stoßenden Gemälden behangen. Jedes Fenster, nach allen Seiten hin, machte den Rahmen zu einem natürlichen Bilde, das durch den Glanz einer milden Sonne sehr lebhaft hervortrat; ich glaubte nie so heitere Morgen und so herrliche Abende gesehen zu haben.

Nicht lange war ich allein der Gast im Hause. Zu dem Kongreß, der hier teils im artistischen, teils im empfindsamen Sinne gehalten werden sollte, war auch Leuchsenring beschieden, der von Düsseldorf heraufkam. Dieser Mann von schönen Kenntnissen in der neueren Litteratur, hatte sich auf verschiedenen Reisen, besonders aber bei einem Aufenthalte in der Schweiz, viele Bekanntschaften und, da er angenehm und einschmeichelnd war, viele Gunst erworben. Er führte mehrere Schatullen bei sich, welche den vertrauten Briefwechsel mit mehreren Freunden enthielten: denn es war überhaupt eine so allgemeine Offenherzigkeit unter den Menschen, dass man mit keinem einzelnen sprechen oder an ihn schreiben konnte, ohne es zugleich als an mehrere gerichtet zu betrachten. Man spähte sein eigen Herz aus und das Herz des andern.

Des Weiteren lässt sich Goethe über die Verdienste von La Roche aus, insbesondere im Hinblick auf dessen damals Aufsehen erregende »Briefe über das Mönchswesen«, um dann sogleich fortzufahren:

Wenn sich aber Herr von La Roche gegen alles, was man Empfindung nennen könnte, auflehnte, und wenn er selbst den Schein derselben entschieden von sich abhielt, so verhehlte er doch nicht eine väterlich zarte Neigung zu seiner ältesten Tochter, welche freilich nicht anders als liebenswürdig war: eher klein als groß von Gestalt, niedlich gebaut; eine freie, anmutige Bildung, die schwärzesten Augen und eine Gesichtsfarbe. Die nicht reiner und blühender gedacht werden konnte. Auch sie liebte ihren Vater und neigte sich zu seinen Gesinnungen. Ihm, als thätigem Geschäftsmann, war die meiste Zeit durch

Berufsarbeiten weggenommen, und weil die einkehrenden Gäste eigentlich durch seine Frau und nicht durch ihn angezogen wurden, so konnte ihm die Gesellschaft wenig Freude geben. Bei Tische war er heiter, unterhaltend und suchte wenigstens seine Tafel von der empfindsamen Würze frei zu halten.

Wer die Gesinnungen und die Denkweise der Frau von La Roche kennt – und sie ist durch ein langes Leben und viele Schriften einem jeden Deutschen ehrwürdig bekannt geworden –, der möchte vielleicht vermuten, dass hieraus ein häusliches Missverhältnis hätte entstehen müssen. Aber keineswegs! Sie war die wunderbarste Frau, und ich wüsste ihr keine andere zu vergleichen. Schlank und zartgebaut, eher groß als klein, hatte sie bis in ihre höheren Jahre eine gewisse Eleganz der Gestalt, sowohl als des Betragens zu erhalten gewusst, die zwischen dem Benehmen einer Edeldame und einer würdigen, bürgerlichen Frau gar anmutig schwebte. Im Anzuge war sie sich mehrere Jahre gleich geblieben. Ein nettes Flügelhäubchen stand dem kleinen Kopfe und dem feinen Gesichte gar wohl, und die braune oder graue Kleidung gab ihrer Gegenwart Ruhe und Würde. Sie sprach gut und wusste dem, was sie sagte, durch Empfindung immer Bedeutung zu geben. Ihr Betragen war gegen jedermann gleich. Allein durch dieses alles ist noch nicht das Eigenste ihres Wesens ausgesprochen; es zu bezeichnen ist schwer. Sie schien an allem teilzunehmen, aber im Grunde wirkte nichts auf sie. Sie war mild gegen alles und konnte alles dulden, ohne zu leiden; den Scherz ihres Mannes, die Zärtlichkeit ihrer Freunde, die Anmut ihrer Kinder, alles erwiderte sie auf gleiche Weise, und so blieb sie immer sie selbst, ohne dass ihr in der Welt durch Gutes und Böses, oder in der Litteratur durch Vortreffliches und Schwaches wäre beizukommen gewesen. Dieser Sinnesart verdankt sie ihre Selbständigkeit bis in ein hohes Alter, bei manchen traurigen, ja kümmerlichen Schicksalen. Doch um nicht ungerecht zu sein, muß ich erwähnen, dass ihre beiden Söhne, damals Kinder von blendender Schönheit, ihr manchmal einen Ausdruck ablockten, der sich von demjenigen unterschied, dessen sie sich zum täglichen Gebrauch bediente.

So lebte ich in einer neuen, wundersam angenehmen Umgebung eine Zeitlang fort, bis Merck mit seiner Familie herankam. Hier entstanden sogleich neue Wahlverwandtschaften: denn indem die beiden Frauen sich einander näherten, hatte Merck mit Herrn von La Roche als Welt- und Geschäftskenner, als unterrichtet und gereist, nähere Berührung. Der Knabe gesellte sich zu den Knaben, und die Töchter fielen mir zu, von denen die älteste mich gar bald besonders anzog. Es ist eine sehr angenehme Empfindung, wenn sich eine neue Leidenschaft in uns zu regen anfängt, ehe die alte noch ganz verklungen ist. So sieht man bei untergehender Sonne gern auf der entgegengesetzten Seite den Mond aufgehen und erfreut sich an dem Doppelglanze der beiden Himmelslichter.

Ein paar Seiten weiter nähert sich Goethe den Entstehungsbedingungen seines »Werthers«, vor allem setzt er sich mit dem Thema Selbstmord auseinander:

Diese einzige That schien mir nachahmungswürdig, und ich überzeugte mich, dass, wer nicht hierin handeln könne wie Kaiser Otho, sich nicht erlauben dürfe, freiwillig aus der Welt zu gehen. Durch diese Überzeugung rettete ich mich nicht sowohl von dem Vorsatz als von der Grille des Selbstmordes, welche sich in jenen herrlichen Friedenszeiten bei einer müßigen Jugend eingeschlichen hatte. Unter einer ansehnlichen Waffensammlung besaß ich auch einen kostbaren, wohlgeschliffenen Dolch. Diesen legte ich mir jederzeit neben das Bette, und ehe ich das Licht auslöschte, versuchte ich, ob es mir wohl gelingen möchte, die scharfe Spitze ein paar Zoll tief in die Brust zu senken. Da dieses aber niemals gelingen wollte, so lachte ich mich zuletzt selbst aus, warf alle hypochondrischen Fratzen hinweg und beschloß, zu leben. Um dies aber mit Heiterkeit thun zu können, mußte ich eine dichterische

Aufgabe zur Ausführung bringen, wo alles, was ich über diesen Punkt empfunden, gedacht und gewähnt, zur Sprache kommen sollte. Ich versammelte hierzu die Elemente, die sich schon ein paar Jahre in mir herumtrieben, ich vergegenwärtigte mir die Fälle, die mich am meisten gedrängt und geängstigt; aber es wollte sich nichts gestalten: es fehlte mir eine Begebenheit, eine Fabel, in welcher sie sich verkörpern könnten.

Auf einmal erfahre ich die Nachricht von Jerusalems Tode, und unmittelbar nach dem allgemeinen Gerüchte sogleich die genaueste und umständlichste Beschreibung des Vorganges, und in diesem Augenblick war der Plan zu Werther gefunden, das Ganze schoß von allen Seiten zusammen und ward eine solide Masse, wie das Wasser im Gefäß, das eben auf dem Punkte des Gefrierens steht, durch die geringste Erschütterung sogleich in ein festes Eis verwandelt wird. Diesen seltsamen Gewinn festzuhalten, ein Werk von so bedeutendem und mannigfaltigem Inhalt mir zu vergegenwärtigen und in allen seinen Teilen auszuführen, war mir um so angelegener, als ich schon wieder in eine peinliche Lage geraten war, die noch weniger Hoffnung ließ, als die vorigen, und nichts als Unmut, wo nicht Verdruß weissagte.

Es ist immer ein Unglück, in neue Verhältnisse zu treten, in denen man nicht hergekommen ist, wir werden oft wider unseren Willen zu einer falschen Teilnahme gelockt, uns peinigt die Halbheit solcher Zustände, und doch sehen wir weder ein Mittel, sie zu ergänzen, noch ihnen zu entsagen.

Frau von La Roche hatte ihre älteste Tochter nach Frankfurt verheiratet, kam oft, sie zu besuchen, und konnte sich nicht recht in den Zustand finden, den sie doch selbst ausgewählt hatte. Anstatt sich darin behaglich zu fühlen oder zu irgend einer Veränderung Anlaß zu geben, erging sie sich in Klagen, so daß man wirklich denken mußte, ihre Tochter sei unglücklich, ob man gleich, da ihr nichts abging und ihr Gemahl ihr nichts verwehrte, nicht wohl einsah, worin das Unglück eigentlich bestün-

Sophie von La Roche

de. Ich war indessen in dem Hause gut aufgenommen und kam mit dem ganzen Zirkel in Berührung, der aus Personen bestand, die teils zur Heirat beigetragen hatten, teils derselben einen glücklichen Erfolg wünschten.

... Mein früheres Verhältnis zur jungen Frau, eigentlich ein geschwisterliches, ward nach der Heirat fortgesetzt, meine Jahre sagten den ihrigen zu, ich war der einzige in dem ganzen Kreise, an dem sie noch einen Widerklang jener geistigen Töne vernahm, an die sie von Jugend auf gewöhnt war. Wir lebten in einem kindlichen Vertrauen zusammen fort, und ob sich gleich nichts Leidenschaftliches in unseren Umgang mischte, so war er doch peinigend genug, weil sie sich auch in ihre neue Umgebung nicht zu finden wusste und, obwohl mit Glücksgütern gesegnet, aus dem heiteren Thal Ehrenbreitstein und einer fröhlichen Jugend in ein düster gelegenes Handelshaus versetzt, sich schon als Mutter von einigen Stiefkindern benehmen sollte. In soviel neue Familienverhältnisse war ich ohne wirklichen Anteil, ohne Mitwirkung eingeklemmt. War man miteinander zufrieden, so schien sich das von selbst zu verstehen; aber die meisten Teilnehmer wendeten sich in verdrießlichen Fällen an mich, die ich durch eine lebhafte Teilnahme mehr zu verschlimmern als zu verbessern pflegte. Es dauerte nicht lange, so wurde mir dieser Zustand ganz unerträglich, aller Lebensverdruß, der aus solchen Halbverhältnissen hervorzugehen pflegt, schien doppelt und dreifach auf mir zu lasten, und es bedurfte eines neuen, gewaltsamen Entschlusses, mich auch hiervon zu befreien.

Jerusalems Tod, der durch die unglückliche Neigung zu der Gattin eines Freundes verursacht ward, schüttelte mich aus dem Traum, und weil ich nicht bloß mit Beschaulichkeit das, was mir im Augenblicke selbst widerfuhr, mich in leidenschaftliche Bewegung setzte, so konnte es nicht fehlen, dass ich jener Produktion, die ich eben unternahm, alle die Glut einhauchte, welche keine Unterscheidung zwischen dem Dichterischen und dem Wirklichen zulässt. Ich hatte mich äußerlich völlig isoliert, ja, die Besuche meiner Freunde verbeten, und so legte ich auch innerlich alles beiseite, was nicht unmittelbar hierher gehörte. Dagegen faßte ich alles zusammen, was einigen Bezug auf meinen Vorsatz hatte, und wiederholte mir mein nächstes Leben, von dessen Inhalt ich noch keinen dichterischen Gebrauch gemacht hatte. Unter solchen Umständen, nach so langen und vielen geheimen Vorbereitungen, schrieb ich den Werther in vier Wochen, ohne dass ein Schema des Ganzen oder die Behandlung eines Teils irgend vorher wäre zu Papier gebracht gewesen.

... Ich fühlte mich, wie nach einer Generalbeichte, wieder froh und frei und zu einem neuen Leben berechtigt. Das alte Hausmittel war mir diesmal vortrefflich zu statten gekommen. Wie ich mich nun aber dadurch erleichtert und aufgeklärt fühlte, die Wirklichkeit in Poesie verwandelt zu haben, so verwirrten sich meine Freunde daran, indem sie glaubten, man müsse die Poesie in Wirklichkeit verwandeln, einen solchen Roman nachspielen und sich allenfalls selbst erschießen: und was hier im Anfang unter wenigen vorging, ereignete sich nachher im großen Publikum, und dieses Büchlein, was mir so viel genützt hatte, ward als höchst schädlich verrufen.

Ja, Sophie von La Roche gehörte zu denjenigen, die dem 1774 erschienenen Buch »Die Leiden des jungen Werthers« (das ohne ihre »Sternheim« undenkbar ist) nicht viel Begeisterung abgewinnen konnte, im Gegenteil, sie lehnte das Buch auf Grund seines Selbstmordendes moralisch ab. Nach dem damals gängigen Verständnis verbat es sich, »so zu sündigen mit Vorsatz gegen das Gebot der ewigen Natur, welche Selbsterhaltung fordert« – wie Friedrich Creuzer seine verstoßene Geliebte Karoline von Günderrode 1805, leider ohne Erfolg, ermahnte. Ähnlich ablehnend verhielt sich Sophie von La Roche gegenüber den »Räubern« des 22-jährigen Schiller, die 1782 in Mannheim Begeisterungsstürme auslösten. Ihrem Freund Johann Georgi Jacobi bekennt sie 1784: »... Denn ach! Heftigkeit macht selbst das Beste widerlich. Ich sah dieses mit

Schmerz aus den Arbeiten und Beschäftigungen vortrefflicher Menschen hervorkommen. Ich preise den Himmel, der Sie nach Freiburg führt, weil in dem fürchterlichen Vorgang, welchen das Schauspiel ›Die Räuber‹ unter den Studierenden hervorbrachte, Beweis von der Empfänglichkeit und Stärke ihrer Einbildung ist, welche unter der Leitung des edlen Genius meines Freundes Jacobi auf den schönen Weg edler Gefühle und edlen Denkens kommen wird ...« Sie schätzte Goethe und Schiller und ihre auffallenden Talente, aber deren gänzlich neue Art, menschliche Konflikte tiefer, radikaler, realistischer, Mord und Selbstmord nicht mehr tabuisierend, auch sprachlich mit »Sturm und Drang« revoltierend, zu gestalten, widersprach ihrer Empfindsamkeit, zu leben und zu schreiben. Langfristig gingen beide Seiten auf Distanz zueinander.

Nichtsdestotrotz, die jungen Goethe und Schiller verehrten die La Roche und ihr »Fräulein von Sternheim«, denn erstmals hatte die Literatur ein Mensch mit großer Seele und einem individuellen Gesicht, der nicht nur nach einem selbstbestimmten Leben lechzt, sondern es gegen widerwärtigste Schicksalsschläge verwirklicht, betreten. Die Geschichte der Sternheim könnte man so zusammenfassen: Tugendhaft und natürlich erzogen, muss die junge Sternheim nach dem Tod der Eltern zu ihrer adligen Tante ziehen. Diese führt sie am Fürstenhofe ein, wo Eitelkeit und Verstellung herrschen. Sophie soll Mätresse des Fürsten werden, und auch der skrupellose Lord Derby macht sich an sie heran, während der edle und sensible Lord Seymour seine Zuneigung zu ihr verbirgt und sich zurückzieht. Doch Sophie durchsteht alle Schwierigkeiten und Versuchungen, darunter eine Scheinhochzeit, Verschleppung und Geiselhaft, um am Ende mit Lord Seymour glücklich zu werden. Die Sternheim zerbricht nicht an den Unbilden der höfischen Gesellschaft, sie behauptet sich einfallsreich, kämpferisch, mutmachend. Sophie von Sternheim ist eine »Tugend« ausübende, heute würden wir sagen, eine sozial engagierte Frau. Sie kümmert sich beispielsweise um öffentliche Schulen für arme Mädchen, Menschen außerhalb adliger Höfe. Reichtum, Macht und hohle höfische Konventionen und Rituale widersprechen ihren Maßstäben, sie schafft andere, antihöfische Werte. Damit ist ein neues, kraftvolles Frauen-, ja Menschenideal in die Welt gesetzt.

Die folgenden vier Textauszüge veranschaulichen das eigenständige Denken und Handeln einer – zu guter Letzt – glücklich verheirateten, aber gleichwohl unabhängigen Frau in einer auf »tugendvoller« Arbeit beruhenden Gemeinschaft ohne Armut. Welch hohe Utopie!

Der Roman, in Briefform verfasst, wechselt auch in die Form eines Tagebuches:

Fräulein von Sternheim als Madam Leidens an Emilia

Erst den zehnten Tag meines Hierseins schreibe ich Ihnen, meine schwesterliche Freundin! Bisher konnte ich nicht; meine Empfindungen waren zu stark und zu wallend, um den langsamen Gang meiner Feder zu ertragen. Nun haben mir Gewohnheit und zween heitere Morgen, und die Aussicht in die schönste und freieste Gegend das Maß von Ruhe wiedergegeben, das nötig war, um mich ohne Schwindel und Beängstigung die Stufen betrachten zu lassen, durch welche mein Schicksal mich von der Höhe des Ansehens und Vorzugs heruntergeführt hat. Meine zärtlichsten Tränen flossen bei der Erinnerung meiner Jugend und Erziehung; Schauer überfiel mich bei dem Gedanken an den Tag, der mich nach D. brachte, und ich eilte mit geschlossenen Augen bei der folgenden Szene vorüber. Nur bei dem Zeitpunkte meiner Ankunft in Ihrem Hause verweilte ich mit Rührung; denn nachdem mir das Verhängnis alles geraubt hatte, so war ich um so viel aufmerksamer auf den Zufluchtsort, den ich mir gewählt hatte, und auf die Aufnahme, die ich da fand. Zärtliches Mitleiden war in dem Gesichte meiner treuen Emilia, Ehrfurcht und Freundschaft in dem von ihrem Manne gezeichnet; ich sah, daß sie mich unschuldig glaubten, und mein Herz bedauerten; ich konnte sie als Zeugen meiner Unschuld und Tugend ansehen. Oh, wie erquickend war dieser Gedanke für meine gekränkte Seele! Meine Tränen des ersten Abends waren der Ausdruck des Danks für den Trost, den mich Gott in der treuen Freundschaft meiner Emilia hatte finden lassen. Der zweite Morgen war hart durch die wiederholte Erzählung aller Umstände meiner jammervollen Geschichte. Die Betrachtungen und Vorstellungen Ihres Mannes trösteten mich, noch mehr aber meine Spaziergänge in ihrem Hause, der armen, übelgebauten Hütte, worin mit Ihnen alle Tugenden unsers Geschlechts, und mit ihrem Manne alle Weisheit und Verdienste des seinigen wohnen. Ich aß mit Ihnen, ich sah Sie bei Ihren Kindern; sah die edle Genügsamkeit mit Ihrem kleinen Einkommen, Ihre zärtliche mütterliche Sorgen, die vortreffliche Art, mit der Ihr Mann seine arme Pfarrkinder behandelt. Dieses, meine Emilia, goß den ersten Tropfen des Balsams der Beruhigung in meine Seele. Ich sahe Sie, die in ihrem ganzen Leben alle Pflichten der Klugheit und Tugend erfüllet hatten, mit Ihrem hochachtungswürdigen Manne und fünf Kindern unter der Last eines eisernen Schicksals, ohne daß Ihnen das Glück jemals zugelächelt hätte; Sie ertrugen es mit der rühmlichsten Unterwerfung; und ich! ich sollte fortfahren über mein selbstgewebtes Elend gegen das Verhängnis zu murren? Eigensinn und Unvorsichtigkeit hatten mich, ungeachtet meiner redlichen Tugendliebe, dem Kummer, und der Verächtlichkeit entgegengeführt; ich hatte vieles verloren, vieles gelitten; aber sollte ich deswegen das genossene Glück meiner ersten Jahre vergessen, und die vor mir liegende Gelegenheit, Gutes zu tun, mit gleichgültigem Auge betrachten, um mich allein der Empfindlichkeit meiner Eigenliebe zu überlassen? Ich kannte den ganzen Wert alles dessen, was ich verloren hatte; aber meine Krankheit und Betrachtungen zeigten mir, daß ich noch in dem wahren Besitz der wahren Güter unsers Lebens geblieben sei.

Mein Herz ist unschuldig und rein; die Kenntnisse meines Geistes sind unvermindert; die Kräfte meiner Seele und meine guten Neigungen haben ihr Maß behalten; und ich habe noch das Vermögen, Gutes zu tun. Meine Erziehung hat mich gelehrt, daß Tugend und Geschicklichkeiten das einzige wahre Glück, und Gutes tun, die einzige wahre Freude eines edlen Herzens sei; das Schicksal aber hat mir den Beweis davon in der Erfahrung gegeben.

Ich war in dem Kreise, der von großen und glänzenden Menschen durchloffen wird; nun bin ich in den versetzt, den mittelmäßiges Ansehen und Vermögen durchwandelt, und grenze ganz nahe an den, wo Niedrigkeit und Armut die Hände sich reichen. Aber so sehr ich nach den gemeinen Begriffen vom Glück gesunken bin, so viel Gutes kann ich in diesen zween Kreisen ausstreuen. Meine reiche Frau Hills laß ich durch meinen Umgang und meine Unterredungen das Glück der Freundschaft und der Kenntnisse genießen. Meinen armen Mädchen gebe ich das Vergnügen, geschickt und wohlunterrichtet zu werden, und zeige ihnen eine angenehme Aussicht in ihre künftigen Tage.

Madam Hills hat mir ein artiges Zimmer, wovon zwei Fenster ins Feld gehen, eingeräumt; von da geh ich in ihren Saal, der für die Unterrichtsstunden meiner dreizehn Mädchen bestimmt ist. Sie ernährt und kleidet sie, schafft Bücher und Arbeitsvorrat an; nicht eine Stunde versäumt sie, und hört meinen Unterricht mit vieler Zufriedenheit; manchmal vergießt sie Tränen, oder drückt mir die Hände, und wohl zwanzigmal nickt sie mir den freundlichsten Beifall zu. So oft es geschieht, fällt ein Strahl von Freude in mein Herz. Es ist angenehm um sein selbst willen geliebt zu werden! Und nun hab ich einen Gedanken, Emilia; aber Ihr Mann muß mir ihn ausarbeiten helfen.

Madam Hills hat eine Art von Stolz, aber er ist edel und wohltätig. Sie möchte ihr großes Vermögen zu einer ewig daurenden Stiftung verwenden; aber sie sagt, es müßte eine Stiftung sein, die ganz neu wäre, und die ihr Ehre und Segen brächte; und sie will, daß ich auf etwas sinne. – – Könnte itzt nicht meine kleine Mädchenschule der Anlaß dazu werden, ein Gesindhaus zu stiften, worin arme Mädchen zu guten und geschickten Dienstmädchen gezogen würden? Ich wollte an meinen dreizehn Schülerinnen die Probe machen, und teilte sie nach der Anlage von Geist und Herzen in Klassen.

1. Sanfte, gutherzige Geschöpfe bildete ich zu Kinderwärterinnen;
2. die Anlage zu Witz, und geschickte Finger zur Kammerjungfer;
3. nachdenkende und fleißige Mädchen zu Köchinnen und Haushälterinnen; und
4. die letzte Klasse von dienstfähigen zu Haus-, Küchen- und Gartenmägden. –

Dazu muß ich nun ein schickliches Haus mit einem Garten haben; einen vernünftigen Geistlichen, der sie die Pflichten ihres Standes kennen und lieben lehrte; und dann wackere und wohldenkende arme Witwen, oder betagte ledige Personen, die den verschiedenen Unterricht in Arbeiten besorgten.

Diese Idee beschäftiget mich genug, um dem vergangenen schmerzhaften Teil meines Lebens das meiste meines Nachdenkens zu entziehen, und über meinen bittern Kummer den süßen Trost zu streuen, daß ich die Ursache so vieler künftigen Wohltaten werden könnte. Aber hierbei fällt mir ein Gleichnis ein, so ich mit der Eigenliebe machen möchte; – daß sie von Polypen-Art sei; man kann ihr alle Zweige und Arme nehmen, ja sogar den Hauptstamm verwunden; sie wird doch Mittel finden, sich in neue Auswüchse zu verbreiten. Wie verwundet, wie gedemütiget war meine Seele! Und nun – lesen sie nur die Blätter meiner Betrachtungen durch, und beobachten sie es, was für schöne Stützen meine schwankende Selbstzufriedenheit gefunden hat, und wie ich allmählig zu der Höhe eines großen Entwurfs emporgestiegen bin – oh, wenn die wohltätige Nächstenliebe nicht so tiefe Wurzeln in meinem Herzen gefasset hätte, daß sie mit meiner Eigenliebe ganz verwachsen wäre, was würde aus mir geworden sein?

An anderer Stelle benutzt die Autorin die Tagebuchform:

Halb leblos bin ich hier angelangt, und drei Wochen in einer Gemütsverfassung gewesen, die ich nicht beschreiben kann; was ich in dem zweiten und dritten Monat meines

Aufenthalts war, zeigen die Stücke, die ich in meinen Erquickungsstunden schrieb. Urteilen Sie aber, Emilia, von der Zerrüttung meiner Empfindnisse, weil ich nicht beten konnte; ich rief auch den Tod nicht, aber, in dem vollen Gefühl des Übermaßes vor Unglück, so mich betroffen, würde ich dem auf mich fallenden Blitz nicht ausgewichen sein. Ganze Tage war ich auf meinen Knien, nicht aus Unterwerfung, nicht um Gnade vom Himmel zu erflehen; Stolz, empörter Stolz war mit dem Gedanken des unverdienten Elends in meine Seele gekommen. Aber, o meine Emilia, dieser Gedanke vermehrte mein Übel, und verschloß jeder übenden Tugend meiner Umstände mein Herz; und übende Tugend allein kann den Balsam des Trostes in die Wunden der Seele träuflen. Ich empfand dieses das erstemal, als ich das arme fünfjährige Mädchen, die auf mich achthaben mußte, mit Rührung ansah, weil sie sich bemühte, meinen niedergesunknen Kopf mit ihren kleinen Händen aufzurichten; ich verstund ihre Sprache nicht, aber ihr Ton und der Ausdruck ihres Gesichts war Natur und Zärtlichkeit und Unschuld; ich schloß sie in meine Arme, und ergoß einen Strom von Tränen; es waren die ersten Trosttränen, die ich weinte, und in die Dankbarkeit meines Herzens gegen die Liebe dieses Geschöpfs mischte sich die Empfindung, daß Gott diesem armen Kinde die Gewalt gegeben hätte, mich die Süßigkeit des Mitleidens schmecken zu lassen. Von diesem Tage an rechne ich die Wiederherstellung meiner Seele. Ich fing nun an dankbar die kleinen Brosamen von Glückseligkeit aufzusammlen, die hier neben mir im Staube lagen. Meine erschöpften Kräfte, die Schmerzen, welche mir das Haberbrot verursachte, ließen mich meinen Tod nahe glauben; ich hatte keinen Zeugen meines Lebens mehr um mich; ich wollte meinem Schöpfer ein gelassenes, ihn liebendes Herz zurückgeben, und dieser Gedanke gab den tugendhaften Triebfedern meiner Seele ihre ganze Stärke wieder. Ich nahm meine kleine Wohltäterin zu mir in den armen abgesonderten Winkel, den ich in der Hütte besitze, ich teilte mein Lager mit ihr, und von ihr nahm ich die erste Unterweisung der armen Sprache, die hier geredet wird. Ich ging mit ihr in die Stube meiner Hauswirte; der Mann hatte lang in den Bleiminen gearbeitet, und ist nun aus Kränklichkeit unvermögend dazu geworden, bauet aber mit seiner Frau und Kindern ein kleines Stück Feld, das ihm der Graf Hopton nah an einem alten zerfallenen Schlosse gegeben, mit Haber und Hanf an; den Haber stoßen sie mit Steinen zum Gebrauch klein, und der Hanf muß sie kleiden. Es sind arme gutartige Leute, deren ganzer Reichtum wirklich in den wenigen Guineen besteht, welche sie für meine Verwahrung erhalten haben. Es freute sie, daß ich ruhiger wurde, und zu ihnen kam; jedes befliß sich, mir Unterricht in ihrer Sprache zu geben, und ich lernte in vierzehn Tagen so viel davon, um kurze Fragen zu machen, und zu beantworten. Die Leute wissen, wie weit sie mich außer dem Haus lassen dürfen, und der Mann führte mich an einem der letzten Herbsttage etwas weiter hinaus. Oh, wie arm ist hier die Natur! Man sieht, daß ihre Eingeweide bleiern sind. Mit tränenden Augen sah ich das rauhe magere Stück Feld, auf dem mein Haberbrot wächst, und den über mich fließenden Himmel an; die Erinnerung machte mich seufzen, aber ein Blick auf meinen abgezehrten Führer hieß mich zu mir selbst sagen: Ich habe mein Gutes in meiner Jugend reichlich genossen, und dieser gute Mann und seine Familie sind, solange sie leben, in Elend und Mangel gewesen; sie sind Geschöpfe des nämlichen göttlichen Urhebers, ihrem Körper fehlt keine Sehne, keine Muskel, die sie zum Genuß physikalischer Bedürfnisse nötig haben; da ist kein Unterschied unter uns; aber wie viele Teile der Fähigkeiten ihrer Seele schlafen, und sind untätig geblieben! Wie verborgen, wie unbegreiflich sind die Ursachen, die in unsrer körperlichen Einrichtung keinen Unterschied entstehen ließen, und im moralischen Wachstum und Handlen ganze Millionen Geschöpfe zurücklassen! Wie glücklich bin ich heute noch durch den erhaltenen Anbau meines Geistes und meiner Empfindung gegen Gott und Menschen! Wahres Glück, einzige Güter, die wir auf Erde sammeln und mit uns nehmen können, ich will aus Ungeduld euch nicht von mir stoßen; ich will die Gutherzigkeit meiner armen Wirte durch meine Freundlichkeit belohnen. – Eifrig lernte ich an ihrer Sprache fort, und erfuhr beim Nachforschen über ihre manchmalige Härte gegen das junge Mädchen, daß es nicht ihr Kind, sondern des Loras Derby wäre, daß die Mutter des Kindes bei ihnen gestorben sei, und der Lord nichts mehr zu dessen Unterhalt hergäbe. Ich mußte bei dieser Nachricht in meinen Winkel; ich empfand mit Schmerzen mein ganzes Unglück wieder. Die arme Mutter! Sie war schön wie ihr Kind, und jung, und gut; – bei ihrem Grabe wird das meinige sein. O Emilia, Emilia, wie kann, o wie kann ich diese Prüfung aushalten! Das gute Mädchen kam und nahm meine Hand, die über mein armes Bette hing, während mein Gesicht gegen die Wand gekehrt war. Ich hörte sie kommen; ihr Anrühren, ihre Stimme machte mich schauern, und widerwillig entriß ich ihr meine Hand. Derbys Tochter war mir verhaßt. Das arme Mädchen ging mit Weinen an den Fuß meines Lagers und wehklagte. Ich fühlte mein Unrecht, die unglückliche Unschuld leiden zu machen; ich gelobte mir, meinen Widerwillen zu unterdrücken, und dem Kinde meines Mörders Liebe zu erweisen. Wie froh war ich, da ich mich aufrichtete und sie rief. Auf ihre kleine Brust gelehnt legte ich das Gelübte ab, ihr Güte zu erweisen.

Ich werde es nicht brechen, ich hab es zu teuer erkauft!

Wieder wählt sie die Briefform. Lady Seymour ist das inzwischen verheiratete Fräulein von Sternheim:

Lady Seymour aus Seymourhouse an Emilia

Die erste freie Stunde meiner Bewohnung eines Familienhauses gebührte dem Dank an die Vorsicht, die allen meinen Kummer und die fürchterlichen Irrwege meines Geschicks in dem Umfang vollkommener Glückseligkeit endigte; aber die zweite Stunde gehört der treuen Freundin, die alles Leiden mit mir teilte, die mir es durch ihren

Trost und ihre Liebe erleichterte, und deren Beispiel und Rat ich die Stärke meiner Anhänglichkeit an Tugend und Klugheit zu danken habe. Emilia, ich bin glücklich; ich bin es vollkommen, denn ich kann die seligsten, die heiligsten Pflichten alle Tage meines Lebens erfüllen.

Meine tugendhafte Zärtlichkeit macht das Glück meines Gemahls; meine kindliche Verehrung und Liebe wird von seiner würdigen Mutter als die Belohnung ihrer geübten Tugenden angesehen. Meine schwesterliche Freundschaft gießt Zufriedenheit in das große, aber sehr empfindliche Herz meines werten Lords Rich. Lord Seymour hat weitläuftige Güter; er ist reich, und hat mir eine unumschränkte Gewalt zum Wohltun gegeben. O mein Kind, es war gut, daß alle meine Empfindungen durch widrige Begebenheiten aufgeweckt und geprüft wurden; ich bin um so viel fähiger geworden, jeden Tropfen meines Maßes von Glückseligkeit zu schmekken. Sie wissen, daß ich Gott dankte, daß er in meinem Elende mir den Gebrauch meiner Talente zu Verminderung desselben gelassen hatte, und meinem Herzen die Freude nicht entzog, wohltätig zu sein. Ich fühle nun mit aller Stärke die verdoppelten Pflichten des Glücklichen; nun muß meine Gelassenheit, Demut, und meine Unterwerfung zur Dankbegierde werden. Meine Kenntnisse, die die Stütze meiner leidenden Eigenliebe und die Hülfsmittel waren, durch welche ich hier und da einzelne Teile von Vergnügen erreichte, sollen dem Dienst der Menschenliebe geweiht sein, sie zum Glück derer, die um mich leben, und zu Ausspähung jedes kleinen, jedes verborgenen Jammers meiner Nebenmenschen zu verwenden, um bald große, bald kleine liebreiche Hülfe ausfindig zu machen. Kenntnisse des Geistes, Güte des Herzens – die Erfahrung hat mir bis an dem Rande meines Grabes bewiesen, daß ihr allein unsere wahre irdische Glückseligkeit ausmachet! An euch stützte meine Seele sich, als der Kummer sie der Verzweiflung zuführen wollte; ihr sollt die Pfeiler meines Glücks Werden; auf euch will ich in der Ruhe des Wohlseins mich lehnen, und die ewige Güte bitten, mich fähig zu machen, an der Sei-

> te meines edelmütigen menschenfreundlichen Gemahls ein Beispiel wohlverwendeter Gewalt und Reichtümer zu werden! –
>
> Sie sehen, meine Freundin, daß alle meine Bedenklichkeiten meinen Empfindungen weichen mußten. Ich sah das Vergnügen so vieler rechtschaffener Herzen an das Glück des meinigen gebunden, daß ich meine Hand gerne zum Unterpfand meiner Liebe für ihre Zufriedenheit gab. Mylord will ein Schulhaus und ein Hospital nach der Einrichtung der Sternheimischen erbauen lassen; er betreibt den Plan, weil er den Bau während unsrer deutschen Reise führen lassen will. Künftige Woche gehen wir nach Summerhall; dort wollen wir die Briefe meines Oncles von R – erwarten, und dann (sagen Seymour und Rich) wollen sie jede heilige Stätte besuchen, wo mich mein Kummer herumgeführt habe. Sie werden also meine Emilia sehen, und überzeugt werden, daß die erste und stärkste Neigung meines Herzens der würdigsten Person meines Geschlechts gewidmet war. Morgen kommen Mylord Crafton und Sir Thomas Watson, meiner Großmutter Bruders Sohn, zu uns; ich werde aber meine übrigen Verwandten, London und den großen Kreis meiner Nachbarn erst nach unserer Zurückkunft aus Deutschland sehen.

Das Buch endet mit einem appellierenden Fazit:

> Wie viel Segen, wie viele Belohnung verdienen die, welche uns den Beweis geben, dass alles, was die Moral fodert, möglich sei, und dass diese Übungen den Genuß der Freuden des Lebens nicht stören, sondern sie veredeln und bestätigen, und unser wahres Glück in allen Zufällen des Lebens sind!

Sophie von La Roche wird mit ihrer Sophie von Sternheim weiterleben. Die eine wie die andere unternahm erfolgreich den Versuch, der beschriebenen Utopie, dem Modell einer selbstbestimmten Liebe und einem für die Gemeinschaft nützlichen Tätigsein würdevoll entgegenzuleben. Für die Beförderung des humanistischen Denkens wurde Sophie von La Roche im 18. Jahrhundert europaweit geachtet und im letzten Drittel des 20. Jahrhunderts wiederentdeckt. Ihr Optimismus und Vernunft ausstrahlender aufklärerischer Geist sieht sich heutigentags mit einer sich weltweit ausbreitenden Gegenaufklärung und Unkultur konfrontiert. Umso mehr bleibt sie uns eine tapfere Freundin, nicht zuletzt, weil sie sich als denkende und schreibende Frau gegenüber männlichen Ausgrenzungen, Herabwürdigungen und Verspottungen zu behaupten wusste. Ich musste zur Kenntnis nehmen, dass sogar ein gebildeter Mann ihrer Zeit wie Christian Friedrich Daniel Schubart, von dem einige berühmte Gedichte wie »Die Fürstengruft« oder »Die Forelle« zum Kanon der Weltliteratur gehören, sich in der »Deutschen Chronik« über die »gelehrten Weiber«, »ganz Europa wimmelt derzeit von ihnen«, empört auslässt: »Möchte wohl wissen, ob König Salomo, wenn er zurückkäme in diese Welt, sein Ideal eines trefflichen Weibes, so wie sie sein muß, wenn sie ihres Mannes Herrlichkeit ist, vertilgen und dagegen ein andres aufstellen würde, wie ein Weib mit sieben Zungen reden, Verse machen, Romane schreiben, philosophieren, freigeisten, im Kathedertone sprechen, die Doktoren und Professoren belehren soll, indes – die Kinderstube, Küche und Keller, Haus und Hof, Garten und Feld vernachlässigen wird!!!« Ihr Sternheim-Herausgeber Wieland sicherte sich im Vorwort gegen mögliche Fach-Kritiken, völlig unnötigerweise, mosernd ab, und das liest sich wenig charaktervoll für den Verfasser. Von Sophie von La Roche ist verbürgt, wie wir bereits durch Goethe wissen, wie ausbalancierend sie Verletzungen oder Unannehmlichkeiten aller Art wegsteckte. Selbst gegenüber ihrem Mann hatte sie sich durchzusetzen; während er anfangs ihr Schreiben nur duldete, genoss er späterhin den Glanz, der auf sie fiel. Denn sie war und ist zweifelsfrei eine originäre Schriftstellerin, die durch ihre Ideale, sprachliche Kraft sowie antizipatorische Fantasie Verzweifeln erschweren kann. Wo sie ist, ist es aufklarend hell und solidarisch und in nichts verstaubt, ganz so wie sie in meinem einstigen Traum erschien und seither mit mir redet über die unsterbliche Sehnsucht, die Frieden heißt, und über ihre Gartenpappel, die im Abendwinde inspirierend rauscht und noch in hundert Jahren, so sie nicht gefallen ist, die aktuell gebliebenen Worte einer gewissen Sophie zu uns tragen könnte: »Wie oft der Hofton, der Modegeist die edelsten Bewegungen eines von Natur vortrefflichen Herzens unterdrückt und, um das Auszischen der Modeherren und Modedamen zu vermeiden, mit ihnen lachen und beistimmen heißt: dies erfüllt mich mit Verachtung und Mitleiden.« Solch Entdecktes ist vortrefflich, und zur Bekräftigung sei gesagt, in nichts verstaubt. Der Mode-Zeitgeist wird verflucht, und ist zum Glück und Trost vergänglich.

Karoline von Günderrode

> »... ich schaue mich am fröhlichsten in einem Produkt
> meines Geistes an, und habe nur wahrhaftes
> Bewustseyn durch dieses Hervorgebrachte.«
> *Aus dem »Brief an Eusebio« aus »Melete«*

Eine ganz andere des Aufhebens werte Dichterin war auf die Welt gekommen, allerdings konnte sie es dort nur 26 Jahre aushalten:

KAROLINE VON GÜNDERRODE (1780-1806)

Es ist ein großartiges Verdienst der Weltliteratin Anna Seghers, die, als sie ins Exil gejagt wurde und dort in ihrer Rede auf dem »1. Internationalen Schriftstellerkongress zur Verteidigung der Kultur« 1935 in Paris die Günderrode nach Jahren der Versenkung wieder ins öffentliche Licht des 20. Jahrhunderts hob. Und auch in den weiteren, äußerst schweren Jahren nicht von der Günderrode ließ, so nachlesbar in streitbaren Briefen mit Georg Lukács, gewechselt zwischen Paris und Moskau 1938/39, oder in ihrem Aufruf an das deutsche Volk 1938: »... lest die Günderrode!«

Erst in den 70er Jahren ist es endlich soweit, Christa Wolf – auf die antifaschistische Seghers hörend – wird initiativ, es erscheinen in der DDR vier Buchtitel zur Günderrode: Zeitgleich mit »Karoline von Günderrode. Der Schatten eines Traumes. Gedichte, Prosa, Briefe, Zeugnisse von Zeitgenossen«, herausgegeben und versehen mit einem exzellenten Essay von Christa Wolf, wird 1979 deren Roman »Kein Ort. Nirgends«, die Schilderung einer fiktiven Begegnung von Karoline von Günderrode und Heinrich von Kleist 1804 in Winkel am Rhein, dem ausgewählten Ort ihres Todes, veröffentlicht. Ein paar Jahre später folgt die Edition »Die Günderode« von Bettina von Arnim (die damalige Schreibweise wird bei diesem Titel beibehalten), ebenfalls mit einem Essay von Christa Wolf. 1985 erscheint dann der Band »Ins Ungebundene gehet eine Sehnsucht. Gesprächsraum Romantik. Prosa und Essays« von Christa und Gerhard Wolf, auch hier wird die Günderrode bedacht und gewürdigt. In kurzem Abstand folgt die umfangreiche Publikation der literarischen Hinterlassenschaften von Bettina von Arnim wie auch die ihres Dichtermannes, Ludwig Achim von Arnim. Beide schätzten Karoline von Günderrode in höchstem Maße und setzten ihr – jeder auf seine Weise – literarische Denkmäler. Die Wolfschen Recherchen und Interpretationen lieferten den Durchbruch für eine Günderrode-Renaissance für ganz Deutschland. Der Westen übernahm Mit- bzw. Nachdrucke, verwandelte aber manchen Titel; so nennt sich der ursprüngliche Auswahlband von Christa Wolf dort »Einstens lebt ich süßes Leben«. Die verschiedenen Ausgaben zum Erbe der Romantik insgesamt sind als hervorragende editorische Wiederentdeckungen zu werten.

Die verstärkte Hinwendung zur Romantik in den letzten Jahren der DDR entsprang zuvörderst den Verhältnissen in ihr, spürbar hatten sich deren Widersprüche verschärft, der ökonomische Erosionsprozess und demokratische Desillusionierungen rumorten unzufrieden in der Gesellschaft. Einige Intellektuelle reagierten mit der sogenannten Romantik-Debatte. Sie widerspiegelte die konträren Auffassungen von Autoren und Philosophen nicht nur zur Bewertung der Romantik schlechthin, vielmehr offenbarte sie das Unabgegoltene, das Fehlende des realen Sozialismus, insbesondere das Ungenügen seiner demokratischen Verfasstheit. In »Kein Ort. Nirgends« geht es um die Artikulation von drängender gesellschaftlicher Unzufriedenheit. Kleist wird in den Mund gelegt: »Ich aber, Günderrode, ich und Sie, denk ich, wir leiden unter den Übeln der neuen (Ordnung – K. D.).« Christa Wolf benennt die konkreten Gründe für ihre Hinwendung in dem bereits erwähnten Gespräch »Projektionsraum Romantik«, geführt 1982: »'Kein Ort. Nirgends' hab ich 1977 geschrieben. Das war in einer Zeit, da ich mich selbst veranlasst sah, die Voraussetzungen von Scheitern zu untersuchen, den Zusammenhang von gesellschaftlicher Verzweiflung und Scheitern in der Literatur. Ich hab damals stark mit dem Gefühl gelebt, mit dem Rücken an der Wand zu stehen und keinen richtigen Schritt tun zu können. Ich musste über eine gewisse Zeit hinwegkommen, in der es absolut keine Wirkungsmöglichkeit mehr zu geben schien.

1976 war ein Einschnitt in der kulturpolitischen Entwicklung bei uns, äußerlich markiert durch die Ausbürgerung von Biermann. Das hat zu einer Polarisierung der kulturell arbeitenden Menschen auf verschiedenen Gebieten, besonders in der Literatur, geführt: Eine Gruppe von Autoren wurde sich darüber klar, dass ihre direkte Mitarbeit in dem Sinne, wie sie sie selbst verantworten konnte und für richtig hielt, nicht mehr gebraucht wurde. Wir waren ja Sozialisten, wir lebten als Sozialisten in der DDR, weil wir dort uns einmischen, dort mitarbeiten wollten. Das reine Zurückgeworfensein auf die Literatur brachte den einzelnen in eine Krise; eine Krise, die existenziell war. Daraus ist bei mir unter anderem die Beschäftigung mit dem Material solcher Lebensläufe wie denen von Günderrode und Kleist entstanden. Das Problem am Gegenwartsmaterial zu bearbeiten, wäre mir gar nicht möglich gewesen, das wäre naturalistisch und banal geworden, platt.

... Es war eine Selbstverständigung, es war auch eine Art von Selbstrettung, als mir der Boden unter den Füßen weggezogen war, das war genau die Situation. ... es ging um die ganze Befindlichkeit in einer Zeit ... in einem konkreten historischen Augenblick.«

Die scharf geführte Romantik-Debatte, im eigentlichen Sinne eine Sozialismus-Debatte unter Intellektuellen, war ein Reflex auf unterschiedlich gefühlte oder bewusst wahrgenommene Auflösungserscheinungen der DDR-Gesellschaft und ein Streit über ihre künftige Ausrichtung. Vornehmlich an Franz Fühmann und Stephan Hermlin gerichtet, die diese Debatte öffentlich forcierten, widerspricht Peter Hacks der losgetretenen Entfesselung des Romantischen und damit einer, seiner Meinung nach, Infragestellung des Sozialismus – wie gewohnt – bildhaft und vorausschauend zugespitzt: »Das erste Auftauchen der Romantik in einem Land

Karoline von Günderrode

ist wie Salpeter in einem Haus, Läuse auf einem Kind oder der Mantel von Heiner Müller am Garderobenhaken eines Vorzimmers. Ein von der Romantik befallenes Land sollte die Möglichkeit seines Untergangs in Betracht ziehen.« Und er sollte völlig Recht behalten, nicht nur die Romantik-Debatte im Sozialismus verschwand, nein, das ganze Haus, das Land, die Epoche. Mit dem Einsturz bzw. Niedersinken erloschen solche und andere, eigentlich für die Zukunft beabsichtigte Diskurse, wie so vieles in Kunst und Wissenschaften humanistisch-emanzipatorisch Ersehntes, Gedachtes, Erforschtes, Erstrebtes plötzlich abbrach, denunziert und eingeschläfert wurde. Die Intelligenz der DDR, aus ihren Universitäten, Akademien und Instituten vertrieben, gejagt außer Landes oder ins Nichtstun oder in sogenannte Maßnahmen, war ihrer Arbeit verwiesen, enthauptet worden. Das ist nichts anderes als völlige Enteignung, geistige und kulturelle Entwurzelung, Besetzung, zutiefst demütigende westdeutsche Kolonisierung. In diesem Zusammenhang spricht mir der alte Ire Oliver Goldsmith in seinem Gedicht »Erinnerung« so manches Mal aus der Seele:

> Du zeigst uns stets verlorne Freuden
> Und wandelst sie für uns zur Pein.

Gefasster und widerständiger formulierte es der österreichische Autor Franz Grillparzer, der sich über die restaurativen Verhältnisse nach dem Wiener Kongress 1814/15 beklagte:

> Eins ist das Bitterste von allem:
> Vermissen, was schon unser war.

Oder sich und seinesgleichen gelassen in die Zukunft blickend tröstet:

> Will unsere Zeit mich bestreiten,
> ich lasse es ruhig geschehn.
> Ich komme aus anderen Zeiten,
> um fort in andre zu gehn.

Karoline von Günderrode

Es sind die untauglichen Verhältnisse, die die Karoline von Günderrode scheitern lassen. Die tiefe Tragik entspringt einem Gefüge gesellschaftlicher Mauern und Risse ihrer Zeit. Den schwerwiegenden, den das Schreiben und den Tod herbeilockenden Bedingungen, nicht jeder Einzelheit, eines eigenwillig-schöpferischen, adligen Frauendaseins zu Beginn des 19. Jahrhunderts möchte ich nachgehen.

Sophie von La Roche und Karoline von Günderrode kannten und schätzten einander, obwohl sie doch sehr verschieden existierten und sich positionierten. Dabei ist das Alter, die Günderrode hätte die Enkelin der Älteren sein können, nur die geringste Differenz. Beide verband die Begierde, das Leben schreibend zu gestalten, die eine bevorzugte vor allem Prosa, wohingegen die andere sich mehr in Gedichten und Dramen ausdrückte. Sie begegneten sich im Offenbacher Haus, Sophie von La Roche druckte Arbeiten der Günderrode in ihrem Almanach »Pomona«. Abgesehen von den schlechteren materiellen Verhältnissen (ihre Reisewünsche, z. B. nach Italien, blieben allzeit unbefriedigt) und anderen literarischen Neigungen verhielt sich die Günderrode zu ihrer Zeit kritischer, so begrüßte sie wie nur wenige deutsche Intellektuelle die Französische Revolution, nachlesbar im Gedicht »Buonaparte in Egypten«. Ihr enger Bekannter und spätere preußische Justizminister, Friedrich Karl von Savigny, macht ihr wegen ihrer republikanischen Gesinnung schwere Vorwürfe und empfiehlt ihr, andere Lektüre zu lesen, Jahre später wird er seine Schwägerin Bettina von Arnim für ihre politischen Aktivitäten und Bücher ähnlich attackieren und ihr die Unterstützung für die in Göttingen vom reaktionären Hannoveraner König 1837 entlassenen Gelehrtenfreunde Wilhelm und Jacob Grimm verweigern. Die Günderrode – ihrer Freundin gleich – ist in ihrer Überzeugung nicht erschütterlich, so liest man in ihrem 3. Band »Melete« solch bedenkenswerten Sätze: »... damit Keiner prasse und Keiner hungere, müssen wir uns alle in nüchterner Dürftigkeit behelfen.« Oder wie wahr: »Genug also von dem aufgeblasenen Jahrhundert, an dessen Thorheiten noch ferne Zeiten erkranken werden.« Gänzlich krass unterschied sie sich von

Karoline von Günderrode

Sophie von La Roche auch zum selbstgewählten Tod. Im Gegensatz zu ihr, die einen Tod von eigener Hand – wir wissen es bereits – als Verstoß gegen die Natur verurteilte, setzte sich die Günderrode mit einem Dolchstoß ins Herz im Sommer 1806 ein Ende. Die Möglichkeit des Todes an sich und die Art ihres Todes hatte sie schon frühzeitig vor Augen und den Dolch immer, auch in den glücklichen Zeiten, bei sich. In ihren Gedichten findet sich diese Position erklärt und verteidigt. In »Ariadne auf Naxos« heißt es: »Ariadne zögert nicht, sie stürzt sich in die Fluten: Betrogner Liebe Schmerz soll nicht unsterblich sein!« Seit dem Erscheinen des »Werthers« und des berühmt gewordenen Gedichts »Prometheus« über selbstbestimmtes Leben änderte sich in Teilen der Gesellschaft behutsam die allgemeine Verdammung des Selbstmords. Goethe hatte dieses verbreitete Tabu gebrochen.

Als Anhängerin der damals sehr populären Schellingschen Naturphilosophie verstand die Günderrode den Tod als »freie Schöpfung eines freien Entschlusses« und ohnehin nur als einen Übergang, einen Wechsel zu einem höheren Naturzustand. Sie glaubte also nicht völlig zu verschwinden, sich aber sehr wohl erlösen zu können. In der Frage des Todes ist sie kompromisslos, Alles oder Nichts. Der englische Dichter Lord Byron beschrieb seine Konfession, ihrer nicht unähnlich: »Das große Ziel des Lebens ist Empfindung zu spüren, dass wir sind, wenn auch mit Schmerzen. Es ist diese begehrliche Leere, die uns antreibt zu spielen – zu kämpfen – zu reisen – zu unmäßigen, aber scharf empfundenen Unternehmungen aller Art, deren hauptsächlicher Reiz die Erregung ist, die sich untrennbar mit ihrer Ausführung verbindet.«

Die Günderrode hätte dieses Manifest der Romantik nicht nur geteilt, sie hat es gelebt. Ihre Gedichte, all ihre Texte und ihr Tod waren Ausführungen, die aufs Ganze gingen. Wenn schon Tod, so sollte es ein Heldentod sein, wie sie ihre Bekannte Gunda Brentano (eigentlich Kunigunde, spätere von Savigny) brieflich einweiht. Am Ende wird es ein einsam begangener Stich ins Herz, der sich allerdings einen ewigen Platz in der Literaturgeschichte sichert. Ist es deshalb schon ein Heldentod geworden?

Karoline von Günderrode

Die Günderrode muss eine große Ausstrahlung besessen haben. Obwohl sie kompliziert und sensibel war, gab sie sich nie verschlossen oder in sich gekehrt. Ausgelassene Fröhlichkeit mochte sie um sich, so ihre über den Alltagskram lästernden Schwestern oder die übersprudelnd sinnierende Freundin Bettina Brentano. Niemals war sie laut oder sich in den Vordergrund drängend, aber dennoch präsent und geachtet durch ihre sanfte Freundlichkeit, ihre vielfachen Begabungen, ihre außergewöhnliche Intelligenz. Ihre Briefe zeigen eine immerwährende Ehrlichkeit gegen sich und andere. Diese Haltung betrachtete sie auch oder gerade beim Schreiben, auf der Suche nach der Wahrheit, als unerlässlich.

Dauerhaftes Liebesglück war ihr nicht vergönnt, um sie herum wurde geheiratet, ihr blieb, wie sie in einem Gedicht bekennt, »ewig Träume zu betrachten«. Und für sie stimmte: genießend leben und träumend dichten sind zweierlei Dinge. Sie mochte den hellen Tag nicht, liebte die selige Dunkelheit der Nacht, hier konnte sie bei sich sein: »Ich kehre in mich selbst zurück und erschaffe mir eine andere Welt; leichte Träume umschweben mich, mein Bewusstsein verliert sich in der Betrachtung.« Das Leben wird ihr mehr und mehr zur Qual. Depressionen und Einsamkeit bedrängen sie, aber sie hält dagegen, studiert und schreibt, immer auf der Suche nach Vollkommenheit, im Leben wie in der Kunst. Aus den Tiefen der Dunkelheit, der Enttäuschungen, der Enge, des Festgehaltenseins erwächst ihr die Poesie als Stütze irdischer Leiden. Wie kein anderer vor oder nach ihr hat sie das Thema des Todes derart eindringlich zum Thema des Lebens gemacht. Keine Frau vor ihr dichtete so formvollendet über die Liebe.

Wie konnte sie so werden, so liebend und doch zerrissen, so hell und doch dem Tode nah? Als 17-Jährige übergibt ihre Mutter sie einem adlig-evangelischen Damenstift in Frankfurt am Main. Außer ihr leben in ihm weitere 12 weniger betuchte, ältere adlige Damen nach strengen Regeln, vielen Gebeten und in schwarzer Anstaltsuniform gekleidet. Körperlich ist sie blass, mit kränkelnden Augen, Kopfschmerzen

Karoline von Günderrode

und Druck auf der Brust, aber immer – wenn nötig – pflegt sie aufopfernd Familienangehörige, bis in den Tod. Finanziell geht es ihr erbärmlich, die verwitwete Mutter enthält all ihren Kindern das Erbe vor, die Günderrode klagt es vergeblich ein.

Sie bildet sich autodidaktisch, liest die Neuerscheinungen der Zeit, bevorzugt Schiller, Kant, Goethe, Schelling, Herder, Jean Paul, Novalis, Hölderlin. Aus der Lektüre entstehen unmittelbar Texte, nach Kant z. B. das Gedicht »Vorzeit, und neue Zeit«, nach Goethe das Gedicht »Hochroth«.

Drei Männer bieten sich ihr an, alles Liebesglück scheitert. Friedrich Karl von Savigny und sie sind zu abwartend, verklemmt – er entscheidet sich für Gunda, eine Brentano-Tochter, und erklärt Karoline für schuldig, sie sei ihm zu wenig hingebungsvoll, zu wenig »einfach unbefangen«, zu selbständig, zu geistig, zu kompliziert. Die darauffolgenden Versuche von Clemens Brentano wehrt sie ab, kurzentschlossen heiratet auch er, die Dichterin Sophie Mereau wird nicht seine letzte Frau sein. Ihre eigentliche Liebe scheitert nach Jahren größter wechselvoller Qualen. Im August 1804 lernt Karoline, 24-jährig, den Professor für Altertumswissenschaften, Friedrich Creuzer, in Heidelberg kennen. Er war für Karoline, und nicht nur für sie, eine anerkannte Kapazität, es lagen Buchveröffentlichungen vor, und sein Hauptwerk »Symbolik und Mythologie der alten Völker« war bereits in Vorbereitung. Trotz seiner Ehe begann eine große Liebe, beide ergänzten und genossen sich. Sein ausgewiesenes Wissen auf dem Gebiet der Literatur, der Geschichte, der alten Sprachen deckte sich mit ihren Interessen, und sie vertraute ihm. Bei ihm war es »Liebe vom ersten Augenblick an«. Im Gegensatz zu seiner 13 Jahre älteren Frau, die aus erster Ehe zwei Kinder mitbrachte und ihm den Haushalt führte, war Karoline neun Jahre jünger als er. Ihre anziehende Erscheinung, ihre Sanftheit, ihre intellektuellen Fähigkeiten, ihre erstaunliche Geistesverwandtschaft überwältigten ihn. Karoline wurde eine echte Partnerin, wissenschaftliche Entdeckungen, Pläne und neueste Übersetzungen erfuhr sie als erste. Und er wiederum half ihr als Mentor bei der Korrektur und Veröffentlichung ihres aktuellen, 2. Bandes »Poetische Fragmente von Tian« und kümmerte sich auch um das 3. Buch. Es wurde ein echtes Arbeits- und Liebesverhältnis, aber doch rasch eine Zerreißprobe für Creuzer, die er nach unendlich vielem Hin und Her zu Ungunsten der Günderrode entschied. Nach zwei Jahren ließ er ihr über Bekannte das Ende seiner Beziehung mitteilen. Ihm fehlte der Charakter, die Außergewöhnlichkeit der Günderrode einschließlich ihrer Texte in aller Tiefe und Gefährdung zu erkennen und sie, anstatt als Mensch und Dichterin zu schützen, egoistisch, wehleidig, eifersüchtig, wankelmütig und immer wieder mit Versprechungen anbiedernd in höllische Qualen trieb. Davon konnte sie sich nur durch den Freitod, ihre letztmögliche »Ausführung« erlösen. Wie schon immer offen angedacht, mit einem Dolch ins Herz, bei Winkel am Ufer des Rheins, dort wo ihre inzwischen durch Creuzer verlorenen Brentano-Freunde mit ihr unbeschwert frohe und vom Damenstift ablenkende Zeiten verbracht hatten. Aus Angst vor Entdeckung ließ er viele ihm anvertraute Briefe vernichten, ebenso den bereits im Druck befindlichen 3. Band »Melete« einstampfen, die meisten Texte waren autobiografischen Inhalts, er deutlich erkennbar. Jahre später – nachdem er eine zweite Ehe eingegangen war – bringt er es fertig, seine Autobiografie zu schreiben, ohne Karoline von Günderrode auch nur zu erwähnen. Er hat sie doppelt verraten, als Geliebte sowie als Dichterin.

Karoline war eine richtige Frau, mit der den Frauen und speziell ihr von der männlich dominierten Gesellschaft zugewiesenen Rolle aber völlig unzufrieden. Ihr behagte nicht das süßliche, demütigende Getue, um in den Besitz eines Mannes zu gelangen. Ihr gefiel nicht, dass Frauen keine Ausbildung zu einem Beruf und schon gar nicht deren Ausübung zugedacht war. Ihr gefiel nicht die Beschränkung auf die Häuslichkeit. Sie sehnte sich nach Bildung und Mobilität in die Ferne, Freundschaft und Unabhängigkeit, Liebe zu einem Mann als gleichberechtigtem Partner. So beklagte sie sich und den als minderwertig geltenden Status der Frau: »Warum ward ich kein Mann!« (Fast gleichlautend hören wir es Jahre später noch oder wieder von der Droste: »Wär ich ein Mann doch mindestens nur.«) So wie als ganze Frau wollte sie auch als ernsthafte Künstlerin leben und anerkannt sein. Diese Anerkennung blieb ihr wesentlich versagt. Bereits mit 18 Jahren verfasst sie eine Parodie auf Homers »Odyssee« und ein Drama. Zu Lebzeiten erscheinen zwei Bände, beide unter dem männlichen Pseudonym Tian, »Gedichte und Phantasien« (1804) und »Poetische Fragmente« (1805). Der dritte Band »Melete« wurde – wie schon erwähnt – nach ihrem Tod von Creuzer vernichtet, aber 1896 tauchte dennoch ein Exemplar auf und wurde 1906 (100 Jahre nach ihrem Tod) vollständig veröffentlicht. Dieses Buch ist eine einzige Liebeserklärung an Creuzer, der er sich nicht gewachsen zeigte. Von ihr sind nur wenige Originalbriefe erhalten geblieben, aber die wenigen lassen eine hochbegabte und hochsensible Dichterin sich aussprechen. Insgesamt war die öffentliche Resonanz mäßig bis kläglich. Sie wurde sogar als Mensch in Frage gestellt, man befand es als unweiblich, dass sie Dramen schrieb, in denen sie auch noch vornehmlich Heldinnen konstruierte. Diese weiblichen Dramenfiguren sind sprechende und handelnde Personen, die staatstragende, machtvolle Rollen beanspruchen, so wie Hildgund im gleichnamigen Drama, die sich als eine selbsternannte Erlöserin und Befreierin gibt. In einem Monolog heißt es: »Der Völker Schicksal ruht in meinem Busen. Ich werde sie, ich werde mich befreien.« Das war zu damaliger Zeit ungewöhnlich neu, verpönt. Genauso wie ihre intensiven Studien zeitgenössischer Philosophie.

»... ich schaue mich am fröhlichsten in einem Produkt meines Geistes an, und habe nur wahrhaftes Bewustseyn durch dieses Hervorgebrachte.« Mit all ihren Äußerungen wollte sie »zu den Vortrefflichsten hinzutreten, sie grüßen und Gemeinschaft mit ihnen haben«. Dieser ewige Wunsch nach tiefer Erkenntnis und zugleich gemeinschaftlicher Verbundenheit war so gewaltig in ihr, und so bitter enttäuscht worden. An ihrem Lebensende hat sie fast alles verloren, wofür sie brannte, liebte und litt. Selbst die Brücke zu ihrem wichtigen Mentor ihrer Texte ist für immer zerstört. Eine besondere Tragik sehe ich in ihrer Trennung von der gesamten Brentano-Familie, insbesondere von ihrer fünf Jahre jüngeren, vertrauten Freundin Bettina Brentano – auf eindringliche Bitte von Creuzer. Damit war ihre Isolation perfekt.

Beide jungen Frauen begegneten sich erstmalig 1799 auf der »Grünen Burg«, einem beliebten Frankfurter Ausflugsziel, dann im Frühling 1801 im Offenbacher Haus der Sophie von La Roche. Karoline ist 21 und Bettina 16 Jahre alt. Fortan sehen sie sich. Aber erst 1804 entsteht ein engerer freundschaftlicher Umgang. Bettina geht in der kleinen Stiftswohnung ein und aus wie Karoline im Wechsel das große Brentanosche Handelshaus in Frankfurt oder die »Grillenhütte« in Offenbach aufsucht. Immer sind die beiden voller Unternehmungen und geistigem Austausch. Sie schreiben sich Briefe, verreisen zusammen in die schönen Landhäuser der weitverzweigten Brentano-Familie. Bettina himmelt ihre Freundin an, durch sie gerät sie in neue Wissenssphären, umgekehrt ist aber auch die Günderrode im Zusammensein mit der wildquirligen und neugierig-schwärmerischen Bettina glücklich und schreibt ihr strahlend: »Du hebst mich aus den Angeln mit Deinen Wunderlichkeiten!« Ihr Briefwechsel vollzieht sich in der Zeit von 1804 bis wenige Monate vor Günderrodes Tod 1806, bis zur scharfen Trennung. Die Briefe der Günderrode enthalten nichts über ihr schmerzvolles Geheimnis, sie schweigt über eine immer anstrengender werdende, verratene Liebe, die sie letztlich töten wird. Die angeordnete und vollzogene Trennung widersprach völlig ihrem Naturell nach geistiger Offenheit und freundschaftlichem Austausch, ihrem Gemeinschaftssinn. Bettina tröstet und flüchtet sich aus Kummer in die Arme von Goethes Mutter.

Aber 35 Jahre später ist die Trauer über den Verlust der Freundin und Künstlerin viel, viel mächtiger als die einstige Enttäuschung. Sie gibt der Günderrode, was sie verdient, eine einzigartige, bleibende Würdigung. Und vergisst dabei nicht, sich selbst in Erinnerung zu heben. Sie komponiert den Briefwechsel beider, streicht, setzt hinzu, es wird ein Briefbuch, das Kunstwerk »Die Günderode«. Zu keiner Zeit hat Bettina die Inspiration und Faszination der Günderrode vergessen, und uns, der Nachwelt, ein Bild zweier außergewöhnlicher Talente geschenkt. Bettina lernte dank der Originalität und der zielstrebigen Disziplin ihrer Freundin, ihre umtriebige Schwärmerei gelegentlich zu zügeln. Ihre rebellische Unruhe gegen Missstände, eine sie auszeichnende Eigenart, allerdings wuchs und prägte sich aus – wie noch zu erfahren sein wird. Neben Bettina hat auch ihr Mann, Achim von Arnim, die Günderrode sehr geschätzt und machte sich und den Deutschen wegen ihres Unverständnisses für diese Dichterin Vorwürfe: »... wir konnten ihr nicht genug geben, um sie hier zu fesseln, nicht hell genug singen, um die Furienfackel unseliger, ihr fremder Leidenschaft auszublasen.« Im Anschluss an seine Erzählung »Melück Maria Blainville« wird erwähnt, dass der Kahn, auf dem die Rheinfahrt unternommen wird, an der Stelle ans Ufer stößt, wo sich die Dichterin 1806 aus Liebesverzweiflung das Leben genommen hatte:

> Arme Sängerin, können die Deutschen unsrer Zeit nichts als das Schöne verschweigen, das Ausgezeichnete vergessen und den Ernst entheiligen? Wo sind Deine Freunde? Keiner hat der Nachwelt die Spuren Deines Lebens und Deiner Begeisterung gesammelt; die Furcht vor dem Tadel der Heillosen hat sie alle gelähmt. Nun erst verstehe ich die Schrift auf Deinem Grabe, die von den Tränen des Himmels jetzt fast ausgelöscht ist, nun weiß ich, warum Du die Deinen alle nennst, nur die Menschen nicht! – Und wir gedachten mit Rührung dieser Inschrift, und einer sagte sie dem andern, der sie vergessen hatte: ›Erde, du meine Mutter, und du mein Ernährer, der Lufthauch, heiliges Feuer, mir Freund, und du, o Bruder, der Bergstrom, und mein Vater, der Äther, ich sage euch allen mit Ehrfurcht freundlichen Dank; mit euch hab ich hienieden gelebet, und ich gehe zur andern Welt, euch gern verlassend, lebt wohl denn, Bruder und Freund, Vater und Mutter, lebt wohl!

Bettina erwies sich viele, viele Jahre später, als sie die Schwere unzähliger Familienverpflichtungen hinter sich lassen konnte, als wahrhafte Freundin und schuf ihr das Andenken, welches Achim von Arnim zu Recht noch vermisste.

Karoline von Günderrode

An dieser Stelle möchte ich einen Bericht Bettinas wiedergeben, der die Günderrode in so wunderbarer Weise auferstehen lässt. Er ist dem ersten Teil von »Goethes Briefwechsel mit einem Kinde«, ihrem Debütband von 1835, entnommen:

> Über die Günderode ist mir am Rhein unmöglich zu schreiben, ich bin nicht so empfindlich, aber ich bin hier am Platz nicht weit genug von dem Gegenstand ab, um ihn ganz zu übersehen; – gestern war ich da unten, wo sie lag; die Weiden sind so gewachsen, daß sie den Ort ganz zudecken, und wie ich mir so dachte, wie sie voll Verzweiflung hier herlief und so rasch das gewaltige Messer sich in die Brust stieß, und wie das tagelang in ihr gekocht hatte, und ich, die so nah mit ihr stand, jetzt an demselben Ort, gehe hin und her an demselben Ufer, in süßem Überlegen meines Glückes, und alles und das Geringste, was mir begegnet, scheint mir mit zu dem Reichtum meiner Seligkeit zu gehören; da bin ich wohl nicht geeignet, jetzt alles zu ordnen und den einfachen Faden unseres Freundelebens, von dem ich doch nur alles anspinnen könnte, zu verfolgen. – Nein, es kränkt mich und ich mache ihr Vorwürfe, wie ich ihr damals in Träumen machte, daß sie die schöne Erde verlassen hat; sie hätt noch lernen müssen, daß die Natur Geist und Seele hat und mit dem Menschen verkehrt und sich seiner und seines Geschickes annimmt, und daß Lebensverheißungen in den Lüften uns umwehen; ja, sie hat's bös mit mir gemacht, sie ist mir geflüchtet, grade wie ich mit ihr teilen wollte alle Genüsse. Sie war so zaghaft; eine junge Stiftsdame, die sich fürchtete, das Tischgebet laut herzusagen; sie sagte mir oft, daß sie sich fürchtete, weil die Reihe an ihr war; sie wollte vor den Stiftsdamen das Benedicite nicht laut hersagen; unser Zusammenleben war schön, es war die erste Epoche, in der ich mich gewahr ward; – sie hatte mich zuerst aufgesucht in Offenbach, sie nahm mich bei der Hand und forderte, ich solle sie in der Stadt besuchen; nachher waren wir alle Tage beisammen, bei ihr lernte ich die ersten Bücher mit Verstand lesen, sie wollte mich Geschichte

lehren, sie merkte aber bald, daß ich zu sehr mit der Gegenwart beschäftigt war, als daß mich die Vergangenheit hätte lange fesseln können; – wie gern ging ich zu ihr! Ich konnte sie keinen Tag mehr missen, ich lief alle Nachmittag zu ihr; wenn ich an die Tür des Stifts kam, da sah ich durch das Schlüsselloch bis nach ihrer Tür, bis mir aufgetan ward; – ihre kleine Wohnung war ebner Erde nach dem Garten; vor dem Fenster stand eine Silberpappel, auf die kletterte ich während dem Vorlesen; bei jedem Kapitel erstieg ich einen höheren Ast und las von oben herunter; – sie stand am Fenster und hörte zu und sprach zu mir hinauf, und dann und wann sagte sie: »Bettine, fall nicht«; jetzt weiß ich erst, wie glücklich ich in der damaligen Zeit war, denn weil alles, auch das Geringste, sich als Erinnerung von Genuß in mich geprägt hat; – sie war so sanft und weich in allen Zügen wie eine Blondine. Sie hatte braunes Haar, aber blaue Augen, die waren gedeckt mit langen Augenwimpern; wenn sie lachte, so war es nicht laut, es war vielmehr ein sanftes gedämpftes Girren, in dem sich Lust und Heiterkeit sehr vernehmlich aussprach; – sie ging nicht, sie wandelte, wenn man verstehen will, was ich damit auszusprechen meine; – ihr Kleid war ein Gewand, was sie in schmeichelnden Falten umgab, das kam von ihren weichen Bewegungen her; – ihr Wuchs war hoch, ihre Gestalt war zu fließend, als daß man es mit dem Wort schlank ausdrücken könnte; sie war schüchtern-freundlich und viel zu willenlos, als daß sie in der Gesellschaft sich bemerkbar gemacht hätte. Einmal aß sie bei dem Fürst Primas mit allen Stiftsdamen zu Mittag; sie war im schwarzen Ordenskleid mit langer Schleppe und weißem Kragen mit dem Ordenskreuz; da machte jemand die Bemerkung, sie sähe aus wie eine Scheingestalt unter den andern Damen, als ob sie ein Geist sei, der eben in die Luft zerfließen werde. – Sie las mir ihre Gedichte vor und freute sich meines Beifalls, als wenn ich ein großes Publikum wär; ich war aber auch voll lebendiger Begierde es anzuhören; nicht als ob ich mit dem Verstand das Gehörte gefaßt habe, – es war vielmehr ein mir unbekanntes Element, und die weichen Verse wirkten auf mich wie der Wohllaut einer fremden Sprache, die einem schmeichelt, ohne daß man sie übersetzen kann. – Wir lasen zusammen den Werther und sprachen viel über den Selbstmord; sie sagte: »Recht viel lernen, recht viel fassen mit dem Geist, und dann früh sterben; ich mag's nicht erleben, daß mich die Jugend verläßt.« Wir lasen vom Jupiter Olymp des Phidias, daß die Griechen von dem sagten, der Sterbliche sei um das Herrlichste betrogen, der die Erde verlasse, ohne ihn gesehen zu haben. Die Günderode sagte, wir müssen ihn sehen, wir wollen nicht zu den Unseligen gehören, die so die Erde verlassen. Wir machten ein Reiseprojekt, wir erdachten unsre Wege und Abenteuer, wir schrieben alles auf, wir malten alles aus, unsre Einbildung war so geschäftig, daß wir's in der Wirklichkeit nicht besser hätten erleben können; oft lasen wir in dem erfundenen Reisejournal und freuten uns der allerliebsten Abenteuer, die wir drin erlebt hatten, und die Erfindung wurde gleichsam zur Erinnerung, deren Beziehungen sich noch in der Gegenwart fortsetzten. Von dem, was sich in der Wirklichkeit ereignete, machten wir uns keine Mitteilungen; das Reich, in dem wir zusammentrafen, senkte sich herab wie eine Wolke, die sich öffnete, um uns in ein verborgenes Paradies aufzunehmen; da war alles neu, überraschend, aber passend für Geist und Herz; und so vergingen die Tage. Sie wollte mir Philosophie lehren, was sie mir mitteilte, verlangte sie von mir aufgefaßt und dann auf meine Art schriftlich wiedergegeben; die Aufsätze, die ich ihr hierüber brachte, las sie mit Staunen; es war nie auch eine entfernte Ahnung von dem, was sie mir mitgeteilt hatte; ich behauptete im Gegenteil, so hätt ich es verstanden; – sie nannte diese Aufsätze Offenbarungen, gehöht durch die süßesten Farben einer entzückten Imagination; sie sammelte sie sorgfältig, sie schrieb mir einmal: »Jetzt verstehst Du nicht, wie tief diese Eingänge in das Bergwerk des Geistes führen, aber einst wird es Dir sehr wichtig sein, denn der Mensch geht oft öde Straßen; je mehr er Anlage hat durchzudringen, je schauerlicher ist die Einsamkeit seiner Wege, je endloser die Wüste. Wenn Du aber gewahr wirst, wie tief Du Dich hier in den Brunnen des Denkens niedergelassen hast und wie Du da unten ein neues Morgenrot findest und mit Lust wieder heraufkömmst und von Deiner tieferen Welt sprichst, dann wird Dich's trösten, denn die Welt wird nie mit Dir zusammenhängen. Du wirst keinen andern Ausweg haben als zurück durch diesen Brunnen in den Zaubergarten Deiner Phantasie; es ist aber keine Phantasie, es ist eine Wahrheit, die sich nur in ihr spiegelt. Der Genius benutzt die Phantasie, um unter ihren Formen das Göttliche, was der Menschengeist in seiner idealen Erscheinung nicht fassen könnte, mitzuteilen oder einzuflößen; ja Du wirst keinen andern Weg des Genusses in Deinem Leben haben, als den sich die Kinder versprechen von Zauberhöhlen, von tiefen Brunnen; wenn man durch sie gekommen, so findet man blühende Gärten, Wunderfrüchte, kristallne Paläste, wo eine noch unbegriffne Musik erschallt und die Sonne mit ihren Strahlen Brücken baut, auf denen man festen Fußes in ihr Zentrum spazieren kann; – das alles wird sich Dir in diesen Blättern zu einem Schlüssel bilden, mit dem Du vielleicht tief versunkene Reiche wieder aufschließen kannst, drum verliere mir nichts und wehre auch nicht solchen Reiz, der Dich zum Schreiben treibt, sondern lerne mit Schmerzen denken, ohne welche nie der Genius in den Geist geboren wird; – wenn er erst in Dich eingefleischt ist, dann wirst Du Dich der Begeistrung freuen, wie der Tänzer sich der Musik freut.

Mit solchen wunderbaren Lehren hat die Günderode die Unmündigkeit meines Geistes genährt. Ich war damals bei der Großmutter in Offenbach, um auf vier Wochen wegen meiner schwankenden Gesundheit die Landluft zu genießen; auf welche Weise berührten mich denn solche Briefe? – Verstand ich ihren Inhalt? – Hatte ich einen Begriff von dem, was ich geschrieben hatte? Nein; ich wußte mir so wenig den Text meiner schriftlichen Begeistrungen auszulegen, als sich der Komponist den Text seiner Erfindungen begreiflich machen kann; er wirft sich in ein Element, was höher ist als er; es trägt ihn, es nährt ihn, seine Nahrung wird Inspiration, sie reizt, sie beglückt, ohne daß man sie sinnlich auszulegen vermöchte, obschon die Fähigkeiten durch sie gesteigert, der Geist gereinigt, die Seele gerührt wird. So war es auch zwischen mir und der Freundin: die Melodien entströmten meiner gereizten Phantasie, sie lauschte und fühlte unendlichen Genuß dabei und bewahrte, was, wenn es mir geblieben wär, nur störend auf mich gewirkt haben würde; – sie nannte mich oft die Sibylle, die ihre Weissagungen nicht bewahren dürfe; ihre Aufforderungen reizten mich, und doch hatte ich eine Art Furcht; mein Geist war kühn und mein Herz war zaghaft; ja ich hatte ein wahres Ringen in mir; – ich wollte schreiben, ich sah in ein unermeßliches Dunkel, ich mußte mich auch äußerlich vom Licht entfernen; am liebsten war mir, wenn ich die Fenster verhing und doch durchsah, daß draußen die Sonne schien; ein Blumenstrauß, dessen Farben sich durch die Dämmerung stahlen, der konnte mich fesseln und von der innern Angst befreien, so daß ich mich vergaß, während ich in die schattigflammenden Blumenkelche sah und Duft und Farbe und Formen gleichsam ein Ganzes bildeten; Wahrheiten hab ich da erfahren, von denen ich ausging in meinen Träumereien und die mir plötzlich den gebundenen Geist lösten, daß ich ruhig und gelassen das, was mir ahndete, fassen und aussprechen konnte; – indem ich den Blumenstrauß, der nur durch eine Spalte im Fensterladen erleuchtet war, betrachtete, erkannte ich die Schönheit der Farbe, das Übermächtige der Schönheit; die Farbe war selbst ein Geist, der mich anredete wie der Duft und die Form der Blumen; – das erste, was ich durch sie vernahm, war, daß alles in den Naturgebilden durch das Göttliche erzeugt sei, daß Schönheit der göttliche Geist sei im Mutterschoß der Natur erzeugt; daß die Schönheit größer sei wie der Mensch, daß aber die Erkenntnis allein die Schönheit des freien Menschengeistes sei, die höher ist als alle leibliche Schönheit. – O ich brauchte mich hier nur in den Brunnen niederzulassen, so könnte ich vielleicht wieder sagen alles, was ich durch die Gespräche mit der Farbe und den Formen und dem Duft des Blumenstraußes erfuhr; ich könnte auch noch mehr sagen, was wunderlich und wunderbar genug klingt; ich müßte fürchten, es würde nicht geglaubt oder für Wahnsinn und Unsinn geachtet; – warum soll ich's aber hier verhehlen? Der's lesen wird, dem wird es einleuchten, er hat oft die wunderbaren Phänomene des Lichtes beobachtet, wie sie durch Farbe und zufällige oder besondere Formen neue Erscheinungen bildeten. – So war's in meiner Seele damals, so ist es auch jetzt. Das große und scharfe Auge des Geistes war vom innern Lichtstrahl gefangen genommen, es mußte ihn einsaugen, ohne sich durch selbstische Reflexion davon ablösen zu können; der Freund weiß ja, was dieses Gebanntsein im Blick auf einen Lichtstrahl – Farbengeist – für Zauberei hervorbringt, und er weiß auch, daß der Schein hier kein Schein ist, sondern Wahrheit. –

Trat ich aus dieser innern Anschauung hervor, so war ich geblendet; ich sah Träume, ich ging ihren Verhältnissen nach, das machte im gewöhnlichen Leben keinen Unterschied, in dies paßte ich ohne Anstoß, weil ich mich in ihm nicht bewegte; aber ohne Scheu sag ich es meinem Herrn, der den Segen hier über sein Kind sprechen möge: ich hatte eine innre Welt und geheime Fähigkeiten, Sinne, mit denen ich in ihr lebte; mein Auge sah deutlich große Erscheinungen, so wie ich es zumachte; – ich sah die Himmelskugel, sie drehte sich vor mir in unermeßlicher Größe um, so daß ich ihre Grenze nicht sah, aber doch eine Empfindung von ihrer Rundung hatte; das Sternenheer zog auf dunklem Grund an mir vorüber, die Sterne tanzten in reinen geistigen Figuren, die ich als Geist begriff; es stellten sich Monumente auf von Säulen und Gestalten, hinter denen die Sterne wegzogen; die Sterne tauchten unter in einem Meer von Farben; es blühten Blumen auf, sie wuchsen empor bis in die Höhe; ferne goldne Schatten deckten sie vor einem höheren weißen Licht, und so zog in dieser Innenwelt eine Erscheinung nach der anderen herauf; dabei fühlten meine Ohren ein feines silbernes Klingen, allmählich wurde es ein Schall, der größer war und gewaltiger, je länger ich ihm lauschte, ich freute mich, denn es stärkte mich, es stärkte meinen Geist, diesen großen Ton in meinem Gehör zu beherbergen; öffnete ich die Augen, so war alles nichts, so war alles ruhig, und ich empfand keine Störung, nur konnte ich die sogenannte wirkliche Welt, in der die andern Menschen sich auch zu befinden behaupten, nicht mehr von dieser Traum- oder Phantasiewelt unterscheiden; ich wußte nicht, welche Wachen oder Schlafen war, ja zuletzt glaubte ich immer mehr, daß ich das gewöhnliche Leben nur träume, und ich muß es noch heute unentschieden lassen und werde nach Jahren noch daran zweifeln; dieses Schweben und Fliegen war mir gar zu gewiß; ich war innerlich stolz darauf und freute mich dieses Bewußtseins; ein einziger elastischer Druck mit der Spitze der Fußzehen – und ich war in Lüften; ich schwebte leise und anmutig zwei, drei Fuß über der Erde, aber ich berührte sie gleich wieder und flog wieder auf, – und schwebte auf die Seite, von da wieder zurück; so tanzte ich im Garten im Mondschein hin und her, zu meinem unaussprechlichen Vergnügen; ich schwebte über die Treppen herab oder herauf, zuweilen hob ich mich zur Höhe der niedern Baumäste und schwirrte zwischen den Zweigen dahin; morgens erwachte ich in meinem Bett mit dem Bewußtsein, daß ich fliegen könne, am Tag aber vergaß ich's. – Ich schrieb an die Günderode, ich weiß nicht was, sie kam heraus nach Offenbach, sah mich zweifelhaft an, tat befremdende Fragen über mein Befinden, ich sah im Spiegel: schwärzer waren die Augen wie je, die Züge hatten sich unendlich verfeinert, die Nase so schmal und fein, der Mund geschwungen, eine äußerst weiße Farbe; ich freute mich und sah mit Genuß meine Gestalt, die Günderode sagte, ich sollte nicht so lang mehr allein bleiben, und nahm mich mit in die Stadt; da waren wenig Tage verflossen, so hatte ich das Fieber; ich legte mich zu Bett und schlief, und weiß auch nichts, als daß ich nur schlief: endlich erwachte ich und es war am vierzehnten Tag, nachdem ich mich gelegt hatte; indem ich die Augen öffnete, sah ich ihre schwanke Gestalt im Zimmer auf- und abgehen und die Hände ringen; »aber Günderode«, sagt ich, »warum weinst Du?« »Gott sei ewig gelobt«, sagte sie, und kam an mein Bett, »bist Du endlich wieder wach, bist Du endlich wieder ins Bewußtsein gekommen?« – Von der Zeit an wollte sie mich nichts Philosophisches lesen lassen, und auch keine Aufsätze sollte ich mehr machen; sie war fest überzeugt, meine Krankheit sei davon hergekommen; ich hatte großes Wohlgefallen an meiner Gestalt, die Blässe, die von meiner Krankheit zurückgeblieben war, gefiel mir unendlich; meine Züge erschienen mir sehr bedeutend, die großgewordenen Augen herrschten, und die anderen Gesichsteile verhielten sich geistig leidend; ich fragte die Günderode, ob nicht darin schon die ersten Spuren einer Verklärung sich zeigten.

Hier hab ich abgebrochen und hab viele Tage nicht geschrieben; es stieg so ernst und schwer herauf, der Schmerz ließ sich nicht vom Denken bemeistern; ich bin noch jung, ich kann's nicht durchsetzen, das Ungeheure. Unterdessen hat man den Herbst eingetan, der Most wurde vom laubbekränzten Winzervolk unter Jubelgesang die Berge herabgefahren und getragen, und sie gingen mit der Schalmei voran und tanzten. O Du – der Du dieses liest, Du hast keinen Mantel so weich, um die verwundete Seele drin einzuhüllen. Was bist Du mir schuldig? – Dem ich Opfer bringe wie dies, daß ich Dich die Hand in die Wunden legen lasse. – Wie kannst Du mir vergelten? – Du wirst mir nimmer vergelten; Du wirst mich nicht locken und an Dich ziehen, und weil ich kein Obdach in der Liebe habe, wirst Du mich nicht herbergen, und der Sehnsucht wirst Du keine Linderung gewähren; ich weiß es schon im voraus, ich werd allein sein mit mir selber, wie ich heut allein stand am Ufer bei den düstern Weiden, wo die Todesschauer noch wehen über den Platz, da kein Gras mehr wächst; dort hat sie den schönen Leib verwundet, grad an der Stelle, wo sie's gelernt hatte, daß man da das Herz am sichersten trifft; o Jesus Maria! –

Du! Mein Herr! – Du! – Flammender Genius über mir! Ich hab geweint; nicht über sie, die ich verloren habe, die wie warme frühlingbrütende Lüfte mich umgab; die mich schützte, die mich begeisterte, die mir die Höhe meiner eignen Natur als Ziel vertraute; ich hab geweint um mich, mit mir; hart muß ich werden wie Stahl, gegen mich, gegen das eigne Herz; ich darf es nicht beklagen, daß ich nicht geliebt werde, ich muß streng sein gegen dies leidenschaftliche Herz; es hat kein Recht zu fordern, nein, es hat kein Recht; – Du bist mild und lächelst mir, und Deine kühle Hand mildert die Glut meiner Wangen, das soll mir genügen.

Gestern waren wir im laubbekränzten Nachen den Rhein hinabgefahren, um die hundertfältige Feier des Weinfestes an beiden Bergufern mitanzusehen; auf unserem Schiff waren lustige Leute, sie schrieben weinbegeisterte Lieder und Sprüche, steckten sie in die geleerten Flaschen und ließen diese unter währendem Schießen den Rhein hinabschwimmen; auf allen Ruinen waren große Tannen aufgepflanzt, die bei einbrechender Dämmerung angezündet wurden; auf dem Mäuseturm, mitten im stolzen Rhein ragten zwei mächtige Tannen empor, ihre flammenden durchbrannten Äste fielen herab in die zischende Flut, von allen Seiten donnerten sie und warfen Raketen, und schöne Sträußer von Leuchtkugeln stiegen jungfräulich in die Lüfte, und auf den Nachen sang man Lieder, und im Vorbeifahren warf man sich Kränze zu und Trauben; da wir nach Hause kamen, so war's spät, aber der Mond leuchtete hell; ich sah zum Fenster hinaus und hörte noch jenseits das Toben und Jauchzen der Heimkehrenden, und diesseits, nach der Seite, wo sie tot am Ufer gelegen hatte, war alles still, ich dacht, da ist keiner mehr, der nach ihr frägt, und ich ging hin, nicht ohne Grausen, nein, mir war bang, wie ich von weitem die Nebel über den Weidenbüschen wogen sah, da wär ich bald wieder umgekehrt, es war mir, als sei sie es selbst, die da schwebte und wogte und sich ausdehnte; ich ging hin, aber ich betete unterwegs, daß mich Gott doch schützen möge; – schützen? – Vor was? Vor einem Geist, dessen Herz voll liebendem Willen gewesen war gegen mich im Leben; und nun er des irdischen Leibs entledigt ist, soll ich ihn fürchtend fliehen? – Ach, sie hat vielleicht einen bessren Teil ihres geistigen Vermögens auf mich vererbt seit ihrem Tod. Vererben doch die Voreltern auf ihre Nachkommen, warum nicht die Freunde? – Ich weiß nicht, wie weh mir ist! – Sie, die freundlich Klare, hat meinen Geist vielleicht beschenkt. Wie ich von ihrem Grab zurückkam, da fand ich Leute, die nach ihrer Kuh suchten, die sich verlaufen hatte, ich ging mit ihnen; sie ahndeten gleich, daß ich von dort her kam, sie wußten viel von der Günderode zu erzählen, die oft freundlich bei ihnen eingesprochen und ihnen Almosen gegeben hatte; sie sagten, sooft sie dort vorbeigehen, beten sie ein Vaterunser; ich hab auch dort gebetet zu und um ihre Seele, und hab mich vom Mondlicht reinwaschen lassen, und hab es ihr laut gesagt, daß ich mich nach ihr sehne, nach jenen Stunden, in denen wir Gefühl und Gedanken harmlos gegeneinander austauschten.

Sie erzählte mir wenig von ihren sonstigen Angelegenheiten, ich wußte nicht, in welchen Verbindungen sie noch außer mir war; sie hatte mir zwar von Daub in Heidelberg gesprochen und auch von Creuzer, aber ich wußte von keinem, ob er ihr lieber sei als der andre; einmal hatte ich von andern davon gehört, ich glaubte es nicht, einmal kam sie mir freudig entgegen und sagte: »Gestern hab ich einen Chirurg gesprochen, der hat mir gesagt, daß es sehr leicht ist, sich umzubringen«, sie öffnete hastig ihr Kleid und zeigte mir unter der schönen Brust den Fleck; ihre Augen funkelten freudig; ich starrte sie an, es ward mir zum erstenmal unheimlich, ich fragte: »Nun! – Und was soll ich denn tun, wenn Du tot bist?« – »O«, sagte sie, »dann ist Dir nichts mehr an mir gelegen, bis dahin sind wir nicht mehr so eng verbunden, ich werd mich erst mit Dir entzweien.« – Ich wendete mich nach dem Fenster, um meine Tränen, mein vor Zorn klopfendes Herz zu verbergen, sie hatte sich nach dem andern Fenster gewendet und schwieg; – ich sah sie von der Seite an, ihr Auge war gen Himmel gewendet, aber der Strahl war gebrochen, als ob sich sein ganzes Feuer nach innen gewendet habe; – nachdem ich sie eine Weile beobachtet hatte, konnt ich mich nicht mehr fassen, – ich brach in lautes Schreien aus, ich fiel ihr um den Hals und riß sie nieder auf den Sitz und setzte mich auf ihre Knie und weinte viel Tränen und küßte sie zum erstenmal an ihren Mund und riß ihr das Kleid auf und küßte sie an die Stelle, wo sie gelernt hatte das Herz treffen; und ich bat mit schmerzlichen Tränen, daß sie sich meiner erbarme, fiel ihr wieder um den Hals und küßte ihre Hände, die waren kalt und zitterten, ihre Lippen zuckten, sie war ganz kalt, starr und totenblaß und konnte die Stimme nicht erheben; sie sagte leise: »Bettine, brich mir das Herz nicht«; – ach, da wollte ich mich aufreißen und wollte ihr nicht wehtun; ich lächelte, weinte und schluchzte laut, ihr schien immer banger zu werden, sie legte sich aufs Sofa; da wollt ich scherzen und wollte ihr beweisen, daß ich alles für Scherz nehme; da sprachen wir von ihrem Testament; sie vermachte einem jeden etwas; mir vermachte sie einen kleinen Apoll unter einer Glasglocke, dem sie einen Lorbeerkranz umgehängt hatte; ich schrieb alles auf; im Nachhausegehen machte ich mir Vorwürfe, daß ich so aufgeregt gewesen war; ich fühlte, daß es doch nur Scherz gewesen war oder auch Phantasie, die in ein Reich gehört, welches nicht in der Wirklichkeit seine Wahrheit behauptet; ich fühlte, daß ich Unrecht gehabt hatte und nicht sie, die ja oft auf diese Weise mit mir gesprochen hatte. Am andern Tag führte ich ihr einen jungen französischen Husarenoffizier zu mit hoher Bärenmütze; es war der Wilhelm von Türkheim, der schönste aller Jünglinge, das wahre Kind voll Anmut und Scherz; er war unvermutet angekommen; ich sagte: »Da hab ich Dir einen Liebhaber gebracht, der soll Dir das Leben wieder lieb machen.« Er vertrieb uns allen die Melancholie; wir scherzten und machten Verse, und da der schöne Wilhelm die schönsten gemacht zu haben behauptete, so wollte die Günderode, ich sollte ihm den Lorbeerkranz schenken; ich wollte mein Erbteil nicht geschmälert wissen, doch mußt ich ihm endlich die Hälfte des Kranzes lassen; so hab ich denn nur die eine Hälfte. Einmal kam ich zu ihr, da zeigte sie mir einen Dolch mit silbernem Griff, den sie auf der Messe gekauft hatte, sie freute sich über den schönen Stahl und über seine Schärfe; ich nahm das Messer in die Hand und probte es am Finger, da floß gleich Blut, sie erschrak, ich sagte: »O Günderode, Du bist so zaghaft und kannst kein Blut sehen, und gehest immer mit einer Idee um, die den höchsten Mut voraussetzt, ich hab doch noch das Bewußtsein, daß ich eher vermögend wär, etwas zu wagen, obschon ich mich nie umbringen würde; aber mich und Dich in einer Gefahr zu verteidigen, dazu hab ich Mut; und wenn ich jetzt mit dem Messer auf Dich eindringe – siehst Du, wie Du Dich fürchtest?« – Sie zog sich ängstlich zurück; der alte Zorn regte sich wieder in mir unter der Decke des glühendsten Mutwills; ich ging immer ernstlicher auf sie ein, sie lief in ihr Schlafzimmer hinter einen ledernen Sessel, um sich zu sichern; ich stach in den Sessel, ich riß ihn mit vielen Stichen in Stücke, das Roßhaar flog hier und dahin in der Stube, sie stand flehend hinter dem Sessel und bat, ihr nichts zu tun; – ich sagte: »Eh ich dulde, daß Du Dich umbringst, tu ich's lieber selbst.« »Mein armer Stuhl!« rief sie. »Ja was, dein Stuhl, der soll den Dolch stumpf machen.« Ich gab ihm ohne Barmherzigkeit Stich auf Stich, das ganze Zimmer wurde eine Staubwolke; so warf ich den Dolch weit in die Stube, daß er prasselnd unter das Sofa fuhr; ich nahm sie bei der Hand und führte sie in den Garten in die Weinlaube, ich riß die jungen Weinreben ab und warf sie ihr vor die Füße; ich trat darauf und sagte: »So mißhandelst Du unsre Freundschaft.« – Ich zeigte ihr die Vögel auf den Zweigen, und daß wir wie jene, spielend, aber treu gegeneinander bisher zusammengelebt hätten. Ich sagte: »Du kannst sicher auf mich bauen, es ist keine Stunde in der Nacht, die, wenn

Karoline von Günderrode

Du mir Deinen Willen kund tust, mich nur einen Augenblick besinnen machte; – komm vor mein Fenster und pfeif um Mitternacht, und ich geh ohne Vorbereitung mit Dir um die Welt. Und was ich für mich nicht wagte, das wag ich für Dich; – aber Du? – Was berechtigt Dich mich aufzugeben? – Wie kannst Du solche Treue verraten, und versprich mir, daß Du nicht mehr Deine zaghafte Natur hinter so grausenhafte prahlerische Ideen verschanzen willst.« – Ich sah sie an, sie war beschämt und senkte den Kopf und sah auf die Seite und war blaß; wir waren beide still, lange Zeit. »Günderode«, sagte ich, »wenn es ernst ist, dann gib mir ein Zeichen«; – sie nickte. – Sie reiste ins Rheingau; von dort aus schrieb sie mir ein paarmal, wenig Zeilen; – ich hab sie verloren, sonst würde ich sie hier einschalten. Einmal schrieb sie: »Ist man allein am Rhein, so wird man ganz traurig, aber mit mehreren zusammen, da sind grade die schauerlichsten Plätze am lustaufreizendsten: mir aber ist doch lieb, den weiten gedehnten Purpurhimmel am Abend allein zu begrüßen, da dichte ich im Wandeln an einem Märchen, das will ich Dir vorlesen; ich bin jeden Abend begierig, wie es weiter geht, es wird manchmal recht schaurig und dann taucht es wieder auf.« Da sie wieder zurückkam und ich das Märchen lesen wollte, sagte sie: »Es ist so traurig geworden, daß ich's nicht lesen kann; ich darf nichts mehr davon hören, ich kann es nicht mehr weiter schreiben: ich werde krank davon.« Sie legte sich zu Bett und blieb mehrere Tage liegen, der Dolch lag an ihrem Bett; ich achtete nicht darauf, die Nachtlampe stand dabei, ich kam herein: »Bettine, mir ist vor drei Wochen eine Schwester gestorben; sie war jünger als ich, Du hast sie nie gesehen; sie starb an der schnellen Auszehrung.« – »Warum sagst Du mir dies heute erst«, fragte ich. – »Nun, was könnte Dich dies interessieren? Du hast sie nicht gekannt, ich muß so was allein tragen«, sagte sie mit trocknen Augen. Mir war dies doch etwas sonderbar, mir jungen Natur waren alle Geschwister so lieb, daß ich glaubte, ich würde verzweifeln müssen, wenn einer stürbe, und daß ich mein Leben für jeden gelassen hätte. Sie fuhr fort: »Nun denk'! Vor drei Nächten ist mir diese Schwester erschienen; ich lag im Bett und die Nachtlampe brannte auf jenem Tisch; sie kam herein in weißem Gewand, langsam, und blieb an dem Tisch stehen; sie wendete den Kopf nach mir, senkte ihn und sah mich an; erst war ich erschrocken, aber bald war ich ganz ruhig, ich setzte mich im Bett auf, um mich zu überzeugen, daß ich nicht schlafe. Ich sah sie auch an und es war, als ob sie etwas bejahend nickte; sie nahm dort den Dolch, hob ihn gen Himmel mit der rechten Hand, als ob sie mir ihn zeigen wolle, legte ihn wieder sanft und klanglos nieder; dann nahm sie die Nachtlampe, hob sie auch in die Höhe und zeigte sie mir, und als ob sie mir bezeichnen wolle, daß ich sie verstehe, nickte sie sanft, führte die Lampe zu ihren Lippen und hauchte sie aus; denk nur«, sagte sie voll Schauder, »ausgeblasen; – im Dunkel hatte mein Auge noch das Gefühl von ihrer Gestalt; da hat mich plötzlich eine Angst befallen, die ärger sein muß, als wenn man mit dem Tod ringt; ja, denn ich wär lieber gestorben, als noch länger diese Angst zu tragen.«

Ich war gekommen, um Abschied zu nehmen, weil ich mit Savigny nach Marburg reisen wollte, aber nun wollte ich bei ihr bleiben. »Reise nur fort«, sagte sie, »denn ich reise auch übermorgen wieder ins Rheingau.« – So ging ich denn weg. – »Bettine«, rief sie mir in der Tür zu, »behalt diese Geschichte, sie ist doch merkwürdig!« Das waren ihre letzten Worte. In Marburg schrieb ich ihr oft ins Rheingau von meinem wunderlichen Leben; – ich wohnte einen ganzen Winter am Berg dicht unter dem alten Schloß, der Garten war mit der Festungsmauer umgeben, aus den Fenstern hatt ich eine weite Aussicht über die Stadt und das reich bebaute Hessenland; überall ragten die gotischen Türme aus den Schneedecken hervor; aus meinem Schlafzimmer ging ich in den Berggarten, ich kletterte über die Festungsmauer und stieg durch die verödeten Gärten; – wo sich die Pförtchen nicht aufzwingen ließen, da brach ich durch die Hecken, – da saß ich auf der Steintreppe, die Sonne schmolz den Schnee zu meinen Füßen, ich suchte die Moose und trug sie mitsamt der angefrornen Erde nach Haus; – so hatt ich an dreißig bis vierzig Moosarten gesammelt, die alle in meiner kalten Schlafkammer in irdnen Schüsselchen auf Eis gelegt mein Bett umblühten; ich schrieb ihr davon, ohne zu sagen, was es sei; ich schrieb in Versen: mein Bett steht mitten im kalten Land, umgeben von viel Hainen, die blühen in allen Farben, und da sind silberne Haine uralter Stämme, wie der Hain auf der Insel Cypros; die Bäume stehen dicht gereiht und verflechten ihre gewaltigen Äste; der Rasen, aus dem sie hervorwachsen, ist rosenrot und blaßgrün; ich trug den ganzen Hain heut auf meiner erstarrten Hand in mein kaltes Eisbeetland; – da antwortet sie wieder in Versen: »Das sind Moose ewiger Zeiten, die den Teppich unterbreiten, ob die Herrn zur Jagd drauf reiten, ob die Lämmer drüber weiden, ob der Winterschnee sie decket, oder Frühling Blumen wecket; in dem Haine schallt es wieder, summen Mückchen ihre Lieder; an der Silberbäume Wipfel, hängen Tröpfchen Tau am Gipfel; in dem klaren Tröpfchen Taue, spiegelt sich die ganze Aue; du mußt andre Rätsel machen, will dein Witz des meinen lachen!«

Nun waren wir ins Rätsel geben und lösen geraten; alle Augenblick hatt ich ein kleines Abenteuer auf meinen Spazierwegen, was ich ihr verbrämt zu erraten gab; meistens löste sie es auf eine kindlich-lustige Weise auf. Einmal hatte ich ihr ein Häschen, was mir auf wildem einsamen Waldweg begegnet war, als einen zierlichen Ritter beschrieben, ich nannte es la petite perfection und daß es mir mein Herz eingenommen habe; – sie antwortete gleich: »Auf einem schönen grünen Rasen, da ließ ein Held zur Mahlzeit blasen, da flüchteten sich alle Hasen; so hoff ich, wird ein Held einst kommen. Dein Herz, von Hasen eingenommen, von diesen Wichten zu befreien und seine Gluten zu erneuen;« – dies waren Anspielungen auf kleine Liebesabenteuer. – So verging ein Teil des Winters; ich war in einer sehr glücklichen Geistesverfassung, andre würden sie Überspannung nennen, aber mir war sie eigen. An der Festungsmauer, die den großen Garten umgab, war eine Turmwarte, eine zerbrochne Leiter stand drin; – dicht bei uns war eingebrochen worden, man konnte den Spitzbuben nicht auf die Spur kommen, man glaubte, sie versteckten sich auf jenem Turm; ich hatte ihn bei Tag in Augenschein genommen und erkannt, daß es für einen starken Mann unmöglich war, an dieser morschen, beinah stufenlosen himmelhohen Leiter hinaufzuklimmen; ich versuchte es, gleitete aber wieder herunter, nachdem ich eine Strecke hinaufgekommen war; in der Nacht, nachdem ich schon eine Weile im Bett gelegen hatte und Meline schlief, ließ es mir keine Ruhe; ich warf ein Überkleid um, stieg zum Fenster hinaus und ging an dem alten Marburger Schloß vorbei, da guckte der Kurfürst Philipp mit der Elisabeth lachend zum Fenster heraus; ich hatte diese Steingruppe, die beide Arm in Arm sich weit aus dem Fenster lehnen, als wollten sie ihre Lande übersehen, schon oft bei Tage betrachtet, aber jetzt bei Nacht fürchtete ich mich so davor, daß ich in hohen Sprüngen davoneilte in den Turm; dort ergriff ich eine Leiterstange und half mir, Gott weiß wie, daran hinauf; was mir bei Tage nicht möglich war, gelang mir bei Nacht in der schwebenden Angst meines Herzens; wie ich beinah oben war, machte ich Halt; ich überlegte, wie die Spitzbuben wirklich oben sein könnten und da mich überfallen und von der Warte hinunterstürzen; da hing ich und wußte nicht hinunter oder herauf, aber die frische Luft, die ich witterte, lockte mich nach oben; – wie war mir da, wie ich plötzlich durch Schnee und Mondlicht die weitverbreitete Natur überschaute, allein und gesichert, das große Heer der Sterne über mir! – So ist es nach dem Tod, die freiheitstrebende Seele, der der Leib am angstvollsten lastet, im Augenblick, da sie ihn abwerfen will; sie siegt endlich und ist der Angst erledigt; – da hatte ich bloß das Gefühl, allein zu sein, da war kein Gegenstand, der mir näher war als meine Einsamkeit, und alles mußte vor dieser Beseligung zusammensinken; – ich schrieb der Günderode, daß wieder einmal mein ganzes Glück von der Laune dieser Grille abhänge; ich schrieb ihr jeden Tag, was ich auf der freien Warte mache und denke, ich setzte mich auf die Brustmauer und hing die Beine hinab. – Sie wollte immer mehr von diesen Turmbegeistrungen, sie sagte: »Es ist mein Labsal, Du sprichst wie ein auferstandner Prophet!« – Wie ich ihr aber schrieb, daß ich auf der Mauer, die kaum zwei Fuß breit war, im Kreis herumlaufe und lustig nach den Sternen sehe, und daß mir zwar am Anfang geschwindelt habe, daß ich jetzt aber ganz keck und wie am Boden mich da oben befinde, – da schrieb sie: »Um Gotteswillen falle nicht, ich hab's noch nicht herauskriegen können, ob Du das Spiel böser oder guter Dämonen bist«. – »Falle nicht,« schrieb sie mir wieder, »obschon es mir wohltätig war, Deine Stimme von oben herab über den Tod zu vernehmen, so fürchtete ich nichts mehr, als daß Du elend und unwillkürlich zerschmettert ins Grab stürzest;« – ihre Vermahnungen aber erregten mir keine Furcht und keinen Schwindel, im Gegenteil war ich tollkühn; ich wußte Bescheid, ich hatte die triumphierende Überzeugung, daß ich von Geistern geschützt sei. Das Seltsame war, daß ich's oft vergaß, daß es mich oft mitten aus dem Schlaf weckte und ich noch in unbestimmter Nachtzeit hineilte, daß ich auf dem Hinweg immer Angst hatte und auf der Leiter jeden Abend wie den ersten, daß ich oben allemal die Beseligung einer von schwerem Druck befreiten Brust empfand; – oben, wenn Schnee lag, schrieb ich der Günderode ihren Namen hinein und: Jesus nazarenus rex judaeorum als schützenden Talisman darüber, da war mir, als sei sie gesichert gegen böse Eingebungen.

Jetzt kam Creuzer nach Marburg, um Savigny zu besuchen. Häßlich wie er war, war es zugleich unbegreiflich, daß er ein Weib interessieren könne; ich hörte, daß er von der Günderode sprach, in Ausdrücken, als ob er ein Recht an ihre Liebe habe; ich hatte in meinem von allem äußeren Einfluß abgeschiednen Verhältnis zu ihr früher nichts davon geahndet und war im Augenblick aufs heftigste eifersüchtig; er nahm in meiner Gegenwart ein kleines Kind auf den Schoß und sagte: »Wie heißt Du?« – »Sophie«. »Nun, Du sollst, solange ich hier bin, Karoline heißen; Karoline gib mir einen Kuß.« Da ward ich zornig, ich riß ihm das Kind vom Schoß und trug es hinaus, fort durch den Garten auf den Turm; da oben stellte ich es in den Schnee neben ihren Namen, und legte mich mit dem glühenden Gesicht hinein und weinte laut, und das Kind weinte mit, und da ich herunter kam, begegnete mir Creuzer; ich sagte: »Weg aus meinem Weg, fort.« Der Philolog konnte sich einbilden, daß Ganymed ihm die Schale des Jupiters reichen werde. – Es war in der Neujahrsnacht; ich saß auf meiner Warte und schaute in die Tiefe; alles war so still – kein Laut bis in die weiteste Ferne, und ich war betrübt um die Günderode, die mir keine Antwort gab; die Stadt lag unter mir, auf einmal schlug es Mitternacht, – da stürmte es herauf, die Trommeln rührten sich, die Posthörner schmetterten, sie lösten ihre Flinten, sie jauchzten, die Studentenlieder tönten von allen Seiten, es stieg der Jubellärm, daß er mich beinah wie ein Meer umbrauste; – das vergesse ich nie, aber sagen kann ich auch nicht, wie mir so wunderlich war da oben auf schwindelnder Höhe, und wie es allmählich wieder still ward und ich mich ganz allein empfand. Ich ging zurück und schrieb an die Günderode; vielleicht finde ich den Brief noch unter meinen Papieren, dann will ich ihn beilegen; ich weiß, daß ich ihr die heißesten Bitten tat, mir zu antworten; ich schrieb ihr von diesen Studentenliedern, wie die gen Himmel geschallt hätten und mir das tiefste Herz aufgeregt; ja ich legte meinen Kopf auf ihre Füße und bat um Antwort und wartete mit heißer Sehnsucht acht Tage, aber nie erhielt ich eine Antwort; ich war blind, ich war taub, ich ahndete nichts. Noch zwei Monate gingen vorüber – da war ich wieder in Frankfurt; – ich lief ins Stift, machte die Tür auf: siehe da stand sie und sah mich an; kalt, wie es schien; »Günderod«, rief ich, »darf ich hereinkommen?« – Sie schwieg und wendete sich ab; »Günderod, sag nur ein Wort und ich lieg an deinem Herzen.« »Nein«, sagte sie, »komme nicht näher, kehre wieder um, wir müssen uns doch trennen.« – »Was heißt das?« – »So viel, daß wir uns ineinander geirrt haben und daß wir nicht zusammengehören.« – Ach, ich wendete um! Ach, erste Verzweiflung, erster grausamer Schlag, so empfindlich für ein junges Herz! Ich, die nichts kannte wie die Unterwerfung, die Hingebung in dieser Liebe, mußte so zurückgewiesen werden. – Ich lief nach Haus zur Meline, ich bat sie mitzugehen zur Günderode, zu sehen, was ihr fehle, sie zu bewegen, mir einen Augenblick ihr Angesicht zu gönnen; ich dachte, wenn ich sie nur einmal ins Auge fassen könne, dann wolle ich sie zwingen; ich lief über die Straße, vor der Zimmertür blieb ich stehen, ich ließ die Meline allein zu ihr eintreten, ich wartete, ich zitterte und rang die Hände in dem kleinen engen Gang, der mich so oft zu ihr geführt hatte; – die Meline kam heraus mit verweinten Augen, sie zog mich schweigend mit sich fort; – einen Augenblick hatte mich der Schmerz übermannt, aber gleich stand ich wieder auf den Füßen; nun! dacht ich, wenn das Schicksal mir nicht schmeicheln will, so wollen wir Ball mit ihm spielen; ich war heiter, ich war lustig, ich war überreizt, aber Nächten weinte ich im Schlaf. – Am zweiten Tag ging ich des Wegs, wo ihre Wohnung war, da sah ich die Wohnung von Goethes Mutter, die ich nicht näher kannte und nie besucht hatte; ich trat ein. »Frau Rat«, sagte ich, »ich will Ihre Bekanntschaft machen, mir ist eine Freundin in der Stiftsdame Günderode verloren gegangen, und die sollen Sie mir ersetzen.« – »Wir wollen's versuchen«, sagte sie, und so kam ich alle Tage und setzte mich auf den Schemel und ließ mir von ihrem Sohn erzählen und schrieb's alles auf und schickte es der Günderode; – wie sie in's Rheingau ging, sendete sie mir die Papiere zurück; die Magd, die sie mir brachte, sagte, es habe der Stiftsdame heftig das Herz geklopft, da sie ihr die Papiere gegeben, und auf ihre Frage, was sie bestellen solle, habe sie geantwortet: »Nichts.« –

Es vergingen vierzehn Tage, da kam Fritz Schlosser; er bat mich um ein paar Zeilen an die Günderode, weil er ins

Rheingau reisen werde und wolle gern ihre Bekanntschaft machen. Ich sagte, daß ich mit ihr brouilliert sei, ich bäte ihn aber, von mir zu sprechen und achtzugeben, was es für einen Eindruck auf sie mache. – »Wann gehen Sie hin«, sagte ich, »morgen?« – »Nein, in acht Tagen.« – »O gehen Sie morgen, sonst treffen Sie sie nicht mehr; – am Rhein ist's so melancholisch«, sagte ich scherzend, »da könnte sie sich ein Leid's antun;« – Schlosser sah mich ängstlich an. »Ja ja«, sagte ich mutwillig, »sie stürzt sich ins Wasser oder ersticht sich aus bloßer Laune.« – »Frevlen Sie nicht«, sagte Schlosser, und nun frevelte ich erst recht: »Geben Sie acht, Schlosser, Sie finden Sie nicht mehr, wenn Sie nach alter Gewohnheit zögern, und ich sage Ihnen, gehen Sie heute lieber wie morgen und retten Sie sie von unzeitiger melancholischer Laune;« – und im Scherz beschrieb ich sie, wie sie sich umbringen werde, im roten Kleid, mit aufgelöstem Schnürband, dicht unter der Brust die Wunde; das nannte man tollen Übermut von mir, es war aber bewußtloser Überreiz, indem ich die Wahrheit vollkommen genau beschrieb. – Am andern Tag kam Franz und sagte: »Mädchen, wir wollen ins Rheingau gehen, da kannst Du die Günderode besuchen.« – »Wann?« fragte ich – »Morgen«, sagte er; – ach, ich packte mit Übereile ein, ich konnte kaum erwarten, daß wir gingen; alles, was mir begegnete, schob ich hastig aus dem Weg, aber es vergingen mehrere Tage und es ward die Reise immer verschoben; endlich, da war meine Lust zur Reise in tiefe Trauer verwandelt, und ich wär lieber zurückgeblieben. – Da wir in Geisenheim ankamen, wo wir übernachteten, lag ich im Fenster und sah ins mondbespiegelte Wasser; meine Schwägerin Toni saß am Fenster; die Magd, die den Tisch deckte, sagte: »Gestern hat sich auch eine junge schöne Dame, die schon sechs Wochen hier sich aufhielt, bei Winckel umgebracht; sie ging am Rhein spazieren ganz lang, dann lief sie nach Hause, holte ein Handtuch; am Abend suchte man sie vergebens; am andern Morgen fand man sie am Ufer unter Weidenbüschen, sie hatte das Handtuch voll Steine gesammelt und sich um den Hals gebunden, wahrscheinlich, weil sie sich in den Rhein versenken wollte, aber da sie sich ins Herz stach, fiel sie rückwärts, und so fand sie ein Bauer am Rhein liegen unter den Weiden an einem Ort, wo es am tiefsten ist. Er riß ihr den Dolch aus dem Herzen und schleuderte ihn voll Abscheu weit in den Rhein, die Schiffer sahen ihn fliegen, – da kamen sie herbei und trugen sie in die Stadt.« – Ich hatte im Anfang nicht zugehört, aber zuletzt hört ich's mit an und rief: »Das ist die Günderode!« Man redete mir's aus und sagte, es sei wohl eine andre, da so viel Frankfurter im Rheingau wären. Ich ließ mir's gefallen und dachte: grade, was man prophezeie, sei gewöhnlich nicht wahr. – In der Nacht träumte mir, sie käme mir auf einem mit Kränzen geschmückten Nachen entgegen, um sich mit mir zu versöhnen; ich sprang aus dem Bett in des Bruders Zimmer und rief: »Es ist alles nicht wahr, eben hat mir's lebhaft geträumt!« »Ach«, sagte der Bruder, »baue nicht auf Träume!« – Ich träumte noch einmal, ich sei eilig in einem Kahn über den Rhein gefahren, um sie zu suchen; da war das Wasser trüb und schilfig, die Luft war dunkel und es war sehr kalt; – ich landete an einem sumpfigen Ufer, da war ein Haus mit feuchten Mauern, aus dem schwebte sie hervor und sah mich ängstlich an und deutete mir, daß sie nicht sprechen könne; – ich lief wieder zum Schlafzimmer der Geschwister und rief: »Nein, es ist gewiß wahr; denn mir hat geträumt, daß ich sie gesehen habe, und ich hab gefragt: ›Günderode, warum hast Du mir dies getan?‹ Da hat sie geschwiegen, hat den Kopf gesenkt und hat sich traurig nicht verantworten können.« – Nun überlegte ich im Bett alles und besann mich, daß sie mir früher gesagt hatte, sie wolle sich erst mit mir entzweien, eh sie diesen Entschluß ausführen werde; nun war mir unsre Trennung erklärt; auch daß sie mir ein Zeichen geben werde, wenn ihr Entschluß reif sei; – das war also die Geschichte von ihrer toten Schwester, die sie mir ein halb Jahr früher mitteilte; da war der Entschluß schon gefaßt. – O ihr großen Seelen, dieses Lamm in seiner Unschuld, dieses junge zaghafte Herz, welche ungeheure Gewalt hat es bewogen, so zu handeln? – Am andern Morgen fuhren wir bei früher Zeit auf dem Rhein weiter; – Franz hatte befohlen, daß das Schiff jenseits sich halten solle, um zu vermeiden, daß wir dem Platz zu nahe kämen, aber dort stand der Fritz Schlosser am Ufer, und der Bauer, der sie gefunden, zeigte ihm, wo der Kopf gelegen hatte und die Füße und daß das Gras noch niederliege, – und der Schiffer lenkte unwillkürlich dorthin, und Franz bewußtlos sprach im Schiff alles dem Bauern nach, was er in der Ferne verstehen konnte, und da mußt ich denn mit anhören die schauderhaften Bruchstücke der Erzählung vom roten Kleid, das aufgeschnürt war, und der Dolch, den ich so gut kannte, und das Tuch mit Steinen um ihren Hals, und die breite Wunde; – aber ich weinte nicht, ich schwieg. – Da kam der Bruder zu mir und sagte: »Sei stark, Mädchen.« – Wir landeten in Rüdesheim; überall erzählte man sich die Geschichte; ich lief in Windesschnelle an allen vorüber, den Ostein hinauf eine halbe Stunde bergan, ohne auszuruhen; – oben war mir der Atem vergangen, mein Kopf brannte, ich war den andern weit vorausgeeilt. – Da lag der herrliche Rhein mit seinem smaragdnen Schmuck der Inseln; da sah ich die Ströme von allen Seiten dem Rhein zufließen und die reichen friedlichen Städte an beiden Ufern und die gesegneten Gelände an beiden Seiten; da fragte ich mich, ob mich die Zeit über diesen Verlust beschwichtigen werde, und da war auch der Entschluß gefaßt, kühn mich über den Jammer hinauszuschwingen; denn es schien mir unwürdig, Jammer zu äußern, den ich einstens beherrschen könne.

Nach diesem wunderschönen Text der Bettina von Arnim über ihre Freundin überlasse ich nun der Günderrode selbst das Feld.

Buonaparte in Egypten

Aus dem Schoos der Nacht entwindet mühesam
    die Dämmerung sich,
Und der Dämmerung Gebilde löset einst des Tages Licht.

Karoline von Günderrode

Endlich fliehet die Nacht! und herrlicher Morgen
Golden entsteigst du dem bläulichten Bette der Tiefe
Und erleuchtest das dunkle Land wo der Vorzeit
Erster Funke geglüht, wo Licht dem Dunkel entwunden.
Früh gelodert im Schutze der mystischen Schleier
Dann auf lange entfloh und ferne Zonen erleuchtet. –
Ewig weicht sie doch nicht vom heimischen Lande
Die Flamme, sie kehret mit hochaufloderndem
    Glanz hin.
Alle Bande der Knechtschaft löset die Freiheit,
Der Begeisterung Funke erwekt die Söhne Egyptens. –
Wer bewirkt die Erscheinung? Wer ruft der Vorwelt
Tage zurük? Er reiset Hüll und Ketten vom Bilde
Jener Isis, die der Vergangenheit Räthsel
Dasteht, ein Denkmal vergessener Weisheit der Urwelt?
Bonaparte ist's, Italiens Eroberer,
Frankreichs Liebling, die Säule der würdigeren Freiheit
Rufet er der Vorzeit Begeisterung zurüke
Zeiget dem erschlaften Jahrhunderte römische Kraft. –
Möge dem Helden das Werk gelingen Völker
Zu beglükken, möge der schöne Morgen der Freiheit
Sich entwinden der Dämmerung finsterem Schoose.
Möge der späte Enkel sich freuen der labenden
Der gereiften Frucht, die mit Todesgefahren
In dem schrecklichen Kampf mit finsterem Wahn,
    der Menge
Irrthum, der großen Härte, des Volks Verblendung
Blutige Thränen vergiesend die leidende Menschheit
Zitternd in dieses Jahrhundert Laufe gepflanzt.

Die eine Klage

Wer die tiefste aller Wunden
Hat in Geist und Sinn empfunden
Bittrer Trennung Schmerz;
Wer geliebt was er verlohren,
Lassen muß was er erkohren,
Das geliebte Herz,

Der versteht in Lust die Thränen
Und der Liebe ewig Sehnen
Eins in Zwei zu sein,
Eins im Andern sich zu finden,
Daß der Zweiheit Gränzen schwinden
Und des Daseins Pein.
Wer so ganz in Herz und Sinnen
Konnt' ein Wesen liebgewinnen
O! den tröstet's nicht
Daß für Freuden, die verlohren,
Neue werden neu gebohren:
Jene sind's doch nicht.
Das geliebte, süße Leben,
Dieses Nehmen und dies Geben,
Wort und Sinn und Blick,
Dieses Suchen und dies Finden,
Dieses Denken und Empfinden
Giebt kein Gott zurück.

Vorzeit, und neue Zeit

Ein schmahler rauher Pfad schien sonst die Erde.
Und auf den Bergen glänzt der Himmel über ihr,
Ein Abgrund ihr zur Seite war die Hölle,
Und Pfade führten in den Himmel und zur Hölle.
Doch alles ist ganz anders jetzt geworden,
Der Himmel ist gestürzt, der Abgrund ausgefüllt,
Und mit Vernunft bedeckt, und sehr bequem zum gehen.
Des Glaubens Höhen sind nun demolieret.
Und auf der flachen Erde schreitet der Verstand,
Und misset alles aus, nach Klafter und nach Schuen.

Hochroth

Du innig Roth,
Bis an den Tod
Soll mein Lieb Dir gleichen,
Soll nimmer bleichen,

Bis an den Tod,
Du glühend Roth,
Soll sie Dir gleichen.

Der Luftschiffer

Gefahren bin ich im schwankenden Kahne
Auf dem blaulichen Ozeane,
Der die leuchtenden Sterne umfließt,
Habe die himmlischen Mächte begrüßt.
War in ihrer Betrachtung versunken,
Habe den ewigen Äther getrunken,
Habe dem Irdischen ganz mich entwandt,
Droben die Schriften der Sterne erkannt
Und in ihrem Kreisen und Drehen
Bildlich den heiligen Rhythmus gesehen,
Der gewaltig auch jeglichen Klang
Reißt zu des Wohllauts wogendem Drang.
Aber ach! es ziehet mich hernieder,
Nebel überschleiert meinen Blick,
Und der Erde Grenzen seh ich wieder,
Wolken treiben mich zurück.
Wehe! das Gesetz der Schwere
Es behauptet nur sein Recht,
Keiner darf sich ihm entziehen
dem irdischen Geschlecht.

An Creuzer

Seh' ich das Spatroth, o Freund, tiefer erröthen im Weste,
Ernsthaft lächelnd, voll Wehmuth lächelnd und traurend
    verglimmen,
O dann muß ich es fragen, warum es so trüb wird und
    dunkel;
Aber es schweiget und weint perlenden Thau auf mich
    nieder.

Karoline von Günderrode

Liebe

O reiche Armuth! Gebend, seliges Empfangen!
In Zagheit Muth! in Freiheit doch gefangen.
In Stummheit Sprache,
Schüchtern bei Tage
Siegend mit zaghaftem Bangen.
Lebendiger Tod, im Einen sel'ges Leben
Schwelgend in Noth, im Widerstand ergeben,
Genießend schmachtend,
Nie satt betrachten
Leben im Traum und doppelt Leben.

Zueignung

Ich habe dir in ernsten stillen Stunden,
Betrachtungsvoll in heil'ger Einsamkeit,
Die Blumen dieser und vergangner Zeit,
Die mir erblüht, zu einem Kranz gewunden.
Von Dir, ich weiß es, wird der Sinn empfunden,
Der in des Blüthenkelchs Verschwiegenheit
Nur sichtbar wird dem Auge, das geweiht
Im Farbenspiel den stillen Geist gefunden.
Es flechten Mädchen so im Orient
Den bunten Kranz; daß vielen er gefalle,
Wetteifern unter sich die Blumen alle.
Doch Einer ihren tiefern Sinn erkennt,
Ihm sind Symbole sie nur, äußre Zeichen;
Sie reden ihm, obgleich sie alle schweigen.

Ariadne auf Naxos

Auf Naxos Felsen weint verlassen Minos Tochter.
Der Schönheit heisses Flehn erreicht der Götter Ohr.
Von seinem Thron herab senkt, Kronos Sohn, die Blitze,
Sie zur Unsterblichkeit in Wettern aufzuziehn.
Poseidon, Lieb entbrannt, eröffnet schon die Arme,
Umschlingen will er sie, mit seiner Fluthen Nacht.

Karoline von Günderrode

Soll zur Unsterblichkeit nun Minos Tochter steigen?
Soll sie, den Schatten gleich, zum dunklen Orkus gehen?
Ariadne zögert nicht, sie stürzt sich in die Fluthen:
Betrogner Liebe Schmerz soll nicht unsterblich seyn!
Zum Götterloos hinauf mag sich der Gram nicht drängen,
Des Herzens Wunde hüllt sich gern in Gräbernacht.

Ist Alles stumm und leer

Ist Alles stumm und leer.
Nichts macht mir Freude mehr;
Düfte sie düften nicht,
Lüfte sie lüften nicht,
Mein Herz so schwer!
Ist Alles so öd und hin,
Bange mein Geist und Sinn,
Wollte, nicht weiß ich was
Jagt mich ohne Unterlaß
Wüßt ich wohin? –
Ein Bild von Meisterhand
Hat mir den Sinn gebannt
Seit ich das Holde sah
Ists fern und ewig nah
Mir anverwandt. –
Ein Klang im Herzen ruht,
Der noch erfüllt den Muth
Wie Flötenhauch ein Wort,
Tönet noch leise fort,
Stillt Thränenfluth.
Frühlinges Blumen treu,
Kommn zurück aufs Neu,
Nicht so der Liebe Glück
Ach es kommt nicht zurück
Schön doch nicht treu.
Kann Lieb so unlieb sein,
von mir so fern was mein? –
Kann Lust so schmerzlich sein
Untreu so herzlich sein? –
O Wonn' o Pein!

Karoline von Günderrode

Phönix der Lieblichkeit
Dich trägt dein Fittig weit
Hin zu der Sonne Strahl –
Ach was ist dir zumal
Mein einsam Leid?

Des Knaben Morgengruß

Morgenlicht! Morgenlicht
Scheint mir hell ins Gesicht!
Wenn ich Tag kommen seh,
wird mir leid und weh;
Denn im Grabe liegt
Ein jung Mägdelein;
Des Frühroths Schein
Sieht traurig hinein
In das enge Kämmerlein.
Mögt wekken das Jungfräulein,
Das kann vom Schlaf nicht erstehn,
Morgenlicht nicht sehn;
Drum wenn ich Frühroth kommen seh,
Wird mir leid und weh.

Die Töne

Ihr tiefen Seelen, die im Stoff gefangen,
Nach Lebensodem, nach Befreiung ringt;
Wer löset eure Bande dem Verlangen,
Das gern melodisch aus der Stummheit dringt?
Wer Töne öffnet eurer Kerker Riegel?
Und wer entfesselt eure Aetherflügel?

Einst, da Gewalt den Widerstand berühret,
Zersprang der Töne alte Kerkernacht;
Im weiten Raume hier und da verirret
Entflohen sie, der Stummheit nun erwacht,
Und sie durchwandelten den blauen Bogen
Und jauchzten in den Sturm der wilden Wogen.

Sie schlüpften flüsternd durch der Bäume Wipfel
Und hauchten aus der Nachtigallen Brust,
Mit muthigen Strömen stürzten sie vom Gipfel
Der Felsen sich in wilder Freiheitslust.
Sie rauschten an der Menschen Ohr vorüber,
Er zog sie in sein innerstes hinüber.

Und da er unterm Herzen sie getragen,
Heist er sie wandlen auf der Lüfte Pfad
Und allen den verwandten Seelen sagen,
Wie liebend sie sein Geist gepfleget hat.
Harmonisch schweben sie aus ihrer Wiege
Und wandlen fort und tragen Menschenzüge.

In der Günderrode war ein einzigartiges Modell eines Menschen angelegt, das völlig aus der Zeit fiel. Das tätige Studieren, das Schreiben und das von Konventionen freie Leben retteten sie solange, bis sie zerschellte. Geblieben sind Gedichte in künstlerischer Vollendung. Trotz oder wegen des menschlichen Scheiterns sind ihre »Schläge gegen die Mauern« hörbar in der Gemeinschaft humanistischer Literatur, so wie sie es sich immer erträumt hatte. Karoline von Günderrodes tragisch errungene poetische Wahrheit über die Auslöschung der Liebe kann uns hoffentlich glücklicher machen.

Bettina von Arnim

Bettina von Arnim

»Revolutionen sind nicht Verbrechen,
aber die Folgen davon.«
*Aus »Gespräche mit Dämonen.
Des Königsbuches zweiter Band«*

BETTINA VON ARNIM
(1785-1859)

War und ist einzigartig, eine Ausnahmeerscheinung, damals wie heute. Die intellektuelle Haltung der beiden bereits vorgestellten Frauen prägte sich auch in Bettina von Arnim aus, nur fügte sie dieser neue Dimensionen hinzu. Aufgeklärtheit und eine alles umfassende Liebe bündelten sich bei ihr nicht nur theoretisch in Briefen und Büchern, sondern steigerten sich zu praktizierender Sittlichkeit, einer beispiellosen aufopferungsvollen Solidarität für einzelne Notleidende, Verfolgte oder gar ganze Völker. Ihre fast 74 intensiv erlebten Jahre kreuzten die vielfältigsten Lebensmodelle, aus denen sie, mit ihrem hohen Maß an Empathie und Engagement, ein neues humanistisches Frauen-, ja Menschenbild formte, wofür sie bis zuletzt einstand. Niemals trennte sie Politik und Kunst oder ihr individuelles Leben von den Strömungen, Auseinandersetzungen und Umbrüchen ihrer Zeit. Unbeirrt verteidigte sie ihre gereiften progressiven Auffassungen und ertrug widerständig allen offerierten Spott, Denunziationen, Bespitzelungen, Verbote, Bestrafungen, Niederlagen und Verluste. Sie wurde eine Berliner Institution – wie im heutigen Deutschland weit und breit keine zu finden ist –, gebraucht und geachtet von den einen, bekämpft und abgestoßen von den anderen. Der preußische Adel, einschließlich ihrer unmittelbaren Nachkommen, hatte kein Verständnis für ihre Bedeutung und vernachlässigte in grober Weise ihr geistiges Erbe.

Als Bettina von Arnim 1859 starb, waren die vielen Menschen, die ihren Lebensweg wesentlich beeinflussten, bereits von dieser Welt gegangen. In der Sterbestunde umgaben sie fünf ihrer sieben Kinder, Freimund, Siegmund, Maximiliane, Armgart und Gisela, Friedmund schaffte es nicht rechtzeitig und Kühnemund, ihr jüngster Sohn, 1835 verunglückt bei einem Badeunfall in der Spree, war schon lange tot. Die Kinder hatten ihr das Gipsmodell ihres Goethe-Denkmals und das Bild ihres Mannes Achim von Arnim vis-à-vis zum Bett aufgestellt. Sehr unterschiedlich waren die Kinder geraten, zwei ihrer Mädchen zeichneten, musizierten, verkehrten gern in der Berliner Hofgesellschaft und versorgten sich mit konservativen aristokratischen Ehemännern. Die beiden Jüngsten, Armgart und Gisela, später verheiratete Grimm, schrieben Märchen, während Friedmund märkische sammelte und über Homöopathie und Ethik Schriften verfasste. Freimund, der älteste Sohn, erbte und bezog 1845 das Schloss Wiepersdorf als ein Teil des Familienbesitzes vom Bärwalder Ländchen, zum Erbe zählte ebenfalls das bei Rheinsberg gelegene Gut Zernikow, wo Achim von Arnim einige Sommer bei seiner resoluten Großmutter Caroline von Labes verbracht hatte. Siegmund zog es in den diplomatischen Dienst und Friedmund wurde das Gut Blankensee in der Uckermark überlassen.

Ihre Kinder liebte Bettina sehr (sie hat, was in diesen Kreisen üblicherweise einer Amme vorbehalten war, alle gestillt und ihre teils schwer erkrankten Kinder mühevollst gesund gepflegt), ließ ihnen Bildung, allen sieben Kindern, Jungen wie Mädchen – entsprechend ihren individuellen Neigungen – auch an den gerade entstandenen öffentlichen Schulen zukommen, führte intensive, heute gedruckt vorliegende Briefwechsel, vornehmlich mit ihren drei heranwachsenden, später auswärts lebenden Söhnen. Sie nahm alles anteilnehmend und vieles tolerierend, wenn nötig, mit Kritik nicht sparend, auf, richtete gekonnt zupackend die Wohnungen für ihre Kinder vor und gern deren Hochzeiten oder besuchte freudig ihre neugeborenen Enkel. Das Verständnis für sie als Künstlerin hielt sich allerdings sehr in Grenzen, am nächsten kam ihr der »grüne« Friedmund, entfernter standen ihr der auf seine Karriere bedachte preußische Beamtensohn Siegmund und der stockkonservative Gutsbesitzersohn Freimund. Im

Hause der Familie führte man zwei voneinander getrennte Salons, neben dem »aristokratischen« der Kinder existierte der »demokratische der edlen Weltverbesserer«, der Mutter also, wie es in den Erinnerungen der ältesten Tochter Maximiliane hinterlassen ist. Die ersten ernsten Differenzen zwischen ihnen begannen, als 1835 ihr Debütband »Goethes Briefwechsel mit einem Kinde« die freundschaftliche Beziehung zu Goethes Mutter und in Sonderheit ihr schwärmerisches Verhältnis zu Goethe und seinen vermeintlichen erotischen Annäherungen, zweifelsfrei kühn, offenlegte und Teile ihrer Verwandtschaft sich dadurch peinlichst berührt fühlten.

Das eigentliche Unverständnis betraf aber ihre politischen Ansichten und Aktivitäten. Sowohl die Brentanos als auch die von Arnims missbilligten ihre vielfachen politischen Bittgesuche und einflussnehmenden Forderungen, beginnend schon 1837 gegenüber dem Kronprinz Friedrich Wilhelm, dann ab 1840 fortsetzend gegenüber dem König Friedrich Wilhelm IV. von Preußen, und ihr entschieden sozialkritisches Auftreten in der Öffentlichkeit. Zu den heftigsten Auseinandersetzungen innerhalb der Familie kam es mit ihrem Schwager Friedrich Karl von Savigny, zeitweilig Rektor der Berliner Universität und von 1842 bis 1848 preußischer Justizminister, und damit auch zu einer dauerhaften Abkühlung zu ihrer älteren Schwester Gunda. Bettina von Armin vermisste und kritisierte scharf deren ausbleibendes Engagement für die 1837 vom Hannoveraner König Ernst August I., wegen des Protestes gegen dessen verfügte Aufhebung der Verfassung, entlassenen bzw. ausgewiesenen Göttinger Professoren-Freunde Jacob und Wilhelm Grimm.

Für ihre Berufung als Mitglieder der Preußischen Akademie der Wissenschaften zu Berlin wie Lehrtätigkeit an der Berliner Universität 1841, einschließlich auskömmlicher Bezahlung, gleichsam für deren finanzielle Unterstützung während des dreijährigen Exils in Kassel hatte sich Bettina von Arnim beharrlich eingesetzt. Auch befremdete sie das großmannssüchtige Leben der von Savignys in einer palastartigen Immobilie mit vielen Livreebediensteten am Pariser Platz, wie sie auch Häuser der anderen Verwandten mit diversen ästhetischen Reichtümern und abgehobenen Lebensweisen, gepaart mit völligem Desinteresse an den politischen Geschehnissen und Hochmut gegenüber den Nöten des Volkes, für maßlos und schon gar nicht für notwendig hielt. Des Öfteren sah sie sich verachtenden Äußerungen ausgesetzt, so wenn ihre Schwester Gunda tadelt: »Bettina lässt sich durch ihre Humanität verleiten. Sie glaubt immer die Unterdrückten im Recht.« Auf die überlieferte Ansicht ihrer Schwester »Armut müsse sein, Gott habe sie eingesetzt, er werde wissen zu welchem Zwecke!« erwiderte Bettina empört: »Gott habe die Armut eingesetzt, nun so habe er auch die Revolution eingesetzt, die Guillotine, und darein müsse man dann eben so fromm sich fügen!« Oder wenn der weitläufigere Verwandte, der preußische Innenminister Adolf Heinrich Graf von Arnim-Boitzenburg, Bettina 1844 beschuldigte, sie sei die Ursache des schlesischen Weberaufstandes, »sie habe die Leute gehetzt, ihnen Hoffnungen erweckt durch ihre Reden und Briefe (gemeint ist ihre deutschlandweite Aktion für die Erstellung einer Statistik für ein geplantes ›Armenbuch‹ – K. D.) und schon durch ihr Königsbuch«, letzteres diffamierte er gegenüber dem König als eines »der gemeingefährlichsten Schriften«. Die Angriffe weiß sie zu parieren. Als Schwager Savigny sie öffentlich wegen eines Buches versucht bloßzustellen, erwidert sie trotzig, es würden weitere Bände folgen, worauf es von Savigny heißt, es wären an einem schon viel zu viel, so höhnte sie, sie müsse dem König vollkommen klarmachen, dass er Esel zu Ministern habe. Auch für den Ausbruch der Berliner Märzrevolution 1848 befand man sie für schuldig, wieder lässt ihre Schwester und Justizministergattin dreist verlauten, Bettina hätte die Revolution durch ihre Bücher provoziert.

Schon seit dem Erscheinen ihres ersten Königsbuches 1843 und der damit begonnenen Überwachung kursierte in Berlin, gestreut durch – im Wiener Staatsarchiv abgelegte – geheime diplomatische Berichte, das Etikett »Communistin« für Bettina, was natürlich gespenstisch klingen und angstmachend wirken sollte (Es ist nicht wenig bitter, wenn heute in

Deutschland – nach bald zwei Jahrhunderten – die während des Faschismus zur Perfektion getriebene Doktrin des Antikommunismus ungebremst gehandhabt wird. Man fürchtet offensichtlich die immer noch nicht eingelösten und als »gefährlich« verrufenen ursprünglichen kommunistischen Forderungen wie Verstaatlichung der Banken zum »Vorteil der Gesamtheit« oder unentgeltliche Bildung für alle. Zum Standard gehört heute deshalb die Denunziation der Erinnerung an den erfolgreichen Bruch des Bildungsprivilegs und die Leistungen einer hochgebildeten DDR-Intelligenz, wesentlich rekrutiert aus der Arbeiterschaft). In einem Spitzelbericht an die »Zentrale Informationsbehörde« wird verlautet: »Die Tendenz dieser Teegesellschaften ist eine sozialistische, indem die Versammelten sich vorzugsweise über ein in Wesen und Form zu verbesserndes Leben unterhalten und besprechen. Vorzüglich ist es das weibliche Geschlecht, das sich nach der Befreiung von den Fesseln des Herkommens, der Mode und der Konvenienz sehnt. Unter allen Frauen dieser Art in Berlin, die einen öffentlichen Ruf genießen, ist Bettina von Arnim unstreitig die erste und bedeutendste. Daß ihre Abendzirkel den bezeichneten Charakter haben, ist hier allgemein und selbst dem Hofe bekannt.« Im Frühjahr 1845 schrieb ihr George Sand, und die Briefzensur ließ ausstreuen, sie habe mit der französischen Schriftstellerin über »Sozialismus und Kommunismus« korrespondiert. Die Charakterisierung Bettinas war natürlich aus Furcht vor ihrem Einfluss bewusst übertrieben, im Grunde aber auch nicht falsch, denn sie engagierte sich tatsächlich selbstlos für viele in Not geratene Menschen und die Veränderung inhumaner Verhältnisse zugunsten des arbeitenden Volkes; sie hatte ihren unangepassten, aufrechten Weg eines »gefährlichen Weibes«, wie ihr Neffe Carl von Savigny gegenüber ihren Söhnen warnend ausstreut, gefunden.

Ein sträfliches Kapitel war der Umgang der Nachkommen mit dem Nachlass von Bettina von Arnim. Zu Lebzeiten verschenkte Bettina bereits Vieles an ihren Freund August Varnhagen von Ense, ahnend, dass »ihre Papiere ganz verwahrlost, zerstört, verschleudert, missachtet werden«, dass ihren Nachkommen in dieser Frage nicht zu trauen war. Und richtig, der gesamte Nachlass wurde durch Sohn Siegmund 1859, unmittelbar nach dem Tode seiner Mutter, in Kisten verpackt, von Berlin in sein Wiepersdorfer Schlafzimmer verbracht (noch zu ihren Lebzeiten musste sie von ihm solche Demütigungen wie »Was Dein Buch betrifft, so glaube mir, dass es die Druckkosten nicht einbringen wird und ich sehe mit Sehnsucht der Zeit entgegen, wo ich Tausende von Exemplaren kreuzweise benutzen werde ...« von ihm über sich ergehen lassen) und hier, in Absprache mit Achim von Arnim-Bärwalde, dem Sohn Freimunds und erstem Enkel von Bettina von Arnim, stillgelegt und für die Erforschung unzugänglich gemacht. So wurde u. a. der Frauenrechtlerin Alice Salomon der Zugang für ihre Doktorarbeit verwehrt. Auch der erwähnte Enkel hält energisch die Hand über den Nachlass und gibt auch seinem Onkel, Schwiegersohn seiner Großmutter und Goetheforscher, Hermann Grimm einen abschlägigen Bescheid: »Deinem Wunsch, Dir ... Teile des Goethe-Briefwechsels zu geben, kann ich leider nicht entsprechen. Ich lege auf eine Verteidigung meiner Großmutter in ihren Beziehungen zu Goethe nicht nur keinen Wert, sondern würde, wenn es in meiner Macht stünde, sogar zu verhindern suchen, dass ihr Name von Neuem durch die Goethe-Literatur geschleppt werde ... Ich aber denke in diesen Dingen in erster Linie an meinen Großvater und in seinem Andenken ist es mir geradezu peinlich, wenn die Schwärmerei seiner Freundin, Braut, Frau und Witwe für andere Männer, mögen diese nun Goethe oder Pückler oder Schleiermacher oder Döring oder sonst wie heißen, immer wieder breit getreten wird.«

Nach dem Tod Siegmunds 1890 und dem Tod des erwähnten Enkels 1891 beauftragte Hermann Grimm 1892 (der in der Berliner Staatsbibliothek in den Papieren Varnhagen von Enses Berge Arnimscher Dokumente entdeckte und befand, diese »wieder in Besitz der Familie zu bringen oder zu vernichten von höchster Wichtigkeit ist«) verheerenderweise den sogenannten Literaturhistoriker und antisemitischen Alldeutschen Reinhold Steig mit der Sichtung und Ordnung des Wiepersdorfer Nachlasses, der dann aber das Werk von Bettina von Arnim zu bereinigen, genauer gesagt zu unterschlagen bzw. zu entfernen versuchte. Dies machte er nachweislich mit ihrer »Polenbroschüre«, deren Urheberschaft er ihr kurzerhand aberkannte. Es wird vermutet im Auftrag der Familie, die Bettina als schwarzes Schaf betrachtete und über deren regierungsfeindliche Schriften am besten geschwiegen werden sollte. Oder man beschimpfte sie als »naive Verbrecherin«, wie ein weibliches Mitglied der Familie 1930 brieflich geschehen ließ.

1929 – zur Zeit der Weltwirtschaftskrise – wurde der literarische Nachlass zur Begleichung hoher Schulden des Gutes Blankensee durch deren Besitzer, im Einvernehmen mit der Familie, versteigert und geriet so in alle Himmelsrichtungen. Der originale Briefwechsel mit Goethe z. B. verschwand in den USA, ein Teil geriet an private Käufer und gilt als verschollen, einiges konnte vom Freien Deutschen Hochstift in Frankfurt am Main erworben werden. Die berühmt-berüchtigte Versteigerung erwies sich für die Arnimsche Familie als ein Fehlschlag, denn im Verlauf derselben ging das Auktionshaus bankrott. Alles Unverkäufliche wurde auf den Dachboden von Schloss Wiepersdorf verbracht. Allein Bettinas Ururenkelin, Bettina von Arnim/verheiratete Encke betreute einige Jahre bis zum Kriegsende den Rest-Nachlass und gewährte auch einzelnen Interessierten der Öffentlichkeit Einblick in das Erbe. Erst nach der Enteignung und Überführung des Arnimschen Besitzes in Volkseigentum 1948 konnten der noch vorhandene Nachlass und die wertvolle Bibliothek des Dichterpaares endlich systematisch aufgearbeitet und für die Allgemeinheit nutzbar gemacht werden. Als besonderes Fundstück erwies sich die bereits erwähnte »Polenbroschüre«, die Bettina, die Zensur täuschend, unter anderem Verfasser- und anderem Ortsnamen herausgegeben hatte.

Das Schloss Wiepersdorf, die Gutshäuser Zernikow und Blankensee erhielten neue Bestimmungen, so wie alle Schlösser und Güter auf dem Gebiet der DDR. Wiepersdorf, für viele Millionen restauriert und instandgesetzt, wie es die von Arnims niemals veranlassten, wurde ein Arbeitsort für

Bettina von Arnim

Schriftsteller und Künstler. Nach der Wende 1989 – als die ehemaligen Besitzer und deren Nachkommen wieder auf die ehemaligen Besitztümer zurückzukehren und die alten Verhältnisse wünschten – verzichtete die letzte Besitzerin, die Urenkelin Clara von Arnim auf das komplette Haus, so dass es erneut als Arbeitsstätte für Künstler dienen konnte, sogar mit einem kleinen Museum. Leider ist das Haus plötzlich zum 1. August 2018 geschlossen worden und es ist zu befürchten, dass das Anwesen, bisher ein Gedenkort für Bettina und Achim von Arnim, einem anderen, finanziell potenterem Zweck zugeführt werden könnte.

In Wiepersdorf packte Bettina immer bewundernd zu, genau besehen in der ersten Hälfte ihrer Ehejahre und später wieder als Witwe. Sie erlernte alle, wirklich alle Tätigkeiten, die für das Leben der großen Familie in diesem ewig baufälligen Landhaus (die Umwandlung in ein schlossähnliches Herrenhaus erfolgte erst Jahre nach ihrem Tod) notwendig wurden. Hier (wie auch vorher im zum Ländchen gehörenden Schloss Bärwalde, dass 1845 abbrannte) schrieb sie einige ihrer Bücher, aber erst als es – nach Jahren der Verpachtung – vom eigentlichen Erbe, Sohn Freimund, 1845 wieder übernommen und von der gesamten Familie genutzt werden konnte.

Einige Ururenkel, namentlich der 2009 verstorbene Islamwissenschaftler Peter-Anton von Arnim, initiierten die Herausgabe einer kritischen Gesamtausgabe ihrer beiden Vorfahren, allerdings gibt es außer dieser Absichtserklärung noch nichts neu und handfest Verlegtes von Bettina von Arnim. Wenn man bedenkt, dass das Arnimsche Adelsgeschlecht heute zu den zahlenmäßig größten in Deutschland gehört, so fällt umso mehr das beschämend geringe Interesse an dieser bedeutenden Vorfahrin ins Auge, überraschen hingegen kann es nicht. Wie sollte das alte Arnimsche Adelsgeschlecht auf diese Rebellin auch verweisen, sie gar würdigen wollen, so sie sich doch von ihm ab- und dem Volke zugewandt hatte. Der Adel konnte und kann nicht aus seiner Haut, ganz anders als seine widerspenstige Vertreterin Bettina von Arnim. Sie wurde zu Füßen ihres Mannes beerdigt, mit falschem, leider niemals korrigiertem Geburtsdatum und ohne Hinweis auf ihre bis in unsere Tage wahrgenommene Lebensleistung, im Gegensatz zu ihrem Mann, dessen Grabstein sein Dichtertum der Nachwelt auf ewig verkündet. Nein, der Adel an sich konnte und kann an Visionen für soziale Gerechtigkeit ums Verrecken nicht interessiert sein. Die sehr seltenen Ausnahmen – und von einigen ist hier zu lesen – können die nur auf sich selbst bezogene, sich selbst genügende, gewöhnliche Beschränktheit des Adels nicht entkräften.

Schönerweise, nur leider nicht von Dauer, bekam Bettina von Arnim in der DDR einen ernstzunehmenden Ort der Würdigung. Ich schrieb es bereits: erst die Enteignung der von Arnims und die Umwandlung der Güter, der Bibliothek, des Familienarchivs, ja des gesamten vorgefundenen Nachlasses in Eigentum des Volkes im Osten Deutschlands 1948 – genau 100 Jahre nach der von Bettina von Arnim in Berlin begrüßten Revolution – ermöglichten eine umfassende Kenntnisnahme der komplexen Leistung dieser Schriftstellerin. Die junge DDR – vom Krieg zerstört und durch die Reparationen an die Sowjetunion abermals entleert – bezeugte ein echtes Interesse an der Erforschung der Schriften Bettina von Arnims. Ihr Erbe, entnommen einem verwahrlosten Haufen auf dem Dachboden des Schlosses Wiepersdorf, sowie die Reste der noch vorhandenen wertvollen Bibliothek, wurden unter Denkmalschutz gestellt. Es entstand das Bettina-von-Arnim-Archiv, damals bei der Akademie der Künste der DDR, heute im Goethe- und Schiller-Archiv in Weimar angesiedelt, ebenfalls in Weimar ist inzwischen auch die Arnimsche Bibliothek in der Herzogin Anna Amalia Bibliothek unter der Obhut der Stiftung Weimarer Klassik untergebracht.

Die damalige Archivmitarbeiterin Ursula Püschel entdeckte 1954 die sogenannte »Polenbroschüre«, die eigentlich »An die aufgelöste Preußische Nationalversammlung« heißt, publizierte und kommentierte sie erstmals mit Nennung des Namens der eigentlichen Verfasserin. Bis zum heutigen Tage, also über viele Jahrzehnte ist Ursula Püschel wie keine andere Person der Neuzeit akademisch und publizistisch mit Bettina von Arnim beschäftigt. 1965 promovierte sie über die politischen Schriften der Bettina von Arnim und veröffentlichte auch den gesamten, mühsam aufgefundenen Briefwechsel von Bettina von Arnim mit König Friedrich Wilhelm IV. von Preußen, dabei aufzeigend, welche aktive Rolle Bettina von Arnim sich als Vermittlerin zwischen Volk und König zuwies. Als Ursula Püschel 2005 den Band »Bettina von Arnim – politisch« herausgab, bekannte sie im Vorwort: »Wenn ich mir noch eine Arbeit über die Schriftstellerin vornehme, dann wird es eine sein über die Liebe, diese alles umfassende Lebensäußerung der Bettina von Arnim.« Ursula Püschel ist diejenige Person, die Bettina ganzheitlich betrachtet und außerordentlich kenntnisreich bewertet. Sowohl ihr Interesse als auch das einiger anderer profunder DDR-Literaturwissenschaftler an Bettina von Arnim gründet bzw. entzündete sich an deren leidenschaftlichem Einsatz gegen Unterdrückung jedweder Art, für Freiheit und Frieden unter den Völkern. Die unverwechselbare Handschrift, die hohe Lust des Fabulierens und ihre kämpferisch-optimistische Argumentation legitimieren natürlich ebenso die Begeisterung und Hinwendung zu dieser einzigartigen Frau.

Mir konnte bei meinen Studien nicht entgehen, dass es in der alten BRD Stimmen gab, die Bettina von Arnim nicht von der DDR ideologisch vereinnahmt wissen wollten. Dabei übersah man geflissentlich die Übereinstimmung oder Ähnlichkeit der grundsätzlichen Sehnsucht einer Bettina von Arnim mit der grundsätzlichen Utopie der DDR. Beide Seiten zielten auf die Humanisierung der Gesellschaft, korrespondierten in diesem Bestreben also auf das Natürlichste miteinander. Die geplante 5-bändige Ausgabe der Werke der Bettina von Arnim schaffte es auf zwei vorbildlich edierte, dann verschwand die DDR und mit ihr der einst renommierte staatliche Aufbau-Verlag. Der, nun privatisiert, trennte sich von diesem auf Jahre angelegten wissenschaftlichen Editionsprojekt. Bettinas Nachdenken und die Kunde ihrer beispielhaften Zivilcourage sind uns dennoch in vielen verstreuten Ausgaben hinterlassen, damals wie heute immer noch lesenswert und voller aktueller Bezüge.

Ihre große Hoffnung und die sich anschließende Enttäuschung über die erlittene Niederlage der Märzrevolution von 1848 sind durchaus übertragbar auf Befindlichkeiten nach der 89iger Niederlage der einstmals mit großen gesellschaftlichen Hoffnungen angetretenen DDR. Der polnische Nationaldicheter Adam Mickiewicz, Bettinas Zeitgenosse, Mitkämpfer und Kenner aller europäischen Aufstände und Revolutionen jener Monate, beurteilte auch die deutsche Misere: »Die Deutschen befinden sich erneut in der Hand der Herrscher ... Die Monarchen erlassen Verordnungen, die die Deutschen früher empört hätten ... Das neue Bündnis richtet sich gegen den Geist aller erwachenden Nationen.«

Die »halbe Revolution« der Deutschen endet mit dem Sieg »einer ganzen Konterrevolution« der alten Fürstenmacht, lautete der Kommentar Karl Marx', in jener Zeit Chefredakteur der »Neuen Rheinischen Zeitung«. Die Konterrevolutionen ließen in beiden Fällen den Traum, die gesellschaftlichen Verhältnisse gravierend zu demokratisieren, scheitern. Vergeblich aber sind gemachte Revolutionserfahrungen niemals. Wie würde Bettina von Arnim heute, angesichts von Restauration, Rollback, tiefer Resignation, Chaos, Faschisierung oder, wie manche auch sagen, Eiszeit, verfasst sein, frage ich mich oft. Sie würde, so könnte man vermuten, die Schwächen des erlebten Sozialismus schonungslos analysieren bzw. es schon zu seinen Lebzeiten getan haben, gleichermaßen die Ursachen für die massiven gesellschaftlichen Erosionen, denen wir unaufhaltsam – wie es scheint – unterworfen sind, und sie würde weltweit Bündnisse schmieden, z. B. mit gejagten Whistleblowern und anderen Aufklärern und sozial widerständigen Bewegungen unserer Zeit. Da ihr jeglicher Rassismus und Nationalismus allzeit suspekt waren, würde sie die Phobien unserer Zeit gegen alles Fremde, gegen Flüchtlinge, gegen Schwarze, gegen Moslems, gegen Kommunisten, gegen Juden, gegen Russen, ja die barbarische Ausbeutung und kriegerische Zerstörung ganzer Kontinente laut und deutlich verabscheuen und wie einst den »Völkerfrühling« fordern. »Mein Vaterland ist heute die Welt« – das ist mit Sympathie und tätiger Solidarität für die europaweiten Aufstände gegen nationale Unterjochung 1848/49 gesagt worden, und zwar von Bettina von Arnim. Da staunt man, wie kann ein Mensch so ganz anders werden, Standesart und Norm entkommen?

Neben den Büchern der Bettina von Arnim selbst existiert eine schier unüberschaubare Menge an Literatur über sie und ihr Werk. Auf das spezielle Verdienst von Ursula Püschel, die politische Aufklärerin Bettina neu und bis in unsere Tage fortdauernd hervorgehoben zu haben, verwies ich bereits. Die erste Biografie »Bettine von Arnim. Romantik – Revolution – Utopie« veröffentlichte die Westberliner Schriftstellerin Ingeborg Drewitz 1969. Sie ist ein Nachschlagewerk, in dem sich der Kosmos eines außergewöhnlich ereignisreichen Lebens – mit wenigen Ausnahmen – seriös und detailreich spiegelt. 1986 folgte dann die noch umfassendere des DDR-Literaturwissenschaftlers Fritz Böttger, der sich auch verdient gemacht hat durch fundierte Herausgaben von Werken der Malwida von Meysenbug, Marie von Ebner-Eschenbach und Bertha von Suttner. Bei meinen monatelangen Studien schnüffelte ich nach Fakten, Zusammenhängen und Brüchen, die das Anderswerden der Bettina von Arnim beförderten.

Geboren wurde sie am 4. April 1785 in eine bereits große und weiter wachsende Kinderschar. Sehr zeitig verlor sie ihre Eltern, zuerst ihre Mutter Maximiliane, geborene von La Roche, wenige Jahre später ihren Vater Peter Anton Brentano, der, einem alten italienischen Adelsgeschlecht aus Tremezzo entstammend, in Frankfurt am Main ein stein- und nach drei Ehen kinderreicher Kaufmann war. Allen seinen 20 Kindern konnte er mit üppigen Erbschaften das Leben versüßen bzw. erleichtern. Einer solchen verdankte Bettina eine gewisse ökonomische Unabhängigkeit, die umso wichtiger wurde, als sie einen wenig bemittelten Mann heiratet, der zu allem Unglück noch – seine Bewerbungen für den preußischen Staats- und Militärdienst blieben ohne Erfolg – ahnungslos hochverschuldete Güter zur Bewirtschaftung bzw. Verwaltung übernimmt, aber nicht erbt, wie es seine Großmutter von Labes durch das Fideikommiss verfügte (Mittels dieser speziellen Form des Erbrechts konnte der Familienbesitz dauerhaft gesichert werden, indem im Interesse der Nachkommen, den Erben das Verkaufen der Besitzungen verboten wurde; der Erbe hatte sich nicht als Privateigentümer, sondern als Verwalter des zu bewahrenden, unveräußerlichen Familienbesitzes zu verstehen). Einen Teil ihrer Kinderzeit verbrachte Bettina als Waise im Kloster in Fritzlar bei Kassel, von 1797 bis 1802 lebte sie zusammen mit zwei anderen Schwestern zumeist bei ihrer Großmutter Sophie von La Roche in Offenbach. Über dieses anregende Verhältnis hat Bettina sich oft geäußert.

Zur Charakterisierung der Sophie von La Roche habe ich aus Bettinas Büchern zu Beginn reichlich zitiert. Ein frühes und enges Verhältnis, was aber nicht von Dauer ist, entwickelt sich zu ihrem sieben Jahre älteren Bruder Clemens Brentano, noch inniger wird ihre Freundschaft zu Karoline von Günderrode. Die Einflüsse dieser genannten Personen, alle schriftstellerisch tätig, werden für Bettina in unterschiedlichem Maße von Bedeutung, befeuern sie doch ihr Talent, Dinge sehr eigenständig, frei von Vorurteilen zu entdecken und fantasiereich zu beschreiben. Die ersten auffallend schönen und klugen Briefe wechselt sie mit ihrem Bruder Clemens, gefolgt von den Briefen an ihre Dichter-Freundin, die noch intensiver und selbstbewusster ihre leidenschaftliche und unbescholtene Liebe zu allen Details des von ihr wahrgenommenen Umfeldes und Träume widerspiegeln. Bettina kann nicht wie ihre Brüder oder deren männliche Freunde eine systematische Bildung, geschweige denn ein Studium absolvieren, aber immerhin anderthalb Jahre sich Musikstudien in München und Landshut widmen, als deren Ergebnis sie eindrucksvoll singen, komponieren und mehrere Instrumente spielen kann. Im Gegensatz zu ihrer Freundin Karoline ist sie in ihrer Kindheit und Jugend materiell frei von Sorgen und häufig in einem großen Verbund wohlhabender und verstreut lebender Verwandter aufgehoben, aber keineswegs glücklich. Sie spürt viel kränkende Ablehnung wegen ihres Andersseins, eine zunehmende Isolierung in eine Außenseiterrolle. Im Gegensatz zu ihren Schwestern lehnt sie eine schnelle Verheiratung auf gesicherter Versorgungsbasis ab und befragt sich immer wieder nach einer wirklichen Perspektive ihres Daseins. Dieses unruhige und unzufriedene Heranwachsen zeichnete man gelegentlich dafür verantwortlich, dass Bettina von Arnim bereits in frühen Jahren durch emotional-spontanes, gar wildes, »extravagiertes« und bedenkenfreies, furchtloses Agieren auffiel und dies auch im gereiften Alter noch beibehalten konnte.

Goethe, den sie kultisch verehrt, ihn mehrfach besucht und Briefe wechselt, gibt ihr nach einer handfesten Auseinandersetzung mit seiner Frau Christiane Hausverbot; Fürst Pückler erwehrt sich ihrer Aufdringlichkeit durch Rausschmiss und Jenny Marx ist ebenso über die Maßlosigkeit bei der plötzlichen Inanspruchnahme ihres Verlobten Karl, der gerade von der Kölner Redaktion der »Rheinischen Zeitung« auf Kurzurlaub in Kreuznach weilt, verärgert. Auch bei anderen Männern, viel jüngeren und älteren, berühmten und weniger berühmten ging sie auf die Suche nach starker Zuwendung, Austausch und Partnerschaft, in der genannten Weise vornehmlich aber erst als Witwe. Dieses für manchen Betroffenen Anstrengend-Überraschende ist offensichtlich genau die Voraussetzung, ein anderes, tabubrechendes, den erstarrten Konventionen des Adels abgewandtes, die Grenzen des Herkömmlichen überschreitendes Leben führen zu können. Hellwach, angriffslustig, entschlossen, urwüchsig, mit Schlagfertigkeit, Mutterwitz, Ironie und überschäumendem Geist gesegnet, Falschheit abweisend wie Prunk und Gehabe, schwimmt sie gegen den Strom, gegen den im Adel herrschenden Standesdünkel.

1811 heiratet sie in Berlin – still und heimlich – den damals schon bekannten Herausgeber der Volksliedersammlung »Des Knaben Wunderhorn«, an der sie mitgewirkt hatte, und Jugendfreund ihres Bruders Clemens, Achim von Arnim, der sich aus Mangel an beruflichen Möglichkeiten 1814 für ein Schriftsteller- und Junkerdasein im preußischen Ländchen Bärwalde entscheidet, dem Angebot seiner 1810 verstorbenen Großmutter von Labes folgend. Beide zeugen in schneller Folge sieben Kinder, vier Jungen und drei Mädchen. Eine Traumehe wird es nie sein. 1821 entschließt sich Bettina nach wankelmütigen Jahren des Pendelns, den ländlichen Wohnsitz Wiepersdorf, wo »den ganzen Tag, das ganze Jahr, das ganze liebe lange Leben nichts vorfällt«, mehrheitlich gegen das kulturelle Berlin zu tauschen und ihre Kinder überwiegend allein großzuziehen. Allein auch führt sie den großen Haushalt, in der Regel gehören zu ihm 12 Personen, die Kinder, die Lehrer, damals Hofmeister genannt, und die Dienstboten. Nie aufhörende Geldsorgen, schwerste Krankheiten ihrer Kinder, ständige Umzüge innerhalb Berlins, Erziehungs- und Personalprobleme sind übermächtig und allzeit bedrückendes Thema. Auch Achim von Arnim ist überfordert mit der Bewirtschaftung des ewig verschuldeten Familienbesitzes im Ländchen Bärwalde – bestehend aus dem Schlösschen Bärwalde, dem Gut Wiepersdorf und 5 weiteren Ortschaften – einschließlich der umfangreichen Versorgung des Berliner Haushalts mit Geld und aufwendigen Lebensmitteltransporten. Preußen ist durch die lange Kriegszeit verarmt, rückständig, das Leben in Berlin teuer.

Diese Wirtschafts-, ja Gesellschaftsmisere bestimmt auch die schwieriger werdenden Probleme des Ehepaars. Gleichwohl, Achim von Arnim ist für seine Kinder ein liebevoll sorgender Vater, alle Ferien verbringen sie bei ihm auf dem Lande. Und er schreibt beständig weiter, Novellen, Gedichte, Theaterstücke und Essays. Beide, Bettina und Arnim, sind einander immer ernst und verantwortungsvoll zugetan, aber auch voll gegenseitiger Vorhaltungen. Bettina verteidigt sich fortwährend gegen seine Vorwürfe der Verschwendung, der Nachlässigkeit im Umgang mit seinen Briefen und vermeintlich falscher Erziehungsmethoden. In ihrer Geldnot kleidet sie sich praktischer- und sparsamerweise in einen einfachen schwarzen, in Falten gelegten Umhang mit Kordel, vernachlässigt die Frisur, trägt uralte Hüte und versagt sich manches Mal einen neuen Wintermantel oder den Besuch der geliebten Oper. Sie wiederum fordert ihn auf, bei der Arbeit für die Güter kürzer zu treten und sie mit den Kindern zu entlasten oder einfach mehr auf Reisen zu gehen, Freunde zu besuchen, es seiner »Seele wohnlich zu machen«. Sie ermutigt und unterstützt ihn bei der schwierigen Vermarktung seiner Werke, er hingegen zeigt wenig Interesse für ihre Begabungen, z. B. für ihre malerischen und zeichnerischen Talente, die sie bei ihrem Freund Schinkel fördern lässt (am bekanntesten wird ihr Entwurf eines Goethe-Denkmals), oder für ihre Vertonungen von Texten Goethes bzw. Achim von Arnims selbst. Verständnislos zynisch schreibt er ihr 1823: »Zeichne nicht zu viel, nimm lieber das Konversationslexikon und lies es durch von einem Ende zum anderen und denke beständig an Deinen Achim Arnim.« Die Krisen und Auseinandersetzungen werden mit den Jahren und Sorgen heftiger, der Ton schroffer, bis Achim von Arnim sogar Weihnachten nicht mehr bei seiner Familie erscheint, weder Grüße noch Geschenke für die Kinder hinterlässt. Einsam stirbt er im Januar 1831 in Wiepersdorf nach 20 anstrengenden, getrennt-gemeinsamen Ehejahren.

Bettina, klein und zierlich, restlos auf sich gestellt, wird sich abrupt ihrer Fähigkeiten und neuen Möglichkeiten bewusst. Das Jammern über den Tod hatte sie sich schon oft verboten. Von nun an arbeitet sie bis an ihr Lebensende für die Herausgabe der »Sämmtlichen Werke« ihres Mannes (sie blieben wegen der leider nur anfänglichen Unterstützung durch Wilhelm Grimm ein Torso, auch nach Bettinas Tod wurden sie von den nächsten Generationen nicht fortgeführt), der eigenen, der ihres Bruders Clemens, ihres Sohnes Friedmund und ihrer Töchter Armgart und Gisela in dem 1846 extra hierfür gegründeten Selbstverlag unter der Firmenbezeichnung »Expedition des v. Arnimschen Verlages«, nachdem ihre Bemühungen anderswo fehlgeschlagen waren. Mit ihm versuchte sie finanziell über die Runden zu kommen, ihr Erbe väterlicherseits hatte sich inzwischen stark minimiert, reichte nur noch für die Ausbildung der Söhne und als »Notpfennig«, das heißt, für die Mitgift ihrer Töchter. Von ihrem Mann hatte sie nichts geerbt, nicht einmal eine Witwenversorgung gab es für sie. Trotzdem eröffnet sie Anfang der 40er Jahre einen Salon, der sich mehr und mehr zum Mittelpunkt vornehmlich geistig unabhängiger bzw. oppositioneller Intellektueller Berlins entwickelt. In dem Maße, wie sie zu anderen findet, findet sie auch zu sich selbst. Wichtig wird ihre schon enge Freundschaft zu dem philosophisch-politischen Prediger Friedrich Schleiermacher. Er beauftragt sie 1831 mit verschiedenen Aufgaben während der besonders im armen Berliner Stadtteil »Voigtland« tobenden Choleraepidemie. Hier verteilt sie in den Mietskasernen Medikamente, Decken, Kleidung, Schuhe und erhält erstmals Einblicke in das Leben des Proletariats, die sie in ihren sogenannten Königsbüchern »Dieses Buch gehört dem König« 1843 und »Gespräche mit Dämonen. Des Königsbuches zweiter Band« 1852 verarbeitet. Sie verlässt »den beschränkten Kreis«, wie sie schreibt, und beschreitet gänzlich neue Wege.

So knüpft sie eine weitere Beziehung zu dem damals berühmten Schriftsteller Fürst Pückler und verfestigt sie – sich über die vorgefallenen Misshelligkeiten auf Schloss Muskau hinwegsetzend, was, wie wir bereits wissen, für Bettina von Arnim nicht untypisch war – in einer an Pückler gewidmeten Zueignung ihres allerersten Buches. Der fehlgegangene erotische Versuch wird von ihr in literarische Partnerschaft umgemünzt, so auch wenn sie für Pücklers Buch »Andeutungen über Landschaftsgärtnerei« 1834 einen Aufsatz, ihre erste gedruckte Verlautbarung als Schriftstellerin, liefert und ihre Beziehung in einem regen Briefwechsel fortführt. 1832, nur wenige Tage nach dem Tod Goethes, lässt sie sich kurzerhand ihre Briefe an ihn aushändigen. Diese Korrespondenz wird die Grundlage für ihr erstes Buch »Goethes Briefwechsel mit einem Kinde«. Es umfasst drei Teile, den Briefwechsel mit Goethes Mutter, der sie sich unmittelbar nach der Trennung der Günderrode zuwandte, den Briefwechsel mit Goethe selbst und Tagebuchnotizen, die vermutlich bereits 1825 begonnen wurden. Diese mehr oder weniger autobiografische Art der öffentlich gemachten frühen, tatsächlichen Briefe, vermischt mit später von ihr fingiert aufgesetzten, wählt sie noch einige Male. Es werden immer Kompositionen, d. h. sie streicht, erweitert, erfindet und verschiebt gelegentlich die Chronologie der Briefe, sie schafft »poetische Wahrheit«, keine Wiedergabe von Realität oder Historie. In jedem Fall dienen ihre Brief-Dichtungen auch der Erhöhung ihres Selbstbewusstseins, mit Goethe auf ihrer Seite kann sie sich dessen sicher wähnen. Ihre Verehrung (den umfangreichen Briefwechsel Goethes mit ihrer Großmutter, insbesondere seine Begeisterung für ihre Mutter noch in Erinnerung) ist enorm, erotische Anzüglichkeiten eingeschlossen. Erstmalig sucht sie ihn 1807 auf, sie 22-jährig, er kurz vor 60; aber bereits 1811 – ihre Hochzeitsreise unternimmt sie natürlich über Weimar – kommt es zum handfesten Zerwürfnis mit Goethes Frau und anschließendem Hausverbot. Bettina aber gibt nie auf, mit dem Gipsentwurf eines Goethe-Denkmals reist sie 1824 stolz nach Weimar. Goethe findet den Entwurf passabel, bleibt ihr dennoch über alle Jahre wenig gewogen. Hart ist sein Urteil gegenüber seinem Weimarer Herzog: »die leidige Bremse, die mir als Erbstück von meiner guten Mutter schon viele Jahre sehr unbequem ist ... Befehlen Ew. Hoheit, so verbiet ich ihr in allem Ernst onkelhaft jede weitere Behelligung.« Für Bettina ist das reservierte Verhältnis Goethes keineswegs ein Grund, ihre niemals erlahmende schwärmerische Verehrung und seine zurückhaltenden Reaktionen der Öffentlichkeit nicht preiszugeben.

Tatsächlich, ihr Debüt wird 1835 ein großer Erfolg – die Werke ihres Mannes stießen niemals auf ein solches Echo – und sie mit fünfzig berühmt. Bereits in ihrem ersten Buch entdeckt man Passagen politischer Wachheit, indem sie Goethe auf den Freiheitskampf der Tiroler und dessen 1810 hingerichteten Anführer Andreas Hofer parteinehmend verweist. Die Antwort Goethes ist kaum leidenschaftlich zu nennen, »er ermutige sich, die elektrischen Schläge ihrer Begeisterung auszuhalten«, antwortet er knapp. Dagegen lässt er sich durch einige poetische Zeilen von ihr sehr konkret anregen, macht sie zu seinen wunderschönen Liebesgedichten, allerdings für andere Frauen – Minna Herzlieb und Marianne von Willemer. Auch verwendet er für seine Lebenserinnerungen die durch Bettina »abgehörten« Berichte seiner Mutter.

»Clemens Brentanos Frühlingskranz aus Jugendbriefen geflochten, wie er selbst schriftlich verlangte« ist zwar als drittes der Briefbücher von Bettina von Arnim 1844 erschienen, basiert aber auf dem frühesten Material (1801-1803). Sie schreibt dort an ihren Bruder Clemens, als ihr von ihren Frankfurter Verwandten verwehrt wird, mit einem jüdischen Mädchen zu verkehren:

> Und ich wollte da ein kleines unschuldiges Fädchen anspinnen ins Gewebe der Welt, ein einzig klein Fädchen, und – nein, ich solls abreißen, weil sich's nicht schickt. Ach! Wo soll ich in der ereignisreichen Welt meinen Faden anknüpfen, wenn das Einfachste gegen den Anstand ist! – Wer hat diese Lügen gemacht? – Denn das sind wirkliche Lügen, nach denen ich mich niemals richten werde!

Und zieht daraus die Konsequenz:

> Abends beim Sternenschimmer, wo ich den Kopf weit aus dem Mansardenfenster streckte, um recht viele Sterne zu Zeugen meines feierlichen Schwurs aufzurufen, tat ich das Gelübde, alles dran zu wagen, wenn ich einen Menschen in Gefahr sehe und wenn selbst das Messer schon über seinem Haupte schwebt.

Diesem frühzeitigen Schwur blieb sie treu, verhielt sich allzeit widerspenstig gegen die borniert Herkunftsgesellschaft, mitfühlend und sich verbündend mit Menschen außerhalb dieses Kreises, mit den armen, aber weisen jüdischen Lehrern, der jüdischen Goldstickerin, dem Töpfer, dem Gärtner oder dem kranken Dichter Hölderlin. In ihrem zweiten Buch »Die Günderode« (1840), das sie den Studenten widmete und von diesen begeistert aufgenommen wurde, zeigt sich diese Haltung noch konkreter und genauer. Im Zusammenhang mit einer Erwähnung Napoleons schreibt sie an die Freundin:

> Meinst Du, ich könnte je dem Unrechterliegenden mich lossagen und auch nur in Gedanken übergehen zu dem

> Unrecht, das vor der Welt Recht behält, ich fühle, es liegt eine größere Freiheit darin, mit dem Unterdrückten die Ketten tragen und schmählich vergehen, als mit dem Unterdrücker sein Los teilen.

Die Briefe dieses Bandes sind durchdrungen von einer träumerischen, glücklichen Liebe nicht nur zu ihrer vertrauten Karoline von Günderrode, sondern zur Welt überhaupt. Nur wer so tief die Schönheit, das Überraschende, Überwältigende, das Spirituelle, Glücklichmachende seiner unmittelbaren Umgebung empfinden kann, wird auch die Fähigkeit erwerben, das pur Materielle, das Kleinliche, Unwesentliche, Äußerliche, Hinderliche zu vernachlässigen, das Hässliche, das Unwahre, das Ungeistige, das Unmenschliche zu verabscheuen. Bettina beherrschte diese Lebenskunst, begünstigt – wie wir wissen – auch durch ihre Großmutter und Lehrmeisterin Sophie von La Roche. Den Tod sahen beide gelassen, weder soll man sich töten noch dem Todesschmerz ergeben. Man habe zu leben. Bettinas Freund Varnhagen von Ense notierte in seinem Tagebuch ein paar Jahre vor ihrem Tod: »Bettina findet alle Todesfurcht albern ... hält Tätigkeit für die große Hauptsache und nichts für verloren, was Geist und Seele gewirkt haben; glaubt an Persönlichkeit, die über das irdische Leben hinausreicht ...«

»Ilius Pamphilius und die Ambrosia« (1848) ist das vierte Briefbuch, dem die Korrespondenz mit dem jungen Studenten Philipp Nathusius von 1835-1838 zugrunde liegt und in dem sie ihre Vorstellung von der politischen Führung eines Staates präzisiert:

> Alles Übel soll der Staat vermeiden, verhindern, zum Besten wenden und wo ein Mißverhältnis entsteht, da ist es allemal seine Schuld, das Volk muss regiert werden, aber nach volkstümlichem Sinn, von ihm geht die Lehre aus über seine Bedürfnisse; der Staat muß seinen Willen dem Volksgeist unterwerfen, dass er von ihm magnetisiert, hellsehend gemacht werde über des Volkes Lenkung; es ist eine heilig anvertraute Saat ...

Ihre beiden Königsbücher »Dies Buch gehört dem König« und »Gespräche mit Dämonen« beschäftigen sich noch direkter mit politischen Fragen. In dem ersteren hält Bettina dem Staat seine »Sündenschuld« am Massenelend vor. Sie sucht das Gewissen der Herrschenden wachzurütteln und sie zu sozialen Reformen anzuregen. In ihrem zweiten Königsbuch, ihr letztes überhaupt, verabschiedet sie sich, bedingt durch die Zeugenschaft der blutig niedergeschlagenen Berliner 48er Revolution mit ihren berechtigten Forderungen nach Einlösung der versprochenen Verfassung wie einer einheitlichen deutschen Republik und Pressefreiheit, bedingt durch den aufsehenerregenden Trauerzug für die gefallenen wehrlosen Männer, Frauen und Kinder, bedingt durch die militärische Niederschlagung auch all der anderen deutschen bzw. europäischen Volksaufstände, bedingt durch die Verlogenheit des preußischen Königs und letztlich durch das Ausbleiben der Antworten auf ihre Königsbriefe, von dem lang gehegten illusorischen Gedanken, einen König zu finden, dem »Wahrheit und Würdigung der Volkseigentümlichkeit inne wohnen«, trennt sie sich vom lang erhofften Königtum als Amt im Dienste des Volkes, ihrer »letzten Standesgebundenheit«, wie Ursula Püschel es bezeichnet.

Mit einem »schlafenden träumerischen Madensack« ist kein Staat im Geiste Rousseaus »Contract social«: »Wie kann ein Staat geschaffen werden, worin es keinen einzigen Unfreien mehr gibt, worin der einzelne in der Gemeinschaft nicht das geringste vom Urrecht seiner Freiheit opfert?« zu machen. Oder wie es im »Kommunistischen Manifest« von 1848 fast gleichlautend über die Gesellschaft der Zukunft heißt: »... worin die freie Entwicklung eines jeden die Bedingung für die freie Entwicklung aller ist«. Bettina nennt das Volk den einzigen Souverän und weiß: »Alle Kriege gegen Volksempörung sind frivol.«

1844, vor Ausbruch des schlesischen Weberaufstandes, plante Bettina ein »Armenbuch« herauszugeben. Sie hatte erkannt, dass Armut ein zentrales politisches Problem ist. Deshalb veröffentlichte sie im Mai 1844 einen deutschlandweiten Aufruf über Zeitungen, wo sie um Mitteilungen über die Armut bat. Ihr lag bereits sehr viel zugesandtes authentisches Material, Listen über verhungernde Weber in Schlesien, vor, vergleichbar mit dem über die Zustände im Berliner Armenviertel »Voigtland«, welches sie als Anhang im ersten Königsbuch verwendet hatte und Gegenstand wiederholter Zensur wurde. Im Falle des »Armenbuches« sah sie sich gezwungen, den Plan aufzugeben, Zensurmaßnahmen und Verbot voraussehend. »... den Hungrigen helfen wollen, heißt jetzt Aufruhr predigen.« Trotzdem galt sie in den Augen des Königs als Miturheberin des Aufstandes. Aus dieser Zeit ist durch einen Brief an Alexander von Humboldt, den sie immer wieder um Vermittlung und Weiterleitung ihrer Forderungen und Ansichten an den König bittet, der große Satz überliefert:

> Der König möge den hier beabsichtigten Dom in tausend Hütten in Schlesien bauen.

Mit dieser Position hatte sie sich anderen progressiven Autoren ihrer Zeit, denen des »Jungen Deutschland« und einigen Frühsozialisten sehr angenähert, ungewollt, aber unübersehbar dicht an den Verfasser des Weberliedes, Heinrich Heine. Der jungdeutsche Autor Karl Gutzkow, sie begegneten sich 1837 zum ersten Mal, nennt sie eine »kühne Vorrednerin«; in ihr erblickte man ein Idol, nicht zuletzt eine solidarische Unterstützerin für die in Preußen seit 1835 verbotenen Autoren, Verleger und Buchhändler.

Die Bücher der Bettina von Arnim wie ihr ganzes Leben waren nie unpolitisch, sie hielt sich mehrere Zeitungen, darunter auch die beiden von Marx redigierten, nahm die neuesten Nachrichten begierig auf und mischte sich ein. Die explizit politische Schrift »An die aufgelöste Preußische Nationalversammlung«, kurz die »Polenbroschüre«, ist keine Ausnahme innerhalb ihres Gesamtwerkes, sondern eine konsequente Reaktion auf die in ganz Europa ausbrechenden Revolten. Nach dem Wiener Kongress 1814/15 und nochmals verschärfend durch die Karlsbader

Beschlüsse von 1819 wurde ein heftiger, sämtliche Bereiche des öffentlichen Lebens überwachender Restaurationsprozess in Gang gesetzt, für alle Schriften über 20 Seiten, beispielsweise, galt bereits die Vorzensur. Indes – die tiefgreifenden Folgen der Französischen Revolution in Gestalt echter Neuerungen, die schweren militärischen Niederlagen, die politischen Erwartungen nach den Befreiungskriegen, die aufkommende Industrialisierung, verbunden mit einer ungeheuren Verelendung des arbeitenden Volkes, und die sich formierenden oppositionell-demokratischen Bewegungen, einschließlich eines wachsenden intellektuellen Widerhalls, auch Vormärz genannt, prallten immer heftiger gegen die biedermeierliche Rückständigkeit (im Gegensatz zum einheitlichen und zentralistisch regierten Frankreich existierten im 1815 gebildeten Deutschen Bund noch 35 lose zusammenhängende Fürstentümer und vier freie Städte – eine nach wie vor zerstückelte, provinzielle Vielstaaterei) und gegen die vielfältigen Repressalien der wiedererstarkten aristokratischen Herrschaft. Die Unzufriedenheit gipfelte in mächtigen Aufständen und Revolutionen verschiedener europäischer Völker, maßgeblich beeinflusst durch die erfolgreiche französische Julirevolution von 1830.

Das von Preußen besetzte Polen war ein heißer Brennpunkt, der sich mit den sozialen Erhebungen in Preußen zu verschmelzen begann. Seit der ersten Aufteilung Polens 1772 durch Preußen, Österreich und Russland gab es immer wieder (verursacht durch weitere willkürliche Teilungen) Versuche, die nationale Selbständigkeit zurückzugewinnen. Preußen tat alles gegen die nationale Existenz Polens, richtete Blutbäder an, entweihte Kirchen, stahl Land, und hatte den Sieg auf seiner Seite, so auch bei der Niederschlagung eines abermaligen Aufstandes 1846. Der Revolutionsführer Ludwik Mieroslawski und 254 andere polnische Freiheitskämpfer wurden zum Tode bzw. lebenslänglich verurteilt, im Laufe der Märzrevolution jedoch aus dem Gefängnis in Berlin befreit. Auch Bettina von Arnim ergreift für sie Partei, indem sie sich mit der »Polenbroschüre« an die Abgeordneten der aufgelösten Preußischen Nationalversammlung, an die Fürsten sowie an das Volk wendet, endlich der unterdrückten polnischen Nation zu seinem Unabhängigkeitsrecht zu verhelfen. Mit starken Worten mahnt sie: »Legt diese große Geschichtsfrage, diese Polenfrage dem Volk vor. Denn sie ist eine Volksfrage.« Unter fremdem Namen ließ sie die Broschüre drucken, zur Ablenkung der Zensur Paris als Ursprungsort angeben, Berlin befand sich ja im Belagerungszustand.

Über 100 Jahre mussten vergehen, bis diese Schrift unter dem Namen der eigentlichen Verfasserin erscheinen durfte. 1954 veröffentlichte sie Ursula Püschel kenntnisreich kommentiert im Auftrage der Akademie der Künste der DDR. Dies war ein durchaus sehr politischer Akt, der auch die neuartigen brüderlichen Beziehungen zu Polen – nach dem verheerenden 2. Weltkrieg – ausgestalten sollte. Diese Veröffentlichung rückte Bettina von Arnim auf den Platz, der ihr gebührt, den Platz einer Frieden und Aufklärung stiftenden Dichterin, einer politischen Schriftstellerin, die dem Volk vertraut, »zu hoher Menschlichkeit« zurückzufinden. Bettina erhellte den 1848 exemplarisch sichtbar werdenden Zusammenhang von sozialer und nationaler Unterdrückung bzw. den von sozialer und nationaler Erhebung. Mit Friedrich Engels gesprochen: »Eine Nation kann nicht frei werden und zugleich fortfahren, andere Nationen zu unterdrücken. Die Befreiung Deutschlands kann also nicht zustande kommen, ohne dass die Befreiung Polens von der Unterdrückung durch Deutsche zustande kommt.«

Man könnte Bettina von Arnim durchaus als eine Vorläuferin der Idee einer europäischen Gemeinschaft – heute ein leider inflationär missbrauchter, völlig entwerteter Begriff –, eines sozial gerechten Kontinents souveräner und friedvoll miteinander umgehender europäischer Völker betrachten. Niemals wäre es ihr in den Sinn gekommen, ein Europa heutigen fehlgebildeten und gescheiterten Zuschnitts als Zukunftsmodell zu denken. Nein, eine europäische oder Weltgemeinschaft freier Völker, einen »Völkerfrühling« hat es noch nie dauerhaft gegeben, ernsthafte Versuche eines freundschaftlichen Zusammenschlusses von osteuropäischen Völkern nach dem 2. Weltkrieg sehr wohl.

Bettina von Arnim errang breite internationale Anerkennung für ihre übermäßige Hilfsbereitschaft gegenüber unendlich vielen Menschen. Meist ging es ums Ganze, für manche um Tod oder Leben. Unvergessen ist ihre Unterstützung für die Brüder Grimm, den Schlesier Schlöffel, die Revolutionäre Kinkel und Mieroslawski, die Künstler von Fallersleben, Blechen, Cornelius und den Petöfi-Übersetzer Kertbeny. Für die preußischen Reaktionäre war sie ein rotes Tuch, man schurigelte sie mit Denunziationen, Überwachung, Erbrechen ihrer Post, Geld- und Gefängnisstrafen. Sie stritt schreibend auch um ihr eigenes Überleben. So gelang ihr ein Werk zu hinterlassen, das auf die Aufklärung und Erziehung eines Menschengeschlechts in Freiheit und Würde zielt – auf unseren immer noch unerfüllten Traum von Volksherrschaft und Gerechtigkeit.

Sogleich erhält ein Text von Bettina Raum, in dem sie sich tapfer gegen das Ansinnen des Berliner Magistrats wehrt, angeblich das Bürgerrecht der Stadt und den Gewerbeschein für ihren Selbstverlag erwerben zu müssen. Der sich daraus entwickelnde sogenannte Magistratsprozess 1847 endete mit einer Geldstrafe. Die anfänglich verhängte Gefängnisstrafe wegen Beleidigung war sie bereit anzutreten, ihrem Justizminister-Schwager Savigny hingegen war dies peinlich und er erhob Einspruch. Bettina hatte den Prozess dennoch verloren und wurde öffentlich zu einer missliebigen Person erklärt, aus politischen Gründen natürlich.

Der Brief dokumentiert neben der emphatischen Verteidigung ihres Rechtsstandpunktes die hohe Bewertung des Proletariats als arbeitender, vierter Stand. Es schaffe den Reichtum, lebe nach den Gesetzen der Natur und hätte demzufolge Rechte zu erhalten, der Adel auf der anderen Seite schaffe nichts, verprasse nur den nicht durch ihn geschaffenen Reichtum und beanspruche widersinnigerweise noch alle Rechte. Bereits in ihrem ersten Königsbuch hatte sie auf Abschaffung der Privilegien des parasitären Adels gedrungen und dafür bleibenden Hass des Königshofes geerntet. Ihre Auffassungen sind durchaus vergleichbar mit denen Rousseaus oder denen ihres berühmten russischen Zeitgenossen Iwan Krylow, der ebenfalls den Adel anklagt: »Ein tugendhafter Bürger und ein ehrlicher Bauer voller Herzensgüte sind in meinen Augen hundertmal wertvoller als ein Adliger, der nur das Glück hatte, von adligen Eltern geboren zu werden, die vielleicht ihrem Vaterlande auch nicht mehr Nutzen als er selbst brachte, indem sie nur die Anzahl der unfruchtbaren Zweige ihres Stammbaumes vermehrten.« Ganz so weit wie der vor ihr lebende russische Adelsrevolutionär und Schriftsteller Alexander Radischtschew ging Bettina von Arnim nicht, im Gegensatz zu ihr sah er die Erringung der »Volkssouveränität« nur im Ergebnis einer Revolution des Volkes. Wenngleich sie von der reaktionären preußischen Monarchie restlos enttäuscht war, eine radikal revolutionäre Beseitigung der Ursachen der unhaltbaren Verhältnisse blieb für Bettina von Arnim ausgeschlossen. Sie kämpft individuell ehrenwert, wie hier sogleich nachzulesen ist, aber niemals aus einem organisierten, gar kommunistischen Verbund Gleichgesinnter:

Berlin, 19. Februar 1847
An Einen Hochlöblichen Magistrat der Residenzstadt Berlin.

Obschon in Dero am 21 Januar c. an mich erlassenen und mir am 12 Febr. c. zugegangenen Schreiben ausgesprochen ist, daß man mich wegen unbefugter Geschäftsführung der Umgehung des Gesetzes schuldig erachte, so stehe ich zu sehr außer Bereich eines solchen Mißgriffs von Ihrer Seite, als daß dieser an sich unangenehm berührende Umstand mich verletzen könnte. Da er zudem mich in die vorteilhafte Lage versetzt, solchen Beamten, welchen die Leitung & Förderung des Gesamtwohls übertragen ist, um einen prüfenden Schritt näher zu treten und die Ermittlungen, Behauptungen und Erwägungen oben erwähnten Schreibens als falsch rügen zu können, so ergreife ich mit besonderm Vergnügen die günstige

Gelegenheit, Einen Hochlöblichen Magistrat von seinen Irrthümern zu überführen. –

Voraus sende ich folgende Bemerkungen, um sodann das Urtheil Dero eigener Einsicht zu überlassen. –

1)s Wie dies einem Hochlöblichen Magistrat auch schon dargelegt ist, ist das Verhältniß des v. Arnim'schen Verlags kein handeltreibendes, sondern ein diejenigen Buchhändler controllirendes, welche die darin erscheinenden Werke als einen Zweig ihres rechtmäßigen Gewerbes verbreiten. –

2)s Da ich nach Ihrem eigenen mit dem Gesetz übereinstimmenden schriftlichen Zugeständniß das Recht habe, meine Werke zu verkaufen, so kann ich nicht minder die zu verkaufen berechtigt sein, welche als Nachlaß des Ludwig Achim von Arnim durch mich veröffentlicht werden, denn wenn dies nicht wäre, so würden doch wohl Näherbetheiligte mich hierüber zur Rechenschaft fordern. So lange man mir also den Beweis nicht entgegenstellt, daß hier das Eigenthum Anderer gegen ihren Willen und Vortheil veröffentlicht werde, so lange ist die seltsame Behauptung, als sei die »Expedition des v. Arnim'schen Verlags« unbefugt, den Nachlaß meines Gemahls zu veröffentlichen nichtig, und ebenso befremdend ist.

3)s die in Dero geehrtem Schreiben enthaltene Bemerkung, die wörtlich so lautet:

»Euer Hochwohlgeboren verlegen nicht nur Ihre eigenen Werke, sondern auch die Ihres verstorbenen Herrn Gemahls, und lassen den Verkauf derselben unter eigener Leitung durch einen Geschäftsführer besorgen.«

Hier erlaube ich mir die Frage zu stellen, ob eben dieser Umstand, daß ich die Werke meines Gemahls verlege, ohne daß irgend Jemand sie als sein Eigenthum reclamirt, nicht genügend beweise, daß ich dazu berechtigt bin? – Oder stehen Ihnen Mann und Frau so weit von einander entfernt daß sie ein gemeinsames Eigenthum Beider gar nicht als möglich sich denken können? Da doch nach göttlichem und menschlichem Vertrag Mann und Weib ein Leib sind, so wollen Sie das ineinander verschmolzene Eigenthum des Geistes mit Gewalt trennen und durchaus nicht als Eigenthum des Einen, wie des Andern angesehen wissen?!

Mir noch nicht vorgekommen!!!

Auf die mir zum Vorwurf, gemachte Aeußerung, daß selbst mein sogenannter Geschäftsführer unter meiner Leitung stehe, erwidere ich: Leiten Sie nicht auch Ihre Untergebenen? – Leitet nicht der Weisere und Klügere immer den weniger Klugen? Und versuche ich nicht selbst in diesem Schreiben Einen ganzen hochlöblichen Rath zu leiten, indem ich weiß, daß ich klüger und weiser diese Sache beurtheile, wie Er? – Und würde man mir es als eine Verführung des Magistrats auslegen können, wenn ich durch meine kluge Auslegung Ihn zu einem gesunden Urtheil leitete? Gewiß nicht! – Also bleibe mein Untergebener nur immer unter meiner Leitung, so lange er nicht durch dieselbe zum Bösen oder zu Albernheiten verführt wird.

Um aber sammt meiner Belehrung über obwaltende Irrthümer auch zugleich eine vollkommene Beruhigung zu geben über Alles, was Einem Hochlöblichen Magistrate ein Dorn im Auge ist, so erkläre ich hiermit feierlich diesen Nachlaß als mein unbestrittenes Eigenthum welches ich daher befugt bin zu verlegen, zu verkaufen oder verkaufen zu lassen. –

Sollten Sie dies bezweifeln, so bedenken Sie wenigstens daß man Niemand beschuldigen kann, er habe in das Eigenthum Anderer eingegriffen, bis dieser Andere selbst ihn dessen beschuldigt. Dergleichen wird Ihnen aber wohl noch nicht zu Ohren gekommen sein. –

Sollten Ihre Scrupel noch weiter sich ausdehnen, indem Sie darauf bestehen, dies Eigenthum sei ein an mich gebrachtes und nicht ein angeborenes oder angeerbtes, so diene Ihnen eine landwirtschaftliche Erläuterung als Gegenbeweis. Wenn ich, z. B. eine Herde Schafe kaufe, so ist ihre Wolle auch keine mir angeborne oder angeerbte, sondern eine solche, welche auf dem Felle des Schafes gewachsen; da ich nun dieses Schaf um den Ertrag seiner Wolle nähre und pflege, so kann ich sie wie jeden andern Ertrag meines Besitzthums verkaufen, wann und wie und an wen ich will. Betrachtet man aber dieses ganze von Einem Hochlöblichen Magistrat mir bestrittene Recht als ein solches Schaf, so kann man durchaus nicht fehl gehen, denn dieser Nachlaß ist von mir als mein Eigenthum seit anno 1837 durch Anstrengung meiner geistigen Kräfte zur Veröffentlichung bearbeitet und in einer Reihe von 10 Jahren durch keine andere Hand, als die meinige zum Druck gebracht und ganz in derselben Weise, wie heute noch, nämlich nicht von mir verkauft, sondern durch Commissionaire veröffentlicht, welche als Buchhändler für diesen Zweig ihres Geschäfts mit ihren bürgerlichen Verpflichtungen einzustehen haben. Auf dieselbe Weise geht das Unternehmen noch fort, nur mit dem Unterschiede, daß die frühern Buchhändler nicht controllirt wurden sondern vielmehr jedesmal eine nicht richtige Berechnung stellten und zur Erfüllung ihrer Verbindlichkeiten immer erst durch gerichtliche Mahnung mußten aufgefordert werden, die aber leider bis heute noch nicht erledigt sind. –

So lange daher das Gesetz in das Recht sein Eigenthum zu überwachen, noch nicht eingegriffen hat und es keiner besondern bürgerrechtlichen Vermögenheit dazu bedarf, mein Eigenthum zu controlliren oder überwachen zu lassen, so wie es jetzt durch einen im Buchhandel erfahrenen, meinem Interesse ergebenen und von mir besoldeten jungen Mann durch Buchführung über die jedesmalige Versendung an die Buchhändler geschieht, welche die Verbreitung der v. Arnimschen Werke als ihr eigenes Interesse betreiben, so lange würde mir, ob ich im Verhältniß des Verkaufs zu den Kaufenden stände oder nicht, welches wie oben ausgesprochen, hier der Fall nicht ist, weder diese Buchführung noch sonstige Schritte im Interesse der Sache können streitig gemacht werden. –

Ich vernehme jedoch, daß Ein Hochlöblicher Magistrat einen Anstoß daran nehme oder glaube, einen Beweis gegen mich zu haben darin, daß jener von mir zum

Druck bearbeitete Nachlaß des Freiherrn von Arnim erst durch zwei fabrikmäßige Manipulationen zur Veröffentlichung tüchtig gemacht werde, nämlich durch den Druck und das Papier, welches vom Papiermüller dazu geliefert wird und daß dies also dem Corpus delicti durch die vielfältigen vorbereitenden Arbeiten den Stempel des Fabrikats aufdrücke und insofern nicht als eigenes Product angesehen werden könne. – Obschon nun, wie hinlänglich erörtert, ich mich hier meines Rechtes, mein Eigenthum zu verkaufen, gar nicht bedient habe, so will ich doch auch diese Ansicht ohne entsprechende Erläuterung mir nicht entgehen lassen, und kann dies nicht besser als wenn ich bei oben erwähntem Schafe, welches ich durch die gegebenen Umstände zu scheeren berechtigt bin, stehen bleibe.

Jenes Schaf wird nämlich vor der Schur tüchtig gewaschen, dann scheere ich dasselbe oder lasse es scheeren, sodann wird die Wolle in einen Sack von ungebleichter Leinwand gesteckt, welcher vom Leinen aus der Fabrik des Herrn Kramsda oder sonst eines großen Fabrikanten in Schlesien angefertigt ist. – In diesem Sack wird die Wolle des Schafes von einem gedungenen Fuhrmann verladen und nach Berlin auf den Markt gebracht, so würden Sie, mein Herr Bürgermeister und Hochlöblicher Magistrat, die Wolle doch nicht als ein Fabrikat zu besteuern für angemessen finden! – Ebenso kann das Ordnen des Inhaltes eines literarischen Werkes nicht uneben mit der Pflege der Schaf-Zucht verglichen werden; das Waschen, Scheeren und Sortiren der Wolle mit Setzen und Drucken des Werkes, der Sack, in welchem die Wolle versendet wird, steht ganz gleich mit dem Papier, welches der Papiermüller als sein Fabrikat dazu hergibt. – Es würde aber deswegen die in dem Sacke befindliche Wolle nicht können als Fabrikat angesehen werden, weil sie in der fabricirten Leinwand zu Markt gefahren wird. –

Wollen wir noch ein anderes erläuterndes Beispiel aus dem selbstproducirten landwirtschaftlichen Eigenthum auffassen:

Ein Weinberg wird von dem Wingertsmann mit vieler Mühe bearbeitet und in Stand der Kultur gebracht. Bis die Reben Früchte bringen, müssen sie erst durch mühselige Pflege so weit gedeihen daß man den Wein gewinne und obschon der Mann des Weinbergs die Gefässe vom Böttcher und die Flaschen vom Glasfabrikanten zu seiner Fassung und Füllung bedarf, so wird er doch für die Benutzung dieser Gewerke und Fabrikate keine Steuer bezahlen dürfen, welche der Böttcher und Glasfabrikant ja schon entrichten. Und obschon eine mannigfaltige Behandlung erst den Wein trinkbar macht, so wird er immer ein Product bleiben, so lange er der Verläumdung, als sei er Fabrikat, nicht durch Fälschung dieses edlen Products sich schuldig macht: so wie es einem literarischen Product eine ebenso schlechte Renommee als dem Wein sein würde, als Fabricat ausgeschrieen zu sein, wogegen ich für den v. Arnimschen Verlag, als welcher auf der Höhe der deutschen Literatur stehend die ehrenvollste Renommee genialster und ungefälschtester Originalität genießt, feierlichst protestire.

Dies ist was ich der Ansicht von Fabrikaten obiger literarischer Werke schlagend entgegne.

Daß ich, P. L. Jenatz, gebürtig aus Ehrenbreitstein, dermalen Rechnungsführer der Expedition für die von Arnimschen Werke contractlich die Verpflichtung übernommen habe, die Verausgabung derselben zu beaufsichtigen und ihre Verbreitung durch die Herrn Buchhändler zu controlliren und durch meinen Diensteifer möglichst zu fördern, bescheinige ich hiermit, sowie ich jederzeit auch bereit bin, eidlich zu erhärten, daß keineswegs der Verkauf dieser Werke selbst nicht eines einzigen Exemplars durch mich geschehen ist, sondern lediglich durch diejenigen Buchhändler, denen sie zu diesem Behufe anvertraut waren. – P. L. Jenatz.

Obige Aussage mit rother Tinte geschrieben, ist nicht zu meiner Rechtfertigung, sondern damit ihre rothe Farbe der Beschämung auf den Wangen Eines Hochlöblichen Magistrats wiederscheine, der mich so hartnäckig einer Widerrechtlichkeit beschuldigt. –

Was nun Ihre letzte Bemerkung anbelangt, daß keine Veranlassung vorliege, mir das Bürgerrecht als ein Ehrengeschenk zukommen zu lassen, so gebe ich dieses zu, da ich zumal das Bürgerthum höher stelle, als den Adel. Damit werden Sie einverstanden sein. – Ebenso stelle ich noch höher die Klasse des Proletariats, ohne dessen ihm angeborne großartige Characterkräfte, des Ausharrens im Elend, im Entsagen und Beschränken aller Lebensbedürfnisse wenig Ersprießliches zum Wohl des Ganzen würde befördert werden. – Der Schatz des Armen besteht im angeborenen Reichthum der Natur, das Verdienst des Bürgers im Anwenden und Ausbeuten dieses Naturreichthums, welchen er vermittelst seiner thätigen Gewandtheit und zum eignen Vortheil derjenigen Menschenklasse zuwendet, deren Hochmuth, Verwöhnung und geistige Verbildung Alles verschlingt, eben weil sie keine Produktionskraft hat.

Die Gründe also, warum ich den Proletarier am höchsten stelle ist, weil er der Gemeinheit enthoben ist, als Wucherer dem Weltverhältniß etwas abzugewinnen, da er Alles gibt und nicht mehr dafür wieder verzehrt, als er eben bedarf um neue Kräfte zum Gewinn Anderer sammeln zu können. – Offenbar ist daher das Verhältniß des Letzteren zur Nation das edlere, durch seine Hülflosigkeit das Ehrfurcht erweckendste; ja trotz seiner Armuth für die Armuth am glücklichsten wirkende. – Und wenn ich dem Bürgerthum vor dem Adel den Vorzug gebe aus dem Grunde, weil sein praktischer Character dem eingebildeten des Adels gegenübersteht; ich daher die Bürgerkrone dem Ordenssterne vorziehe, so würde ich dem allem noch vorziehen vom Volke anerkannt zu sein, dessen Verzichtungen heroisch und dessen Opfer die uneigennützigsten sind. – Ich muß Sie daher auch ersuchen, meine Bemerkung, daß ich das Bürgerthum nur als Ehrengeschenk annehmen will, lediglich dahin zu deuten, daß indem ich ausschlagen mußte, dasselbe auf andere Weise zu erwerben, ich hiermit zu verstehen geben wollte, daß es mir auf eine ehrenhafte Weise erworben, einen hohen Werth habe, während es mir für 28 rtl 18 sgr 9 kr gar keinen Werth hat. Nicht aber, daß ich mir ein Verdienst auch nur dem Scheine nach anmaßte, um solchen Ansprüchen das Wort zu reden.

Da ich aber die zur schlechten Gesellschaft rechne, welche es sich angelegen sein lassen, solche Vexationen zu bekämpfen, ich auch nicht geeignet bin, sie zu ertragen, noch auch meine Worte und Handlungen gegen ihren geraden Sinn auslegen oder beargwöhnen zu lassen, noch auch meinem Geist und meinem Character falsche Tendenzen unterlegen zu lassen, so habe ich gleich im Beginn der Gegenmicheingenommenheit Eines Hochlöblichen Magistrats fest beschlossen, das Terrain zu wechseln und dieses dem Gemeinwohl der armen Proletarier nicht ganz unnütze Unternehmen auf einen Boden zu verpflanzen, wo keine Vorurtheile gegen mich so fest eingewurzelt sind, daß sie gleich dem sogenannten Teufelszwirn um so üppiger wuchern, um so mehr man sie auszurotten versucht und endlich sogar hinter dem eigenen Ofen hervorkeimen, welches Natur-Phänomen ich kürzlich zu meiner eignen Warnung wahrnehmend, solchem bösen Leumund, der hier über mich ausgeht, vergleiche.

Da aber während diesem harten Winter schon 12,000 Bände des Verlags geheftet worden und 18,000 eben zum Heften vertheilt werden, was mehrere arme Buchbinder mit zahlreichen Familien vor Hunger und Frieren schützte, auch mehr wie ein armer Buchdrucker sicheres Brod dabei fand, so zage ich diesen armen Leuten ihr Verdienst so plötzlich zu entziehen und obschon es mir ein unangenehmes Gefühl ist, dieser von mir zum Wohl der Armuth berechneten Thätigkeit Einhalt zu thun, tröstet mich doch, daß nicht ich Einem Hochlöblichen Magistrat den Anlaß gab, nach 8 monatlicher Untersuchungsfrist und eben so langem Bedenken diesem der Armuth zu Gute kommenden Unternehmen plötzlich sturmlaufend ein Ende zu machen.

Mich aber kann die Ungültigkeit Ihrer mich belastenden Ansichten nicht kränken, denn wenn die Idee in Ihnen haftet (so wie es den Anschein hat) als sei es leicht mich in meinen Aussagen zu verneinen, so finde ich Entschädigung in dem reinen Zutrauen solcher Autoritäten, welche ich zwar nicht bei so kleinlichen Dingen ihr Gewicht in die Wage zu legen, auffordere, welche aber vermöge ihrer Würde und Stellung einen Nachdruck haben, den man zu läugnen nicht für geeignet halten dürfte. –

Jedoch fühle ich aus einem ganz besondern Grunde den Wunsch, Ihren Ansprüchen der Bürgerrechts-Kosten an mich ein Genüge zu leisten, insofern dies nicht meiner Ihnen mitgetheilten Widerlegung in den Weg tritt, und der Beschuldigung gesetzwidrigen Überschreitens meines Rechts als ein Zugeständniß ausgelegt wird; ich habe daher den Ausweg getroffen, nach welchem Einem Hochlöblichen Magistrat in seinen wiederholten Forderungen an mich willfahrt werde, ich aber in meiner Behauptung keiner Ueberschreitung meiner Rechte mich schuldig gemacht zu haben, vollkommen gerechtfertigt vor dem Publicum stehe. – Ich habe Ihnen daher folgendes mitzutheilen, daß die beiden Schreiben, welche ich in dieser Sache die Ehre hatte an Einen Hochlöblichen Magistrat zu richten, für die von Ihnen requirirte Summe öffentlich ausgeboten werden. – Hierbei bemerke ich, daß meine Handschrift so viel Geltung, als ein Wechsel hat, da ich sie selten oder nie ausgebe, und man doch einen so großen Werth drauflegt, daß oft ein Billet von wenig Zeilen mit zwei Ducaten bezahlt wurde. – Ich glaube also ganz sicher, mich nicht zu verrechnen, wenn ich hoffe für jedes dieser beiden Schreiben drei Friedrichsd'or zu erhalten. Auf jeden Fall wollen wir sie in öffentlichen Blättern auszubieten einen Versuch machen:

»Zwei Autographien, Schreiben der Frau Bettina von Arnim an den Magistrat von Berlin sind für 28 rth 18 sgr 9 kr event. eines freiwilligen Geschenks an das Nicolaus-Bürger-Hospital zu verkaufen, für welche Summe ihr auf eine ehrenvolle Weise das Bürgerrecht von Berlin soll zuerkannt werden, welches sie auf keine andere Weise zu erwerben im Willen ist.«

So würden Ihre Zwecke erreicht und der meine doppelt, indem ich diese Verhandlung noch drucken lasse und Jeder, der glauben könnte, daß ich mit List hier das Gesetz umgehen wollte, bei Lesung derselben eines Bessern belehrt würde. – Sie hätten also die Zahlung der 28 rth 18 sgr 9 kr zu gewarten und ich hätte – obschon nicht als Ehrengeschenk, dessen Sie mich für unwürdig halten – aber doch mit Herstellung meiner von Ihnen angetasteten Ehre das Bürgerrecht erworben. –

Außerdem gibt mir die Veröffentlichung dieser Verhandlung die Satisfaction, das Vorurtheil total zu schlagen, welches durch Sie Herr Bürgermeister und Rath zwar zum erstenmal mein Ohr beleidigte, welches aber unmöglich in Ihnen ohne allen Anlaß aus freier Einbildung entstanden sein kann, sondern vielmehr durch mancherlei alberne, unbegründete, abenteuerliche Nachreden in Sie als ein böses Unkraut muß eingepflanzt worden sein. – Schade, daß dieses Unkraut so stark wucherte. Da aber nur in einem fetten und fruchtbaren Boden das Unkraut so um sich greift und man es ausrauft und verrotten läßt, um damit denselben fruchtbaren Boden zu düngen: so jäten Sie das Unkraut der Vorurtheile gegen mich aus, lassen Sie es verrotten zu Mist sammt dem Kehricht alles Absurden, was mit dem Besen blinder Zuversicht oder ungeprüften Urtheils zusammen gekehrt wird. – Düngen Sie damit den Boden der Ehrenhaftigkeit, den Sie vertreten, so wird das Niedrige nicht Platz da finden, sondern er wird zu einem klassischen Boden sich erheben, auf welchem die Pflanzen Probitas, Honestas, Integritas, wuchern auf Ihrer sorgenvollen Bahn. –

Non tactus (cujus nemo tegitit aut abstulit quiequam) und Intellectus, ebenso (wie früher Unkraut) üppig wachsen und sich zu einer schönen Höhe erheben werden, welche Ihnen einen befriedigenden Schatten und Ihren Häuptern blühende Ehrenkränze, Ihren Verdiensten aber

Früchte spenden würde. – Schöne edle Pflanzen, alle in dem Garten der Bürgerehre wachsend, diesen zu dem angenehmsten Aufenthalt der Welt umschaffen. – Wer möchte da nicht gern mit dem Gärtner dieses Gartens Hand in Hand spazieren gehen? –

Einem gesammten Hochlöblichen Rath in seinen Forderungen zu befriedigen und mich ihm zu versöhnen, ohne meiner delicaten Stellung hierbei Blößen zu geben, sehe ich keinen andern Ausweg. Und obschon es gerade nicht das bequemste sein dürfte, allen hierdurch veranlaßten Zweifelsfragen Rede zu stehen, so werden Sie in Rücksicht dessen, was ich in jenen beiden Schreiben Eines Hochlöblichen Magistrats mir gefallen lassen mußte, – was nicht meine Schuld war – es sich auch gefallen lassen.

Ich habe dies Schreiben mit Fleiß so weit und umfassend ausgedehnt damit der darauf gesetzte Preis ein gehöriges Aequivalent haben möge.

Bettina von Arnim offenbarte in diesem Brief ihre Kampfeslust mit nicht ermüdender Ironie und Satire. Sie konnte aber auch ganz anders schreiben, nachlesbar in einer überschaubaren Zahl von Gedichten. Das folgende entstand im Garten Goethes, nach dessen Nähe sie sich zeitlebens sehnte.

Auf diesem Hügel überseh ich meine Welt!

Auf diesem Hügel überseh ich meine Welt!
Hinab ins Tal, mit Rasen sanft begleitet,
Vom Weg durchzogen, der hinüber leitet,
Das weiße Haus inmitten aufgestellt,
Was ist's, worin sich hier der Sinn gefällt?

Auf diesem Hügel überseh ich meine Welt!
Erstieg ich auch der Länder steilste Höhen,
Von wo ich könnt die Schiffe fahren sehen
Und Städte fern und nah von Bergen stolz umstellt,
Nichts ist's, was mir den Blick gefesselt hält.

Bettina von Arnim

Auf diesem Hügel überseh ich meine Welt!
Und könnt ich Paradiese überschauen,
Ich sehnte mich zurück nach jenen Auen,
Wo Deines Daches Zinne meinem Blick sich stellt,
Denn der allein umgrenzet meine Welt.

Die Autorin vermochte es wahrlich, von ihren Lebenshügeln mit scharfem Blick ins offene Land zu schauen, wo sich ihr so viel zu tun darbot. Für das Erkannte und Geliebte muss man einstehend oder aufbegehrend tätig werden, das ist die von einer »Vorrednerin« kühn gelebte Botschaft. »... es ist viel Arbeit in der Welt, mir zum wenigsten deucht nichts am rechten Platz ... Ich meine immer, ich müsse die ganze Welt umwenden ...«, unterschrieben mit Bettine Arnim.

Annette von Droste-Hülshoff

> »Denn, wie trotzig sich die Düne
> Mag am flachen Strande heben,
> Fühl ich stark mich wie ein Hüne,
> Von Zerfallendem umgeben.«
> *Aus dem Gedicht »Das alte Schloss«*

ANNETTE VON DROSTE-HÜLSHOFF
(1797-1848)

Zwischen Bettina von Arnim und Annette von Droste-Hülshoff liegen Welten voller Besonderheiten. Sie zu erkunden, wird die schöne Aufgabe der kommenden Zeilen. Unstrittig haben wir es mit der größten deutschen Dichterin des 19. Jahrhunderts zu tun, manche Stimme hebt sie sogar in den Rang der bedeutendsten Dichterin Deutschlands überhaupt. So verwundert es nicht, dass auch über Annette von Droste-Hülshoff – ähnlich ihrer Zeitgenossin – inzwischen viele Arbeiten in der Welt sind. Zu selten allerdings begegnete ich in ihnen dem Bemühen, der Widersprüchlichkeit der Dichterin aufgeschlossen nachzugehen. Widersprüche hatte die Droste tatsächlich einige in sich zu vereinen, und im Schreiben konnte sie sich darüber verständigen, von ihnen erlösen eher kaum – vielleicht gelegentlich. »Der Gegenwart gebrochen sind gewalt'ge Stützen«, so sieht sie, »von Zerfallendem umgeben«, enttäuscht melancholisch ihre Zeit der Umbrüche, in der das Altvertraute zu verlöschen droht und sie sich dem neu Zeigenden bangend, ablehnend, verurteilend entgegenstemmt.

Durch ihre aus alten westfälischen Adelsgeschlechtern geprägte Herkunft und Bevorrechtung ist der typische Weg für eine adlige Frau eigentlich klar geebnet. Etwa 100 Bauernfamilien arbeiten auf den Besitzungen und mehren den Reichtum der Familie durch Steuern und Pacht. Zeitlebens wird ihr dadurch eine Rente ermöglicht, die eine Existenz frei von jeglicher Arbeit ausreichend sichert. Ohne bedrückende Sparzwänge, denen z. B. Karoline von Günderode unterlag, konnte sich die Droste jede Reise, jedes gewünschte Kleidungs- oder Sammlerstück leisten. Diese Besitzstandsordnung wird niemals ernsthaft hinterfragt, für sie ist sie von Gott für alle Ewigkeit gegeben. Jede Herabminderung der Vorrechte des Adels zugunsten des aufkommenden, mit ihm konkurrierenden Bürgertums wird äußerst argwöhnisch wahrgenommen und im Falle der Droste vehement abgelehnt. Dies war eine insbesondere gegen die preußischen Reformen von Stein und Hardenberg im Adel häufig anzutreffende Haltung und führte auch – wie wir wissen – durch eine ab den zwanziger Jahren des 19. Jahrhunderts forcierte Restaurationspolitik zur Zurücknahme gesellschaftlicher Modernisierungen. Lautes Rebellieren, gar Revolution sind der Droste zuwider, werden gar nicht erst in den Mund genommen. Sie lebte zwar – indes kürzer – zur gleichen Zeit wie etwa Bettina von Arnim und entwickelte dennoch vielfach andere Ausprägungen. Es einte sie beide die Gabe, außergewöhnlich und ernst zu schreiben und sich gegen die Widerstände der Erwartungen ihres Adelsstandes behaupten zu müssen. Wie aber konnte die Droste, die über das kämpferisch politische und progressiv engagierte Potenzial ihrer Zeitgenossin Bettina von Arnim nicht annähernd verfügte, ein großes, in die Zukunft reichendes poetisches Werk hinterlassen? Ihr engster Vertrauter Levin Schücking charakterisierte sie: »... die ganze Herzensweiche einer poetischen Seele, und dabei dennoch den skeptisch grübelnden Wissensdrang, die kühle Kritik – es war das Eigentümlichste dieses Charakters.« Dieser Hinweis lenkt uns auf die wesentlichste Fährte, die Droste ergründen und ihre Arbeiten wertschätzen zu können.

Als Annette von Droste-Hülshoff 1797 auf der Wasserburg Hülshoff bei Münster geboren wurde, war sie einige Wochen zu früh auf die Welt gekommen, liebevoll von einer Amme gepflegt und über die Jahre mit viel elterlicher Zuwendung gebildet und erzogen worden. Während die Mutter resolut dem Haushalt vorstand, durchstreifte der Vater mal sinnierend, mal praktisch tätig die Natur. Er und die Hauslehrer vermittelten den vier Kindern, deren zweites Annette von Droste-Hülshoff war, umfassende naturwissenschaftliche

Annette von Droste-Hülshoff

Kenntnisse. Zeitig konnte sie bereits singen, Klavier spielen, komponieren, Lieder vertonen, zeichnen und beherrschte mehrere Sprachen und natürlich das obligatorische Stricken, was sie aber nicht mochte. Sie liebte das Lesen, bevorzugt Schiller, Wieland, Klopstock, Hölty und die englischsprachigen Zeitgenossen Walter Scott, Washington Irving und Lord Byron. Und sie begann früh zu dichten und als 16-Jährige das Drama »Bertha oder Die Alpen« zu verfassen. Bereits hier ist ihr Aufschrei gegen das Eingeengtsein und der Wunsch nach Auflösung aller Einschränkungen unüberhörbar, wie es auch in einem ihrer schönsten Gedichte »Unruhe« heißt: »Fesseln will man uns am eignen Herde, unsre Sehnsucht nennt man Wahn und Traum!« Genau wie die Günderrode wünscht sie Mann zu sein, um doch als ganze Frau sich aufwärts schwingen zu können. Der Grundkonflikt von Selbstbehauptung und Anpassung wird sie lebenslänglich umtreiben, noch als 41-Jährige wiederholt sie im Gedicht »Am Turme« ihre alte große Sehnsucht und das schmerzliche Bescheidenmüssen.

Sie wurde – wie in Westfalen üblich – gläubige Katholikin. Nach dem Tode des geliebten Vaters bezog sie mit ihrer Schwester und Mutter deren Witwensitz auf dem Gut Rüschhaus, dicht bei Münster. Hier blieb sie ein Leben lang zusammen mit ihrer Mutter, unverheiratet, unterbrochen von Reisen in die nähere oder fernere Umgebung zu ihren Verwandten. Allein mütterlicherseits maß der Kreis derer von Haxthausen etwa 80 Personen. Sie siedelten vor allem im Paderbornischen. Berühmt war der Bökerhof, der Sitz ihrer Großeltern, der Bökendorfer Märchenkreis, wo u. a. Wilhelm Grimm auf der Suche nach westfälischen Märchen und Sagen weilte und auch Annette von Droste-Hülshoff mit Aufgaben einspannte. Sie lieferte das erbetene Material und mehr noch, Rätsel und Sprichwörter Westfalens. Ihre weiteste Reise führte sie in die Schweiz nach Eppishausen zu ihrer mit einem germanistischen Sammler tausender wertvoller mittelalterlicher Erstausgaben verheirateten Schwester Jenny von Lassberg. Später zogen die Lassbergs auf die riesige Burg nach Meersburg am Bodensee, wohin Annette von Droste-Hülshoff insgesamt dreimal reiste, dort verstarb

Annette von Droste-Hülshoff

und beerdigt liegt. Schon als junges Mädchen bekannte sie ein enormes Fernweh nach Afrika, Amerika, China, Spanien, Italien, aber dorthin aufbrechen konnte sie niemals. Seit ihrer Geburt war sie sehr zart und häufig krank. Tapfer und ohne Selbstmitleid widerstand sie immer wieder diesen quälenden Unbilden. Zweimal hatte sie ernste Männerbekanntschaften, die nicht zu festen Liebesverhältnissen bzw. Heirat führten, als Unversorgte bleibt sie von der Familie abhängig. Gegen Ende ihres Lebens verdient sie mit ihren Büchern und Veröffentlichungen genügend Geld, um selbständig leben zu können, aber das wird von ihr dann nicht mehr erwogen.

Über weite Strecken lebt sie von unendlicher Stille umgeben allein. Aber doch hat sie Freunde erworben, mit denen sie ausgiebig korrespondiert und sich gerne mit ihnen trifft, sobald sich eine Möglichkeit eröffnet. Schon deshalb kann ich sie nicht als eine durchweg unglückliche und einsame Frau bezeichnen, zumal sie ihre gelegentliche Zurückgezogenheit produktiv zu nutzen und selbstbewusst zu akzeptieren lernt.

Sie verstand sich bereits zu einem frühen Zeitpunkt als Dichterin mit tiefer westfälischer Verwurzelung. Annette von Droste-Hülshoff hatte die sogenannte Franzosenzeit von 1807 bis 1813 als junges Mädchen aufmerksam wahrgenommen. Das von Napoleons jüngstem Bruder Jérôme regierte Königreich Westfalen wurde als Modellstaat kreiert, die Privilegien des angestammten westfälischen Adels nur mäßig beschnitten, vor allem aber tausende Soldaten, Naturalien und Geld für den napoleonischen Feldzug gegen Russland aus dem Land gepresst. Als nach der verlorenen Schlacht nur wenige Soldaten, meist verkrüppelt und mit erfrorenen Gliedmaßen, heimkehrten und trostlos durch das Land zogen, waren der Zorn auf die Besatzer und der Wunsch nach den alten Zeiten groß. Und diese kamen zurück, Westfalen wurde wieder als eine Provinz dem Königreich Preußen zugeschlagen. Wirtschaftliche und politische Veränderungen vollzogen sich hier langsamer als anderswo in Deutschland, waren aber nicht aufzuhalten. Mit der Entwicklung industrieller Produktion erstarkte das Bürgertum und wuchs eine neue Schicht, das Proletariat, mit dessen zunehmender Ausbeutung und Verelendung sich das intellektuelle Klima mehr und mehr zu einem bürgerlich liberalen und oppositionell demokratischen wandelte, dem sich Annette von Droste-Hülshoff zwangsläufig gegenüber sah. Die Veröffentlichung und Besprechung all ihrer Arbeiten erfolgte ausschließlich durch liberale Bekannte in liberalen Zeitschriften. Der Adel hatte ihr in dieser Sphäre außer Desinteresse nichts zu bieten. Einer ihrer ersten sie anerkennenden Kritiker überhaupt war der junge Friedrich Engels, der damals unter dem Pseudonym Friedrich Oswald für den »Telegraph für Deutschland«, redigiert von dem seit 1835 verbotenen jungdeutschen Autor Karl Gutzkow, schrieb. Mit beiden war Levin Schücking, der für die Droste wichtigsten Person ihres Lebens und Schaffens, bekannt. Er rezensierte ihre Arbeiten, schrieb mit ihr gemeinsam über Westfalen, vermittelte Veröffentlichungen und setzte die Pflege ihres Werkes und ihres Ansehens nach ihrem Tode fort, wie es niemand außer ihm bzw. Kinder von ihm beispielhaft taten.

All ihre Arbeiten, ob Balladen, Gedichte oder ihre westfälischen Milieuschilderungen bis hin zur die Weltliteratur bereichernden Novelle »Die Judenbuche« bezeugen höchste Sensibilität, die Regungen ihrer Zeit mit dem Wissen ihrer Zeit zu erspüren und wahr und frisch zu spiegeln – fern von jeglicher biedermeierlichen Süßlichkeit. Ihre Texte sind von so heftiger poetischer Eindringlichkeit und erzeugter Spannung, gepaart mit moderner Heutigkeit und zugleich Zeitlosigkeit, wie es Literatur nur sehr selten vermag. Die Droste hat ernst und anspruchsvoll an ihren Texten gefeilt, nie kopiert, geschwärmt, verklärt, niemals Phrasen und Pathos benutzt oder auf den Markt und Ruhm geschielt. Uneitel, nur auf das Schreiben und den geistigen Austausch bedacht, lebte sie materiell bescheiden. Bedürftige der unterschiedlichsten Art wurden von ihr nicht abgewiesen. Im Rüschhaus, das heute Museum ist, sind ihre kleinen Räume mit dem wenigen Mobiliar, das sie benötigte, zu besichtigen. Man weiß, dass sie ein Hobby hatte, sie sammelte Raritäten wie Münzen,

Annette von Droste-Hülshoff

Gemmen, altertümliche Taschenuhren, Bergkristalle, Erze, Elfenbeinschnitzereien, Muscheln, Seesterne und Korallen, Reliefarbeiten, Stiche, und aus den 244 erhaltenen Briefen ist ihre Dankbarkeit für Geschenke dieser Art ersichtlich. Sie konnte Menschen sehr innig lieben und ihnen lange verbunden bleiben, ihre Amme beispielsweise lebte immer bei ihr und wurde aufopferungsvoll bis zum Tode von ihr gepflegt. Solche Hilfeleistungen ließ die Droste vielen ihrer zahlreichen Verwandtschaft zukommen. Unendlich gern bewegte sie sich in der westfälischen Landschaft, wanderte bei allen Tageszeiten und Wettern durch den Wald oder über die Heide. Auch hier ist sie nicht versponnen und der Welt abgekehrt. Ähnlich ihrem naturwissenschaftlich gebildeten Vater beobachtet sie nicht nur sehr präzise die Vorgänge in der Natur, sondern wird auch praktisch tätig, sie steigt mit Hammer und Meißel in die Mergelgrube und legt Steine und Fossilien vergangener Zeiten frei. So entwickelt sich eine neuartige lyrische Naturdarstellung. Dabei werden ihr das Entstehen und das Morsche, die Risse und Bedrohlichkeiten, das Morbide und Konfliktreiche besonders wichtig. Romantische Idyllen lassen sich bei ihr nicht finden, sehr wohl aber realistische und manches Mal auch übernatürliche Beschreibungen des Entdeckten. Wie im Widerspruch zu ihrem Wissen, möchte man meinen, lodern in ihr Gefühle der Angst und Ohnmacht und des Aberglaubens. Darin, in der Zerrissenheit einer Endzeitstimmung kommt sie Achim von Arnim und Heinrich von Kleist sehr nahe. Die robuste und ehrliche Wahrnehmung des Ich in bedrängender, vergehender, teils gespenstisch anmutender Umgebung ist ein Reflex auf ihre konkrete gesellschaftliche Situation. Sie sucht sie zu erforschen, und indem sie es in ihren Gedichten vollendet ausspricht, reicht sie Erklärungen, die uns Heutigen zu erkennen geben, wer wir sind. Es gleicht einem Wunder, wenn diese Frau aus dem fernen 19. Jahrhundert feinste Stimmungen, Zustände, Erscheinungen, Verwerfungen in einem Maße überliefert, die noch im 21. Jahrhundert ergreifend, uns unmittelbar betreffend wirken. Offensichtlich vermissen wir in der heute auf dem offiziellen Markt gepriesenen Literatur solche empathischen

Enthüllungen des menschlichen Wesens, seiner Nöte wie seiner glücklichen Bestimmung.

Annette von Droste-Hülshoff wurde das Schreiben und Veröffentlichen keineswegs leicht gemacht. Die adlige Verwandtschaft reagierte mehrfach empört, ausnahmslos alle ohne Verständnis. Frauen, zumal adligen, war nicht zugedacht, sich öffentlich zu verbreiten. Nur indem sich die Droste beständig über die konventionellen Erwartungen hinwegsetzte, konnte ihr ein unbestechliches, literarisch einmaliges Werk gelingen. Sehr zeitig begann sie für den familiären Gebrauch zu dichten, bald aber schon in Auseinandersetzung schmerzhafter Erlebnisse und Verunsicherungen der eigenen Seele. Eine demütigende Erschütterung erlitt sie in jugendlichen Jahren auf dem besagten Bökerhof, als ihrer ersten Liebe zu dem Studenten Heinrich Straube durch eine üble Familienintrige ein plötzliches Ende gesetzt wurde. Dieses tiefsitzende traumatische Erlebnis verarbeitete sie 1819 beginnend in den Gedichten »Das geistliche Jahr«, nach 20 Jahren Unterbrechung setzte sie die Arbeit an ihnen fort, gab sie aber zur Veröffentlichung nie aus der Hand. Erst nach ihrem Tod fanden sich im Nachlass diese religiösen Gedichte. »Das geistliche Jahr« ist ein beeindruckendes Dokument der Zerrissenheit eines Menschen zwischen aufgeklärtem Bewusstsein und verzweifelter, ergebnisloser religiöser Suche, ein Dokument Drostescher Selbstvergewisserung ihres Verhältnisses zu Gott und ihrem Leben. Vom Standpunkt ihrer katholischen Gläubigkeit stellt sie – mittels ihrer Gedichte – Fragen und müht sich um Antworten, nie endgültige. Sie bleibt auf der Suche, Gott und den Menschen irgendwie zusammenzufügen. Im Gedicht »Am Neujahrstage« wird der Mensch befragt: »Wie magst du wohnen in so wüstem Graus?« Und er antwortet: »O neues Jahr, du musst noch viel erfahren; Kennst du nicht Krieg und Seuchen und Gefahren? Und meine liebsten Sorgen wohnen fern.« Die Erwiderung darauf klingt – scheinbar sicher: »Kehr heim in deine dunkle wüste Zelle, und wasche sie mit deinen Tränen helle ... Und willst du treu die Blicke aufwärts wenden, so wird der Herr sein heilig Bild dir senden.« Und alles soll gut werden, der

Annette von Droste-Hülshoff

Glaube allein wird das menschliche Elend auf Erden richten, das ist ihre immerwährende Hoffnung. Da sie diese Selbstvergewisserung zeitlebens führt, entsteht der Eindruck, als ob ihr Rezept des Gottvertrauens sie selbst nicht dauerhaft befriedigte. Über alle Jahre verteilt finden wir im Zyklus so quälend klare Gedanken wie: »Ich habe dich in der Natur gesucht, und weltlich Wissen war die eitle Frucht. ... Und keine Gnade fühl' ich, keinen Gott. ... Ich fühle dich, doch nicht mit Freudigkeit. ... Ich suche dich in Schmerzen, birg dich nicht!« Nach der erwähnten 20-jährigen Unterbrechung geht die gleiche Suche weiter: »Die Stirne muss ich senken und erröten: O bittre Schmach! Mein Wissen musste meinen Glauben töten! ... Mein Herr, berühre mich, dass ich dich fühle! ... Weh mir, die Liebe hab' ich nicht! ... Mein Lieben war nur Dunst und Schaum. ... Wo bist du, der noch unversöhnt mit mir? ... Der mit dem Ölzweig bringt den Krieg.« Haben Unzufriedenheit, Zweifel, Scham oder Angst sie von einer Veröffentlichung ferngehalten, weil die Suche nach Gott nie vollendet wurde, gleich dem »Geistlichen Jahr«? Erkannte sie, dass die von Gott gegebene Ordnung nicht intakt oder eine göttliche Ordnung gar nicht existent ist? Und wer trägt Schuld daran? Ist es mangelnder Glaube oder zu viel Wissen, zu viel »die eitle Frucht«?

In ihren kenntnisreichen Texten über ihre westfälische Heimat, die zu einem Westfalen-Roman führen sollten, aber leider Fragment blieben, ersehen wir, die Welt ist durch die vielen Veränderungen und Auseinandersetzungen keineswegs in Ordnung. Es gibt den Grundbesitz und den Eigentümer und dessen Gebräuche und Gesetze und Gerichtsbarkeit auf der einen Seite, auf der anderen aber gibt es ein Entschwinden der uralten Sitten und Landschaften zugunsten neu aufkommender Industrien mit höheren Erträgen und ein immer aufmüpfigeres, listigeres Aufbegehren gegen die alten und neuen Besitzer und deren angemaßte Rechte. Das Letztere stört die Annette von Droste-Hülshoff, nicht aber das alte Gefüge. Sie sieht deutlich die Veränderungen, fühlt sich davon bedroht und ficht für die vorhandene »Eigentümlichkeit«, »ehe die schlüpfrige Decke, die allmählich Europa überfließt, auch diesen stillen Erdwinkel überleimt hat!« Ihre ewige Sehnsucht nach dem Göttlichen und Tröstlichen auf Erden hat sie zu keinem Zeitpunkt ein Paradies finden lassen, dafür aber die realistischere Erkenntnis von der »ächzenden Kreatur«, der sie das wunderbare gleichnamige Gedicht widmete. Je länger Annette von Droste-Hülshoff lebt und schreibt, umso mehr reifen ihr Interesse und ihre Fähigkeit, den Menschen aus seinen Verhältnissen heraus zu verstehen.

In den 1830er Jahren tritt ein Mann namens Levin Schücking in ihr Leben. Er ist 17 Jahre jünger, Sohn ihrer einstigen Freundin Katharina, verheiratete Schücking. Dieses besondere Verhältnis wird für Annette von Droste-Hülshoff die menschlich schönste und literarisch produktivste Zeit ihres Lebens – solange es währt. Sie blüht auf, als Frau und Freundin, als geistige Partnerin und Dichterin. Er wird existenziell für sie, und sie glaubt an die besondere Zweisamkeit ihrer Beziehung und verlässt sich, obwohl ihre Texte sie von jeglichen Illusionen freisprechen, lange Zeit auf die Ewigkeit ihrer innigen Beziehung, bis sie 1846, zwei Jahre vor ihrem Tod, das Verhältnis abrupt abbricht. So verschieden beide durch Alter, Geschlecht, Temperament und Herkunft auch waren, es einte sie der Austausch über die Literatur ihrer Zeit sowie die Anlässe und Prozesse des eigenen Schreibens und Veröffentlichens. Ihre lebendigen Beobachtungen und kritischen und humorvollen Berichte wirken auf Levin Schücking anziehend und anregend, und sie gewinnt in ihm einen verständnisvollen Zuhörer, Anreger und Vermarkter ihrer Werke, denn er kennt sich im Literaturbetrieb bestens aus. Und für ihn, der ebenfalls schreibt, ist sie eine notwendige wissensreiche und »kühle« Stimme. Ihre Zusammenkünfte und Briefe werden für andere überspielt bzw. heimlich versandt. Wirklich frei können sie ihre Beziehung, die für die Umgebung der Droste nicht tolerabel wäre, niemals leben.

1838 erschien in Münster ihr erster Gedichtband, den sie nicht unter Nennung ihres vollen Namens, sondern halbanonym unter »Gedichte von Annette Elisabeth von D. H.« herausgab. Wenn dieser Band von der Öffentlichkeit auch kaum beachtet (von 500 gedruckten Exemplaren konnten nur 74 verkauft werden), von der Verwandtschaft völlig verrissen wird (was die Droste in einem Brief wie folgt kommentiert: »Mit meinem Buche ging es mir zuerst ganz schlecht. Ich war in Bökendorf mit Sophie und Fritz allein, als es herauskam, hörte nichts darüber und wollte absichtlich mich auch nicht erkundigen. Da kömmt mit einem Male ein ganzer Brast Exemplare von der Fürstenberg an alles, was in Hinnenburg lebt ... Ferdinand Galen gibt die erste Stimme, erklärt alles für reinen Plunder, für unverständlich, konfus und begreift nicht, wie eine scheinbar vernünftige Person solches Zeug habe schreiben können. Nun tun alle die Mäuler auf und begreifen alle miteinander nicht, wie ich mich habe so blamieren können.«), so erkennt Levin Schücking die völlig neue Ausdruckskraft dieser Frau und sucht zunehmend intensiv ihre persönliche Nähe. Höhere öffentliche Anerkennung auf diesen Band erfuhr die Droste von Friedrich Engels, der ironisch schrieb, dass ihre Gedichte mehr dazu geeignet seien, biedermeierliche Kunstfreunde aus dem seelischen Gleichmaß zu bringen und ihren Schlummer zu beeinträchtigen. Damit zeigte er an, dass sich in der Literatur etwas Neues ankündigte. Besonders gefiel Engels die Ballade »Der Graf von Tal«. Er merkte sich ihren Namen und bekannte, auch künftige Arbeiten von ihr lesen und rezensieren zu wollen. Der von Schücking initiierte Band »Das malerische und romantische Westfalen« (genau genommen war es ein Auftragswerk an Ferdinand Freiligrath, der aber nach mageren Versuchen kapitulierte und es seinem Freund Schücking anvertraute), zu dem Annette von Droste-Hülshoff eine Reihe von Landschafts- und Ortsbeschreibungen sowie lokalbezogene Balladen beigesteuert hatte, geriet in Münster ebenfalls in die Hände von Engels und wird abermals sehr positiv besprochen. Levin Schücking kann sich in jedem Falle auf die Droste verlassen, sie liefert schnell, zuverlässig, mit literarischem Niveau und ist sehr bescheiden, sie verzichtete völlig auf die Erwähnung ihrer Autorenschaft. Die Freunde und Bekannten von Schücking sind nicht die ihren. Ferdinand Freiligrath, Georg Herwegh, Karl Gutzkow, Heinrich Heine, Hoffmann von Fallersleben, diese literarischen Wortführer der neuen demokratischen Opposition mag sie nicht, warnt unmissverständlich vor ihnen als den »falschen Propheten«. Aber lässt in Zeitschriften und Anthologien durchaus ihre Arbeiten und ihren Namen neben denen der Genannten drucken. Das ist wieder so ein interessanter Widerspruch bei der Droste. Gegenüber der Familie ist sie sehr um Anpassung bemüht, kann aber durch ihre objektive Außenseiterrolle, unverheiratete Frau und Dichterin zu sein, niemals gelingen, und so treibt sie fortwährend in die innere Rebellion und versucht sich selbstbewusst schreibend zu behaupten. Ihre geistigen Partner und vertrauten Freunde, Männer wie Frauen, kommen ausschließlich aus dem bürgerlich-liberalen Milieu. Enge langjährige Freunde waren der Rechtsprofessor und ihr erster Förderer Sprickmann, der Philosophieprofessor Schlüter, die Grimms, die einst berühmten Schriftstellerinnen Johanna und deren Tochter Adele Schopenhauer, die Archäologin Sibylle Mertens-Schaaffhausen und die Schriftstellerin und Salonnière Elise Rüdiger, der sie sich nach dem Bruch mit Schücking besonders eng anschließt.

Neben der genannten Auftragsarbeit entstehen noch einige andere Prosaarbeiten über Westfalen wie, um nur die wichtigsten zu nennen, »Bei uns zu Lande auf dem Lande«, »Bilder aus Westfalen« und »Die Judenbuche. Ein Sittengemälde aus dem gebirgichten Westfalen«, eine Novelle, mit der die Droste zuerst überregional bekannt und später weltbekannt wurde. Sie erschien 1842 in dem literaturführenden Cottaschen Morgenblatt in 16 Teilen. Erstmalig in der deutschen Literatur wird das Schicksal eines Dorfarmen aus den gesellschaftlichen Umständen heraus geschildert. Mit der Geschichte des Friedrich Mergel, der Jahre nach dem Mord an einem Juden an den Ort der Tat zurückkehrt und sich an der Buche erhängt, war ihr ein kriminalistisches und psychologisches Sittengemälde, ein großes Meisterwerk gelungen. Diese realistische Sicht und Empathie für arme Leute wird Annette von Droste-Hülshoff auch in späteren Arbeiten nicht mehr ablegen. Sie erklärt den Dichter zum Mitleidenden und Helfenden. So begegnen wir in »Volksglauben in den Pyrenäen« einem starken Mitgefühl für die Not einer armen Witwe und die tiefe Ablehnung eines durch Betrug und Geiz reichgewordenen Kaufmanns, dem seine erbeuteten Schätze überfallartig, von der Droste billigend, »weggezuckt« werden. Dieses soziale Verständnis für die Armen und die Empörung über die Gier unbarmherziger Reicher bricht in den Erzählungen der Marie von Ebner-Eschenbach ein paar Jahre später vollends auf, gipfelnd in deren Satz: »Es gäbe keine soziale Frage, wenn die Reichen von jeher Menschenfreunde gewesen wären.«

Im Winter 1841/42 trat Annette von Droste-Hülshoff ihre erste Reise zur Familie ihrer Schwester nach Meersburg am Bodensee an und organisierte geschickt den zeitgleichen Arbeitsantritt für Levin Schücking auf der Burg. Als Bibliothekar hatte er die aus tausenden äußerst wertvollen Büchern und Handschriften bestehende Lassbergsche Sammlung zu katalogisieren. Es verblieb genügend Raum für ausgiebige gemeinsame Wanderungen und das gegenseitige Vorlesen der zu dieser Zeit üppig sprießenden Arbeiten. Die Droste ging eine Wette ein, für einen neuen Band ausreichend viele Gedichte zu schaffen. Es gelangen ihr tatsächlich etwa 60 von höchster Qualität, darunter ihre berühmtesten »Der Knabe im Moor«, »Im Moose« und »Am Turme«. Sie resümiert: »Wir haben doch ein Götterleben hier geführt und unser Zusammenleben ... war gewiß die heimischeste und herzlichste Zeit unseres beyderseitigen Lebens.« Dies war zweifellos die glücklichste und inspirierendste Zeit der Droste. Sie endete, als Levin Schücking sich auf ein neues Arbeitsangebot in Süddeutschland einlässt und Erzieher zweier Fürstenkinder wird, deren Haus aber bald enttäuscht den Rücken kehrt. Mit Annette von Droste-Hülshoff ist er per Post lebhaft im Kontakt und übermittelt ihr eines Tages die briefliche Verlobung mit einer Frau, die er noch nie gesehen hat, aber von seinem Freund Freiligrath empfohlen wurde, Louise von Gall. Die Droste warnt, ja bedrängt ihn, vorsichtig zu sein. Dennoch – nach einer ersten Begegnung 1843 wird auch schon die Hochzeit ins Auge gefasst und wenige Monate später vollzogen. Die Droste hält weiter intensiven brieflichen Kontakt und auch von seiner Seite scheint alles unverändert. In ihren Gedichten aber wird es trauriger, einsamer, resignativer. Annette von Droste-Hülshoff übernimmt die Patenschaft für das erste Kind, dem weitere vier folgen. Diese Louise von Gall war eine schöne, junge und intelligente Frau, die ebenfalls schrieb, in Zeitungen und Almanachen veröffentlichte, 1845 sogar zwei Bände mit Novellen. Auf ihren Rat tritt Schücking eine Redakteursstelle bei der »Augsburger Allgemeinen Zeitung« an, mit der er die Existenz der Familie grundlegend sichern kann. Trotz der wachsenden Kinderschar trägt auch seine Frau durch weiteres Schreiben von Erzählungen und dem Roman »Der neue Kreuzritter« zum finanziellen Unterhalt der Familie bei. Mit noch nicht 40 Jahren verstirbt sie. Levin Schücking hat die einmalige Zeit mit der Droste, auch angesichts seiner umfangreichen Verpflichtungen, nie vergessen können und bleibt ihr zusammen mit seiner Frau immer eng verbunden, bietet ihr noch vor dem unverhofften Bruch ein gemeinsames Leben auf einem gemeinsam anzuschaffenden Gut am Rhein an, im Hinblick auf ihre schwere Krankheit und vermehrte Einsamkeit ein ernst und gut gemeinter Vorschlag.

Annette von Droste-Hülshoff und Levin Schücking treffen sich noch einmal im Sommer 1844 in Meersburg am Bodensee in Anwesenheit der frisch angetrauten Ehefrau, die für die Droste ungewöhnlich weltmännisch auftritt und nicht katholisch ist. Mit der einstigen innigen Zweisamkeit war es natürlich vorbei, davon hatte die Droste endgültig Abschied zu nehmen, und begab sich nun in eine mehr mütterliche Rolle. In einigen Gedichten ihrer unbeschwerten Zeit ist ihre Illusionslosigkeit hinsichtlich der Perspektive der Beziehung nachzuvollziehen. Sie wusste um ihr Alter und ihre Krankheiten, die nicht zu übersehen und zu überhören waren. Trotzdem ist der Wunsch, man möge immer füreinander dasein, in ihr übergroß. Schücking erinnert sich in dem biografischen Buch »Annette von Droste-Hülshoff. Ein Lebensbild« an die Ankunft während seines ersten Besuches auf der Meersburger Schlossburg: »Die letztere kam schwer atmend wie immer, wenn es für sie Treppen zu ersteigen galt, aus ihren Gemächern herüber ...« Dass in dem viel jüngeren und gesunden Schücking das Verlangen nach einem normalen Familienleben und gleichermaßen innigem Austausch entwickelt und beides bei seiner Frau zu finden war, ist kein Verrat an der Droste. Ich wiederhole, seine Anerkennung für ihre Begabung und ihre Persönlichkeit ist von allem unberührt und ungebrochen. Er bleibt der Initiator weiterer Texte, lässt einzelne Gedichte erscheinen und kümmert sich sehr gewissenhaft um die Herausgabe ihres nächsten Gedichtbandes und dessen überdurchschnittlich hohe Honorierung, wovon sie sich ein schönes Haus mit Weinberg in Meersburg ersteigern wird. Die Briefe der Droste an Schücking lassen keinen Bruch erkennen, sie klingen ernst, voller Aufmerksamkeit für die Gall und meist höflich, sich nicht verratend. Sie muss diese Frau akzeptieren, ihren Geist und Einfluss auf Schücking berücksichtigen, letztlich um die Herausgabe ihres neuen Buches in hoher Qualität zu ermöglichen. 1844 ist es dann soweit, die erste – und zu Lebzeiten einzige – Gesamtausgabe »Gedichte von Annette Freiin von Droste-Hülshoff« liegt vor, erschienen bei Cotta in Stuttgart. In der Öffentlichkeit äußern sich anerkennende Stimmen, die Droste aber ist nicht zufrieden. An ihre Schwester schreibt sie: »Wie es hier steht, weiß ich nicht recht. Die Preußen sind allerdings auf meiner Seite, aber das sind arme Teufel, die sich ein Exemplar durch die ganze Stadt umleihen, und somit wenig profitabel für Cotta, und der Adel nimmt, wie ich glaube, noch immer blutwenig Notiz von mir und liest überhaupt niemals Gedichte.«

Im Sommer 1845 ist sie nochmals, inzwischen das neunte Mal, im Paderbornischen Abbenburg bei ihren Verwandten und schreibt die sogenannten Abbenburger Gedichte, die dank der Initiative Schückings nach ihrem Tode erscheinen. Sie wechseln noch Briefe, bis zum April 1846, dann bricht der Kontakt unversehens ab. Was war geschehen? 1846 hatte Levin Schücking seinen dreibändigen Roman »Die Ritterbürtigen« veröffentlicht und rief beim westfälischen Adel auf Grund seiner kritischen Gesellschaftsbeschreibung Empörung hervor. Man vermutete dahinter indiskrete Informationen von Annette von Droste-Hülshoff und forderte sie auf, sich von dem Autor zu distanzieren. Sie tat es wunschgemäß, das Anliegen des Romans zwar teilend, aber nicht in einer solchen Weise gegenüber der Öffentlichkeit präsentiert zu sehen. Schon vor dem Bekanntwerden der »Ritterbürtigen« hatte die Droste an ihre langjährige Freundin, die ihr seit den frühen Tagen im Münsteraner Dichter-Zirkel vertraut war, und in dem Maße, wie sie Levin Schücking aufgab, den Kontakt zu ihr intensivierte, geschrieben: »Schücking muss ich auch jetzt schreiben, ich bin ihm auf zwei Briefe Antwort schuldig. Der letzte hat mich auch nicht eben gefreut, so freundlich er war, fürs erste schickt er mir seine Gedichte, worin er als entschiedener Demagoge auftritt. Völkerfreiheit! Pressfreiheit! Alle die bis zum Ekel gehörten Themas der neueren Schreier.« Wenige Monate später sind genau das wesentliche Forderungen der europäischen Revolutionen von 1848, die die Droste »ekeln«. Ihr Ton Schücking gegenüber ist schon abfällig und denunzierend zu nennen, macht vor allem ihre politische Position klar kenntlich. Sie ist dem Adel verpflichtet, zwar nicht mehr finanziell, aber doch mental von ihm abhängig. Ihr kann nicht gefallen, was ein liberaler Adliger namens Valerian von Schlettendorf in den »Ritterbürtigen« dem westfälischen Adel zu sagen hat: »Es ist ein großer Trieb im Menschen, sich in die Klientel Mächtiger zu begeben. Benutzen wir ihn. Die Regierung hält das Volk in Ordnung, aber sie hat kein Ohr für das Gemüt, für die Poesie und das innere Leben der Nation. Bemächtigen wir uns dieses Gebiets. Vertreten, schützen wir es, machen es geltend, wo die Bürokratie es unterdrückt. O, Sie sollten sehen, zu welcher Macht im Staate uns das erheben würde! Man würde sich um uns scharen, man würde uns zujauchzen, ganze Gaue würden unter uns sich ihre Schutzherren wählen. Wie konstitutionelle Häuptlinge würde jeder von uns ein ganzes Volk hinter sich haben, das ihm vertraute. Es käme nur darauf an, dem Volk zu zeigen, dass wir für seine Zwecke, seine Sympathien tätig seien, dass wir unserer Gutseingesessenen Wohl vor allen Dingen im Auge hätten, dass wir begriffen auf ihrer Wohlhabenheit, ihrem Reichtum beruhe der unsere; ferner dass wir den Gebildeten zeigten, wir vertreten eine Idee im Staate, wir wären uns einer edlen Aufgabe bewusst geworden, dass wir endlich allen zeigen, wir hätten unsern irrenhauswürdigen Hochmut abgelegt, und dass wir jeden unter uns aufnähmen, der sich bis zu uns zu erheben weiß ... Der Bürokratie oder einer radikalen Opposition könnten wir mit einer Macht entgegentreten, die beide Feinde niederhielte. Mein Gott, welche Kräfte stehen uns nicht zu Gebot. Welcher materielle Reichtum, den wir nur halb ausbeuten, welche unabhängige, edle, kernhafte, zum Wirken im größten Kreis geschaffene Naturen sind nicht unter uns!« Drostes alter Freund Christoph Schlüter lässt sie wissen: »Schücking hat einen elenden Roman ›Die Ritterbürtigen‹ geschrieben; er verletzt darin Pietät und religiöses Gefühl, zeigt sich auch als ein erbärmliches, altes Klatschweib, das dem Pöbel des Zeitgeistes die Füße leckt. Mag er laufen, ich werde an ihn schwerlich je wieder schreiben und womöglich auch nicht mehr denken.« Annette von Droste-Hülshoff lässt Schücking fallen und hüllt sich fortan in Schweigen, ihm gegenüber.

Im Herbst 1846 bricht sie zu ihrer dritten und letzten Reise nach Meersburg auf und wird nicht mehr in ihr Rüschhaus zurückkehren. Als 1848 das Volk auch an das Meersburger Schloss rüttelt und Einlass und Waffen begehrt, stirbt sie nach langer qualvoller Krankheit. Für die revolutionsbegeisterte Bettina von Arnim und deren Verständnis für die Forderungen auf den Barrikaden hätte ihre westfälische Standesgenossin nur Verachtung. Sie sind sich nie begegnet, nur einmal erhält die Droste von ihrer Freundin Elise Rüdiger nach einem Besuch 1846 in Berlin Kunde über Bettina von Arnim und gibt sie sogleich in einem Brief an ihre Tante Sophie von Haxthausen tendenziös weiter: »Auch Bettinen hat sie aufgesucht, die fast den ganzen Besuch über nichts getan hat als schimpfen, auf die Katholiken, die Westfalen und besonders den westfälischen Adel. Als die Rüdiger das nicht so geduldig hingenommen, sondern ihr tüchtig darauf gedient hat, hat sie endlich abgebrochen und angefangen zu prahlen, dass die Lichtfreunde sich so viele Mühe gegeben, sie an ihrer Spitze zu bekommen, sie wolle aber nicht et cet. Kurz, sie muss sich nicht besonders liebenswürdig gemacht haben ...« Beide Frauen waren katholisch, doch die Droste zeigte eine gereizte Empfindlichkeit bei der Verteidigung des westfälischen Adels, der bekanntermaßen durch seine spezifische Geschichte rückständiger agierte.

Levin Schücking hat großherzig über ihre politischen und persönlichen Beschränkungen, so er sie überhaupt wahrgenommen hat, hinweggesehen. Zu groß waren sein Verständnis für ihre Besonderheiten und seine Dankbarkeit für die inspirierende Unterstützung seiner Arbeit und natürlich seine Achtung gegenüber ihrem Werk. Nach ihrem Tod hat er es geschützt, gepflegt, veröffentlicht sowie in zwei Büchern Erinnerungen über sie voller Hochachtung geschrieben. Ihre Familie hat nichts Vergleichbares aufzubieten. Lediglich der im Nachlass aufgefundenen Kompositionen und Vertonungen von Goethes, C. Brentanos und Byrons Texten und dem »Geistlichen Jahr« nahm man sich an. Unmittelbar nach ihrem Tod wurden waschkörbeweise Korrespondenzen und Schriften auf der Burg verbrannt und Levin Schücking aufgefordert, all seine Briefe von ihr auszuhändigen. Er hat es zum Glück nicht getan, so sind uns wesentliche Spuren der Droste erhalten geblieben, und Schücking hat sie nicht verraten, denn niemals waren diese Briefe zur Veröffentlichung gedacht, bewahrten sie doch ihr gemeinsames Geheimstes. Erst 10 Jahre nach dem Tode Schückings (und 45 Jahre nach ihrem Tod) erblickten die Briefe die Öffentlichkeit, herausgeben von seiner Tochter Theophani Schücking. Neben den bereits erwähnten Erinnerungsbänden kümmerte er sich um all ihre Arbeiten, die nach 1844 entstanden waren, und fasste sie 1860 in dem Band »Letzte Gaben. Nachgelassene Blätter« zusammen. 30 Jahre nach ihrem Tod veröffentlichte er die erste Gesamtausgabe »Gesammelte Schriften von Annette von Droste-Hülshoff«. An dem Satz aus seinen »Lebensbildern«: »Sie hatte alle drei Hochmute, den aristokratischen, den Damen- und den Dichterhochmut, aber sie ist trotzdem die liebenswürdigste Erscheinung, die man denken kann ...« hat er bis zuletzt festgehalten. Seinem Urteil ist zu trauen, denn niemand ist ihr so nah gekommen wie er.

Annette von Droste-Hülshoff

Annette von Droste-Hülshoff waren Beschönigungen und Sentimentales fremd. Wenn man ihre Texte liest, so überrascht, wie interessiert sie die Arbeitswelt ihrer Zeit betrachtete und kannte, ohne jemals selbst die Existenz durch Arbeit bestreiten zu müssen. Die Liste der Berufe und Tätigkeiten, die damals ausgeübt wurden und von ihr erwähnt und in Poesie verwebt wurden, ist lang. Zu lesen sind: Der Medikus, der Jäger, der Hirte, der Hauptmann der Bande, der Krämer, der Zimmermann, der Hammerschmied, der Rektor, die Amme, der Landarbeiter, der Matrose, der Fischer, der Gastwirt, der Soldat, der Schreiber, der Lehrer, der Kapitän, der Harlekin, der Kärrner, der Dichter, die Bergleute, Kaufherrn, Bauern, Wildhüter, Sänger, Pilger, Fuhrmann, Wächter, Räuber, Ritter, Vasallen, Wechsler, Fiedler, Pastor, Gräberknechte, Schriftstellerinnen, die Spinnerin. Sie weiß sehr wohl, dass auch Frauen wie Kinder in den neu entstehenden Fabriken und auf den Ländereien viele Stunden Schwerstarbeit leisten. Sie sieht dem Volk beim Arbeiten zu, erkennt seine Ärmlichkeit, ist empört ob seiner Ungehobeltheit, seiner Aufmüpfigkeit, seiner Verstöße gegen Gesetze und bewundert zugleich die urwüchsigen Kräfte und Fähigkeiten. Von manchem Bauern hört sie Märchen und Sagen und kann diese weitergeben, an die Grimms zum Beispiel. Wahrhaftig und sozial genau dringt sie – bei aller Distanz – in eine Schicht vor und macht sie für die Öffentlichkeit literaturfähig, für die der gewöhnliche Adlige keinerlei Interesse zeigt. Sie nimmt gelassen in Kauf, von ihresgleichen abgelehnt und nicht gelesen zu werden. »Weh mir, ich bin zu früh geboren« (eine »Unzeitgemäße« wie sie deshalb auch genannt wird), mit dieser Einsicht hoffte sie in hundert Jahren verstanden zu werden: »Meine Lieder werden bleiben, wenn ich längst entschwand.« Welche Kämpfe und Zeiten folgten den ihren! Ist ein solches Deutschland entstanden, wie die Droste es wünschte, gelesen und gebraucht zu werden? Zu sagen hätte sie uns viel über unsere menschliche Natur, über Liebe und Verletzungen, über Glück und Zerrissenheit, über Humor und Erschrecken, über Glauben und Wissen, über Armut und Reichtum, über Güte und Gier, über Treue und Verrat, über Begehren und Sichfügen, über Wollen und Entsagen. Es wäre so wichtig, so überlebenswichtig, in chaotischen Zeiten einen Weg zum Ureigensten des Menschen, seiner Poesie zurückzufinden.

Hier nun ist Raum für einige ihrer Gedichte, die zweifelsohne zu den schönsten deutscher Zunge gehören.

Unruhe

Ich will hier ein wenig ruhn am Strande.
Sonnenstrahlen spielen auf dem Meere.
Seh ich doch der Wimpel weiße Heere.
Viele Schiffe ziehn zum fernen Lande.
Oh, ich möchte wie ein Vogel fliehen!
Mit den hellen Wimpeln möcht ich ziehen!
Weit, o weit, wo noch kein Fußtritt schallte,
Keines Menschen Stimme wiederhallte,
Noch kein Schiff durchschnitt die flüchtige Bahn!
Und noch weiter, endlos, ewig neu
Mich durch fremde Schöpfungen, voll Lust,
Hinzuschwingen fessellos und frei!
Oh, das pocht, das glüht in meiner Brust!
Rastlos treibts mich um im engen Leben.
Freiheit heißt der Seele banges Streben,
Und im Busen tönts Unendlichkeit!
Fesseln will man mich am eignen Herde!
Meine Sehnsucht nennt man Wahn und Traum.
Und mein Herz, dies kleine Klümpchen Erde,
Hat doch für die ganze Schöpfung Raum!
Doch stille, still, mein töricht Herz!
Willst vergebens du dich sehnen?
Aus lauter Vergeblichkeit hadernde Tränen
Ewig vergießen in fruchtlosem Schmerz?
Sei ruhig, Herz, und lerne dich bescheiden.
So will ich heim vom feuchten Strande kehren.
Hier zu weilen, tut nicht wohl.
Meine Träume drücken schwer mich nieder.

Und die alte Unruh kehret wieder.
Ich muß heim vom feuchten Strande kehren.
Wandrer auf den Wogen, fahret wohl!
Fesseln will man uns am eignen Herde!
Unsre Sehnsucht nennt man Wahn und Traum
Und das Herz, dies kleine Klümpchen Erde
Hat doch für die ganze Schöpfung Raum!

Not

Was redet ihr so viel von Angst und Not
In eurem tadellosen Treiben?
Ihr frommen Leute, schlagt die Sorge tot,
Sie will ja doch nicht bei euch bleiben!

Doch wo die Not, um die das Mitleid weint,
Nur wie der Tropfen an des Trinkers Hand,
Indes die dunkle Flut, die keiner meint,
Verborgen steht bis an der Seele Rand –

Ihr frommen Leute wollt die Sorge kennen,
Und habt doch nie die Schuld gesehn!
Doch sie, sie dürfen schon das Leben nennen
Und seine grauenvollen Höhn.

Hinauf schallt's wie Gesang und Loben,
Und um die Blumen spielt der Strahl,
Die Menschen wohnen still im Tal,
Die dunklen Geier horsten droben.

Mein Beruf

»Was meinem Kreise mich enttrieb,
Der Kammer friedlichem Gelasse?«
Das fragt ihr mich, als sei, ein Dieb,
Ich eingebrochen am Parnasse.
So hört denn, hört, weil ihr gefragt:
Bei der Geburt bin ich geladen,

Annette von Droste-Hülshoff

Mein Recht, so weit der Himmel tagt,
Und meine Macht von Gottes Gnaden.

Jetzt, wo hervor der tote Schein
Sich drängt am modervollen Stumpfe,
Wo sich der schönste Blumenrain
Wiegt über dem erstorbnen Sumpfe,
Der Geist, ein blutlos Meteor,
Entflammt und lischt im Moorgeschwehle,
Jetzt ruft die Stunde: »Tritt hervor,
Mann oder Weib, lebend'ge Seele!

Tritt zu dem Träumer, den am Rand
Entschläfert der Datura Odem,
Der, langsam gleitend von der Wand,
Noch zucket gen den Zauberbrodem.
Und wo ein Mund zu lächeln weiß
Im Traum, ein Auge noch zu weinen,
Da schmettre laut, da flüstre leis,
Trompetenstoß und West in Hainen!

Tritt näher, wo die Sinnenlust
Als Liebe gibt ihr wüstes Ringen,
Und durch der eignen Mutter Brust
Den Pfeil zum Ziele möchte bringen,
Wo selbst die Schande flattert auf,
Ein lustiges Panier zum Siege,
Da rüttle hart: ›Wach auf, wach auf,
Unsel'ger, denk an deine Wiege!

Denk an das Aug', das überwacht
Noch eine Freude dir bereitet,
Denk an die Hand, die manche Nacht
Dein Schmerzenslager dir gebreitet,
Des Herzens denk, das einzig wund
Und einzig selig deinetwegen,
Und dann knie nieder auf den Grund
Und fleh um deiner Mutter Segen!‹

Annette von Droste-Hülshoff

Und wo sich träumen wie in Haft
Zwei einst so glüh ersehnte Wesen,
Als hab' ein Priesterwort die Kraft
Der Banne seligsten zu lösen,
Da flüstre leise: ›Wacht, o wacht!
Schaut in das Auge euch, das trübe,
Wo dämmernd sich Erinnrung facht,
Und dann: Wach auf, o heil'ge Liebe!‹

Und wo im Schlafe zitternd noch
Vom Opiat die Pulse klopfen,
Das Auge dürr, und gäbe doch
Sein Sonnenlicht um einen Tropfen, –
O, rüttle sanft: ›Verarmter, senk
Die Blicke in des Äthers Schöne,
Kos' einem blonden Kind und denk
An der Begeistrung erste Träne.‹«

So rief die Zeit, so ward mein Amt
Von Gottes Gnaden mir gegeben,
So mein Beruf mir angestammt,
Im frischen Mut, im warmen Leben;
Ich frage nicht, ob ihr mich nennt,
Nicht fröhnen mag ich kurzem Ruhme,
Doch wißt: wo die Sahara brennt,
Im Wüstensand, steht eine Blume,

Farblos und Duftes bar, nichts weiß
Sie, als den frommen Tau zu hüten
Und dem Verschmachtenden ihn leis
In ihrem Kelche anzubieten.
Vorüber schlüpft die Schlange scheu
Und Pfeile ihre Blicke regnen,
Vorüber rauscht der stolze Leu,
Allein der Pilger wird sie segnen.

Annette von Droste-Hülshoff

Der Dichter

Die ihr beim frohen Mahle lacht,
Euch eure Blumen zieht in Scherben
Und, was an Gold euch zugedacht,
Euch wohlbehaglich laßt vererben,
Ihr starrt dem Dichter ins Gesicht,
Verwundert, daß er Rosen bricht
Von Disteln, aus dem Quell der Augen
Korall' und Perle weiß zu saugen;

Daß er den Blitz herniederlangt,
Um seine Fackel zu entzünden,
Im Wettertoben, wenn euch bangt,
Den rechten Odem weiß zu finden:
Ihr starrt ihn an mit halbem Neid,
Den Geisteskrösus seiner Zeit,
Und wißt es nicht, mit welchen Qualen
Er seine Schätze muß bezahlen.

Wißt nicht, daß ihn, Verdammten gleich,
Nur rinnend Feuer kann ernähren,
Nur der durchstürmten Wolke Reich
Den Lebensodem kann gewähren;
Daß, wo das Haupt ihr sinnend hängt,
Sich blutig ihm die Träne drängt,
Nur in des schärfsten Dornes Spalten
Sich seine Blume kann entfalten.

Meint ihr, das Wetter zünde nicht?
Meint ihr, der Sturm erschüttre nicht?
Meint ihr, die Träne brenne nicht?
Meint ihr, die Dornen stechen nicht?
Ja, eine Lamp' hat er entfacht,
Die nur das Mark ihm sieden macht;
Ja, Perlen fischt er und Juwele,
Die kosten nichts – als seine Seele.

Annette von Droste-Hülshoff

Der Knabe im Moor

O schaurig ist's übers Moor zu gehn,
Wenn es wimmelt vom Heiderauche,
Sich wie Phantome die Dünste drehn
Und die Ranke häkelt am Strauche,
Unter jedem Tritte ein Quellchen springt,
Wenn aus der Spalte es zischt und singt,
O schaurig ist's übers Moor zu gehn,
Wenn das Röhricht knistert im Hauche!

Fest hält die Fibel das zitternde Kind
Und rennt, als ob man es jage;
Hohl über die Fläche sauset der Wind –
Was raschelt drüben am Hage?
Das ist der gespenstische Gräberknecht,
Der dem Meister die besten Torfe verzecht;
Hu, hu, es bricht wie ein irres Rind!
Hinducket das Knäblein zage.

Vom Ufer starret Gestumpf hervor,
Unheimlich nicket die Föhre,
Der Knabe rennt, gespannt das Ohr,
Durch Riesenhalme wie Speere;
Und wie es rieselt und knittert darin!
Das ist die unselige Spinnerin,
Das ist die gebannte Spinnlenor',
Die den Haspel dreht im Geröhre!

Voran, voran! nur immer im Lauf,
Voran, als woll' es ihn holen;
Vor seinem Fuße brodelt es auf,
Es pfeift ihm unter den Sohlen
Wie eine gespenstige Melodei;
Das ist der Geigemann ungetreu,
Das ist der diebische Fiedler Knauf,
Der den Hochzeitheller gestohlen!

Da birst das Moor, ein Seufzer geht
Hervor aus der klaffenden Höhle;
Weh, weh, da ruft die verdammte Margret:
»Ho, ho, meine arme Seele!«
Der Knabe springt wie ein wundes Reh;
Wär' nicht Schutzengel in seiner Näh',
Seine bleichenden Knöchelchen fände spät
Ein Gräber im Moorgeschwehle.

Da mählich gründet der Boden sich,
Und drüben, neben der Weide,
Die Lampe flimmert so heimatlich,
Der Knabe steht an der Scheide.
Tief atmet er auf, zum Moor zurück
Noch immer wirft er den scheuen Blick:
Ja, im Geröhre war's fürchterlich,
O schaurig war's in der Heide!

An Levin Schücking

O frage nicht, was mich so tief bewegt,
Seh' ich dein junges Blut so freudig wallen,
Warum, an deine klare Stirn gelegt,
Mir schwere Tropfen aus den Wimpern fallen.

Mich träumte einst, ich sei ein albern Kind,
Sich emsig mühend an des Tisches Borden;
Wie übermächtig die Vokabeln sind,
Die wieder Hieroglyphen mir geworden!

Und als ich dann erwacht, da weint' ich heiß,
Daß mir so klar und nüchtern jetzt zu Mute,
Daß ich so schrankenlos und überweis',
So ohne Furcht vor Schelten und vor Rute.

So, wenn ich schaue in dein Antlitz mild,
Wo tausend frische Lebenskeime walten,

Annette von Droste-Hülshoff

Da ist es mir, als ob Natur mein Bild
Mir aus dem Zauberspiegel vorgehalten;

Und all mein Hoffen, meiner Seele Brand,
Und meiner Liebessonne dämmernd Scheinen,
Was noch entschwinden wird und was entschwand,
Das muß ich Alles dann in dir beweinen.

Die Schenke am See
An Levin Schücking

Ist's nicht ein heitrer Ort, mein junger Freund,
Das kleine Haus, das schier vom Hange gleitet,
Wo so possierlich uns der Wirt erscheint,
So übermächtig sich die Landschaft breitet;
Wo uns ergötzt im neckischen Kontrast
Das Wurzelmännchen mit verschmitzter Miene,
Das wie ein Aal sich schlingt und kugelt fast,
Im Angesicht der stolzen Alpenbühne?

Sitz nieder! – Trauben! – und behend erscheint
Zopfwedelnd der geschäftige Pygmäe;
O sieh, wie die verletzte Beere weint
Blutige Tränen um des Reifes Nähe;
Frisch, greif in die kristallne Schale, frisch,
Die saftigen Rubine glühn und locken;
Schon fühl' ich an des Herbstes reichem Tisch
Den kargen Winter nahn auf leisen Socken.

Das sind dir Hieroglyphen, junges Blut,
Und ich, ich will an deiner lieben Seite
Froh schlürfen meiner Neige letztes Gut.
Schau her, schau drüben in die Näh' und Weite;
Wie uns zur Seite sich der Felsen bäumt,
Als könnten wir mit Händen ihn ergreifen,
Wie uns zu Füßen das Gewässer schäumt,
Als könnten wir im Schwunge drüber streifen!

Annette von Droste-Hülshoff

Hörst du das Alphorn überm blauen See?
So klar die Luft, mich dünkt ich seh den Hirten
Heimzügeln von der duftbesäumten Höh' –
War's nicht als ob die Rinderglocken schwirrten?
Dort, wo die Schlucht in das Gestein sich drängt –,
Mich dünkt ich seh den kecken Jäger schleichen;
Wenn eine Gemse an der Klippe hängt,
Gewiß, mein Auge müßte sie erreichen.

Trink aus! – die Alpen liegen stundenweit,
Nur nah die Burg, uns heimisches Gemäuer,
Wo Träume lagern lang verschollner Zeit,
Seltsame Mär' und zorn'ge Abenteuer.
Wohl ziemt es mir, in Räumen schwer und grau
Zu grübeln über dunkler Taten Reste;
Doch du, Levin, schaust aus dem grimmen Bau
Wie eine Schwalbe aus dem Mauerneste.

Sieh drunten auf dem See im Abendrot
Die Taucherente hin und wieder schlüpfend;
Nun sinkt sie nieder wie des Netzes Lot,
Nun wieder aufwärts mit den Wellen hüpfend;
Seltsames Spiel, recht wie ein Lebenslauf!
Wir beide schaun gespannten Blickes nieder;
Du flüsterst lächelnd: immer kömmt sie auf! –
Und ich, ich denke: immer sinkt sie wieder!

Noch einen Blick dem segensreichen Land,
Den Hügeln, Auen, üpp'gem Wellenrauschen.
Und heimwärts dann, wo von der Zinne Rand
Freundliche Augen unserm Pfade lauschen;
Brich auf! – da haspelt in behendem Lauf
Das Wirtlein Abschied wedelnd uns entgegen:
»Geruh'ge Nacht – stehn S' nit zu zeitig auf!«
Das ist der lust'gen Schwaben Abendsegen.

Annette von Droste-Hülshoff

Am Turme

Ich steh' auf hohem Balkone am Turm,
Umstrichen vom schreienden Stare,
Und lass' gleich einer Mänade den Sturm
Mir wühlen im flatternden Haare;
O wilder Geselle, o toller Fant,
Ich möchte dich kräftig umschlingen,
Und, Sehne an Sehne, zwei Schritte vom Rand
Auf Tod und Leben dann ringen!

Und drunten seh' ich am Strand, so frisch
Wie spielende Doggen, die Wellen
Sich tummeln rings mit Geklaff und Gezisch,
Und glänzende Flocken schnellen.
O, springen möcht' ich hinein alsbald,
Recht in die tobende Meute,
Und jagen durch den korallenen Wald
Das Walroß, die lustige Beute!

Und drüben seh ich ein Wimpel wehn
So keck wie eine Standarte,
Seh auf und nieder den Kiel sich drehn
Von meiner luftigen Warte;
O, sitzen möcht' ich im kämpfenden Schiff,
Das Steuerruder ergreifen,
Und zischend über das brandende Riff
Wie eine Seemöwe streifen.

Wär' ich ein Jäger auf freier Flur,
Ein Stück nur von einem Soldaten,
Wär' ich ein Mann doch mindestens nur,
So würde der Himmel mir raten;
Nun muß ich sitzen so fein und klar,
Gleich einem artigen Kinde,
Und darf nur heimlich lösen mein Haar,
Und lassen es flattern im Winde!

Annette von Droste-Hülshoff

Im Moose

Als jüngst die Nacht dem sonnenmüden Land
Der Dämmrung leise Boten hat gesandt,
Da lag ich einsam noch in Waldes Moose.
Die dunklen Zweige nickten so vertraut,
An meiner Wange flüsterte das Kraut,
Unsichtbar duftete die Heiderose.

Und flimmern sah ich durch der Linde Raum
Ein mattes Licht, das im Gezweig der Baum
Gleich einem mächt'gen Glühwurm schien zu tragen.
Es sah so dämmernd wie ein Traumgesicht,
Doch wußte ich, es war der Heimat Licht,
In meiner eignen Kammer angeschlagen.

Ringsum so still, daß ich vernahm im Laub
Der Raupe Nagen, und wie grüner Staub
Mich leise wirbelnd Blätterflöckchen trafen.
Ich lag und dachte, ach, so Manchem nach,
Ich hörte meines eignen Herzens Schlag,
Fast war es mir, als sei ich schon entschlafen.

Gedanken tauchten aus Gedanken auf,
Das Kinderspiel, der frischen Jahre Lauf,
Gesichter, die mir lange fremd geworden;
Vergeßne Töne summten um mein Ohr,
Und endlich trat die Gegenwart hervor,
Da stand die Welle, wie an Ufers Borden.

Dann, gleich dem Bronnen, der verrinnt im Schlund
Und drüben wieder sprudelt aus dem Grund,
So stand ich plötzlich in der Zukunft Lande;
Ich sah mich selber, gar gebückt und klein,
Geschwächten Auges, am ererbten Schrein
Sorgfältig ordnen staub'ge Liebespfande.

Annette von Droste-Hülshoff

Die Bilder meiner Lieben sah ich klar,
In einer Tracht, die jetzt veraltet war,
Mich sorgsam lösen aus verblichnen Hüllen,
Löckchen, vermorscht, zu Staub zerfallen schier,
Sah über die gefurchte Wange mir
Langsam herab die karge Träne quillen.

Und wieder an des Friedhofs Monument,
Dran Namen standen, die mein Lieben kennt,
Da lag ich betend, mit gebrochnen Knieen,
Und – horch, die Wachtel schlug! Kühl strich der Hauch –
Und noch zuletzt sah ich, gleich einem Rauch,
Mich leise in der Erde Poren ziehen.

Ich fuhr empor und schüttelte mich dann,
Wie einer, der dem Scheintod erst entrann,
Und taumelte entlang die dunklen Hage,
Noch immer zweifelnd, ob der Stern am Rain
Sei wirklich meiner Schlummerlampe Schein
Oder das ew'ge Licht am Sarkophage.

Die Taxuswand

Ich stehe gern vor dir,
Du Fläche schwarz und rauh,
Du schartiges Visier
Vor meines Liebsten Brau',
Gern mag ich vor dir stehen,
Wie vor grundiertem Tuch,
Und drüber gleiten sehen
Den bleichen Krönungszug;

Als mein die Krone hier,
Von Händen die nun kalt;
Als man gesungen mir
In Weisen die nun alt;
Vorhang am Heiligtume,
Mein Paradiesestor,

Annette von Droste-Hülshoff

Dahinter alles Blume,
Und alles Dorn davor.

Denn jenseits weiß ich sie,
Die grüne Gartenbank,
Wo ich das Leben früh
Mit glühen Lippen trank.
Als mich mein Haar umwallte
Noch golden wie ein Strahl,
Als noch mein Ruf erschallte,
Ein Hornstoß, durch das Tal.

Das zarte Efeureis,
So Liebe pflegte dort,
Sechs Schritte – und ich weiß,
Ich weiß dann, daß es fort.
So will ich immer schleichen
Nur an dein dunkles Tuch,
Und achtzehn Jahre streichen
Aus meinem Lebensbuch.

Du starrtest damals schon
So düster treu wie heut,
Du, unsrer Liebe Thron
Und Wächter manche Zeit;
Man sagt, daß Schlaf, ein schlimmer,
Dir aus den Nadeln raucht, –
Ach, wacher war ich nimmer,
Als rings von dir umhaucht!

Nun aber bin ich matt
Und möcht' an deinem Saum
Vergleiten, wie ein Blatt
Geweht vom nächsten Baum;
Du lockst mich wie ein Hafen,
Wo alle Stürme stumm:
O, schlafen möcht' ich, schlafen,
Bis meine Zeit herum!

Annette von Droste-Hülshoff

Die ächzende Kreatur

An einem Tag, wo feucht der Wind,
Wo grau verhängt der Sonnenstrahl,
Saß Gottes hart geprüftes Kind
Betrübt am kleinen Gartensaal.
Ihr war die Brust so matt und enge,
Ihr war das Haupt so dumpf und schwer,
Selbst um den Geist zog das Gedränge
Des Blutes Nebelflore her.

Gefährte Wind und Vogel nur
In selbstgewählter Einsamkeit,
Ein großer Seufzer die Natur,
Und schier zerflossen Raum und Zeit.
Ihr war, als fühle sie die Flut
Der Ewigkeit vorüberrauschen
Und müsse jeden Tropfen Blut
Und jeden Herzschlag doch belauschen.

Sie sann und saß und saß und sann,
Im Gras die heis're Grille sang,
Vom fernen Felde scholl heran
Ein schwach vernommner Sensenklang.
Die scheue Mauerwespe flog
Ihr ängstlich ums Gesicht, bis fest
Zur Seite das Gewand sie zog,
Und frei nun ward des Tierleins Nest.

Und am Gestein ein Käfer lief,
Angstvoll und rasch wie auf der Flucht,
Barg bald ins Moos sein Häuptlein tief,
Bald wieder in der Ritze Bucht.
Ein Hänfling flatterte vorbei,
Nach Futter spähend, das Insekt
Hat zuckend bei des Vogels Schrei
In ihren Ärmel sich versteckt.

Annette von Droste-Hülshoff

Da ward ihr klar, wie nicht allein
Der Gottesfluch im Menschenbild,
Wie er in schwerer, dumpfer Pein
im bangen Wurm, im scheuen Wild,
Im durst'gen Halme auf der Flur,
Der mit vergilbten Blättern lechzt,
In aller, aller Kreatur
Gen Himmel um Erlösung ächzt.

Wie mit dem Fluche, den erwarb
Der Erde Fürst im Paradies,
Er sein gesegnet Reich verdarb
Und seine Diener büßen ließ;
Wie durch die reinen Adern trieb
Er Tod und Moder, Pein und Zorn,
Und wie die Schuld allein ihm blieb
Und des Gewissens scharfer Dorn.

Der schläft mit ihm und der erwacht
Mit ihm an jedem jungen Tag,
Ritzt seine Träume in der Nacht
Und blutet über Tage nach.
O schwere Pein, nie unterjocht
Von tollster Lust, von keckstem Stolze,
Wenn leise, leis' es nagt und pocht
Und bohrt in ihm wie Mad' im Holze.

Wer ist so rein, daß nicht bewußt
Ein Bild ihm in der Seele Grund,
Drob er muß schlagen an die Brust
Und fühlen sich verzagt und wund?
So frevelnd wer, daß ihm nicht bleibt
Ein Wort, das er nicht kann vernehmen,
Das ihm das Blut zur Stirne treibt
Im heißen, bangen, tiefen Schämen?

Und dennoch gibt es eine Last,
Die keiner fühlt und jeder trägt,

Annette von Droste-Hülshoff

So dunkel wie die Sünde fast
Und auch im gleichen Schoß gehegt;
Er trägt sie wie den Druck der Luft,
Vom kranken Leibe nur empfunden,
Bewußtlos, wie den Fels die Kluft,
Wie schwarze Lad' den Todeswunden.

Das ist die Schuld des Mordes an
Der Erde Lieblichkeit und Huld,
An des Getieres dumpfem Bann
Ist es die tiefe, schwere Schuld,
Und an dem Grimm, der es beseelt,
Und an der List, die es befleckt,
Und an dem Schmerze, der es quält,
Und an dem Moder, der es deckt.

Lebt wohl

Lebt wohl, es kann nicht anders sein!
Spannt flatternd eure Segel aus,
Laßt mich in meinem Schloß allein,
Im öden geisterhaften Haus.

Lebt wohl und nehmt mein Herz mit euch
Und meinen letzten Sonnenstrahl;
Er scheide, scheide nur sogleich,
Denn scheiden muß er doch einmal.

Laßt mich an meines Sees Bord,
Mich schaukelnd mit der Wellen Strich,
Allein mit meinem Zauberwort,
Dem Alpengeist und meinem Ich.

Verlassen, aber einsam nicht,
Erschüttert, aber nicht zerdrückt,
Solange noch das heil'ge Licht
Auf mich mit Liebesaugen blickt.

Annette von Droste-Hülshoff

Solange mir der frische Wald
Aus jedem Blatt Gesänge rauscht,
Aus jeder Klippe, jedem Spalt
Befreundet mir der Elfe lauscht.

Solange noch der Arm sich frei
Und waltend mir zum Äther streckt
Und jedes wilden Geiers Schrei
In mir die wilde Muse weckt.

Ihre unruhevollen Ahnungen, ihre sie nie verlassenden Zweifel und Sehnsüchte einzufangen und zu verstehen, empfand Annette von Droste-Hülshoff als ihre lebenslängliche moralische Pflicht. Daraus erwuchs ihr Tätigwerden, ihr rebellisches Sein als Wahrheitssucherin, als große Dichterin, egal, zu welchem Jahrhundert sie spricht.

Jenny Marx, geb. von Westphalen

JENNY MARX, GEB. VON WESTPHALEN

»Allein ich begreife, wie sehr Du Dich nach Arbeit und Unabhängigkeit sehnst, die zwei einzigen Dinge, die über die Leiden und Sorgen der jetzigen Gesellschaft hinüberhelfen.«
Aus einem Brief von Jenny Marx an Tochter Eleanor

JENNY MARX, GEB. VON WESTPHALEN (1814-1881)

Der Weg des adligen Fräuleins Jenny von Westphalen zur Kommunistin Jenny Marx wurde, einmal begonnen, bis an ihr Lebensende entschlossen und unwiderruflich gegangen. Mit ungewöhnlicher Intelligenz, Mut und Fleiß, Liebe und natürlicher Schönheit behauptete sie sich an der Seite eines der größten Denker der Menschheitsgeschichte als eigenständige Persönlichkeit, der die Fähigkeit des originellen Schreibens besonders lag. Ich bin mir sicher, Jenny Marx würde meine Buchidee unterstützen, dennoch zu bedenken geben, dass sie als Schriftstellerin nicht durchgehen kann. Das ist richtig. Sehr wohl aber kann mich das gedachte und erst recht geschriebene Wort, das bei ihr überraschend lebendig und von den geläufigen Konventionen abweichend daherkommt, verwundern. Sie hatte einen speziellen Blick und eine spezielle Art, sich unter den damaligen Verhältnissen völlig neu und unabhängig zu äußern und vor allem zu leben. Und dafür prompt das zu erleiden, was ihr widerfuhr: Verfolgung, Gefängnis, Vertreibung, Exil, Bespitzelung, Hetze, Verleumdungen, Armut, Krankheiten, Verluste, Tote, aber auch das zu erfahren und zu geben, was einen Menschen aufrecht gehen lässt: Solidarität und verlässliche Hilfe. Die Worte in ihren Erinnerungen »Kurze Umrisse eines bewegten Lebens« von 1865, in ihren Theaterkritiken aus den Jahren von 1875 bis 1877 und in ihren heute vorliegenden etwa 190 Briefen sind Zeugnisse von menschlicher, weltgeschichtlicher Größe, erstaunlich klarer politischer Perspektive und brillanter

Jenny Marx, geb. von Westphalen

Schreibkunst. Die umfangreiche Korrespondenz richtete sich vornehmlich an ihren Mann, ihre Töchter, Geschwister, Verwandte, Verleger, Kampfgefährten und insbesondere engste Freunde wie Friedrich Engels und Ernestine Liebknecht. In Manchem erinnert mich Jenny Marx an Bettina von Arnim. Beide ähneln sich in ihrem Engagement für Schwache bzw. Verfolgte. So wie sich Bettina 1831 um die Cholerakranken in den Berliner Armenvierteln kümmerte, engagierte sich Jenny 1871 zupackend für die Flüchtlinge der niedergeschlagenen Pariser Kommune in London. Ähnlichkeiten stellen sich auch durch die ihnen angetanen Verleumdungen in der Gesellschaft im Allgemeinen und in der Verwandtschaft im Speziellen her. Was Schwager Savignys oder Bruder Clemens' giftige Auslassungen für Bettina von Arnim bedeuteten, gleicht dem misslichen Verhältnis zwischen Jenny Marx und ihrem Halbbruder Ferdinand von Westphalen, der es als immer treu dienender preußischer Beamter vom Regierungsrat bis zum Innenminister in Berlin schaffte. Erbarmungslos schickte er ihr anstelle erbetener Unterstützung seinen Polizeidirektor und Geheimdienstchef Wilhelm Stieber als Spitzel in ihre Londoner Wohnung. Der erhalten gebliebene Spitzelbericht ist einfach nur widerlich und ein Beleg für die viel gepriesenen sogenannten preußischen Tugenden, auf die sich heute wieder – wie in der Zeit des Faschismus – die rechten Kräfte in Deutschland beziehen.

Trotz aller Anfeindungen und Enttäuschungen, Entbehrungen und Abhängigkeiten, Trennungen und Depressionen blieb Jenny Marx ein unbeirrt liebe- und hingebungsvoller Mensch für jene, die ihr unmittelbar anvertraut waren, wie für jene, deren politischen Kampf sie durch ihre vielfältige Arbeit beförderte. Die einzigartige Leistung von Karl Marx ist ohne die einzigartige Größe seiner Frau überhaupt nicht zu denken. Es stellt sich daher die Frage, unter welchen Umständen entwickelte sich die aristokratische Jenny von Westphalen zu dieser einmaligen kommunistischen Jenny Marx? Auch wenn die Antwort hier nur skizzenhaft gerät, so berührt sie den Kern meiner Buchidee an seiner exemplarischsten Stelle.

Jenny Marx, geb. von Westphalen

Jenny wird 1814 in Salzwedel geboren, aber schon nach zwei Jahren beordert man ihren Vater Ludwig von Westphalen nach Trier, um nach dem Abzug der Franzosen die preußische Verwaltung als Geheimer Regierungsrat zu etablieren. Kindheit und Jugend erlebt sie in einem liberalen Elternhaus mit Geschwistern und Halbgeschwistern. Der Vater ist um eine humanistische Bildung seiner Kinder sehr bemüht. Seinen verehrten Shakespeare zitiert oder liest er vor, auf Deutsch bzw. Englisch. Für Jenny wird der Autor der größte überhaupt, in ihrem dreißigjährigen Londoner Exil besucht sie leidenschaftlich gern Shakespeare-Inszenierungen und bespricht sie zeitweilig für eine deutsche Zeitung. Eine systematische Bildung bleibt Jenny aber verschlossen. Die Mutter ist allen Kindern, einschließlich ihren Stiefkindern aus der ersten Ehe ihres Mannes, immer hilfreich zugetan. Ihre mütterliche Liebe bewährt sich in den schweren Zeiten Jennys vielfach. Sie und ihre Familie verkehren auch im Hause Marx, und alsbald wird aus der Jugendfreundschaft Jennys Liebe zu dem jungen Karl Marx. Zwei aufgeschlossene und sympathische Menschen haben sich gefunden und verlobt. Ihre adelsstolzen Halbgeschwister waren heftigst gegen diese Beziehung. Doch Jenny, vier Jahre älter als ihr Bräutigam, wartet ganze sieben Jahre bis sie endlich geheiratet werden kann. In dieser Zeit beschließt Karl Marx seine philosophischen Studien in Berlin und seine Promotion zum Doktor der Philosophie in Jena.

Mit einer erhofften akademischen Laufbahn in Bonn wird es nichts, Marx ist der Universität politisch nicht genehm. So geht er nach Köln und versucht seinen Unterhalt mit journalistischen Arbeiten zu verdienen. Jenny besucht ihn dort im August 1841 und vergewissert sich seiner Liebe, und sie lieben sich sehr. Ab Januar 1842 schreibt Marx für die liberale »Rheinische Zeitung« Leitartikel. Jenny und ihre Mutter verlassen – nach dem Tod Ludwig von Westphalens – Trier und quartieren sich im Herbst 1842 in Kreuznach ein. Marx besucht sie dort für 8 Tage, und da er inzwischen ein bekannter Journalist und bekennender Junghegelianer ist, kreuzt Bettina von Arnim, damals bereits eine in Deutschland berühmte

Jenny Marx, geb. von Westphalen

Autorin, auf, um sich mit Karl Marx auszutauschen. Beide kennen sich aus Berlin. Jenny ist von diesem plötzlichen Zusammentreffen nicht erbaut, wird doch durch das entschiedene Drängen der Bettina von Arnim ihr Verlobter für mehrere Stunden entführt. Am 15. Oktober 1842 wird Marx zum Chefredakteur der »Rheinischen Zeitung« in Köln berufen, aber schon im März 1843 muss er die Redaktion nach Zensur und Verbot verlassen. Trotzdem er nun über kein festes Einkommen mehr verfügt, findet die Hochzeit am 19. Juni 1843 in Kreuznach statt. Jenny ist 29, er 25 Jahre alt. Sie ist sich sehr bewusst, an wen und unter welchen Umständen sie sich bindet. Niemals, auch in den schwersten Stunden nicht, bereut sie ihre Entscheidung, sie liebt diesen Mann und wird ihm eine starke Frau sein. Ihre Aussteuer, Silberbesteck und Wäschestücke aus Damast, trägt sie in Notzeiten, also viele, viele Male ins Pfandhaus und setzt sie zu Geld um.

In Deutschland hat Karl Marx keine Perspektive mehr und so plant er das neue Zeitschriftenprojekt der »Deutsch-Französischen Jahrbücher« mit dem Drucklegungsort Paris. Von nun an geht das Ehepaar Marx – auch politisch – einen gemeinsamen Weg. Im Oktober 1843 treffen beide in Paris ein. Während Marx sich im »Bund der Gerechten«, wo er erstmals Arbeitern begegnet, und für das Zustandekommen der Zeitschrift engagiert, befreundet sich Jenny mit Emma Herwegh, der Frau des in Deutschland verfolgten Dichters Georg Herwegh, und lernt George Sand kennen. Das längerfristig angelegte Zeitschriftenprojekt platzt, es erscheint lediglich eine Nummer. Für Deutschland gibt es ein Einfuhrverbot, Gehälter können nicht gezahlt werden, Mitarbeiter der Zeitschrift werden durch die preußische Regierung mit Haftbefehl bedacht. Davon betroffen sind auch Georg Herwegh und Heinrich Heine, zu dem die Marxens besonders herzlich stehen. Freunde im Rheinland sichern durch Geldsammlungen das existenzielle Überleben des Ehepaares und die Weiterarbeit an der »Kritik der Hegelschen Rechtsphilosophie«. Aus der Ferne nehmen die Marxens den schlesischen Weberaufstand, die erste Arbeitererhebung gegen katastrophale Lebensbedingungen, wahr, aber natürlich auch Heines lyrischen Reflex »Die schlesischen Weber«. An dieser Stelle drängt sich mir ein Vergleich mit Bettina von Arnim auf, die Heinrich Heine überhaupt nicht mochte und daher ihren Sohn Siegmund brieflich warnt: »Meide bösen Umgang, der Dichter Heine ist mir nicht der liebste, seine Bücher sind eine wahre Poubaille; – der Vater hatte auch Abscheu vor ihm.« Das änderte aber nichts, aber auch gar nichts an ihrem politischen Engagement für die schlesischen Weber.

Am 1. Mai 1844 wird Tochter Jenny, das erste Kind geboren. Es kränkelt so sehr, dass sich Jenny bei ihrer Mutter in Trier, wohin jene wieder zurückgekehrt ist, Hilfe holt. Die von dort abgesandten Briefe an Marx legen Zukunftsangst und Sorge um seine Treue offen. Beides wird sie nicht mehr verlassen. Dem gegenüber weiß man, dass sie durchaus selbstbewusst, sogar arrogant auftreten konnte, zu spüren bekam dies ihre Schwiegermutter oder die erste Lebenspartnerin von Friedrich Engels. Jenny Marx legte, auch in materiell schlechten Zeiten, großen Wert auf die Wahrung von standesgemäßen Gewohnheiten. Den Umgang mit Geld kann man keineswegs zu ihren Stärken zählen, sie gab es großzügig aus, war es dann nicht mehr vorhanden, behalf sie sich mit Schulden. Im Londoner Exil ließ sie sich Visitenkarten drucken, auf denen »Baroness von Westphalen« zu lesen war, wie man sie in Trier ihrer jugendlichen Schönheit und Lebendigkeit wegen rief. Wahrscheinlich spekulierten sie und ihr Mann darauf, Leute beeindrucken zu können. Jenny hatte sich durchaus ein paar Attribute ihrer adligen Herkunft erhalten. Arbeiter und Handwerker allerdings, die allzeit im Hause Marx verkehrten, haben schwärmerische Berichte über eine von Standesdünkel freie Aufnahme hinterlassen. Für Marx jedoch sind Jennys Erscheinung und Können entscheidend. Aus Begeisterung lässt er z. B. einen an ihn gerichteten Brief von ihr in Auszügen anonym im »Vorwärts« abdrucken und ist stolz auf diese »Dame«, wie er Feuerbach brieflich mitteilt.

In ihrer Abwesenheit kommt es zu einem folgenreichen Treffen zwischen Marx und dem 24-jährigen Friedrich Engels, der zu dieser Zeit in der Baumwollspinnerei seines Vaters in Manchester tätig und nach Paris gereist ist. Die-

Jenny Marx, geb. von Westphalen

se Begegnung begründete eine tiefe und immerwährende Freundschaft zwischen beiden Männern. Ihre erste gemeinsame Arbeit »Die heilige Familie oder Kritik der kritischen Kritik« erschien 1845. Friedrich Engels war in vieler Hinsicht eine Ausnahmeerscheinung, immer gesund, immer wohlhabend, immer sportlich, lebte er in unkonventionellen Frauenbeziehungen (was Jenny lernen musste zu akzeptieren), immer geistvoll, mächtig aller europäischen Hauptsprachen (20 wurden gezählt), und von beständiger Verlässlichkeit betrieb er die wissenschaftliche Arbeit wie die finanzielle Unterstützung der gesamten Familie Marx. Dank seiner regelmäßigen Großzügigkeit konnten Jenny und Karl Marx das letzte Drittel ihres Londoner Exils frei von materiellen Sorgen existieren. Friedrich Engels übernahm ebenso alle Kuren und Medikamente, die die schweren Krankheiten im Hause Marx häufig notwendig machten. Ihre eigenen Einnahmen, Spenden und Erbschaften deckten keineswegs dauerhaft die Unkosten dieses großen und gastoffenen Haushalts.

Ohne Friedrich Engels, auch ohne seine immensen Forschungsergebnisse, z. B. über die Lage der englischen Arbeiterklasse, hätte Marx weder arbeiten noch seine Familie überleben können. Es war eine Partnerschaft ohnegleichen. Schon als sehr junger Mann verfügte Engels über einen klugen Riecher, wie wir wissen, auch für die frühen Texte der Annette von Droste-Hülshoff. Unter seinem Pseudonym Friedrich Oswald fand die Droste die erste ernsthafte Würdigung ihrer poetischen und prosaischen Texte über westfälische Begebenheiten. Er hatte wie ein Spürhund den Kern ihres Talents entdeckt und das neuartig in die zeitgenössische Literatur Gekommene offengelegt. Die Droste nahm die Rezension dieses »Unbekannten« durchaus freudig zur Kenntnis. Und in Marx erkannte Friedrich Engels gleichermaßen ein außergewöhnlich begabtes Talent, das Talent, die Gesellschaft auf neuartige, wissenschaftliche Weise zu analysieren.

Im September 1844 kehrt Jenny Marx mit ihrer gesundeten Tochter nach Paris zurück und muss bald darauf den ersten Ausweisungsbefehl erleben. Der preußischen Regierung gerieten Marx' Aufsätze im »Vorwärts« zu kommunistisch

Jenny Marx, geb. von Westphalen

und kurzerhand erwirkte sie bei der Regierung Louis-Philippes die Abschiebung. Karl Marx muss zuerst gehen, seine Frau folgt ihm nach Auflösung und Verkauf des Haushalts Anfang 1845 nach Brüssel ins erste unfreiwillige Exil, wieder schwanger. In Brüssel erhalten sie Wohnrecht unter der Bedingung, dass Marx schriftlich versichert, die journalistische Arbeit einzustellen.

Von April 1845 bis an ihr Lebensende steht Jenny Marx nun die Haushaltshilfe Helene Demuth, Lenchen genannt, tatkräftig zur Seite. Die Hauswirtschaft wird nicht Jennys Terrain, auch in dieser Frage achtet sie auf die herkömmliche Arbeitsteilung. Die Küchenarbeit bleibt ihr nur im Falle der Erkrankung von Lenchen Demuth vorbehalten, und das passiert sehr selten. Hingegen schneidert Jenny gern Kleider und Umhänge für ihre Töchter. Oder bereitet für sie Bälle vor, sobald dazu das Geld vorhanden ist. Gerade wegen des häufigen Verzichts ist Jenny überglücklich, ihren Töchtern gelegentlich einen ihr einst vertrauten Standard zu bieten. Zur Not ließ sie anschreiben oder trug ihre Aussteuer wieder ins Pfandleihhaus. Was manche ihr als genussvolle Verschwendung nachsagten, war für Jenny immer auch mit einem tiefen Zwiespalt verbunden und führte zeitweilig zu Depressionen. Abhängigkeit und Schulden, beides wollte sie ihren Töchtern später ersparen. Und so verwundert es nicht, dass ihre drei Töchter Jenny, Laura und Eleanor, die ausnahmslos mit exilierten französischen Sozialisten verheiratet bzw. liiert waren, zumeist als Hauslehrerinnen oder Übersetzerinnen ihr Geld verdienten.

Brüssel ist zu dieser Zeit ein Zentrum vieler Emigranten, auch Georg Weerth, Ferdinand Freiligrath und Wilhelm Wolff, als besonders enger Freund, sind hier gelandet. Jenny Marx lernt nun auch Friedrich Engels und seine nicht angetraute Lebensgefährtin, die irische Arbeiterin und Analphabetin Mary Burns kennen. Wie bereits angedeutet, lehnt Jenny Marx diese Frau und diese Art Beziehung ab. Hier ließ sich Jenny von einem verknöcherten aristokratischen Hochmut leiten, diese Haltung änderte sie erst bei Engels' zweiter Lebenspartnerin Lizzy Burns. Engels hatte sich inzwischen

Jenny Marx, geb. von Westphalen

entschieden, als freier politischer Schriftsteller zu leben, und forcierte gemeinsame Studien mit Marx in Manchester. Jenny entbindet im September 1845 Laura, ihre zweite Tochter, und im Februar 1847 Edgar, den ersten Sohn. Karl Marx schreibt bzw. diktiert Jenny das »Kommunistische Manifest«, welches am 24. Februar 1848 erscheint und in der Welt beachtet und von manchen gefürchtet wird. Es ist das Programm der ersten internationalen Organisation der Arbeiterschaft, des »Bundes der Kommunisten«.

Um der preußischen Überwachung zu entgehen, beantragt Marx die Entlassung aus der preußischen Staatsbürgerschaft und wird staatenlos. Ein späterer Antrag zur Wiedererlangung derselben, damit man ihn nicht als »unerwünschten Ausländer« ausweisen könne, wird abgelehnt, es bleibt fortan nur bei einer Aufenthaltsbewilligung. Auch alle weiteren Versuche scheitern, selbst die englische ist ihm verwehrt. Er wird nur noch illegal die Grenzen überschreiten und unter falschen Namen in Hotels wohnen. Kein leichtes Leben also.

Die Pariser Februarrevolution mit Abdankung des »Bürgerkönigs« und Proklamation der Zweiten Republik wird zum Funke, der sich rasch in Europa, auch in Deutschland, ausbreitet. Da die belgische Regierung eine Ausweitung der Erhebungen auf ihrem Territorium befürchtet, werden ausländische Kommunisten ausgewiesen bzw. arretiert. Karl Marx als geistiger Kopf wird ins Gefängnis gesperrt und Jenny wenig später ebenfalls. Frankreich erklärt sich bereit, sie aufzunehmen. Wieder löst Jenny den Haushalt auf. Am 6. März 1848 trifft sie mit den drei Kindern und Lenchen in Paris ein, müde und deprimiert. Viele Spuren der Revolution sind nicht zu übersehen, aber die immer noch die Marseillaise singenden Franzosen versöhnen Jenny. Karl Marx ist sogleich in der Zentrale des »Bundes der Kommunisten« (die von London nach Paris verlegt worden war) aktiv und Mitbegründer des »Deutschen Arbeiterklubs«, in dem die politisch aufgeklärten Arbeiteremigranten für eine neue Gesellschaft in Deutschland vorbereitet werden sollen. Am 18. März 1848 bricht in Berlin die Revolution aus. Marx und Engels planen die Herausgabe einer neuen Tageszeitung, die Nachfolge der verbotenen »Rheinischen Zeitung«, und reisen im April 1848 von Paris nach Köln. Wieder verkauft Jenny den Haushalt und begibt sich zur Mutter nach Trier. Marx betreibt das Zeitungsprojekt »Neue Rheinische Zeitung«, unterstützt von Friedrich Engels, Georg Weerth, Wilhelm Wolff und später von Ferdinand Freiligrath. Marx und Jenny erhoffen sich natürlich ein geregeltes Einkommen, doch die finanzielle Ausstattung der Zeitschrift bleibt – trotzdem Marx einen Teil seines väterlichen Erbes und auf Reisen gesammeltes Geld investiert – sehr dünn.

Im Juni ist Jenny wieder vor Ort und begleitet Marx bei Besprechungen und Reisen und ist aktiv bei der Organisation des rheinischen Demokratenkongresses. In Düsseldorf lernen sie Ferdinand Lassalle kennen, gemeinsam treten beide Männer als Redner bei einer Kundgebung auf den Rheinwiesen auf. Abermals erreicht Marx die sofortige Ausweisung durch die preußische Regierung. Alle Redakteure werden entlassen bzw. wie Marx ausgewiesen. Die letzte Nummer der »Neuen Rheinischen Zeitung« erscheint im Mai 1849. Marx zieht – mit falschem Namen im Pass – nach Paris, während Jenny erneut den Hausstand auflöst und zur Mutter reist. Nach kurzem Parisaufenthalt flattert die nächste Ausweisung ins Haus.

Marx reist nach Großbritannien, sie folgt ihm im September 1849. Marx hat Cholera, sie entbindet am 5. November 1849 ihr viertes Kind, den Jungen Heinrich. Sie leben unter ärmlichsten Verhältnissen, ihre Mutter und Friedrich Engels müssen helfen. Wieder startet man eine radikaldemokratische Zeitung, die »Neue Rheinische Zeitung. Politisch-ökonomische Revue«, mit Marx als Chefredakteur und Engels als Stellvertreter. Die erste Nummer erscheint im Januar 1850 in London, Hamburg und New York, nach der sechsten Nummer muss sie aus Geldmangel eingestellt werden. Auch privat sieht es düster aus: Mietrückstände, Kündigung der Wohnung, Pfändung aller Habe. Jenny, zum fünften Mal schwanger, reist nach Holland zu Marxens Onkel und bittet um einen weiteren Anteil an der Erbschaft väterlicherseits, man lässt sie abblitzen. Kündigung der Wohnung und Umzug. Engels erkennt das ganze Dilemma und steigt wieder in die Firma seines Vaters in Manchester ein, um Marx und seiner Familie helfen zu können. Am 19. November 1850 stirbt ihr Sohn Heinrich, ein furchtbarer Schlag für Jenny. Wieder Umzug in eine kleinere Wohnung, ohne Bad, Toilette und fließend Wasser. In dieser Situation bittet Jenny ihren Halbbruder und preußischen Innenminister um Hilfe, die ausgeschlagen wird. Dafür aber schickt er einen Spitzel, seinen Polizeipräsidenten höchstpersönlich, nach London, um seine Halbschwester und den »Kommunisten-Chef« in ihrer Wohnung auszuspionieren. Ihr Bruder hält im Laufe seines Lebens weitere perfide »Erfindungen« für seine Schwester bereit, die von ihr mit größter, kaum nachvollziehbarer Geduld erlitten werden.

Marx arbeitet viel in der Bibliothek oder er ist bei Engels in Manchester, während Jenny unter den unerträglichen Umständen der Enge, der Armut und dem Lärm der Kinder zu zerbrechen droht. Am 2. März 1851 wird Tochter Franziska, das fünfte Kind, geboren, doch unter den katastrophalen Lebensverhältnissen verstirbt es wenige Monate später. Helene Demuth ist zur gleichen Zeit schwanger wie Jenny, ebenfalls von Marx. Er arrangierte mit Friedrich Engels die Angelegenheit so, dass sein Freund inoffiziell die Vaterschaft erklärte und den finanziellen Beitrag gegenüber einer Londoner Pflegefamilie übernahm. Drei Monate nach Franziska wurde der Sohn Frederick geboren. Helene Demuth machte nie eine Angabe zum Vater ihres Sohnes. Und Karl Marx schwieg zu seiner Vaterschaft. Ob Jenny je Kenntnis von dieser erhalten hat, liegt im Dunkeln. Verschiedenen vagen Mutmaßungen, z. B. ihres Großneffen Lutz Graf Schwerin von Krosigk (»Jenny Marx. Liebe und Leid im Schatten von Karl Marx«, 1975), der für den systematischen Raub jüdischen Eigentums in seiner Funktion als Hitlers Finanzminister während des Nürnberger Kriegsverbrecherprozesses als schuldig befunden und verurteilt wurde, ist nicht zu trauen. Sein verheerendes Erbe agiert heute noch in seiner Enkelin, der AfD-Funktionärin Beatrix von Storch, fort; von ihrem väterlichen Großvater, SA-Standartenführer Nikolaus Erbgroßherzog von Oldenburg, sind Briefe an Himmler bekannt, in denen er für seine »Verdienste« um Güter im Osten bettelt, und sie bewilligt bekommt.

Frederick jedenfalls kehrte niemals mehr in die Wohnung der Marxens zurück. Erst nach dem Tode beider holte ihn seine Mutter in die Wohnung von Friedrich Engels, dem sie nun den Haushalt besorgte. Alle Jahre vorher unterhielt sie Kontakt zu ihrem Sohn, aber niemals im Hause Marx. Er legte später den Namen seiner Pflegefamilie ab und hieß fortan Demuth wie seine Mutter, die ihm nach ihrem Tode sogar eine winzige Erbschaft hinterließ. Er war als Arbeiter in der Gewerkschaft aktiv, Spuren seines weiteren Lebens gibt es nicht viele, bis auf einen Adoptivsohn hat er keine Nachkommen hinterlassen. Frederick hatte seine Vaterschaft aufgeklärt, seine Halbschwestern erfuhren von ihm, der seinem Vater sehr ähnlich sah, das Ergebnis. Nach einer anfänglichen Erschütterung akzeptierten sie den Fakt. Sowohl Jenny Marx, sollte sie überhaupt je davon gewusst haben, als auch die sozialistische Bewegung, der sich Friedrich Engels unmittelbar vor seinem Tod über die wahre Vaterschaft offenbarte – genau betrachtet, erfuhr es seine Haushälterin und Sekretärin Louise Kautsky, verheiratete Freyberger –, haben Marxens »Fehltritt« nach außen beschwiegen oder sehr lange nicht öffentlich gemacht. Zu wahrscheinlich galt die Gefahr der Beschädigung des von seinen politischen Gegnern ohnehin heftigst bekämpften »Kommunisten-Chefs«. Für Jenny könnte die Enttäuschung und das Aushaltenmüssen verletzter Liebe, so die Wahrheit doch zu ihr gedrungen sein sollte, unfassbar groß gewesen sein. Ihr Verhältnis zu Lenchen Demuth blieb völlig ungetrübt. Auf Jennys ausdrücklichen Wunsch ist sie im Londoner Familiengrab beigesetzt.

Die Marxens wurden aus der Ferne Zeugen des Kölner Kommunistenprozesses, viele ihrer Freunde vom »Bund der Kommunisten« werden inhaftiert bzw. können noch rechtzeitig fliehen, wie z. B. Ferdinand Freiligrath nach London. Einer der Hauptzeugen ist jener Spitzel, der im Auftrage von Ferdinand von Westphalen bereits die Marxsche Familie observiert hatte. Marx startet gegen die infamen Lügen eine

Jenny Marx, geb. von Westphalen

weltweite Gegenkampagne, mit Jennys Hilfe werden Beweise für all die Fälschungen beigebracht und schriftlich in der Broschüre »Enthüllungen über den Kommunistenprozess zu Köln« fixiert und in Europa verteilt (die erste Sendung wurde an der preußischen Grenze konfisziert, die neuerlich gedruckte über Amerika gesandt). Es hilft nichts, das Kölner Schwurgericht verurteilt eine Reihe von Freunden. Einer seiner engsten, der Kölner Arzt Roland Daniels, stirbt an den Folgen der langen Untersuchungshaft. All das wirkt auf die Marxens deprimierend.

In jener Zeit, also gegen 1852, macht Marx seine Frau offiziell zu seiner Sekretärin und Geschäftsführerin. Viele der berühmt gewordenen Arbeiten schrieb sie mühsam ab oder ließ sie sich diktieren. Marx verdiente zu dieser Zeit etwas Geld als Auslandskorrespondent der amerikanischen Zeitung »New York Daily Tribune«, seinen Artikeln gab sie eine geordnete Druckvorlage. Zugleich war sie mit ihrem hohen Wissen eine kritische Bearbeiterin seiner Texte. Marx nahm ihre Anregungen sehr ernst. Er konnte ihr bedenkenlos auch jede Menge Korrespondenz an Kampfgefährten, die in aller Welt verstreut lebten, anvertrauen, ebenso wie eine vielfältige Geschäftspost mit Verlegern und Übersetzern. Selbstverständlich sichtete sie Zeitungen und die umfangreiche Post. Das Wohnzimmer war Raum für tägliche kleine und große Treffs von Emigranten, aber auch außerhalb konnte man Jenny bei den wichtigsten Arbeiter-Meetings erleben, mit Marx und ohne ihn. Sie zerriss sich förmlich zwischen allen Aufgaben. Nicht selten kittete sie Beziehungen, die sich durch die kritisch-bissige Art ihres Mannes entzweit hatten. 2014 erschien die bisher umfangreichste Sammlung ihrer Korrespondenz, die sie uns als eine außergewöhnlich gebildete und scharfe Denkerin offeriert. Karl Marx hatte die richtige Partnerin für sich gefunden, ohne Jenny wäre er der Marx nicht geworden, so wie sie ohne die konsequent gelebte Entscheidung für Karl Marx nicht vorstellbar ist.

Am 16. Januar 1855 wird das sechste Kind, Tochter Eleanor, unter dem Spitznamen Tussy geläufig, geboren. Drei Monate später, am 8. April stirbt nach langer Krankheit Edgar in den Armen von Marx. Der »furchtbarste Tag meines Lebens«, schreibt Jenny. Edgar wird neben seinen Geschwistern Heinrich und Franziska gebettet. 1856 ermöglichen zwei Erbschaften den Umzug in ein neugebautes Haus, umgeben von herrlichen Wiesen. Das ärmliche Soho ist Vergangenheit. Zum ersten Mal sind sie bürgerlich eingerichtet – mit Möbeln vom Trödler. Jenny kauft sich vornehme modische Kleider, neben ihrer angeborenen Schönheit besticht sie auch durch eine auffallend erfrischende Natürlichkeit. Doch die Sorgen reißen nicht ab, Karl Marx hat viele sehr ernste Krankheiten und Jenny entbindet als 43-Jährige zum siebenten Mal, das Neugeborene lebt nur wenige Stunden. Und wieder stellen sich bei Jenny schwere Depressionen ein. Bedingt durch die erste Weltwirtschaftskrise, ausgehend von der Spekulationsgier amerikanischer Banker, wird die zu liefernde Artikelmenge für Karl Marx halbiert. Wieder entsteht ein finanzieller Engpass, wieder organisiert Marx etwas aus dem väterlichen Erbe.

1860 wird ein Jahr schwerster Erkrankungen, Marx hat Leberbeschwerden und Jenny die Pocken, deren dunkelrote Narben ihr Gesicht entstellen. Im April 1861 erfolgt dann die endgültige Entlassung als Korrespondent, der Bürgerkrieg fordert seine Opfer auch in Europa. Engels muss erneut helfen, sogar Ferdinand Lassalle wird gefragt, als er sich bei den Marxens einquartiert hat, aber statt Geld gibt es Entzweiung. Eine »Kapital-Fahrt« nach Paris endet für Jenny erfolglos. Karl Marx erkrankt schwer an Karbunkeln, ohne Narkose schneidet Jenny sie mit dem Rasiermesser auf und wechselt die Umschläge. Auf diese Belastungen reagieren Jennys Gehör, sie wird fast taub, und ihre Psyche mit Depressionen. Ist man bei den Marxens gesund und bei Kasse, so wird gern und üppig gefeiert, alle Schulden beglichen und die Sachen aus dem Pfandleihhaus ausgelöst. Hat man nichts, so fällt selbst das Weihnachtsfest kärglich, sogar ohne Baum aus. 1864 und 1865 werden trotz vieler Arbeit (u. a. Gründung der I. Internationale) finanziell beglückende Jahre, Erbschaften von Marxens Mutter und seines engen Freundes Wilhelm Wolff sorgen für Unbeschwertheit. So viel Geld hatten sie noch nie

Jenny Marx, geb. von Westphalen

und es wird mit vollen Händen ausgegeben, man versteht zu leben. Für die 21-jährige Tochter Jenny kann endlich ein festlicher Ball stattfinden, ganz standesgemäß, wie es der »Ballkönigin« Jenny aus Trier geläufig war.

Ende 1866 ist der 1. Band des Hauptwerks von Karl Marx »Das Kapital« fertig, so dass es im September 1867 erscheinen kann, eine große Erleichterung und Freude für Jenny. Die erwarteten Reaktionen und Übersetzungen bleiben allerdings vorerst aus. Die vorbereiteten Bände 2 und 3 werden nach dem Tod von Karl Marx durch Friedrich Engels herausgegeben.

Die drei Töchter sind inzwischen erwachsen geworden. Laura, die Mittlere, verliebt sich als erste und wird geliebt von dem Franzosen Paul Lafargue. Die Mutter ist für, der Vater anfänglich gegen das Verhältnis, er befürchtet eine mangelnde Versorgung durch den jungen revolutionären Medizinstudenten. Im April 1868 wird geheiratet, im Herbst nach Paris gezogen und der erste Sohn, der erste Enkel von Jenny und Karl Marx geboren. Dieses Glück wird durch ein anderes gekrönt. Friedrich Engels versorgt die Marxens von nun an regelmäßig mit Geld aus seiner väterlichen Erbschaft. Damit leben Jenny, 54, und Karl, 50 Jahre alt, finanziell abgesichert – für immer. Beide reisen zu den Kindern nach Paris, Karl Marx wie üblich unter falschem Namen. Sie sind leidenschaftliche Großeltern, wie sie liebevolle Eltern für ihre Kinder waren. Karl und Jenny Marx wissen zum Glück nicht, dass alle drei Kinder von Laura nicht überleben und sie und ihr Mann sich in späten Jahren, 1911, selbst töten werden.

Friedrich Engels, der in seiner zweiten wilden Beziehung mit der Schwester der ersten lebt, die Jenny nun vollständig akzeptiert, steigt aus der Firma in Manchester aus und siedelt nach London über, nahe bei den Marxens. Beide Männer treffen sich fortan täglich.

Als 1870 der Krieg Frankreichs gegen den Norddeutschen Bund ausbricht, wird bei den Marxens heftig gestritten. Jenny ist zerrissen, mit beiden Ländern verbindet sie viel und in

Jenny Marx, geb. von Westphalen

beiden Ländern hat sie Verwandte. Der Krieg geht nach französischer Kapitulation mit der Proklamation Wilhelm I. zum deutschen Kaiser im Schloss Versailles und der Gründung des Deutschen Reiches unter der Führung Preußens zu Ende. Bismarck schafft es zum Reichskanzler. Im März 1871 erhebt sich in Paris das Proletariat, die Regierung flüchtet nach Versailles, das Volk übernimmt erstmalig die Verwaltung und verkündet die Pariser Kommune. Auch Schwiegersohn Paul Lafargue kämpft unter den Kommunarden. Karl und Jenny Marx und Friedrich Engels werden begeisterte Unterstützer der Erhebung, wenngleich sie viele Probleme und Fehler erkennen. Nach zwei Monaten ist die Pariser Kommune niedergekämpft. Während Jenny sich um viele nach London emigrierte Kommunarden kümmert und beherbergt, stirbt auf der Flucht über die Pyrenäen der jüngste Enkel, im Beisein aller drei Marxtöchter auf dem Wege zum nach Spanien geflohenen Paul Lafargue. 1870 war bereits die erste Enkelin verstorben, 1872 passiert dies plötzlich mit dem ältesten Enkel. Kinderlos kehren Paul und Laura Lafargue nach London zurück. Wie unvorstellbar schwer muss der Verlust der drei kleinen Kinder für die gesamte Familie gewesen sein! Leider reichen Jennys Aufzeichnungen nicht mehr in diese Zeit. Sie versuchte sich auch sonst, mehr der schmerz- und konfliktarmen Momente zu erinnern. Interessanter lesen sich ihre Briefe, sie sind lebendig, ironisch, wütend oder sehr einfühlsam und spiegeln authentischer ihre jeweilige Lage, Ansichten und Befindlichkeiten. Eleanor (Tussy) hat nach dem Tod ihrer Eltern die privaten Briefe mehrheitlich aussortiert. Wir sollten nicht alles erfahren, schon gar keine abfälligen Bemerkungen über nahe Verwandte und Freunde. Jenny konnte, wie man weiß, sehr spitz sein. In der Zeit von 1875-1877 ging sie oft ins Theater und schrieb Kritiken über Gesehenes und veröffentlichte sie anonym im Feuilleton der »Frankfurter Zeitung«. Ihre in Deutschland gelesenen Artikel bewirkten dort eine Shakespeare-Renaissance.

Die älteste Tochter Jenny verliebt sich in einen französischen Kommunardenkämpfer, der Mitglied des Generalrats der I. Internationale ist. Er heißt Charles Longuet und arbeitet als Journalist. Geheiratet wird im Oktober 1872. Auch die 17-jährige Eleanor ist in einen emigrierten Kommunarden namens Prosper-Olivier Lissagaray, einen Chronisten der Kommune, verliebt, aber Marx ist strikt gegen diese Beziehung. Von Tochter Jenny kommt im September 1873 wieder ein Enkel in die Familie Marx. Ihre beiden großen Töchter haben inzwischen das Haus verlassen und so ziehen Karl und Jenny Marx in eine kleinere Bleibe, die sie bis zum Tode bewohnen werden. Jenny Longuet, die Älteste, bringt in kurzen Abständen insgesamt sechs Kinder zur Welt. Sie, schon immer schwächlich, arbeitet, um die große Familie durchzubringen, und erkrankt an Blasenkrebs, dem sie mit 38 Jahren schmerzvoll erlegen ist. Fünf Kinder hinterlässt sie. Jenny Marx muss diese bittere Tragödie nicht mehr zur Kenntnis nehmen, aber ihr Mann. Er selbst schwerkrank, besucht die ausgezehrte Tochter und ihre Kinder mehrfach in ihrem französischen Domizil Argenteuil nahe Paris.

Die Kinder der Jenny-Tochter bilden den Erbenstamm, heute leben etwa 20 Nachfahren, einige von ihnen, die Ururenkelinnen Frédérique und Anne Longuet-Marx, wurden zum 200. Geburtstag von Marx in Trier erwartet. Die politisch aktivste aller Töchter ist Tussy, die Jüngste. Sie regelt auch – als gesetzliche Vertreterin der Erben – den Nachlass und lässt, wie bereits geschildert, Briefe verschwinden und kümmert sich als einzige der Marx-Familie um Frederick Demuth. Sie unterhält intensive Arbeitskontakte zu Friedrich Engels und der Arbeiterbewegung und ist hilfreich bei der Übersetzung des »Kapitals« ins Englische. Nach dem Tod der Eltern lebt und arbeitet sie mit dem englischen sozialistischen Publizisten Dr. Edward Aveling zusammen und nennt sich Eleanor Marx-Aveling. Sie musste leider erfahren, dass dieser von ihr geliebte Mann heimlich und unter falschem Namen eine junge Schauspielerin geheiratet hatte. Auch wegen anderer, zahlreich von ihm begangener schwerer Vergehen, in schier aussichtslose Bedrängnis getrieben, nimmt sie sich 43-jährig durch Blausäure das Leben. Auf gleiche Weise töteten sich Laura, 66-jährig, und Paul Lafargue gemeinsam in ihrem Haus bei Paris.

Jenny Marx, geb. von Westphalen

Nach dem letzten Umzug der Marxens 1875 beginnt eine weniger aufreibende Zeit, Jenny nutzt sie für mehr Reisen, Theaterbesuche und die Familie. Angenehm wird es für die alten Marxens gewesen sein, Tochter Jenny und ihre wachsende Familie noch bei sich zu wissen. Endlich erhalten sie wieder einen Enkel (der erste Sohn von Tochter Jenny war 1874 verstorben), er überlebt und erbt später den Sessel seines Großvaters. Die Krankheiten werden Jenny und Karl Marx nun nicht mehr verlassen. Mit Jenny geht es trotz einiger Kuren bergab. 1877 erfährt sie die Diagnose Leberkrebs. Eine Freude wird 1878 die Geburt des nächsten Enkels. Dass er sechs Tage nach dem Tode von Karl Marx verstirbt, wird Jenny nicht mehr umtreiben. Er ruht im Grab seiner Großeltern. Jenny und Karl Marx haben noch den Tod der letzten Lebensgefährtin von Friedrich Engels zu verkraften, der sie sich sehr verbunden fühlten. Nach der Amnestie der Kommunarden ziehen Jennys Schwiegersöhne und der damals noch Verlobte von Tussy zurück in ihre französische Heimat. Ihre Töchter Laura und Jenny, die erneut entbindet, bleiben noch in England. Das nachfolgende Enkelkind wird bereits in Frankreich geboren. Jenny möchte die gewachsene Familie von Tochter Jenny in Argenteuil trotz größter Schwäche besuchen und bricht im Juli 1881 zu ihrer letzten Reise auf. Das Wiedersehen macht sie sehr glücklich. Ebenso genießt sie eine herrliche Droschkenfahrt durch Paris, Marx weiß um diese letzte Freude.

In dieser Zeit ist Tussy in London schwer erkrankt, so dass Marx überstürzt zu ihr reist. Jenny folgt wenig später dank der Hilfe von Helene Demuth, aber von nun an ist sie ans Bett gebunden und der Pflege bedürftig. Ihr Mann übernimmt sich dabei und wird selbst bettlägerig, so liegen sie Zimmer an Zimmer, bis sich Marx erholt hat und bei ihr sitzen kann. Am 2. Dezember 1881 lächelt und drückt Jenny allen gütig die Hand, die um sie sind, ihrem Mann, Laura, Tussy und Lenchen. Das spannende, unbill- und doch sinnreiche Leben einer wundervollen aristokratischen Kommunistin war zu Ende. Bis zuletzt hatte sie Anteil genommen an den Ereignissen in der Welt und Partei ergriffen. Sie war immer mehr als

Jenny Marx, geb. von Westphalen

nur Haus- und Ehefrau, Mutter und Großmutter, Freundin, Sekretärin und Beraterin ihres Mannes, dessen Werke sie alle kritisch gelesen und verstanden hatte. Seine Ideen und Überzeugungen teilte und beförderte sie ungebrochen. In ihr hatte sich eine hohe geistige und emotionale Perfektion herausgebildet, ein seltenes Maß an eigenständiger Engagiertheit und Aufrichtigkeit, die nicht nur Marx, sondern vielen Menschen, die ihren Lebensweg berührten, als bewunderungswürdig galt. Am Grab verlieh Friedrich Engels diesem prall gefüllten Frauenleben die denkbar angemessenste Würdigung: »Was eine solche Frau mit so scharfem und kritischem Verstande, mit einem politisch so sicheren Takt, mit solch einer leidenschaftlichen Energie, solch großer Hingabe in der revolutionären Bewegung geleistet, das hat sich nicht an die Öffentlichkeit vorgedrängt, ist niemals in den Spalten der Presse erwähnt worden. Was sie getan hat, wissen nur die, die mit ihr gelebt haben.«

Einleiten möchte ich Jenny Marx' Text mit den für sie typischen uneitlen Worten »... mich fiel plötzlich so ein Schreib-Raptus an, und auf frischer Tat schickte ich einen kleinen Artikel über die Londoner Saison ein. Zu meinem Erstaunen war der Wisch ein paar Tage nachher gedruckt ... Es ist mir gar kurios, dass ich in meinen alten Tagen und als bemoostes Haupt noch literarische entre-chats (Luftsprünge) mache und gar in Feuilletons Pirouetten drehe.« Von ihren bisher öffentlich gemachten Theaterkritiken gebe ich nun eine gekürzt wieder, sie steht unter der Überschrift:

Aus der Londoner Theaterwelt
November 1875

... Da wagte es vor einem Jahr ein junger Schauspieler, Henry Irving, der nur in den Provinzen bekannt war und sich in London erst durch Aufführung melodramatischer Rollen Bahn gebrochen hatte, den Hamlet von neuem auf die Bühne zu bringen. Er wagte es, der alten konventionellen Tradition vor den Kopf zu stoßen und statt des lang gewohnten, altherkömmlichen Hamlets ein eigenes, treues und originelles Gebilde Shakespeares zu schaffen. Die Kritiker brummten und nörgelten und mäkelten: dem einen war er nicht prinzlich genug, dem anderen gefiel sein Gang nicht, der dritte fand ihn manieriert, der vierte melodramatisch. Das Haus füllte sich trotzdem. Da drehte sich plötzlich der Wind. Die Zeitungsschreiber hörten auf zu kritteln, sie fingen an zu loben, zu preisen, ja, bis zu den Wolken. Und das Unerhörte geschah. Während 200 Nächten strömte ihm eine andächtig lauschende, begeisterte Menge zu. Es ward Mode, Irving als Hamlet zu sehen. Es war bon ton, für Shakespeare zu schwärmen! Es gereicht dem jungen Künstler zur größten Ehre, dass er vom Beifall sich nicht blenden ließ und daß er mit der größten Gewissenhaftigkeit und auch dem regsten Fleiße an der Vervollkommnung seiner Rolle weiterarbeitete, daher stets bereit und willig war, guten Rat und ernste Kritik zu benutzen und freudig anzunehmen. Und so gelang es ihm denn, die Schwächen und Unebenheiten, die seinem Hamlet noch anhingen, täglich mehr und mehr zu überwinden und zuletzt ein volles, reiches, in sich abgerundetes, aus einem Guss gegossenes Gebilde zu schaffen, an dem wenig mehr auszusetzen war. Am 200sten Abend nahmen wir Abschied von einem idealen Prinzen Hamlet. Seit einem Monat nun hat er uns »Macbeth« vorgeführt. Dasselbe Gebrumme, Gekläffe und Genörgel der Presse wie bei »Hamlets« Aufführung, nur mit gesteigerter Bitterkeit und Schärfe. Nur die »Times« hat den jungen strebenden Künstler gerecht und anerkennend und ermunternd behandelt. Die großen Tagesblätter ergossen sich in langen, Widerspruchsvollen, sich in sich selbst auflösenden Kritiken und Abhandlungen, von denen keine tiefer in das Studium Shakespeares einging, sich rein in Nebensachen und Äußerlichkeiten verlierend. »The small fry,« die kleine Presse, ließ sich zu kleinlichen, rein persönlichen Angriffen und Bemerkungen herab, aus denen Intrigen, Neid und ohnmächtiger Ärger nur zu deutlich sprechen. Trotzdem füllt sich das

Haus täglich, und Billett muss man wochenlang vorher bestellen. Atemlose Stille herrscht unter der Masse; aber nur schwache Zeichen des Beifalls geben sich kund, kein spontaner Enthusiasmus feuert den jungen Künstler an; alles sitzt stumm und starr und zaubergebannt da. Woher dieses Erstarren des Publikums? Sollte die englische Mittelklasse schon wieder ihrer Shakespeare-Fesseln, die der gute Ton ihr angelegt hatte, müde sein, sollte sich die Hautevolee schon wieder wegsehen von wahren Kunstschöpfungen zu melodramatischen Spektakelstücken mit brennenden Schiffen, einstürzenden Felsen, leibhaftigen Fiacres, Pferden, Kamelen und Ziegen? Sollten die feinen Damen vielleicht ein geheimes Gelüste hegen nach den schlecht übertragenen, modernen Sardouschen Judenkirschen, den kitzligen Phrasen und den equivoquen [zweideutigen] Situationen? Oder hat sich das Publikum von der Kritik einschüchtern und zaghaft machen lassen? Selten hat der englische Philister den Mut seiner Überzeugung. Er ballt die Faust in der Tasche. Er ist denkfaul; hat er doch jeden Morgen beim Frühstück mit obligater Eier- und Schinkenbegleitung seinen penny-a-liner [Zeitungsschreiber] parat, der für ihn denkt. Wie bequem ist es doch, mit den fertigen glatten Phrasen in der Tasche in den Omnibus zu steigen, in die City zu fahren oder ins Klubhaus oder abends im Theater in der Loge zu sitzen. Da hat ihm ja morgens schon die »Daily News« vorgepredigt, dass Irving den Macbeth falsch auffasst, dass Macbeth ein offener, tapferer, kühner Feldherr ist und dass Irving ihn als einen grausamen, moralisch-feigen Mörder darstellt, den er erst am Schlusse seiner Laufbahn wieder kühn und physisch gewaltig und tapfer erscheinen lässt. Welch ein Widerspruch in der Auffassung sagte die »Daily News«, und mein Zeitungsbürger glaubt an seine Daily News. Und neben ihm sitzt ein »Standard«-Philister oder gar ein »Saturday Review«-Gläubiger, alle mit fix und fertigen Meinungen in der Tasche. Das ist der große Vorzug eines Arbeiterpublikums. Der Arbeiter lässt sich nicht von der Presse verblüffen. Er geht ins Theater, traut seinen eigenen Augen und Ohren, klatscht und zischt nach Herzenslust und eigenem Gutdünken und richtigem Takt. Parterre und Galerie sind daher für den guten Schauspieler von entscheidender Wichtigkeit. Daher Edmund Keans freudiges Entzücken, als bei seiner Aufführung von »Richard III«, das Parterre sich wie ein Mann erhob und er stolz ausrief: »The pit rose at me«, »Die Rose des Parterre-Publikums für mich.«)

Wir hoffen, dass Irving sich von dem Pressegeheul und von der scheinbaren Kälte des Publikums nicht irre machen, sich vom Studium Shakespeares nicht ablenken und sich zum Melodrama, wofür man ihn befähigt hielt, zurückführen lässt. Sein Macbeth ist noch kein vollendetes Kunstwerk. Im ersten Akt ist sein ganzes Auftreten noch uneben, schwankend und nicht befriedigend; aus großer Ängstlichkeit ist öfter die Intonation seiner Stimme verfehlt, ja, seine Diktion selbst hier und da mangelhaft. Im 2. und 5. Akt erhebt sich sein Spiel schon zu bedeutender Höhe. Seine Vision der Schwester ist meisterhaft gegeben und seine Bankettszene von tief ergreifendem Effekt. Im ganzen letzten Akt ist Irvings Spiel unübertrefflich schön. Wahrhaft erschütternd ist seine gebrochene Gestalt, sein von Gram gefurchtes, gealtertes Gesicht, der stumme Schmerz in seinen ausdrucksvollen Zügen bei der Kunde vom Tode der Lady Macbeth, von gewaltsam erfassender Wirkung die rasende Wut, mit der er sich todesmutig in den Kampf stürzt, sein tollkühnes, verzweifeltes Fechten mit Macduff und zuletzt sein Tod.

Wir sind fest überzeugt, dass es Irving mit seiner Gewissenhaftigkeit und seiner Bereitwilligkeit, ernste Kritik anzunehmen und zu benutzen, gelingen wird, die Mängel, Schwächen und Unebenheiten seines Macbeth zu überwältigen, und dass nach und nach eine vollendete Kunstschöpfung heranreifen wird, die würdig an die Seite seines Hamlets gestellt werden kann. In diesem ernsten, gewissenhaften Streben kommt dem jungen Künstler seine geistige wie seine physische Begabung sehr gut zustatten, seine schöne, weiche, klangvolle, wenn auch nicht

> sehr starke Stimme, sein edles, ausdrucksvolles Gesicht und sein wunderbar bewegliches, schönes Mienenspiel.
> Wir wünschen dem Künstler ein deutsches Publikum, das seinen Shakespeare kennt und liebt und dem strebsamen Manne mit wohlwollendem Interesse aufmunternd entgegenkäme, wir wünschten ihm ferner bessere Unterstützung von seinen Mitschauspielern und zuletzt gerechtere, weniger widerspruchsvolle, das Publikum nicht so irreleitende Kritiker.

Ihre Theaterkritiken sind alles andere als Laiengeschreibsel, sondern mit intellektuellem Genuss zu lesen. Gleiches gilt auch für ihre Briefe, allerdings musste ich manches Mal pausieren, um die geschilderte Unerträglichkeit der Lebensumstände und zugleich die enormen Kräfte ermessen zu können, die Jenny Marx auszuhalten hatte bzw. ihr erwuchsen. Persönlichkeiten dieses Formats von moralischer Integrität und Geistesschärfe marxistischer Prägung wären der heutigen linken, leider gespaltenen und deshalb wirkungsschwachen Bewegung sehr zu wünschen.

Malwida von Meysenbug

»In der Welt, wie sie nun einmal ist, ist es nicht genug, zu fühlen und zu lieben, man muss vor allem denken und handeln.«

Aus den »Memoiren einer Idealistin«

MALWIDA VON MEYSENBUG
(1816-1903)

Als nach den Aufständen 1848/49 in Deutschland, Ungarn, Italien, Frankreich, Polen und Russland viele Revolutionäre und Sympathisanten aus diesen Ländern nach London emigrierten, geriet auch Malwida von Meysenbug unter sie. Diese Stadt sollte in der Geschichte noch viele Male politisch Verfolgte aufnehmen, nach der Niederlage der Pariser Kommune 1871, nach den Repressionen der Bismarckschen Sozialistengesetze 1878, nach den Pogromen in Osteuropa und Russland 1882 wie 1890 und während des Wütens des deutschen Faschismus. Bereits in den 50er Jahren des 19. Jahrhunderts ging es unter den schutzsuchenden Emigranten sehr weltläufig zu, es begegneten sich mit ihren jeweiligen Erfahrungen sehr widerstreitende Geister, resignierte und immer noch aufbegehrende, liberale und kommunistische, angepasste und denunzierte, Pragmatiker und Theoretiker unterschiedlichster Art. Malwida von Meysenbug, eine zarte junge Frau, auf sich allein gestellt und mehr arm als vermögend, inzwischen lebenserfahren und mit klaren humanistischen Idealen, suchte hier ihren in Deutschland begonnenen ungewöhnlichen Weg fortzusetzen. Als sie Jahre später auf ihr äußerst bewegtes Leben zurückblickt, entsteht ihr Hauptwerk »Memoiren einer Idealistin«. Zweifelsfrei gehören ihre Memoiren zu den aufschlussreichsten jener Zeit. Ihre Begeisterung für die Ziele der Revolution von 1848 teilte sie mit Bettina von Arnim und Jenny Marx gleichermaßen. Während Bettina damals noch eine von den Interessen des Volkes geleitete Monarchie erhoffte, hatte sich Malwida von der Monarchie längst abgewandt, ihre Hoffnung auf ein sich selbst regierendes Volk gerichtet. Sie betrachtete seine Bildung und Einigkeit als wichtigste Voraussetzungen für die Veränderung der Gesellschaft hin zu mehr Gerechtigkeit. Ihre ebenfalls, nur später, in London eintreffende Zeitgenossin Jenny Marx, beeinflusst durch die Lektüre und Aktivitäten ihres Mannes sowie die selbsterlittenen unerträglichen Lebensbedingungen, kam zu weitergreifenderen Erkenntnissen, als Kommunistin wollte sie das gesellschaftliche Übel, die Unterdrückung des Volkes, durch eine die Eigentumsverhältnisse grundlegende Umwälzung aufheben. Solches Denken war Malwida von Meysenbug wohlbekannt, nur mochte sie es so wenig wie ihre Schöpfer selbst. Leider waren ihre persönlichen Verleumdungen, Marx hätte sich an der Revolution bereichert, mehr als unwahr. Derartige Vorwürfe aus dem Munde von Emigrantinnen wogen für Jenny Marx besonders ehrverletzend. In der 7-jährigen Londoner Emigrationszeit, aber auch in den darauffolgenden Jahrzehnten suchte und fand Malwida von Meysenbug viele jener Persönlichkeiten, die ihren Intentionen entsprachen bzw. sie durch ihr Anderssein inspirierten. Malwida von Meysenbug war eine gegenüber verehrten Menschen überaus hingebungsvolle Frau. Dies befähigte sie zu außergewöhnlichen, lebenslangen Freundschaften, die ihren Freunden tatkräftige und selbstlose Hilfe, Ermutigung und Anerkennung oder, einigen von ihnen, Mütterlichkeit bedeuteten. Ihre einzige große Liebe zu einem Mann erfüllte sich nicht, begleitete sie jedoch schmerzlich und unvergesslich bis ins hohe Alter. Kinder hatte sie nicht geboren, und vielleicht gerade deshalb eine innige Beziehung zu ihren beiden Pflegetöchtern, von denen sie die jüngere, als deren Vater starb, adoptierte. Wenn Malwida von Meysenbug in ihrer aufopferungsvollen Hingabe gestört wurde, reagierte sie beinahe maßlos empfindlich.

Sie beherrschte neben ihrer Muttersprache vier weitere Sprachen, Französisch, Italienisch, Russisch, Englisch. So reiste sie ohne trennende Sprachbarrieren durch Europa und konnte viele Übersetzungen aus oder in jene Sprachen anfertigen. Bis auf ihre aristokratische Familie erfuhr Malwida für ihre Bücher, Memoiren, Romane, Novellen, Aufsätze, für ihre Menschlichkeit, ihr politisches und soziales Engagement europaweit hohe Wertschätzung. Noch als 70-Jährige beginnt sie eine enge Freundschaft mit dem jungen, vielfach begabten 20-jährigen Romain Rolland, die erst mit ihrem Tod ein Ende findet. Von ihm sind diese dankbaren Worte, festgehalten 1925 in seinen »Erinnerungen an Malwida«, hinterlassen: »Nie kannte ich einen Geist, der so jung, so unerschlafft allen Atemzügen der Jugend sich erschloss, der mit solcher Frische an neuen Morgenröten sich freute, das Hoffen der Jünglinge grüßte, stets bereit war, ihren großen Plänen Glauben zu schenken, aufstrahlte bei ihren Erfolgen und sie aufrichtete, falls sie fielen, weil er selber niemals niedergeschlagen war. Die Neugierde auf den Morgen, den wir nicht mehr sehen werden, war bei ihr die Liebe, die unversiegbare Quelle, die es drängt, alle Zukunft zu benetzen.«

Wie kaum eine andere der hier versammelten Frauen hat Malwida von Meysenbug den Prozess der Entstehung ihrer demokratischen Gesinnung und der folgenreichen Trennung von der Familie in ihren Memoiren wiedergegeben. Ähnlich wie Bettina von Arnim und Jenny Marx erfährt sie viele Demütigungen bis hin zum bitteren Verrat durch ihren jüngsten Bruder, der als badischer Gesandter in Berlin tätig war. Nach seinem Besuch wird sie bespitzelt, verhört und genötigt, das Land zu verlassen.

Was war es, das Malwida von Meysenbug einen gänzlich anderen Weg als den aristokratisch vorgedachten beschreiten ließ, Menschen, Natur, Literatur und Kunst liebend und mit ihren Möglichkeiten für ein menschliches Zusammenleben einstehend? Als Malwida 1816 in Kassel geboren wurde, war der einstige westfälische Hauptsitz der französischen Besetzung unter König Jérôme Bonaparte wieder in den alten Händen und Verhältnissen des Kleinstaates Hessen. Malwidas Vater dient dem jeweils herrschenden bzw. im letzten Falle dem abgedankten und geflohenen Fürsten – ebenso wie er vorher in französischen Diensten stand – als engster Vertrauter. Fortan ist er an dessen unstetem privaten Dasein beteiligt. Seine Frau, die von 10 gemeinsamen Kindern nur noch die beiden jüngsten bei sich hat, passt sich dem Wanderleben ihres Gatten an. Sie ist zwar für ihren Stand eine gebildete und offene Frau, die ihre Töchter in Literatur, Musik, Malen und Zeichnen, von privaten Hauslehrern unregelmäßig ergänzt, unterwies, aber eine systematische Schulbildung konnte auch Malwida nie erhalten. Noch als 70-Jährige erinnert sie sich an den Mangel vermittelter Bildung und Gedankenaustausch, den sie bereits als junges Mädchen traurig konstatierte. Ihr ist natürlich der gravierende Unterschied zu ihren Brüdern nicht entgangen, für die Mittel und Verständnis für Ausbildungen zur Verfügung standen. Alle Familienmitglieder sind erzkonservativ und ausschließlich an deutschen Fürstenhöfen gebunden. Die längste zusammenhängende Zeit verbringt sie mit der Mutter im Hause einer älteren Schwester in der kleinen Residenzstadt Detmold. Unterbrochen von einigen Reisen, sind es die Jahre von 1832-1850. Früh lodern in Malwida viele unbeantwortete Fragen und Widersprüche, verstärkt durch den Konfirmationsunterricht, der sie sogar in eine Glaubenskrise stürzt und sie von den Dogmen der christlichen Religion beginnt zu lösen. Statt christlicher Askese und Gebeten liest sie wissbegierig und begeistert Bücher von Bettina von Arnim, deren »poetische, zauberische Phantasien« sie »in Sommernachtsträume« versetzen, und Rahel Varnhagen von Ense. Zu ihrer damaligen Lektüre gehört auch Goethes »Dichtung und Wahrheit«, sie lässt sich tatsächlich anstecken, »von der Betrachtung der Welt« ... sich »zur nützlichen und praktischen Tätigkeit hinzuwenden«. Auch Hölderlin wird von ihr geschätzt und verschlungen. Zeitgleich schreibt sie Novellen und Aufsätze, die heimlich und anonym gedruckt werden.

Immer noch wird sie beherrscht von Zweifeln und Unentschiedenheit im Glauben und in der Suche nach einem Lebenshalt. Eingehende Heiratsanträge weist sie entschieden zurück. In dieser Situation hört sie 1843 Predigten von dem jungen Theologen Theodor Althaus, von denen sie außergewöhnlich begeistert ist. Sie lernen sich kennen, schreiben sich Briefe und Gedichte und gestehen sich bei ihrem intensiven Austausch über all das, was beide gleichzeitig umtreibt, ihre

Liebe. Althaus ist Demokrat, verfasst Bücher und Schriften gegen die Dogmen der Kirche und die Unfreiheit des Volkes, die die Familie Malwidas entsetzen. Erschwerend kommt der Altersunterschied hinzu, Malwida 28, er erst 22-jährig. Sie werden zunehmend isoliert durch Hausverbote und andere Schikanen. Und können ihre enthusiastisch beschworene Liebe nirgends leben. Nur noch gelegentliche scheue Blicke und viele lange Briefe reichen dem jungen Theodor Althaus nicht aus. Sie liebt ihn und vertraut ihm, bis sie auf Umwegen erfahren muss, dass er längst eine andere Frau liebt, der später noch weitere folgen werden. Heiraten tut er allerdings keine. Ihre starken Gefühle für ihn – trotz der Enttäuschung – lassen sich niemals auflösen. Als Theodor Althaus nach verbüßter anderthalbjähriger Festungshaft vorzeitig begnadigt wird, kümmert sie sich um eine Anstellung für ihn an der Hamburger Frauenschule. Der dortige Senat verwehrt ihm jedoch das Bürgerrecht aus politischen Gründen. Schon durch die Haft geschwächt, wird er nun sterbenskrank. Sie besucht ihn so oft sie kann, auf Kuren und zuletzt im Hospital in Gotha. Dort stirbt er vereinsamt 1850. Sie hat ihn immer geliebt und still gehofft, sich diszipliniert, freundschaftlich und großzügig gegeben, um Begegnungen für ihn zumutbar zu machen.

In ihrer Detmolder Zeit hatte sie ihr Literaturstudium intensiviert. Zu den bereits erwähnten Autoren gesellte sie Schleiermacher, den sie aber bald gegen Feuerbach austauscht, und Julius Fröbels »System der sozialen Politik«. 1847 stirbt ihr Vater. Die Erbschaft fiel für die Familie geringer aus als erwartet. Malwida, jetzt 31-jährig, begreift, dass sie für ihren Unterhalt künftig selbst sorgen muss. Die revolutionären Eindrücke, die sie hautnah in Frankfurt am Main erlebt hatte, das durch Althaus beendete Liebesverhältnis und die Enge Detmolds verstärkten ihren Wunsch nach einem neuen Weg.

In dem folgenden Kapitel ihrer Memoiren können wir nun Malwida selbst »hören«, wie ihr Verhältnis zu Theodor Althaus, den sie hier Apostel nennt, entstand, sich ihre Denk- und Lebensweise durch seine »demokratische Gesinnung«

verändert und »der offene Krieg« mit ihrer aristokratischen Familie ausbricht.

Der junge Apostel

Im Frühling sollten wir zurückgehen in unsere kleine Residenz im Norden. Es war mir ein herzzerreißender Schmerz, für den ich keine Worte hatte, den Stunden entsagen zu müssen, die mir so viel Glück gaben, es schien, als wenn ich dem Heil meiner Seele entsagen müßte. Außerdem bot mir auch die Stadt, in der wir jetzt lebten, trotz unseres zurückgezogenen Lebens eine Menge geistiger Hilfsquellen, nach denen ich immer mehr Verlangen trug. Unsere kleine Residenz, die ich sonst so geliebt hatte, erschien mir jetzt mit ihren engen gesellschaftlichen Beziehungen wie ein Exil. Dennoch mußte es geschieden sein. Der einzige Trost, den ich zu finden wußte, war, meinen Lehrer zu bitten, einen künstlerischen Briefwechsel mit mir zu unterhalten, was er auch versprach, da er mein Scheiden auch herzlich beklagte. Meine erste Sorge, nach der Rückkehr in unsere nunmehrige kleine Heimat, war die Einrichtung eines Ateliers für mich, in dem ich, allein und versunken in die Kunst, Stunden des Glücks und des angestrengten Studiums verbrachte. Ich ging auch aus, um nach der Natur zu zeichnen; aber die Landschaft, die ich vor Augen hatte, gefiel mir nicht mehr, seit ich mich an den unaussprechlichen Reiz der südlichen Natur, die ich aus den Bildern meines Meisters kannte, gewöhnt hatte. Ausnahmen hiervon waren jedoch die Bäume und die Waldpartien, mit ihrem geheimnisvollen Halbdunkel und den Sonnenstreifen, die durch das Laub fielen und auf dem Moosboden spielten. Diese sind die wahre Poesie der Landschaft im nördlichen Deutschland, und das war es vielleicht, weshalb die Völker dieser Gegenden in ihrem Kindesalter die Wälder und Bäume zu Heiligtümern stempelten und ihren Wodan im heiligen Eichenhain verehrten. Aber für die eigentliche Landschaft erschien mir nur das Grün nicht malerisch. Blau, Violett, Gelb, Rot geben jene Farbentöne, die im Süden dem Auge wohlgefallen. Vielleicht kommt es daher, daß auch der hohe Norden, wo die nackten Felsen, der Schnee und das tiefblaue Meer vorherrschen, malerischer ist als die gesegneten Länder der Mitte, wo das Grün überwiegt. Außerdem war ich aber auch noch in der kleinen Stadt zu sehr der Hilfsmittel zur Entwicklung beraubt, denn es war da nicht allein keine Galerie, sondern nicht einmal ein gutes Bild, keine Künstler und kaum einige wenige Personen, die wußten, was Malerei ist. Meine ewig suchende Natur griff wieder nach anderen Auswegen. Die alten religiösen Fragen erwachten in neuer Weise. Ich fürchtete die Kritik nicht mehr; ich ging nur äußerst selten noch in die Kirche, weil ich keine neuen Gedanken, keine wirkliche Erleuchtung dort fand. Eines Tages sagte man mir, daß der älteste Sohn meines Religionslehrers, der sich gerade während der Universitätsferien zu Haus befände, am folgenden Sonntag in der Kirche predigen würde, da er Theolog sei wie sein Vater. Ich ging zur Kirche, um zu sehen, was aus dem blassen, stillen Knaben, den ich einst im Zimmer seiner Mutter hatte arbeiten sehen, geworden sei. Nach dem Gesang der Gemeinde, der der Predigt vorausgeht, stieg ein junger Mann, in schwarzem Talare, auf die Kanzel, beugte das Haupt und verblieb einige Minuten in stillem Gebet. Ich hatte Zeit ihn anzusehen. Er war groß wie sein Vater, aber sein Kopf hatte einen Typus, der in jenen Gegenden, wo er geboren war, nicht häufig ist. Sein Gesicht war bleich mit scharfgeschnittenen, edlen Zügen, wie man sie bei den südlichen Rassen findet. Lange und dichte schwarze Haare fielen ihm bis auf die Schultern; seine Stirn war die der Denker, der Märtyrer. Als er zu sprechen begann, wurde ich sympathisch berührt durch den Klang seiner tiefen, sonoren und doch angenehmen Stimme. Bald aber vergaß ich alles andere über den Inhalt seiner Predigt. Das war nicht mehr die sentimentale Moral, noch die steife, kalte Unbestimmtheit der protestantischen Orthodoxie wie beim Vater. Das war ein jugendlicher Bergstrom, der daherbrauste voller

Poesie und neuer belebender Gedanken. Das war die reine Flamme einer ganz idealen Seele, gepaart mit der Stärke einer mächtigen Intelligenz, die der schärfsten Kritik fähig war. Das war ein junger Herder, der, indem er das Evangelium predigte, die höchsten philosophischen Ideen zur Geschichte der Menschheit entwickelte. Ich war auf das tiefste und glücklichste bewegt. Nach Hause zurückgekehrt, erzählte ich meiner Mutter von dem Gehörten und sagte ihr mit Enthusiasmus: »Wenn dieser junge Mann hier bleibt, so wird dies kleine Land eine große Zukunft haben.«

Einige Tage nachher ging meine Mutter abends zur Ressource: ich ging nicht mit. Mein früherer Lehrer hatte ihr seinen Sohn vorgestellt, und sie kam ebenso enthusiasmiert zurück, wie ich aus der Kirche gekommen war. »Er ist das Ideal eines jungen Mannes,« sagte sie. Ich bedauerte, nicht dort gewesen zu sein, und doch wünschte ich beinah nicht, meinem jungen Apostel auf neutralem Wege zu begegnen. Er hatte in meiner Phantasie schon Platz genommen als der inspirierte Prophet einer neuen Wahrheit. Ich sah ihn in dem Jahr auch nicht wieder, denn er kehrte auf die Universität zurück.

Ich aber fühlte, daß ich das bloß kontemplative Leben verlassen müsse, um zur Tat zu kommen. Die heiligen Freuden, die ich beim Malen genoß, schienen mir zu egoistisch, wenn ich nicht zugleich mich des Leidens erbarme, das ich überall um mich sah; wenn das Mitleid, das mir die wahre Essenz des Christentums zu sein schien, sich nicht in Taten verwirkliche. Ich beschloß zu versuchen, einen Verein der Arbeit für Arme zu gründen. Ich sprach darüber mit den jungen Damen meiner Bekanntschaft. Man zuckte die Achseln, man zweifelte am Erfolg, aber es gelang mir, eine kleine Anzahl zu vereinigen, und wir fingen mit einer ganz einfachen Organisation an. Man vereinigte sich einmal wöchentlich in den Häusern der Beteiligten, und man legte jedesmal einen so kleinen Betrag in die Vereinskasse, daß es niemand lästig fiel. Diese Beiträge dienten dazu, das Material zur Arbeit zu kaufen; sie wurden durch freiwillige Gaben noch erhöht. An den Vereinstagen arbeitete man so das ganze Jahr hindurch Kleidungsstücke für die Armen und verteilte sie am Weihnachtsabend. Von Kindheit auf hatte ich diesen Tag der intimsten häuslichen Freude, so wie er so schön in Deutschland gefeiert wird, als einen Tag angesehen, an dem man suchen sollte, auch die Armen zu erfreuen. Das kleine Unternehmen gelang immer besser. Bald wollten alle jungen Mädchen der Gesellschaft aufgenommen sein. Die Menge der Arbeit, die man mit so bescheidenen Mitteln anfertigte, war wirklich nicht unbedeutend. Unter den jungen Mädchen, die der Gesellschaft beitraten, waren auch die zwei Schwestern des jungen Apostels. Ich kannte die ältere; sie war schön und gut, aber sie hatte mich nie sehr interessiert. Die zweite trat nur eben erst in den Kreis der Erwachsenen ein. Sie war viel jünger als ich, und ich hatte sie nur als ein Kind gekannt. Jetzt, durch die unerklärliche Anziehungskraft, die über die Geschicke der Menschen entscheidet, zueinander hingezogen, näherten wir uns einander von Anfang an, und bald entstand zwischen uns, zum Erstaunen der ganzen Gesellschaft, eine wirkliche Herzensfreundschaft. Man liebte meine junge Freundin dort nicht so wie ihre Schwester, die ein allgemein gefälliges Wesen hatte. Man fand die jüngere affektiert und extravagant, weil sie, mit siebzehn Jahren, die ernsten Gespräche dem frivolen Geschwätz vorzog, und sich nur dann frei hingab, wenn sie durch das Interesse am Gespräch hingerissen wurde. Dagegen blieb sie verlegen, stumm, linkisch in den gewöhnlichen geselligen Beziehungen. Ich verstand sie darin nur zu wohl, und ich sah mit Entzücken ihre reiche Natur vor mir sich in mannigfaltigster Weise offenbaren. In kurzer Zeit war ich mit ihr viel intimer wie mit den andern. Sie sprach mir oft von ihrem Bruder, den sie leidenschaftlich liebte; er war ihr alles, ihre Liebe für ihn war ein wahrer Kultus. Ich hörte ihr mit tiefem Anteil zu, und das Bild des jungen Apostels wurde mir dadurch noch teurer. Man erwartete ihn in der Familie im Frühjahr bei seiner Rückkehr von der Universität. Die Schwester bebte vor Wonne, wenn sie daran dachte, denn er sollte lange bleiben, um sein Examen als Kanditat der Theologie zu machen.

Ich erwartete ihn auch mit Freude; ich wußte, daß er mir neues Licht mitbringen würde, und außerdem war er der angebetete Bruder von der, die jetzt in meinem Herzen herrschte.

Als er endlich angekommen war, erhielten meine Schwester und ich eine Einladung von seinen Schwestern, den Abend da zuzubringen. Kaum waren wir dort angelangt, als die Tür sich öffnete und der Bruder eintrat. Er setzte sich neben mich, und das Gespräch wurde sofort sehr belebt. Es war sonderbar, wie unsere Ansichten in allen wichtigsten Punkten zusammentrafen. Wir sahen uns mit Erstaunen an, denn es schien, als ob das Wort des einen immer aus den Gedanken des andern komme. Als wir gingen, blieb er in der Mitte des Zimmers stehen und sah mich wie im Traume an, als ich ihm Lebewohl sagte.

Einige Tage darauf wurden, auf meine Bitte, seine Schwestern und er zu uns gebeten. Ich war auch da schon wieder unter dem Einfluß jenes innern Zwanges, der mir so viele Stunden meines Lebens verdorben hat – dieser sonderbaren Unmöglichkeit, frei mein Herz zu öffnen, wo es sich am liebsten frei gegeben hätte. Doch hatte ich zuletzt noch einen Augenblick lang allein mit ihm ein Gespräch, dessen Gegenstand die zweite Schwester war, die er nur die »Kleine« nannte. Die Liebe, die wir beide für sie hatten, machte mich beredt. Indem ich meiner Liebe für sie Ausdruck gab, fühlte ich, daß der Bruder fortan der dritte sein würde in diesem Bunde, der bereits einen Teil meines Lebens ausmachte.

Meine Mutter und Schwestern beschlossen zum Abendmahl zu gehen. Es war dies nur zwei- oder dreimal der Fall gewesen seit jenem Tag der Qual, und ich war immer noch nicht ruhig in diesem Punkt. Dieses Mal beschloß ich zu einer Lösung zu kommen. Ich wandte mich an meinen früheren Lehrer, dem ich mich wieder genähert hatte durch die Freundschaft seiner jüngeren Tochter. Ich schrieb ihm einen Brief, in dem ich ihm ohne Rückhalt meine Zweifel und Bedenken auseinandersetzte. Ich bekannte, daß ich das Geheimnis der Gnade nie dabei erfahren hätte, und daß ich schließlich beinahe zu der Ansicht gekommen sei, daß diese Zeremonie wohl nur als ein Symbol der großen Brüdergemeinschaft angesehen werden müsse, zu der Christus die Menschen führen wollte und für deren Verwirklichung er den Tod am Kreuze starb. Ich bat ihn, mir eine Stunde zu bestimmen, in der wir diesen Gegenstand mündlich besprechen könnten. Er bewilligte mir diese und war liebenswürdig wie immer, machte mir keinen Vorwurf über das, was ich ihm bekannte, gab mir aber auch keine positive Ansicht über den Gegenstand. Ich fing an zu vermuten, daß er selbst keine habe. Endlich wendete er das Gespräch auf andere Dinge und erzählte mir u.a., daß sein Sohn beinahe immer zu Hause sei, weil ihn die Gesellschaft seiner früheren Schulkameraden, die ihr halbes Leben auf der Ressource, bei Billard und Karten verbrächten, zu sehr langweile.

»Er hat vollkommen recht,« sagte ich.

»Vielleicht ja,« erwiderte der Vater, »aber auf diese Weise wird er bald genug isoliert sein. Sie werden ihn hassen, weil er besser sein will, wie sie.«

»Nun, in diesem Fall ist es besser, allein und gehaßt zu sein.«

Einige Tage nachher kam meine Mutter mit einem Brief in der Hand und sagte: »Bereite dich vor auf ein großes Glück.« Der Brief kam von meinem Vater und kündigte mir an, daß meine Schwägerin, die Frau meines ältesten Bruders, den Winter ihrer Gesundheit wegen im Süden zubringen müsse und da mein Bruder sie nicht begleiten könne, mich zur Gesellschaft wünsche. Mein Vater hatte es bewilligt. Ich liebte diese Schwägerin leidenschaftlich, und obgleich sie und mein Bruder meist fern von uns lebten, so war doch auch ich ihr besonders wert. Sie wollte den Winter in der Provence zubringen und dann durch das nördliche Italien zurückkehren. Nach dem Süden gehen, nach Italien! Seit meiner Kindheit war Italien das Land meiner Träume, das Land der Wunder, zu dem meine Wünsche in ihrem kühnsten Fluge hineilten. Ich war noch ganz klein, als mein teurer Hausfreund, ein geistvoller Künstler, der lange in Italien gelebt hatte, die Wunder jenes Landes in Bild und Wort in unserem Hause gleichsam lebendig machte; meine Phantasie war davon erfüllt. Zugleich kannte ich den Namen Goethe durch meine Mutter als den des allerverehrungswürdigsten Menschen unter allen, die lebten. Da hatte sich denn in meiner kindlichen Phantasie ein Traumbild entsponnen, das mehrere Jahre meiner Kindheit durch fortlebte, ohne daß ich es jemals jemand mitgeteilt hätte. Ich dachte mir, irgend ein gütiges Verhängnis müsse es so fügen, daß ich eine Reise nach Italien machen, über Weimar zurückkehren und zu den Füßen Goethes sitzen könne, von dem ich mir dachte, er müsse aussehen wie einer der Weisen aus dem Morgenland. Als ich hörte, daß Goethe gestorben sei, ging es mir wie ein bittrer Schmerz durch das Herz; ich konnte es lange nicht überwinden, daß auch so ein Großer sterblich und daß die Verwirklichung meines Traumes nun unmöglich sei. Jetzt sollte der kindliche Traum zur Hälfte doch Wahrheit werden. Meine Seele sollte ihre Flügel entfalten und ihren Flug in das unbekannte Land der Sehnsucht nehmen, das mir wie mein wahres Vaterland erschien. Es schien zu schön, um wahr zu sein, und es war doch so. Ich war still, wie immer in den ergreifendsten Augenblicken meines Lebens. Aber es war mir, als ob das Ideal, nach dem mein Leben eine beständige Wallfahrt war, mich dort erwarte, in jener Ferne, und mir eine Krone über meinem Haupt in den Wolken zeige.

Das einzig Peinliche dabei war mir, dieses Glück meiner Schwester zu verkünden, der treuen Gefährtin meines bisherigen Lebens, mit der ich bis dahin alles, Gutes und Böses, geteilt hatte. Sie empfing die Nachricht jedoch mit der liebenswürdigsten Hingebung und mit stiller Resignation, wie es in ihrer Natur lag, und half mir mit der gütigsten Bereitwilligkeit, die Vorbereitungen zur Reise zu machen. Während der Beschäftigung damit fühlte ich auch, neben dem großen Glück, ein tiefes Bedauern, zu gehen. Ich sah es wieder in besonderer Weise bei dieser Gelegenheit, wie sehr ich in unserer Familie und in unserem ganzen Kreise geliebt wurde. Meine Reise erregte allgemeine Sympathie. Zwei Tage vor meiner Abreise verbrachten die »Kleine« und ihr Bruder den Abend bei uns. Sie freuten sich für mich, aber sie bedauerten auch mein Scheiden und hätten mit mir ziehen mögen.

Der Moment des Scheidens kam endlich. Ich mußte sehr früh am Morgen mit dem Postwagen abfahren, denn Eisenbahnen gab es damals in jenen Gegenden noch nicht. Meine Mutter schlief, ich wollte sie nicht wecken, um ihr die Erregung des Abschieds zu ersparen, denn sie entließ mich doch mit schwerem Herzen für so lange und so weit; eine Reise nach Italien war damals noch ein bedenkliches Unternehmen. Ich nahm einen stummen Abschied, unter heißen Segenswünschen, vor ihrem Bett und begab mich zur Post, begleitet von meiner treuen Schwester. Dort fanden wir die »Kleine« und ihren Bruder. Ich umarmte die Kleine noch einmal, gab dem Bruder noch einmal die Hand. Er gab mir einen Blumenstrauß, an den ein Brief angebunden war, der anstatt der Adresse diese Worte Tassos enthielt: »I suoi pensieri in lui dormir non ponno.« Ich stieg in den Wagen, hielt den Strauß und den Brief in meiner Hand und fühlte mich wie gesegnet von einer guten Gottheit. Nach einigen Stunden hielt der Postwagen in einem kleinen Ort, wo die Reisenden zu Mittag aßen. Ich ging stattdessen in den Garten des Posthofs und öffnete meinen Brief. Es waren Verse: ein Abschiedssonett und ein längeres Gedicht, das er nach einem unserer letzten Gespräche und einem darauf folgenden Spaziergang und prächtigen Sonnenuntergang gedichtet hatte. Es war eine Vision, die vor seinem Geist die strengen Denker des Nordens hatte vorüberziehen lassen, deren Sehnen, aus ihren schweren Kämpfen heraus, sie immer nach dem Süden, dem Symbol der Harmonie und der vollendeten Schönheit, gezogen habe, ganz besonders in Deutschland, wo diese Sehnsucht sich in jeder tiefen, strebenden Natur wiederhole. Auf ihrem Zuge dorthin redete er zunächst die Alpen an, deren Spitzen im Sonnenschein glühten:

»Ihr Alpen seid gegrüßt, ihr ew'gen Mauern,
Die unsrer Erde Paradies beschützen;
Ihr Niegeseh'nen füllt mit heil'gen Schauern
Ein Herz, das Schnee und Wolken möchte fragen
Und Antwort lesen möcht' in Sturm und Blitzen.«

Am Ende sprach er davon, wie auch die besten Sterne seines eignen Lebens ihm den Weg nach Süden gezeigt hätten, selbst der letzte, der, kaum aufgegangen, schon weiter ziehe, um dort unten zu leuchten.

»Doch flüstert sie mir zu: Ich ziehe gern.
Ja, du hast recht, den Winter laß dem Norden.
Mich laß mir Wort und Tat den Süd verdienen.«

Das Meer von stillem Glück, das in mir zurückblieb, als ich gelesen hatte, läßt sich nicht mit Worten beschreiben. Es war der Friede inmitten der Erregung, die Freude ohne Flecken, ohne heftigen Wunsch – ein Frühlingsmorgen, wo alles Duft ist und Harmonie und Hoffnung auf den Sommer, der folgen soll.

In der Stadt angekommen, wo ich und eine Dame, mit der ich reiste, die Nacht zubringen sollten, schrieb ich ihm eine Antwort auch in Versen, die ich seiner Schwester zuschickte, um sie ihm zu übergeben.

Rückkehr

... Mein Vaterland erschien mir nicht mehr so schön wie früher; die Erde war ohne Blumen, die Landschaft ohne Farben, der Himmel trüb. Aber ich gedachte des

Gelübdes, das ich in den Alpen der Dauphiné dem Weltgeist geleistet, und ich war entschlossen, mit festem Schritt vorwärts zu gehen.

Endlich kam ich heim in das elterliche Haus, denn auch mein Vater war zu längerem Besuch eingetroffen. Der Familienkreis war groß, und ich wurde mit solcher Freude und Liebe empfangen, daß mein Herz warm wurde. Dennoch fühlte ich, daß ich ein wenig fremd geworden war und daß sich ein noch unbestimmter, aber mit Sicherheit empfundener Bruch im Grunde meines Wesens vorbereitete. Ich sah deutlich, daß dem Leben, das ich vor mir hatte, ein großes leitendes Prinzip, ein allgemeines Ziel, das alles beherrscht, fehlte. Das gerade war aber für mich die Hauptsache geworden, der Durst meiner Seele, die Flamme, die alle kleinen Rücksichten verzehrte, und die, das fühlte ich, mich selbst verzehren würde, könnte sie sich nicht verwirklichen. Ich liebte meinen Vater mit einer Liebe, die selbst jetzt, so lange Zeit nach seinem Tode, nichts von ihrer Stärke verloren hat. Ich sah mit Schmerz, wie die Einsamkeit, zu der ihn die Liebe für die Seinen verdammte, da er noch in der Nähe des immer wandernden Fürsten bleiben mußte, ihn drückte, und wie schmerzlich sie ihm war. Eines Tages, als ich mit ihm allein war, sprach er davon und rief voll Bitterkeit: »Ich bin so allein, so allein!« – Ich warf mich in seine Arme und sagte ihm: »Nimm mich mit dir, wenn du wieder gehst; laß mich immer bei dir bleiben, ich widme dir mein Leben, du wirst nicht mehr allein sein.«

Er umarmte mich, aber er antwortete nicht und nahm meine Hingebung nicht an. Wenn er sie angenommen hätte, so wäre der ganze Lauf meines Lebens ein anderer geworden. Für ihn zu leben wäre dann das Ziel gewesen, auf das ich alle meine Bestrebungen konzentriert hätte. Ich hätte darin die Befriedigung gefunden, die das Bewußtsein einer großen Anstrengung, einer ganz erfüllten Pflicht gibt. Danach hatte ich niemals mehr Gelegenheit, ihm die ganze Tiefe meiner Liebe zu zeigen, und mein Leben nahm eine solche Richtung, daß die Kindesliebe darin nicht mehr das höchste Ziel, nicht der Kompaß sein konnte, nach dem es steuerte.

Ich wendete mich mit neuem Entzücken zur Malerei und führte mehrere Bilder nach den Skizzen, die ich aus dem Süden mitgebracht hatte, aus. Aber in die reine Freude an dieser Beschäftigung trat wieder ein schwarzer Schatten, und ein eherner Schicksalsspruch wurde mir endlich ganz klar: ich mußte der liebsten Beschäftigung entsagen wegen der Schwäche meiner Augen. Sie waren von Kindheit auf schwach gewesen, und ich hatte sie immer zu sehr angestrengt. Der Arzt erklärte mir, daß ich das Malen aufgeben müsse, um meine Augen zu retten. Ich fühlte, daß dies schwere Urteil richtig sei, aber es erfüllte mich mit Verzweiflung. Es lag in meiner Natur, meine schwersten Kämpfe in mich zu verschließen, und niemand ahnte, was die Unterwerfung unter dieses Urteil mich kostete. Ich murrte in meinem Herzen gegen die Ungerechtigkeit des Schicksals, das das Streben nach dem Ideal in das Herz des Menschen legt, ihm das Talent gibt, um es auszusprechen, und ihm dann die nötigen physischen Kräfte versagt. Nach und nach jedoch brach sich eine Ansicht in mir Bahn, die mich über den Schmerz erheben sollte. Ich sah ein gewaltigeres Mittel vor mir, dem Ziele meines Lebens zuzueilen, als Religion und Kunst es gewesen waren, nämlich die Teilnahme, durch den Gedanken und die Tat, am Fortschritt der Menschheit. Sobald dieser Gedanke sich in mir zu befestigen begann, milderte sich mein Leiden, die Malerei aufgeben zu müssen. Ich verließ die Spezialität, um in das Bereich der Fragen auf der ganzen Leiter des menschlichen Daseins einzutreten. Aber wie immer, verlangte ich auch hier, sogleich von der Theorie zu den Konsequenzen derselben überzugehen. Die Religion, aus ihrer metaphysischen Region herniedergestiegen, mußte sich in die Ausübung des Mitleids verwandeln und die Gleichheit der Brüderlichkeit unter den Menschen einführen. Die Armen zu besuchen, ihnen zu helfen, sie zu trösten, wurde mir nun zur Notwendigkeit. Man sprach mir von einem armen

Knaben, der unsägliche Leiden erduldete, da er den Knochenfraß an einem Bein hatte, und dessen sehnlichster Wunsch es war, vor dem gewissen Tod, dem er entgegenging, noch konfirmiert zu werden. Er bedurfte dazu einiger Vorbereitungsstunden, aber keiner der Prediger in der Stadt hatte diese übernehmen wollen, wahrscheinlich aus Furcht vor der verpesteten Luft, die das Krankenlager umgab. Ich entschied mich sogleich, hinzugehen und mein Bestes zu tun, um das arme Geschöpf zu trösten.

In einem ganz kleinen Zimmer fand ich, auf einem sehr reinlichen Lager, einen armen Knaben, dessen Gesicht Totenblässe deckte. Der Anblick seines Beines war furchtbar, und es bedurfte all meines Mutes, um ihn zu ertragen. Aber wenn man dies arme Kind ansah, das mit rührender Geduld litt, und dessen große schwarze Augen das hinfällige Dasein zu beherrschen schienen, um den Tod aufzuhalten, bis es die Worte des Heils vernommen, dann überwand man den natürlichen Widerwillen, um diese junge Seele zu erquicken. Ich ging nun regelmäßig hin, ihm aus der Bibel vorzulesen und Betrachtungen daran zu knüpfen, die seinem Alter und seiner Fassungskraft gemäß, aber nichts weniger als orthodor waren. Ich stellte ihm seine Leiden nicht dar als gesandt für sein Heil; ich sagte ihm nicht, daß er durch den Kreuzestod eines Vermittlers losgekauft sei von Sünden, von denen sein unschuldiges Herz nichts wußte; aber ich bestrebte mich, ihm die Kraft und Majestät des Geistes klar zu machen, der im Anblick der ewigen Wahrheit auch die schrecklichsten Leiden vergessen kann. Selbst fortgerissen von meiner Aufgabe, versuchte ich ihn zu einem Zustand der Begeisterung zu erheben, die ihm seinen schrecklichen Tod erleichtern könnte. Ich sehe noch jetzt in der Erinnerung das Angesicht des armen Kindes, wenn ein verklärtes Lächeln seine bleichen Lippen umspielte und seine großen dunklen Augen von einem überirdischen Strahl erglänzten. Ich hätte mich selbst verachtet, hätte ich meine Aufgabe nicht bis zum letzten Augenblick fortgesetzt, und als ich eines Morgens die Nachricht empfing, daß er in der Nacht friedlich entschlummert sei, da fühlte ich, obgleich ich mich für ihn freute, eine Lücke in meinem Leben, denn es schien mir, als ob nun erst, an seinem Schmerzenslager, die wahre Verwirklichung des Ideals für mich begonnen habe.

Es war sonderbar, daß in diesem Fall, so wie früher, als ich die christliche Askese und nachher den ausschließlichen Kultus der Kunst verwirklichen wollte, ich einer stummen Opposition, einer Art Erstaunen von seiten der Meinen begegnete. Sie waren so aufrichtig gut, fromm, mildtätig, für Kunst begeistert, und begriffen doch nicht, warum man gerade »so weit« gehen müsse. Sie sprachen mir nicht davon, aber ich fühlte es. Ich schwieg und fuhr fort, die Armen und Unglücklichen zu besuchen, weil eine Stimme, die stärker war als alle menschlichen Rücksichten, es mir gebot.

Unter den Freundinnen, die ich wiedergefunden hatte, war die »Kleine« wieder die erste und liebste. Ihre Mutter, die älteste Schwester und der Bruder waren verreist, aber sie wurden bald zurückerwartet, und mit ihnen eine Tante, eine viel jüngere Schwester der Mutter, die man die geistreiche Tante nannte, und von deren Einfluß auf den Bruder mir die Kleine viel erzählte. Ich hatte seit meiner Abreise nach dem Süden nicht viel von meinem Apostel gehört, nur die Kleine hatte ihn manches Mal in ihren Briefen erwähnt, und auch meine Mutter hatte öfter von ihm geschrieben. Ich hatte oft an ihn gedacht und freute mich, ihn wiederzusehn. Aber der Gedanke an diese so schöne und ausgezeichnete Tante erfüllte mich mit einiger Unruhe. Sie kamen endlich an, und die Kleine kam alsbald mit der Tante zu uns. Wir fanden sie sehr schön, elegant, geistvoll, fast gelehrt, aber es fehlte ihr an Unmittelbarkeit, und sie war uns allen nicht sympathisch. Meine Mutter bat sie jedoch, sowie die drei Geschwister, einen Abend bei uns zuzubringen. Es war das erstemal, daß ich meinen Apostel wiedersah. Er kam auf mich zu und reichte mir die Hand. Wir sahen uns an; es war ein Blick gegenseitigen Erkennens, der Gruß einer Seele an die andere, ein tiefes Verstehen, als ob wir uns seit Ewigkeiten gekannt hätten. Alle Furcht vor der geistreichen Tante war verschwunden; ich fühlte, daß sie nur seiner Intelligenz etwas war, aber nicht seinem Herzen. Im Laufe des Abends fragte er mich, ob ich gedichtet habe im Süden, und als ich es bejahte, bat er, ihm die Gedichte zu zeigen. Ich willigte ein unter der Bedingung, mir eine strenge Kritik derselben zu geben, was er auch versprach. Es schien uns nur natürlich, beinah den ganzen Abend ausschließlich miteinander zu sprechen, gleichsam wie um uns zu entschädigen für die verlorene Zeit. Dann wurden bestimmte Abende zur Zusammenkunft bei uns verabredet, wo er unserem kleinen Kreis den zweiten Teil des Faust vorlesen wollte, und somit war ein öfteres Wiedersehen vorerst gesichert.

Einige Tage darauf schickte ich ihm eine Auswahl der Gedichte, die ich in Hyères geschrieben hatte. Niemand hinderte mich daran. Niemals hatte meine Mutter mir ausdrücklich Sachen der Art verboten. Ich zeigte ihr nichts von der Sendung, nicht aus Mangel an Vertrauen, sondern weil ich schon fühlte, daß eine ganze Seite meines Daseins keine Sympathie bei den Meinigen finden würde und daß von daher mir kein Rat kommen könne.

Wenige Tage darauf erhielt ich ein begeistertes Gedicht von ihm, das unsere erste Bekanntschaft, unsere Trennung, seinen Abschiedsgruß und meine Antwort als jene ahnungsvollen Momente zusammenstellte, denen die höchste Blüte des Lebens in himmlischer Anmut entsteigen müsse. Dabei befand sich die Kritik eines jeden meiner Gedichte; feine geistvolle Urteile, die mich beglückten und belehrten. Ich fühlte mich unsäglich glücklich. Die Sonne jener Liebe, die dem ganzen Leben ihren Stempel aufdrückt, stieg an meinem Horizont empor. Dennoch wollte ich das Gefühl, das mächtig aufwuchs, um keinen Preis anders nennen als Freundschaft. Ich war entschieden, es auf den Verkehr zweier verwandter Seelen zu begrenzen, denn ein schweres Bedenken drängte sich mir auf. Er trat in das Leben ein ohne andere Stütze als seinen

Genius. Ich glaubte ihn zu großen Dingen bestimmt, und ich hätte ihn um alles in der Welt nicht so früh gebunden wissen wollen durch Fesseln, die vielleicht seine Zukunft hätten hindern können. Ich fühlte in mir die große einzige Liebe nah am Aufblühn, ich sah voraus, daß eine Flamme ausbrechen würde, die mein Leben verzehren könnte, und ich wollte seine Jugend nicht mit einer solchen Verantwortung belasten. Ich war einige Jahre älter als er, und es schien mir, als dürfe ich nicht auf die Treue eines so jungen Herzens Anspruch machen. Ich bemühte mich also, unsere Beziehungen bei dem Austausch allgemeiner Ideen zu erhalten. Es verging jetzt fast kein Tag, an dem wir nicht Briefe wechselten, mit Gedichten oder Fragen und Antworten auf allen Lebensgebieten. Er bekannte frei das Gefühl, das ihn beseelte, und verlangte dasselbe Bekenntnis von mir. Wenn ich ihm antwortete, daß ich älter sei als er, so lächelte er, denn ich sah wirklich noch aus wie ein Kind, oder er war verletzt und warf mir bitter meine Kälte vor. Er erriet nicht, daß ich, um einer schon ganz mächtigen Liebe willen, noch gegen diese Liebe selbst ankämpfte.

Der schwere Kampf aber erschütterte meine Gesundheit, und ich wurde bedenklich krank. Es war gerade an meinem Geburtstage, daß man für mein Leben fürchtete. Drei Wochen schwebte ich zwischen Leben und Tod. Dennoch umfing mich auch in den größten Schmerzen ein dämmerndes Gefühl unendlichen Glücks, und ich hörte beständig Beethovensche Symphonien in mir tönen. Endlich war ich außer Gefahr, aber noch so schwach, daß man kaum mit mir sprechen durfte. Doch erfuhr ich, daß mein Freund täglich dagewesen war, um nach mir zu fragen, und meine Mutter gab mir selbst einen Brief von ihm. Es war ein Gedicht, in dem er die Genesung, diese Tochter des Himmels, anflehte, herabzusteigen und mich zu befreien von der Qual der Schmerzen. Es war schön und edel, wie das Gefühl, das uns vereinte. Ich konnte nach und nach, einzeln, meine Freunde wiedersehn. Seine Reihe kam auch. Er trat ein, und ich reichte ihm die

Hand entgegen. Er gestand mir nachher, daß er in dem Augenblick gefühlt habe, wie alle Bedenken meinerseits gewichen seien, und daß wir nun, selig vereint, auf der heiligen Flut der Liebe dahinziehen würden zu den Gestaden des Geistes und der Schönheit. So war es auch: Liebe und Poesie kehrten mit der Gesundheit zurück. Ich war noch auf meinem Lager der Genesung, als der erste Schnee fiel. Die rauhe Gestalt des nordischen Winters betrübte mich tief. Ich gedachte mit Sehnsucht des Südens, wo der Arme, mit seiner Sonne, mit seinem freigebigen Boden, auch in Lumpen noch den edlen, menschlichen Typus bewahrt, während Hunger und Kälte im Norden den Menschen zur Jammergestalt entstellen. Ich wendete mich mehr und mehr den sozialen Fragen zu, an die ich zunächst herangetreten war, um das Ideal christlichen Erbarmens zu verwirklichen. Mit Theodor diskutierte ich sie. Nach den ersten Besuchen, die er mir während meiner Genesung machte, kam er plötzlich selten. Ich empfand seine Abwesenheit mit tiefem Schmerz, und hätte ich nicht täglich einige Zeilen von ihm erhalten, ich hätte es kaum ertragen. Endlich erfuhr ich als schönste Überraschung, was ihn ferngehalten hatte. Er hatte sein erstes Buch vollendet, in dem er sich öffentlich vom orthodoxen Christentum lossagte und Christus als Menschen, Reformator und Revolutionär darstellte, der nichts anderes hatte einführen wollen, als ein gereinigtes Judentum und eine edlere Moral. Nachdem Theodor sein Examen als Kandidat der Theologie längst glänzend bestanden hatte, brach er plötzlich durch diesen kühnen Schritt mit einer doppelten Tradition, mit der der Kirche und der seiner teuersten persönlichen Beziehungen. Für seine Eltern war es eine harte Probe; sein Vater war der erste Geistliche im Lande, seine Mutter hatte gehofft, in diesem geliebtesten Sohn den Ruhm ihres Vaters wieder aufleben und einen neuen Verfechter des Protestantismus erstehen zu sehen. Dennoch, trotz ihrer Enttäuschung, konnte sie nicht umhin, die schöne Schrift ihres Sohnes zu bewundern und ein schmerzliches Glück beim Lesen derselben zu fühlen.

Ich war ganz versenkt in dieses Buch. Nicht nur, daß ich den Geist und die Poesie des geliebten Autors bewunderte, sondern, indem ich las, fiel auch ein Schleier nach dem andern von meinen Augen. Ich erkannte, daß alle meine schmerzlichen religiösen Kämpfe nur die legitime Empörung des freien Gedankens gegen die versteinerte Orthodoxie gewesen waren, und daß das, was ich für schuldig gehalten hatte, die Ausübung eines ewigen Rechts gewesen war. Ohne zu zögern, folgte ich meinem Freunde in die scharfe, gesunde Luft der Kritik. Er hatte seine Besuche wieder aufgenommen, und unsere Gespräche drehten sich fast ausschließlich um diese Gegenstände. Es kostete mich nichts, der Idee von Christus als Vermittler zwischen Gott und Menschen zu entsagen, denn ich hatte nie die Notwendigkeit dieser Vermittlung begriffen. Ebenso wurde es mir leicht, Gott aus der engen Grenze der Individualität, in die ihn das christliche Dogma einfaßt, zu befreien: in der Tat war dies längst in meinen Gedanken geschehen. Schwer wurde es mir nur, dem Glauben an die persönliche Unsterblichkeit zu entsagen. Ich hatte diese herrliche Phase des persönlichen Egoismus, diese poetische Anmaßung des Ichs, das sich ewig bejahen möchte, diesen Traum der Liebe, die kein Ende kennen will, sehr geliebt. Während unsere Diskussionen über diesen Punkt noch dauerten, schrieb er mir einmal: »Sie sträuben sich noch ein wenig dagegen, daß alles Vergängliche vergänglich sei. Wenn ich in meinem Herzen den Glauben an seine eigene Unsterblichkeit fände, so würde die Vernunft mich nicht daran irre machen. Es sind nicht die kleinen und schlechten Geister, sondern die guten und großen, die an ihre eigene Unsterblichkeit geglaubt haben. Aber ich habe diesen Glauben nicht. Wenn ich von Unsterblichkeit sprechen wollte, dann müßte jede Rose, jeder Frühlingskranz, der Gesang der Nachtigall und alles, was je mein Herz entzückt hat, mit mir kommen, und ich weiß doch, daß die Rose welkt, daß die Kränze zerfallen, die Augen erlöschen, die Haare bleichen und das Herz selbst, mit seiner Liebe, in Staub zerfällt. Unsterblichkeit ist nur in der Poesie. Der Geist ist nur Geist, weil er frei ist von jeder Form, von jeder Individualität. Mein Geist ist nicht mein Geist, sein eigentliches Wesen ist der universelle Geist. Er ist das Leben, das sich unter der einen oder anderen Form fortsetzt und sie verläßt, wie der Duft die abgefallene Blüte verläßt. Das Dogma folgerte daraus ganz logisch, daß der Körper, »das Fleisch«, auch auferstehen müsse, denn es gibt keine Individualität ohne das Fleisch. Aber diese Folgerung war nur möglich für ein Dogma, das Wunder, die den Naturgesetzen zuwider sind, für möglich hielt und ein letztes Gericht nötig hatte beim Schalle der Posaunen und dem Zusammensturz der Elemente. Dieses Dogma ist so einig in sich, daß Sie es ganz zerstören, wenn Sie ihm nur den kleinsten Teil nehmen, so wie das Samenkorn sich zerstört, wenn der Keim treibt. Man ist im Frühling angekommen und trägt noch aus Gewohnheit einen Winterhut. Es gibt keine Wunder in der Natur, denn die Natur ist natürlich: es gibt kein Wunder im Geist, denn der Geist ist geistig. Es gibt nur ein Wunder: das ist der Geist in der Natur, im Universum. Es ist das Wunder des Daseins, aber er macht keine Wunder, er offenbart immer das eine. Die Materie ist unbewußterweise unsterblich; die Blume, die aus den Atomen eines Dichterhauptes entspringt und ihre Wurzeln daraus nährt, hat keinen Geist. Diese Unsterblichkeit teilt der Mensch mit der Blume, die ihre Atome auch wieder andern Blumen oder andern Formen gibt. Die andere Unsterblichkeit ist frei, ist nicht notwendig, ebenso wie der Geist sich nicht notwendig in jedem Menschen entwickelt. Der Geist also, der unsterblich sein will, muß sich unsterblich machen. Die leibliche Persönlichkeit des Menschen ist unsterblich in seinen Kindern. Seine geistige Unsterblichkeit existiert nur in den Kindern seines Geistes, die auch nicht er selbst sind, aber von ihm erzeugt und ihm ähnlich. Diese Kinder sind seine Gedanken, die übergehn und sich fortsetzen in anderen Menschen, oder die Bilder der Erinnerung, die unsterblich in den liebenden und geliebten Herzen leben. Und glauben Sie, daß, wenn eine teure Hand mir einst die

Augen schließt, oder wenn ich in der letzten Stunde allein an die denken kann, die ich liebte oder die mich liebten, glauben Sie, daß ich, in Gegenwart all der Liebe, die ich gekannt habe, noch etwas für mich wünschen würde?«

Der Bund unserer Herzen wurde doppelt fest und heilig während dieser Verständigungen über die höchsten Angelegenheiten des menschlichen Lebens, und ich verweigerte auch von meiner Seite nicht länger das Bekenntnis der tiefsten, heiligsten Liebe. Wir sahen uns fast nie ohne Zeugen, und nur Blicke und flüchtige Worte konnten von einem Herzen zum andern sprechen. Aber der Briefwechsel dauerte ohne Unterbrechung fort, und jeder Zweifel, jeder Schmerz wie jede Freude, jeder neue Gedanke, jeder poetische Erguß wurde dem geliebten Du anvertraut, dessen Antwort fast immer das Echo des eigenen Herzens war. Wir erhielten so sehr immer alles eins vom andern, daß wir kaum mehr wußten, wem der oder jener Gedanke zuerst angehört hatte. Er schrieb mir einmal:

»Möge es so sein, wie Du sagst; möge alles, was der Geist will, sich in mir erfüllen; daß keine Blume, die mich erfreut, kein Glück, das mich entzückt, je mich trenne vom Dienste der Menschheit, der das Ziel, der Magnet geworden ist, der mich anzieht und fortführt – ich weiß nicht wohin; ich fühle nur, daß es eine Strömung ist, die zum Ideal leitet. Welche sanfte Freude, Dir das sagen zu können, es dem Herzen sagen zu können, das mich versteht, dem Herzen, dessen Reinheit die Flamme geworden ist, die meinen Geist erwärmt und mein Herz reinigt und veredelt! Nur Dir kann ich das alles anvertrauen, denn es gehört Dir alles so sehr, daß ich nicht mehr weiß, ob etwas von dem allem mein ist. Die sanften Worte, mit denen Du mich so oft wie in einen ewigen Frühling hinaufgetragen hast, das Vertrauen, das Du mir in das Herz pflanztest, die große, freie Liebe, die Du mir geschenkt hast – alles das ist mein eigen geworden, und ich lasse es selig über alles sich verbreiten, was in meinem Herzen zum Leben und Licht drängt. Dann kehrt es von mir zu Dir zurück; du hörst Deine eigenen Gedanken, und indem

Du mich lobst, erhebst Du nur, was Dir gehört. Du empfängst es von mir wieder, vermehrt durch meine Liebe. Und wenn es mir eines Tages gegeben ist, andere Herzen durch meine Ideen zu erwärmen, wenn ich einen Funken in die Geister werfen kann, einen kühnen Ton, der ihnen scheinen wird wie das Rauschen des Windes im Wald vor der Morgenröte – alles wird ihnen von Dir kommen. Es wird Dein Geist sein, der ihnen prophetisch vom Reiche Gottes reden wird. Endlich, wenn in der Zukunft meine Worte in jungen Seelen wiedertönen, wenn ich dem Volke von den Aposteln und den Helden des Geistes rede, so werde ich an Dich denken; ich werde Dich wiedersehen, ein reiner, glänzender Stern in der Nacht meiner Seele, und werde mir sagen: es sind Deine Strahlen, die durch mich sich in den großen Strom der Welt verbreiten, mit der Hoffnung, sie zu erlösen.«

So lebten wir ein Leben für uns, außerhalb der Welt, ein Leben der Schönheit, des geistigen Fortschritts, der reinen vorwurfslosen Liebe.

Der Frühling war gekommen; die Kleine und ich machten häufige Spaziergänge in der freundlichen Umgebung der kleinen Residenz, und der Bruder begleitete uns oft, denn niemand fand es unpassend, daß zwei junge Mädchen von einem jungen Mann begleitet wurden, der der Bruder der einen war. Wie Goethe aus seiner Jugend von der glücklichen Freiheit erzählt, die im Umgang junger Leute beiderlei Geschlechts herrschte, so war es damals auch noch in den kleineren deutschen Städten, und diese Freiheit war sicher sittlicher und menschlicher als die konventionellen Formen der modernen Gesellschaft. Wir genossen also in Freiheit all des Glücks, das ein Trio, verbunden wie das unsere es war, finden mußte.

Eines Sonntagmorgens waren wir früh aufgebrochen, um einen der höchsten Gipfel der waldigen Berge in der Nähe der Stadt zu besteigen. Dort erhob sich ein Tempel, der der Unterbau eines historischen Monuments werden sollte, des sogenannten Hermann-Denkmals auf der Grotenburg im Teutoburger Wald; da wo Hermann-Arminius den Varus schlug. Von dem flachen Dache dieses Tempels übersah man die bewaldeten Hügelwellen des Gebirgszugs und darüber hinaus eine weite Ebene, hier und da mit Dörfern bestreut. Am Horizont verlief sich die Aussicht in die unbestimmten Farbentöne einer jener großen Heiden, wie sie im nördlichen Deutschland häufig sind und die eine gewisse wilde, melancholische Poesie haben. Alles das glänzte im ersten Grün an einem schönen Maimorgen. Der Himmel hatte nicht ein Wölkchen aufzuweisen, die ganze Natur atmete Jugend, Unschuld und Glück.

Einige Bauern mit ihren Frauen waren auch oben, wohl um sich des Sonntags zu freuen.

»Mir kommt ein Gedanke,« sagte ich zu Theodor; »möchten Sie nicht eine kleine Sonntagsrede halten vor dieser kleinen Gemeinde hier?«

Die »Kleine« schloß sich meiner Bitte mit Entzücken an und, wie um unsere Bitte zu unterstützen, erschollen in demselben Augenblick die Glocken in den Dörfern unten, um die Menschen zur Kirche zu laden. Wir ersahen an Theodors Lächeln, daß er auf unsere Bitte einging. Er entblößte sein Haupt und sagte den Bauern, daß er hier oben vom wahren Reiche Gottes, vom Reich des Friedens, der Brüderlichkeit und Liebe reden wolle. Diese sahen ihn anfangs mit Erstaunen an, dann aber entblößten auch sie das Haupt und stellten sich schweigend im Halbkreis auf, wohl beherrscht von dem Zauber des edlen Antlitzes, das mir auch nie vergeistigter und liebenswerter erschienen war. Er sprach von dem, was den gewöhnlichen Gegenstand unserer Unterhaltungen bildete, von dem Reich der Liebe, das sich auf der Erde verwirklichen müsse und nicht erst jenseits des Grabes; jenes Reich, wo Herz und Geist den einzigen Adel verleihen, wo Pflichterfüllung und Arbeit die einzige Ehre des Menschen sein würden. Die tiefe, sanfte Stimme des Redners, der Weihrauch, den das Frühlingsgrün spendete, der freudige Hymnus, den die Vögel in den Zweigen dem jungen Licht entgegensangen, der blaue Dom des Himmels über uns – alles das war eine Szene, die auch die härtesten Herzen bewegen mußte. Die einfachen Landleute betrachteten ihn, als er geendet hatte, wie die Fischer am See von Genezareth Christus betrachten mochten, als er ihnen zuerst vom Reiche Gottes sprach, in dem man seinen Nächsten lieben müsse wie sich selbst. Seine Schwester ergriff seine eine Hand, ich die andere zum stummen Dank. Dann verließen wir, nach einem freundlichen Abschied von den Landleuten, den Ort und stiegen auf frischgrünen Waldpfaden schweigend hinab, denn unsere Herzen verstanden sich ohne Worte.

Während wir so die sanften Freuden einer reinen Liebe genossen, sammelten sich Wolken über unseren Häuptern. Die Natur des Gefühls, das uns vereinte, konnte unseren beiderseitigen Familien kein Geheimnis mehr sein, obgleich weder Theodor noch ich davon auch nur mit einem Wort gesprochen hatten. Ein sehr entschiedenes Mißvergnügen zeigte sich, ohne daß man es aussprach. Die Familie meines Freundes hatte wohl hauptsächlich nur das entgegenzusetzen, was ich selbst anfangs gegen meine Liebe einzuwenden versuchte, nämlich daß ich sechs Jahre älter war als er, und die Freiheit seiner Zukunft, die er sich ganz selbst schaffen mußte, nicht in so frühe Fesseln gelegt werden sollte. Meine Familie sah außer diesen Schwierigkeiten noch eine andere, größere. Er war Demokrat, bekannte es frei und wurde es von Tag zu Tag mehr, je mehr sein kritischer Blick den unermeßlichen Abstand der existierenden Zustände von seinem Ideale ersah. Die meisten jungen Leute der Gesellschaft, seine Schul- und Universitätskameraden, haßten ihn, wie sein Vater es vorausgesagt hatte, seiner Superiorität und des besseren Gebrauchs wegen, den er von seiner Zeit machte. Die Damen und jungen Mädchen mochten ihn nicht, weil er sich nur mit wenigen unter ihnen beschäftigte, wenn er in Gesellschaft erschien – mit denen nämlich, mit denen er über andere Dinge als Strickstrumpf und Küche sprechen konnte. Mein Schwager und auch mein Bruder waren sehr aufgebracht gegen ihn, weil er einen Artikel geschrieben hatte, worin er die großen Ausgaben für das Theater auf Kosten des armen Volks, das die Steuern zahlen müßte, tadelte. So weit ging der Absolutismus damals in Deutschland, daß in einem solchen Duodezländchen, wie das, von dem ich hier spreche, kein freies Wort, kein gerechter Tadel über Angelegenheiten, die das allgemeine Wohl betreffen, ausgesprochen werden konnte, und daß ein Mensch verpönt wurde, der an den Nimbus dieser kleinen Majestäten zu rühren wagte. Mein Schwager grüßte Theodor kaum noch, sprach nie mit ihm und sah meine Beziehungen zu ihm mit entschiedener Mißbilligung. Diese Opposition in meiner Familie beunruhigte meine Mutter sehr. Sie kannte meine Natur nur zu gut, um nicht zu wissen, daß eine solche Liebe mächtige Wurzeln in meinem Herzen schlagen würde und daß, wenn sie Widerstand finden sollte, tiefe Schmerzen die Folge davon sein müßten.

Ich bemerkte das alles sehr wohl und war tief betrübt darüber. Das Gefühl, das ich für Theodor hatte, war die schönste und edelste Blüte meines Wesens. Aber je mehr meine Liebe mir heilig war, je mehr verschloß ich sie in die Tiefe meines Herzens. Ich glaube, daß diese tiefe, keusche Scham die Eigenschaft jedes großen reinen Gefühls ist. Wenn jedoch ein solches Gefühl ungerechterweise angegriffen wird, so findet es sogleich den Heldenmut, sich zu bekennen und zu verteidigen, und wäre es vor der ganzen Welt. Ich mußte also durch diesen zweiten Grad hindurchgehen. Zunächst fing ich an, mich von der Gesellschaft zurückzuziehn, von der er ausgeschlossen wurde. Wenn ich ihm aber auf der Ressource oder sonstwo begegnete, so sprach ich mehr mit ihm als mit jedem andern. Ich trotzte den mißbilligenden Blicken meines Schwagers und dem halb spöttischen, halb unwilligen Ausdruck auf den Gesichtern meiner Bekannten, die empört waren, daß ich ihnen einen »Demokraten« vorzog, der noch dazu ganz gleichgültig gegen ihre Nichtachtung schien. Schwerer zu tragen war mir das Mißvergnügen meiner Mutter, das anfing, sich in Vorwürfen und bittern Bemerkungen Luft zu machen, die um so schmerzlicher für mich waren, als ich nicht von ihrer Seite daran gewöhnt gewesen war, und sie einst eine wahre Begeisterung für Theodor gehabt hatte. Eines Abends hatte ich die Meinen zu einem Ball auf der Ressource begleitet, obgleich ich nicht mehr tanzte. Theodor war auch dort, und da er auch nie tanzte, so setzte er sich zu mir und blieb da den größten Teil des Abends, in die schönsten Gespräche vertieft. Als wir nach Haus zurückkehrten, sah ich den Ausdruck der Verstimmung auf dem Angesicht meiner Mutter, und bald brach sie in heftige Vorwürfe aus, daß ich mich ganz öffentlich so ausschließlich mit diesem Menschen beschäftigt und mich allen Bemerkungen preisgegeben habe. Anfangs antwortete ich sanft und begütigend, dann aber übermannte mich das Gefühl, so ungerecht behandelt zu werden, und zum erstenmal in meinem Leben wurden harte Worte zwischen mir und meiner Mutter ausgetauscht. Ich litt unsäglich dabei; es war die erste tiefe Wunde für meine Liebe zu der Familie, und ich fühlte, daß ich von nun an durch viele Kämpfe zu gehen haben würde.

Ungeachtet meiner Schüchternheit und Demut war ich doch auch sehr stolz. Oft hatte ich schon früher zu meiner Schwester gesagt, der Grundsatz meines Lebens solle sein: »Von wenigen geliebt, von allen geachtet.« Liebe schien mir ein zu hohes, heiliges Geschenk, um es von vielen erlangen und ertragen zu können, denn rechte Liebe kann man auch nur wenigen geben; aber Achtung ist die Frucht unseres sittlichen Verhaltens, und sie müssen wir auch selbst dem Feinde einflößen. Dennoch empfand ich jetzt, daß die große Anerkennung, deren ich bisher genossen, anfing, sich zu vermindern. Welches aber war die Schuld, die ich begangen hatte? Einen jungen Mann zu lieben, dem auch seine Feinde keinen ernsten Vorwurf machen konnten, und endlich die Ziele zu verstehen, nach denen meine ganze Jugend ein unbewußtes Wandeln gewesen war? Es fiel abermals ein Schleier von meinen Augen. Ich sah ein, daß ich nicht mehr das sanfte, nachgiebige Geschöpf war, das, um niemand zu verletzen, sich allem unterwarf und den Weg, den alle gingen, mit ihnen ging aus Gehorsam und Gefälligkeit. Ich fühlte, daß ich eine Individualität wurde, mit Überzeugungen und mit der Energie, sie zu bekennen. Ich begriff nun, daß dies mein Verbrechen sei. Die allgemeine Anerkennung fing an, ihren Wert für mich zu verlieren, und ich sah ein, daß ich hinfort nur mein Gewissen zur Richtschnur nehmen und nur tun würde, was es mir vorschrieb.

Aber der Kampf wurde alle Tage schwerer. Mein Vater kam wieder während des Sommers, um uns zu sehen. Ach! und auch mit diesem geliebten Vater fühlte ich mich nicht mehr im Einklang über wichtige Lebensfragen. Die Politik hatte einen großen Platz in meinen Gesprächen mit Theodor eingenommen, und die Entwicklung meiner Gedanken zu demokratischen Ansichten war die natürliche Folge davon. Ich hatte oft in den Briefen an meinen Vater Fragen über politische Gegenstände getan, um, wenn es möglich wäre, meine Ideen nach den seinigen zu bilden. Er hatte mich einmal an Guizot und seine Politik verwiesen, die ich beobachten sollte, wenn ich mir richtige Ideen bilden wollte. Meist aber hatte er meine Fragen unbeantwortet gelassen, da er diese Dinge als außerhalb der weiblichen Sphäre liegend betrachtete. Doch erinnere ich mich des Augenblicks, wo ein tiefer Schmerz mein Herz durchzuckte, als eine seiner Äußerungen bei einem Gespräch mir plötzlich hell die Kluft beleuchtete, die sich zwischen seinen Ansichten und den meinen aufgetan. Er war von den Veränderungen unterrichtet worden, die man in meiner Art zu denken vorgehen sah und die man nicht als logische Folge meiner geistigen Entwicklung, sondern als einen beklagenswerten Einfluß der »unglücklichen Neigung« für einen Menschen mit exzentrischen und falschen Ansichten betrachtete. Es ist dies ein sehr häufig vorkommender Irrtum der Orthodoxen in Religion und Politik: wenn ein Geist sich von ihren Gesetzen befreit, so schieben sie die Schuld dieser Emanzipation auf irgend eine äußere Ursache, auf eine geistige Verführung, und denken nicht daran, daß es die innere Logik des tiefsten Wesens ist, die nur durch die Umstände an das Tageslicht gefördert wird.

Mein Vater sprach mit mir nicht darüber; es war durchaus keine absolute Notwendigkeit da, weder von der einen noch der andern Seite, das Schweigen zu brechen, aber der innere Bruch fühlte sich doch durch, und dieses Gefühl war um so schmerzlicher, als wir uns deshalb nicht weniger liebten. Ich sah Theodor fast gar nicht. Man forderte ihn nicht auf zu kommen, ich wünschte es selbst nicht, weil ich wußte, daß seine Begegnung mit meinem Vater nicht so sein würde, wie mein Herz es bedurfte. Ich sah ihn nur, wenn ich von Zeit zu Zeit die »Kleine« besuchte, aber auch das konnte ich nicht oft tun, da der größte Teil unserer Zeit meinem Vater gewidmet war. Die Briefe meines Freundes waren mein einziger Trost. Eines Tages fand ich aus, daß ich einen Brief nicht erhalten hatte, und erfuhr, daß er meiner Mutter gegeben worden war. Ich fragte sie danach, sie gab ihn mir zurück, – aber – geöffnet und gelesen. Das war ein schwerer Schlag für mein Herz. Ich hätte diesen Brief der ganzen Welt zeigen können, und umsomehr meiner Mutter. Sie waren reicher und schöner als viele, die veröffentlicht worden sind und die Bewunderung der Welt erregt haben. Aber sie waren so sehr mein, daß ich sie mit niemand auf Erden teilen konnte. Die Liebe kam bei mir, wie einst die Religion, aus den unergründlichen Tiefen der Seele und war ein zu innerliches Teil meiner selbst, um diskutiert zu werden. Ich habe niemals das frivole, oberflächliche Gefühl begriffen, das allen Freundinnen und Bekannten mitzuteilen ein Bedürfnis ist. Die tiefe ewige Liebe schien mir der Sonne ähnlich, die man an ihren wärmenden, wohltuenden Strahlen erkennt, in die man aber nicht hineinsehen kann, weil ihr Licht zu sehr blendet. Die Begebenheit mit dem Briefe trug viel dazu bei, den Geist der Empörung in mir zu nähren. Das Gefühl, das sich aller Augen entzogen hatte, um seine Heiligkeit nicht zu profanieren, stand nun in Waffen auf, um sein legitimes Recht vor der Welt zu verteidigen.

Es ereignete sich unter anderem einmal, daß, als wir in einem öffentlichen Garten, wo man Kaffee trank und Musik anhörte, in einem Kreis von Bekannten saßen, Theodor vorüberging, grüßte, sich uns aber nicht näherte, und noch mehrere Mal in unsere Nähe kam, ohne mit mir zu reden. Nach Haus zurückgekehrt, schrieb ich ihm, um die Ursache dieser Vernachlässigung zu erfahren. Er antwortete mir scherzend, daß er mich nicht der Verlegenheit habe aussetzen wollen, den verachteten Demokraten im Kreise meiner hochadeligen Bekannten anzuerkennen. Das nächste Mal, als wir an diesem Ort waren, ging ich auf Theodor zu, sobald ich ihn erspähte, und wandelte lange mit ihm auf und ab in den Alleen des Vergnügungsortes, vertieft wie immer in die ernstesten Gespräche. Ich wußte, daß man uns mit Erstaunen betrachtete. Eine junge, stolze, aristokratische Schönheit, die mir immer viele Freundschaft bezeigt hatte, begegnete uns am Arme ihres Bräutigams, eines Barons. Sie sah mich erstaunt, fast erschrocken an, als wollte sie sagen: »Ist es möglich, daß du dich so herablassen kannst? Hast du die Bedeutung der kleinen Silbe vor deinem Familiennamen vergessen? Diesen Demokraten, diesen unmoralischen Menschen, der die Kirche – der die Berechtigung des Adels leugnet, den konntest du erwählen?«

Das alles stand so klar auf ihrem Gesicht geschrieben, daß ich im Begriff war zu lachen. Aber eine härtere Probe war es für mich, an meinen Eltern vorüberzugehen. Ich konnte nicht auf sie zueilen und Theodor meinem Vater vorstellen; das wäre wie eine Herausforderung ihrer öffentlichen Zustimmung gewesen. Ich wußte, daß ihnen das schmerzlich peinlich gewesen wäre, und auf der andern Seite wollte ich meinen Freund nicht einer kalten und gezwungenen Aufnahme aussetzen. Ich fühlte mit Schmerz die Pein, die ich ihnen verursachte, aber ich mußte dem Manne, den ich liebte, diesen Beweis der Neigung geben, ich mußte eine edle Liebe durch ihr Bekenntnis verteidigen.

Der Widerstand, den ich fand, wuchs noch nach der Abreise meines Vaters; aber mein Gefühl hatte schon die feste Gestalt gewonnen, die keine irdische Macht mehr zerstören kann.

Im Herbst wurde Theodor krank, und ich verbrachte angstvolle Stunden, umsomehr, da er einen Ruf als Redakteur einer Zeitung in einer großen norddeutschen Stadt angenommen hatte, und uns demnächst also Trennung bevorstand. Ich verwünschte in meinem Herzen die Vorurteile der Welt, die es mir unmöglich machten, hinzugehen und den Mann, dem meine heiligsten Gefühle gehörten, zu pflegen und zu trösten, denn er litt sehr. Als ich wußte, daß er besser war und in das Zimmer seiner Mutter herunterkam, ging ich hin, ihn zu sehen. Es war am Vorabend von Weihnacht. Ich fand ihn mit seiner Mutter und der »Kleinen«. Die Unterhaltung zog sich hin bis zur Dämmerung. Da fingen die Glocken der nahen Kirche an zu läuten und verkündeten das Fest des folgenden Tages. Wir schwiegen alle; diese Glockentöne, die den Weihnachtsabend verkündeten, riefen eine Welt von poetischen Erinnerungen zurück: die glücklichen Tage der Kindheit, wo die Mutterliebe schon Wochen voraus mit süßem Geheimnis die Vorbereitung der Geschenke umgab und endlich mit unzähligen Lichtchen den Baum schmückte, der symbolisch das Licht darstellte, das in dieser heiligen Nacht sich in die Welt ergossen hatte; dann die Mitternachtsfeier, wo man in der erleuchteten Kirche mit Gesang und Predigt die Botschaft der Engel pries, daß nunmehr Frieden auf Erden und den Menschen ein Wohlgefallen sein solle; endlich die ganze rührende Legende von der Erlösung der Menschheit, Fleisch geworden in dem Kinde der armen Tochter des Volks. Mit diesen Tönen und diesen Erinnerungen zog ein magnetischer Strom von einem Herzen zum andern, verständlich, wenngleich ohne Worte.

Man brachte Licht, und anderer Besuch kam. Ich konnte in diesem Augenblick kein gleichgültiges Geschwätz ertragen, nahm Abschied und ging in das Zimmer, wo ich

Hut und Mantel gelassen hatte, um mich zum Fortgehen anzukleiden. Das Zimmer war nur durch den Mond erhellt, ich hatte die Tür offengelassen. Theodor, der aus demselben Grund den Salon verlassen hatte, wie ich, trat herein. »Liebe Freundin, es war zu peinlich, sich so wiederzusehen,« flüsterte er, umschlang mich mit seinen Armen, und zum erstenmal begegneten sich unsere Lippen. Dann eilte er in sein Zimmer, und ich wandelte heim durch die helle Mondennacht, deren unzählige Sterne sich in meinem Herzen spiegelten.

Seine Genesung ging langsam vorwärts, und ich sah ihn wenig; er kam nicht mehr gern zu uns, denn er fühlte, daß er nicht willkommen war. Ebenso war auch ich nicht frei und glücklich in seinem elterlichen Hause. Ich blieb jetzt oft allein, denn ich ging fast gar nicht mehr in die Gesellschaften, wo ich ihn nicht fand, und wo man ihn, wie ich wußte, haßte und mich seinetwegen tadelte. In meiner Familie fühlte ich mich einsam und traurig; der Mangel an Übereinstimmung, nicht ausgesprochen, aber tief empfunden, lag schwer auf mir. Es war mir daher eine Wohltat, allein zu sein und dem Strom der Gedanken folgen zu können, die sich an die Gespräche mit meinem Freund knüpften und die immer heller und bestimmter in mir wurden.

Eines Abends, wenige Augenblicke vor Anfang des Theaters, kam er einmal, da er doch die Höflichkeit gegen die Meinen aufrecht erhielt. Ich hatte zufällig gesagt, daß ich nicht mitgehen würde, da man Robert den Teufel gab, eine Oper, die mir schon lange widerwärtig war wegen ihrer Effekthascherei und ihrer unwahren Musik. Als Theodor hörte, daß ich zu Haus bliebe, bat er um die Erlaubnis, noch etwas bleiben zu dürfen nach der Abfahrt der andern. In dieser Beziehung hatte von jeher in unserer Familie eine Toleranz geherrscht, die die, die sie ausübten, ebensosehr ehrte, wie die, gegen die sie ausgeübt wurde. Man konnte in diesem Fall nicht wohl eine Ausnahme machen. Wir blieben also allein, beinah zum erstenmal, seit wir uns kannten. Das Glück, uns endlich einmal ohne Zeugen alles sagen zu können, was das Herz füllte, war so groß, daß es mir genügt hätte, aber Theodor begnügte sich nicht damit, er umschlang mich und drückte mich an sein Herz. Wir blieben lange so, stumm, versunken in jenes Wonnemeer, das schon so viele besungen haben, und das doch einem jeden, der selig darauf sich wiegt, eine neue unsagbare, so noch nie von anderen empfundene Offenbarung ist.

Endlich sagte er: »Und dennoch frei!«

»Wie stolz!« erwiderte ich lächelnd; »aber ich bin es nicht minder; ja, nie möge ein Glück uns teuer und heilig sein, das nicht verträglich ist mit der Freiheit.«

Kurz waren die schönen Augenblicke. Er verließ mich, die Meinen kehrten aus dem Theater zurück, ich war äußerlich ruhig wie immer, und in mir war ein tiefer, unergründlicher Friede.

Indes kam eine neue schwerere Prüfung als die vorhergehenden, die mich auch zu einem energischeren Schritt als die früheren nötigte. Meine Mutter beschloß ihre große jährliche Gesellschaft zu geben, zu der auch die jungen Prinzen und Prinzessinnen des fürstlichen Hauses eingeladen wurden. Früher hatten mir diese Festlichkeiten in unserem Hause Freude gemacht. Es wurde meist getanzt, und ich tanzte gern mit den beiden ältesten Prinzen, von denen besonders der zweite mir viele Sympathie einflößte. Jetzt wußte ich, daß man auf dem Schloß, wie überhaupt in der Gesellschaft, sehr verändert gegen mich war. Meine »demokratischen Gesinnungen« mißfielen diesen kleinen Herrschern über einige Quadratmeilen Land. Diesmal sollte nun unser Fest kein Ball sein, sondern eine Gesellschaft, in der von Künstlerhand lebende Bilder gestellt werden sollten. Alle derartigen Belustigungen interessierten mich kaum noch, doch gab ich mich bereitwillig wie immer zur Hilfe bei den Vorbereitungen her, als meine Mutter mir plötzlich ankündigte, daß es unmöglich sei, Theodor einzuladen. Seine Familie würde natürlich gebeten werden, da sein Vater zu den ersten Personen des kleinen Staates gehörte, aber mein Schwager habe erklärt, daß man den jungen Prinzen unmöglich die Beleidigung zufügen könne, sie in denselben Salon zu bitten mit einem Menschen, der einen so tadelnden Artikel gegen die unschuldigen Neigungen ihres Vaters geschrieben habe, und daß er (mein Schwager) nicht kommen würde, wenn jener käme. Meine Mutter hatte diesen Rücksichten nachgegeben, wenngleich es ihr schwer wurde meinetwegen. Der bitterste Haß hätte keinen schmerzlicheren Schlag erfinden können, und er kam mir von meiner Familie, von guten, liebenden, geliebten Wesen!

Meine Schwestern waren ganz vertieft in die Vorbereitungen zu den lebenden Bildern, bei denen ihnen ein junger Künstler beistand, der seit einiger Zeit in der kleinen Residenz lebte. Er war sehr gern gesehen in unserem Haus; sanft, angenehm, mit einem hübschen Talent begabt stieß er nie an und hatte überhaupt keine »politische Meinung«. Ich sah es mit einem Gefühl von Bitterkeit, daß dieser gute, aber unbedeutende Mensch so ganz in ihre Intimität aufgenommen wurde, daß sie ihn vorzogen, daß er die Seele alles dessen, was geschah, war, während der geniale, edle Mensch verbannt, ja öffentlich beleidigt wurde, weil er gewagt hatte, zu schreiben, daß man mehr als erlaubt sei in einem kleinen Zwergstaat ausgebe, um der Neigung eines Fürsten zu genügen. Ich bestand nicht darauf, daß er eingeladen würde; ich war zu stolz, um es als eine Gnade für ihn zu erbitten; aber ich erklärte, daß ich auch der Gesellschaft nicht beiwohnen würde, wenn ich nicht das feierliche Versprechen erhielte, unmittelbar nach der großen Gesellschaft eine kleinere, aus den besten Familien bestehende, gegeben zu sehen, zu der er eingeladen würde. Dies wurde angenommen. Meiner Mutter tat es leid, mich so zu verletzen, und sie ergriff gern dies Mittel, den Schlag zu mildern. Auch wollte sie vermeiden, daß die Sache zu bekannt würde durch meine Abwesenheit von der Gesellschaft. Dennoch hatte sich das Gerücht davon bereits verbreitet. Die Mutter Theodors war tief verletzt durch die ihrem geliebtesten Sohne, dem Stolz ihres Herzens, zugefügte Beleidigung. Die »Kleine« und der Vater lehnten die an sie ergangene Einladung ab. Von der Familie erschien nur die älteste Schwester mit ihrem Bräutigam.

Ich sandte Theodor einen Strauß Veilchen, die ersten des Jahres, und schrieb ihm ein paar Worte, die uns beide hoch über die Kleinlichkeit des menschlichen Verkehrs erhoben. Dann ertrug ich mit fester Haltung, durch eine innere Verachtung gegen die Torheit der Gesellschaft unterstützt, die Qual dieses Abends. Es herrschte eine allgemeine leise Verstimmung, denn es war ganz natürlich, daß man Bemerkungen machte über die Abwesenheit einer der ersten Familien der Stadt und über eine Neigung meinerseits, die meine Familie öffentlich verleugnete.

Den folgenden Morgen erhielt ich einige Zeilen von ihm, in denen er für die Veilchen und die Trostesworte dankte, mit denen ich ihn und mich über die Klatschereien und bösen Reden getröstet hatte, die die Folge des Vorgefallenen sein würden. Er schloß damit: »Ich lese im Plato, um mich von dem Schmutz der modernen Welt zu reinigen.«

Einige Tage später erinnerte ich an die versprochene kleinere Gesellschaft, nicht als eine Freude, weder für ihn, noch für mich – denn welche Freude konnte uns eine Gesellschaft geben, die nur ein spöttisches Lächeln oder ein hochmütiges Mitleid für ein Gefühl hatte, das sich über ihre Begriffe erhob? Ich verlangte das Versprechen als eine Gerechtigkeit, die uns beiden gehörte, als ein Zeugnis, daß die Beleidigung nicht persönlich gewesen war, sondern eine Nachgiebigkeit gegen die kleinen Tyrannen. Die Gesellschaft fand statt. Die »Kleine« kam mit ihrem Bruder. Alle die geladenen Personen bemühten sich, freundlich und liebenswürdig zu sein und jedes peinliche Gefühl zu verbannen. Meine Mutter gab das Beispiel. Mein Freund, obgleich ihm der Abend eher eine Marter als eine Befriedigung war, tat auch seinerseits sein Möglichstes, gesellig liebenswürdig zu sein, und er war zu reich begabt, um nicht auch dies zu können. Man bemerkte mit Erstaunen, daß dieser gefürchtete Demokrat, dieser schlimme Kritiker, ein allseitig gebildeter Mensch war, mit dem es sich ganz menschlich umgehen ließ. Man vermied natürlich von beiden Seiten die gefährlichen Klippen im Gespräch, und so verlief der Abend ganz gut. Die äußere Genugtuung war vollständig, aber der Pfeil war zu tief in mein Herz gedrungen, als daß man die Wunde wieder hätte heilen können. Ich hatte die Bedeutung aller dieser Vorfälle zu wohl verstanden; ich war hinfort im offenen Krieg mit der Welt, in der ich erzogen worden war, und es handelte sich nicht länger mehr um ein persönliches Gefühl, sondern um die Freiheit meiner Überzeugungen. Ich hatte den Kampf der Freiheit gegen die absolute Autorität begonnen.

Wir hatten aber doch noch manche schöne Stunde in dem Frühling, mein Freund und ich. Frei zwischen uns, der gegenseitigen Neigung gewiß, genossen wir in reiner Harmonie jeden Augenblick des Glücks, den uns das Schicksal gönnte. Wir trafen uns oft bei der Erzieherin der Prinzessinnen, einer liebenswürdigen, vortrefflichen, geistvollen älteren Dame, die eine nahe Freundin der Familie Althaus war und ihn selbst von Kindheit auf kannte. Sie war auch meine Freundin, und die Ungerechtigkeit, mit der die Welt uns behandelte, empörte sie. Sehr oft, wenn die Sonne beim Untergehen die Wipfel der großen Bäume unter ihren Fenstern vergoldete, oder wenn die Nachtigall in den Zweigen sang, und die Gärten, die das fürstliche Schloß umgaben, uns ihre Düfte zusandten, saßen wir vier: sie, Theodor, die »Kleine« und ich am offenen Fenster ihres traulichen Zimmers und lasen oder sprachen zusammen. Oft trieb uns Jüngere der Mutwille, unsere gute Freundin zu »gefährlichen Folgerungen« mit fortzureißen, die ihre große Intelligenz als logisch erkannte, die sie aber aus traditioneller Ehrfurcht nicht eingestehen wollte. Sie las z.B. mit Stolz und Freude das Buch unseres gemeinsamen Freundes, aber sie verteidigte mit Inbrunst den Gottessohn. Sie war im Herzen demokratisch, aber sie hielt aus persönlicher Anhänglichkeit an ihren Fürstlichkeiten fest. In besonders heiteren Augenblicken brachten wir sie sogar dazu, die Marseillaise mit uns zu singen, die wie eine Ironie in den Mauern des feudalen Schlosses klang. Sie von ihrer Seite neckte uns auch, und eines Tages sagte sie scherzend zu unserem Freund, den sie von Kindheit auf Du nannte: »Wart' nur, ich sehe es doch noch kommen, daß du an der Stelle deines Vaters einst bei den fürstlichen Diners sitzen und dich sehr gut unterhalten wirst.«

»Dann sei sicher,« erwiderte er, »daß du auch den Geist meiner Jugend hinter meinem Stuhle stehn sehn wirst, um mich zu verleugnen.«

Wenn ich von diesen freien und heiteren Vereinigungen zurückkehrte, mußte ich freilich dafür büßen, denn ich wurde im Kreise der Familie mit solcher Kälte empfangen, als ob ich etwas Strafwürdiges begangen hätte. O wie schlimm sind die Vorurteile der Menschen, die die kurzen Stunden des Glücks, die das Schicksal nur einmal gibt, vergiften und den bittern Tropfen in den Kelch einer unschuldigen und edlen Liebe gießen! Als ob das Glück überhaupt etwas anderes wäre als die flüchtigen Augenblicke, in denen ein erhabenes Gefühl uns über die Alltäglichkeit des Daseins erhebt. Vergällt sie keinem, diese Augenblicke! Selbst wenn sie im Schmerze endigen, so hat man in ihnen am Born der Ewigkeit getrunken und ist gefeit gegen das Schicksal.

Der Sommer nahte, und es wurde beschlossen, daß wir in das südliche Deutschland zu meinem Vater gehen sollten. Auch Theodor beschloß, da aus seinem früheren Plan, die Redaktion einer Zeitung zu übernehmen, nichts geworden war, sich in eine größere Stadt, ein literarisches Zentrum, zu begeben, wo sich ihm ein weiteres Feld seiner nunmehr ausschließlich literarischen Tätigkeit eröffnen würde. Ein junger Bekannter von ihm, der aus jener Stadt kam, hatte ihn dafür entschieden. Dieser junge Mann machte Besuch bei uns und sagte, indem er von ihm sprach: »Er wird ein zweiter Lessing werden und hat eine große Zukunft.«

Wir mußten uns also trennen. Es war mir wie ein Todesurteil. Aber nicht für einen Augenblick kam mir der Gedanke, seine Freiheit zu beschränken, ein Versprechen von ihm zu verlangen, ihn zurückzuhalten von den Kreisen, wo sein Geist seine Schwingen mächtiger entfalten könnte. Im Gegenteil: als meine Mutter, von meinem stummen Leide gerührt, das gegenseitige Schweigen brach und mir anbot, bei meinem Vater die Vermittlerin einer Liebe, von der mein Lebensglück abzuhängen schien, zu werden und durch des Vaters Einfluß Theodor eine Stellung zu verschaffen, die unsere Vereinigung möglich machen könnte, dankte ich ihr herzlich für ihre Liebe, die über ihr Vorurteil siegte, wies das Anerbieten aber vollständig zurück. Der Gedanke an die geringste Verpflichtung, an das mindeste äußere Band bei einer Neigung, die auf allem, was heilig und schön in uns war, beruhte, war mir zuwider. Ich hatte lange gegen dieses mächtige Gefühl angekämpft, als ich es entstehen fühlte. Theodor selbst hatte es entfesseln helfen, indem er mich zur Freiheit erzog. Jetzt waren Liebe und Freiheit so sehr eins in mir geworden, daß mein Gefühl gegen ihn nur unbegrenztes Vertrauen war. Mehr als einmal hatte ich ihn zurückgehalten, wenn er schwören wollte, daß seine Neigung ewig sein werde. Ich begriff es nicht, daß eine Liebe wie die unsere enden könne, und wenn sie es konnte, wozu half dann ein Schwur? Wir hatten niemals von Ehe gesprochen, und ich hatte kaum daran gedacht. Wir mußten uns lieben, durch diese Liebe besser werden und den höchsten Zielen zustreben. Das war unser Schicksal. Was die Zukunft uns sonst noch vorbehielt – wir mußten es in Ergebung erwarten.

Er reiste einige Tage früher als wir. Den Tag vor seiner Abreise kam er nachmittags, um Abschied zu nehmen. Die Meinigen, aus einem Gefühl der Schonung, für das ich ihnen Dank wußte, ließen uns allein. Das einzige Versprechen, das ich von ihm verlangte, war das, mir alsbald zu schreiben, wenn ein neues Gefühl sich seines Herzens bemächtige. Er sagte lächelnd: »Als ob man auch deinesgleichen so viele in der Welt fände!«

Noch einmal entfaltete er vor mir den ganzen Reichtum seines Geistes, seiner Phantasie. Noch einmal erhob er mich mit sich in die höchsten Regionen des Ideals, während ich, an seine Schulter gelehnt, ihm zuhörte, um in dieser letzten Stunde noch eine Ewigkeit von Glück zusammenzufassen.

Am folgenden Morgen erhielt ich diese Zeilen, die er im Augenblick der Abreise geschrieben hatte: »Sei stark und vergiß nicht, was du dir erworben hast. Diese Hoffnung ist mein Trost. Laß ihn mir, erhalt' ihn mir!«

So endete der Frühling meines Lebens!

Die Niederlage der Revolution fällt für Malwida von Meysenbug auch mit dem Ende ihres Liebesverhältnisses zu Theodor Althaus, ihrem politischen Ziehvater, zusammen. Ihre erworbenen Auffassungen können dadurch nicht erschüttert werden. Durch ihre intensiven Studien und sozialen Erfahrungen reifen in ihr eigenständige Erkenntnisse, die ihr Leben und das ihr anvertraute anderer Menschen für immer prägen werden. Mit dem Einverständnis der Mutter geht Malwida von Meysenbug an die Hamburger Frauenschule, eine private Einrichtung, die während der Revolution entstanden war. Hier wollte sie Erzieherin werden und mit diesem Beruf künftig ihr Leben bestreiten. Sehr konsequent vertiefte sie in dieser Zeit ihre Auffassungen von der notwendigen Emanzipation der Frauen. Sie sollten durch Bildung ihre Rechte und ökonomische Unabhängigkeit erlangen. Von diesem Ziel ließ sie niemals mehr ab. Malwida engagierte sich neben vielen anderen bekannten Demokraten in der Schule und in der freireligiösen Gemeinde Hamburgs und wurde sogar leitende Dozentin. Der Schule wurde ein Kindergarten angeschlossen, den Ideen Friedrich Fröbels verpflichtend. Die Reaktion, voran die Kirche, bekämpfte diese fortschrittlichen Ambitionen als »Herd der Demagogie«, verbot zuerst den Kindergarten, dann, 1851, alle Kindergärten in Preußen. Im gleichen Jahr erfolgte auch die Schließung der Schule wegen »destruktiver Tendenzen auf dem Gebiet der Religion und Politik«.

Julius Fröbel, Freund von Theodor Althaus und Verwandter von Friedrich Fröbel, machte Malwida in dieser repressiven Zeit das Angebot, ihm in die Vereinigten Staaten zu folgen. Sie schätzten sich gegenseitig sehr. Für Malwida war er »der einzige Mann auf Erden«, den sie »nach Theodor Althaus noch lieben konnte«. Als 35-Jährige wurde ihr der Segen der Mutter dafür versagt. Malwida wehrt sich – dennoch sich der Familie fügend – mit den Worten: »Daß dieser Brief möglich war zwischen uns, das fasse ich jetzt noch nicht; mein einziger Wunsch dabei ist, daß Ihr alle nie bereuen mögt, so von mir gedacht, so von mir geredet zu haben. Das Gefühl meiner Unschuld gibt mir den Mut und das Recht, auch nicht ein einziges Wort zu meiner Verteidigung zu sagen, es ist eben nur der Kampf, den die ganze Welt kämpft, den auch ich kämpfe. Nur was Fröbel angeht, so erkläre ich für Lüge und niedrigste Verleumdung ein jedes Wort, das ihn anzutasten wagt.« Einen später folgenden Heiratsantrag von Fröbel aus Amerika lehnt Malwida von sich aus ab. Wenn ihr schon das persönliche Glück genommen ist, so will sie sich umso entschiedener für die geistige Entwicklung und ökonomische Unabhängigkeit von Frauen engagieren.

Im Frühjahr 1852 wechselte sie von Hamburg zu ihrer Freundin Anna Koppe nach Berlin, durfte jedoch nur kurze Zeit bleiben. Ihre Kontakte zu demokratischen Oppositionellen wurden bespitzelt. Hausdurchsuchungen und Verhöre, die sie der Denunziation ihres Bruders Wilhelm von Meysenbug zu »verdanken« hatte, und eine bevorstehende Verhaftung und Ausweisung veranlassten sie zur Flucht in Richtung Hamburg. Der Mutter schrieb sie hierzu: »Die Berliner Geschichte ist ein solches Gewebe der abscheulichen Lügen, dass es klar daraus hervorgeht, man hat nichts weiter gewollt, als was der Beamte auch sagte: ›Wir wollen auch keine Gesinnung dulden, die unserem Prinzip widerspricht ...‹ Ich habe nie etwas Heimliches getan, nur offen mit der freien Gemeinde, mit demokratischen Freunden verkehrt; das Geheime hat mir nur das böse Gewissen der Polizei selbst, die doch etwas zu spüren haben muß, damit sie für etwas da ist, untergeschoben ... Wie gern möchte ich, dass dein gerechter

Sinn die Sachlage beurteilte wie sie ist, und den Tadel nicht auf mich, die ich nichts tat, als eine Gesinnung haben, sondern auf die würfe, die dem einzelnen verwehren wollen, eine Gesinnung zu haben.«

Am 25. Mai 1852 schifft sie sich nach England ein. Als mittellose Emigrantin steht ihr in London das Ehepaar Johanna und Gottfried Kinkel zur Seite. Selbst schwer geprüft (durch die maßgebliche Teilnahme an der Badischen Revolution, anschließende Haft – Bettina von Arnim hatte sich für seine Freilassung vehement eingesetzt – und spektakuläre Befreiung durch Carl Schurz) und in materieller Bedrängnis, sie haben vier Kinder zu versorgen, sind sie Malwida bei der Existenzsicherung behilflich. Malwida findet zunehmend reiche englische Familien, die ihre Deutschstunden finanzieren. Sie erträgt ärmliche Behausungen, kräftezehrende Fahrten zu ihren Schülern, demütigende Unterrichtsstunden, womit sie ihre asketischen Lebensbedürfnisse jedoch bestreiten kann. Im Haushalt der Kinkels, Johanna arbeitet als Komponistin und Schriftstellerin, ihr Mann schreibt ebenfalls und hält Vorlesungen, begegnet sie dem russischen Emigranten, sozialrevolutionären Publizisten und Philosophen Alexander Herzen. Dieses Zusammentreffen wird für ihr kommendes Leben entscheidend. Im Dezember 1853 ergibt sich für sie das Glück, im Hause Herzens als Erzieherin für seine beiden Töchter angestellt zu werden. Er ist ihr ein Begriff, bereits 1850 hatte sie in Hamburg sein Buch »Vom anderen Ufer« gelesen. Herzen war 1847, nach zweimonatiger Verbannung, mit seiner Familie nach Westeuropa gekommen. In Paris gehörte er mit Bakunin und Proudhon zum linken Spektrum. Nach dem Tod seiner Frau siedelte er 1851 mit seinen drei Kindern Alexander, Natalie und Olga nach London über. Hier begründete er mit seinen Zeitschriften »Polarstern« und »Die Glocke« die demokratische russische Presse, die auch am zaristischen Hofe zur Kenntnis genommen wurde und wesentlich zur Aufhebung der Leibeigenschaft 1861 in Russland beitrug. Er verfasste eine Reihe von Büchern, so u. a. seine »Memoiren eines Russen«, woraus »Erlebtes und Gedachtes« 1859 im

Hamburger Hoffmann und Campe Verlag erschien, in der Übersetzung von Malwida von Meysenbug. Auch weitere Werke von ihm und anderen russischen Autoren übertrug sie ins Deutsche oder Englische. Die abendlichen Lesungen und Gespräche mit Herzen und seinen häufigen Emigrantengästen prägten ihr Tun und Denken, ermöglichten ihr lebenslängliche Freundschaften und inspirierten sie zu eigenem Schreiben. In der Londoner Zeit entstanden Romane, Novellen, Artikel, sogar ihre Erinnerungen begann sie zu fixieren. Es war für mich interessant zu entdecken, dass viele Kapitel aus »Der Lebensabend einer Idealistin«(1898), dem Fortsetzungsband ihres Hauptwerkes »Memoiren einer Idealistin«, als »Gedachtes« von ihr betitelt wurden, völlig gleichlautend denen von Herzens Memoirenband. Die Jahre unter seinem Dach zählte Malwida zu den glücklichsten ihres Lebens. Eine besonders enge mütterliche Beziehung entwickelte sich zwischen ihr und Herzens Olga, seiner damals dreijährigen Tochter. Die veröffentlicht vorliegenden Briefe belegen die Liebe beider zueinander, die Intensität des Kontaktes änderte sich naturgemäß nach der Hochzeit Olgas, riss aber niemals ab. Noch als hochbetagte Frau fuhr Malwida von Rom nach Paris, um das Ehepaar Monod und seine Kinder zu besuchen.

Im April 1856 endete das große Glück des Londoner Daseins. Herzens russischer Freund und bekannter Schriftsteller Nikolai Ogarjow und dessen Frau (beide gerade aus der Verbannung entlassen) kamen – schon lange erwartet – und veränderten das Leben im Hause drastisch. Alles wurde russischer, die Führung des Haushalts und die Erziehung der Kinder, so dass sich Malwida übergangen und nicht mehr gebraucht fühlte. Die vielen Meinungsverschiedenheiten wurden unerträglich, sie verließ die Familie Herzen, bewahrte dennoch eine aufrichtige und tätige Freundschaft bis zum Tod von Alexander Herzen. Mit fast 40 Jahren war sie plötzlich allein, der aufopferungsvollen Hingabe folgte nun ein unermesslicher Schmerz, sie wollte ihrem Leben sogar ein Ende setzen. Ihre dunklen Gedanken vertrieb sie mittels Arbeit, Stundengeben und Schreiben, Veröffentlichen und Übersetzen. Und sie aktivierte ihre vielen Kontakte zu emigrierten deutschen Freunden wie Ferdinand Freiligrath, Carl Schurz, Friedrich Althaus, dem Bruder Theodors, und geflohenen Emigranten aus anderen Ländern wie Lajos Kossuth aus Ungarn, Giuseppe Mazzini und Giuseppe Garibaldi aus Italien, Louis Blanc aus Frankreich, denen sie im Hause Herzens begegnet war. In jenen Jahren unterstützte sie arme und kranke Emigrantenfamilien, so wie sie bereits in ihren Detmolder und Hamburger Jahren besonders bedürftigen Arbeiterfamilien echte Hilfe geschenkt hatte.

Die Emigrantenszene war groß und sehr zerstritten. Jenny und Karl Marx beispielsweise, die stark verleumdet und bekämpft wurden, widersetzten sich dem unguten Klima durch vielfache solidarische Hilfe für bedürftige Emigranten und schöpferische Arbeit. Karl Marx verfasste in diesen für ihn schweren Jahren neben vielen anderen Arbeiten sein Hauptwerk »Das Kapital«, indem er täglich, von morgens bis abends im Lesesaal des British Museum und nachts, »meist bis 4 Uhr morgens« konsequent studierte, 1500 Bücher allein für das »Kapital«. So entging er unfruchtbaren, bestandslosen Diskussionen und schuf ein noch heute gültiges Werk. Malwida von Meysenbug wählte eine etwas andere Orientierung, unterhielt einen engen Kontakt zu Giuseppe Mazzini, dessen Auffassungen ihr sehr entgegenkamen. Auf seine Anregung hin bildete sie einen Arbeiterverein, einen Bildungszirkel zur »Vermittlung von sittlichen Ideen und dem Geist der Gemeinsamkeit« mit 20 emigrierten deutschen Arbeitern. Jene, die anfangs kamen, blieben nicht. Malwidas Intentionen ließen die Fragen der Arbeiter zur Verbesserung der Verhältnisse nur ungenügend beantwortet, und sie reagiert ausgesprochen verärgert und schiebt das Verhalten der Arbeiter auf ihre kommunistische Verbildung, sie seien »schon zu sehr vom Kommunismus angesteckt«, stünden »unter dem Einfluß von Marx und den Kommunistenführern«, den »falschen Führern« (da fühle ich mich sogleich an die »falschen Propheten« der Droste erinnert). Sie hatte den Versuch unternommen, gegen Marx, gegen den »törichten Kommunismus«, der ihrer

Meinung nach »die Pflicht aller gegen alle obenanstellte«, gegen das zum Klassenkampf aufrufende »Proletarier aller Länder, vereinigt euch« ihre idealistische Alternative zu setzen, und war gescheitert. Mit dieser Enttäuschung unmittelbarer Wirkungslosigkeit zog sie sich aus der aktiven Politik zurück und ging Ende 1859 nach Paris.

Seit dem Weggang aus dem Hause Herzen hatte sie vornehmlich als Schriftstellerin gearbeitet und das blieb sie bis zu ihrem Tode. Sie unternahm viele Reisen durch Europa, dabei entstanden enge Freundschaften zu Richard Wagner, Friedrich Nietzsche, Franz Liszt, Franz von Lenbach. Das Interesse für künstlerische Prozesse bei sich und anderen verstärkte sich. Ihr Schreiben, auch die von immenser Korrespondenz, füllte sie aus bzw. ernährte sie. Wach und anteilnehmend verfolgt sie weiterhin die politischen Vorgänge ihrer Zeit, leidenschaftlich ergreift sie auf journalistische Weise Partei für den ungerecht verurteilten und auf die Teufelsinsel Südamerikas verbannten Alfred Dreyfus.

Inzwischen hatte sich Herzen an Malwida gewandt und ihr erneut seine Tochter Olga zur Erziehung anvertraut. 1861 fuhren beide von England nach Paris. 1862 verlegten sie ihre gemeinsamen Wohnsitze nach Rom, Venedig, Capri, Florenz, Bern und München. Den Winter 1869/70 verbringen Malwida und Olga in Paris und erleben hier den Tod Herzens. Malwida adoptiert Olga. Diese heiratet 1873 den französischen Historiker Gabriel Monod. Für Malwida ist es abermals sehr schmerzlich, die Trennung von Olga zu verwinden. Sie und ihr Mann bleiben ihr die verbleibenden 30 Jahre innigst zugetan. Malwida öffnet sich für neue Bekanntschaften, und tatsächlich, es entstehen Freundschaften zu den Philosophen Friedrich Nietzsche und Paul Rée und später, 1882, zu der mit einem Empfehlungsschreiben von Gottfried Kinkel auftauchenden jungen Lou von Salomé (durch Heirat 1887 dann Andreas-Salomé) in Rom. Diese drei Jungen verbünden sich zur »römischen Trinität«, die aber schon im gleichen Jahr nach sechs Monaten scheitert. Sie alle verehren Malwida und genießen ihre geistreiche Reise- und Salonkultur, Ratschläge und handfesten Hilfen wie Geld (für Rées Schulden im Spielcasino)) und Briefe (für Nietzsche gegen seine Einsamkeit). Ab 1899 stößt auch Marie von Ebner-Eschenbach als Gast hinzu. Beide sind sich in ihren sozial-politischen Betrachtungen der Welt sehr ähnlich. Malwida hatte sich 1877 endgültig in Rom niedergelassen. 1890 erfährt ihr Leben durch das Kennenlernen von Romain Rolland nochmals einen Gipfel ihrer tätigen Hingabe, der bis an ihr Ende für beide ein außergewöhnliches Glück bedeutet. Sie, 74-jährig, ermutigt ihn als Autor, übersetzt Essays von ihm und empfiehlt seine Arbeiten weiter. Romain Rolland, 24-jährig, revanchiert sich mit herrlichem Klavierspiel, Landpartien und verehrungsvollen Briefen.

Als 1903 ihr Ende naht, sind die ihr liebsten Menschen, die Monods mit Kindern und Enkelkindern (also Malwidas Adoptivurenkeln) über Monate liebevoll um sie. Ihr Sterben vollzieht sich wie ihr Leben in beispielloser Würde. Beigesetzt, ohne geistlichen Beistand, ist ihre Urne auf dem Protestantischen Friedhof in Rom.

Malwida von Meysenbugs offizielles Schreiben setzte 1849 mit dem Aufruf für den inhaftierten Gottfried Kinkel in der »Zeitung für Norddeutschland« ein. 1869 erschienen »Die Memoiren einer Idealistin« auf Französisch ohne Angabe des Verfassers. Sie schrieb die Memoiren fort, die im Februar 1876 dann auf Deutsch gedruckt vorlagen. Das Echo war groß und positiv. Von da an folgen fast Jahr für Jahr Erweiterungen bzw. vielfache Neuauflagen ihrer Memoirenbände. 1922 dann endlich eine Werkausgabe in fünf Bänden, einschließlich einer Biografie und Briefen, die leider nur noch antiquarisch erhältlich ist.

Die letzten Lebensjahrzehnte empfand Malwida von Meysenbug für sich als sorgenfrei. Manches schien sich für sie politisch erfüllt zu haben. In der Vorrede zur ersten Auflage der »Memoiren« heißt es: »Die Zeit der politischen Revolution ist vorbei ... Er (Bismarck – K. D.) konnte, was jene von 1848 nicht gekonnt.« Sie lobte das geeinte Deutschland, in dem aber »für die Emanzipation der Frau noch viel zu tun ist, beginnend mit der Bildung« (Vorrede der dritten Auflage 1881). An uns, die Nachgeborenen, hat Malwida von Meysenbug ihr

Malwida von Meysenbug

Lebensfazit, mit dem sie vor 120 Jahren den Memoirenband »Lebensabend einer Idealistin« beschloss, gerichtet:

> Leb wohl auch, Menschheit, und nimm ein ernstes Wort als Abschiedsgruß hin, von einer, die bald geht und keine irdischen Rücksichten mehr kennt. Nahezu ein Jahrhundert ist vor meinem Blick vorübergegangen; es waren Augenblicke höchster Idealität darin: sie wurden aber leider immer nur zu rasch von der traurigsten Realität verdunkelt und jetzt, am Ende des Jahrhunderts, kann man wohl fragen: wo ist der Fortschritt? Ringsum folgt sich Krieg auf Krieg und noch immer muß die Gewalt der Waffen entscheiden, wenn es sich um Fragen der Gerechtigkeit und Humanität handelt. Die Wissenschaft hilft fortwährend neue, unfehlbare Mordwerkzeuge zu erfinden, und sie werden höher bezahlt, als die Werke hoher Kunst und Kultur. Sie erforscht die Mittel, die Gesundheit zu stärken und zu erhalten, aber stattdessen ist die heutige Jugend weichlicher und nervenschwacher, als in früheren Generationen. Der materielle Reichtum vermehrt sich aus hundert neuen Quellen, aber Armut und Elend wachsen in gleichem Maße und sehen uns aus hohlen Augen verkümmerter Gesichter vorwurfsvoll an. Und die höchsten Interessen des Daseins: Veredlung der Sitten, wirkliche Bildung, Erhebung des Gemüts durch die Werke hoher Kunst, Übung der ausgedehntesten Vorschriften der Humanität und Handhabung strenger Gerechtigkeit, ist das alles die erste, heiligste Aufgabe derer, die an der Spitze des Völkerlebens stehen? O Menschheit, schlag an deine Brust und bekenne dich schuldig. Noch immer tanzest du ums goldene Kalb; noch immer greifst du zur Gewalt, anstatt zum Recht; noch immer ziehst du die bösen Leidenschaften groß, die zu Raub und Mord führen und zur Strafe durch Gefängnis und Galgen; noch immer trennst du die Völker durch Intrigen, Eifersucht, Egoismus und verkehrte Mittel der Staatskunst, anstatt sie durch Redlichkeit und Größe der Gesinnung zu hohen, gemeinsamen Aufgaben wahrer Kultur zu vereinen, und was es für

empörende Folgen haben kann, wenn es in den zivilisierten Staaten erlaubt ist, daß einer im anderen spioniere, davon gibt uns heute, am Ende des 19. Jahrhunderts, das sich seiner Aufklärung rühmt, Frankreich das traurige Beispiel.

Ein neues Jahrhundert bricht an. Laß es ein Jahrhundert des Friedens und der Tugend werden. Bedenke deine Verantwortung vor der Zukunft und den kommenden Geschlechtern. Richte deinen Blick von dem »allzu Flüchtigen« auf das allein des Strebens Werte und baue an dem Tempel, in dem einst das Urbild aller Vollendung stehen und, segnend die Hände über die Welt breitend, sagen wird: »Und es ward Licht.«

Mit diesem Wunsche, mit dieser Bitte, mit diesem Segen sage ich auch dir, Menschheit, mein Lebewohl.

Wie schön wäre es, Malwidas Träume im 21. Jahrhundert endlich erfüllt zu sehen. Träume, immer wieder nur Träume.

Marie von Ebner-Eschenbach

»Nicht teilnehmen an dem geistigen Fortschreiten seiner Zeit, heißt moralisch im Rückschritt sein.«

Aus »Aphorismen«

MARIE VON EBNER-ESCHENBACH (1830-1916)

Von den in diesem Buch erinnerten Schriftstellerinnen ist Marie von Ebner-Eschenbach diejenige, die heute noch am meisten gedruckt und, hoffentlich, gelesen wird. Erst kürzlich, anlässlich ihres 100. Todestages, erschienen eine vierbändige Werkausgabe und die sehr informative Biografie »Berühmt sein ist nichts« von Daniela Strigl. Die Qualität der Romane, Erzählungen und Aphorismen rückte Marie von Ebner-Eschenbach in den Rang der bedeutendsten österreichischen Schriftstellerin des 19. Jahrhunderts. Wie bei keinem anderen Schriftsteller vor ihr geriet das Volk in den Mittelpunkt ihrer Arbeiten. Auf der Suche nach Wahrheit schenkte sie uns unvergessliche Gestalten, Männer wie Frauen, widerständige und schwache, denen unsere Anerkennung wie unser Mitgefühl gehören, immer gekoppelt mit der Verachtung für die Verursacher jeglicher Knechtschaft, Gewalt und Demütigung. Indem sie die menschliche Kraft und Würde des Volkes, schwerste Konflikte zu tragen, aufdeckt, erklimmt die Autorin eine neue Stufe, den Realismus.

Wer alteingesessenen Adelsgeschlechtern entstammte und in ihnen verblieb, konnte zeitlebens von deren Reichtümern und Vorrechten profitieren, selbst wenn man von einer Gräfin Dubsky durch Heirat zu einer Baronin Marie von Ebner-Eschenbach »herabsank«. Ihr Leben verlief ungebrochen wohlhabend, es kreiste – wechselnd im gleichmäßigen Rhythmus der Jahreszeiten – zwischen den mährischen Schlössern der zahlreichen Verwandtschaft, Wiener Palaiswohnungen und den besten Kurbädern der Zeit. Nach wie vor besaß der Adel im Verbund mit der Kirche fast den gesamten Boden, Staats- und Militärämter. Diese Lebensordnung war für die

Marie von Ebner-Eschenbach

Ewigkeit gewollt, erklärtermaßen gottgewollt. Doch mit dem Ende des 1. Weltkriegs entschwand 1918 die 640 Jahre dauernde Habsburgermonarchie. Marie von Ebner-Eschenbach hat den endgültigen Untergang des Vielvölkerreichs nicht mehr erlebt, aber zeitig das Morbide, das Überholte gesehen und zum Gegenstand ihres Schreibens gemacht – wie sie gleichermaßen das dem aufstrebenden Bürgertum bereits innewohnende Zerstörerische skeptisch benannte. Solches widersprach gänzlich den Intentionen der aristokratischen Gesellschaft. Eine ernsthaft nachdenkende und kritisch schreibende Frau sah deren Tradition zu keinem Zeitpunkt vor. Dass sich Marie von Ebner-Eschenbach den Erwartungen ihres Standes in dieser Frage dauerhaft widersetzte, hing zusammen mit einem unbändigen Ehrgeiz nach Wahrheit, Lust auf tätige, sinnvolle Lebensführung (sie bekennt: »Ich brauche freilich nicht zu schreiben, um essen zu können, aber ich brauche zu schreiben, um leben zu können«) – fern von Visiten, Bällen und hohler Konversation, kurz der ganzen Palette parasitären Müßiggangs –, und feinstem Sensorium, die Zustände ihrer Zeit in ungewohnter Tiefe aufzusaugen, und letztlich in Erzähltem so ans Licht zu heben, dass es Menschen zu berühren und zu empören vermag. Den Adel, den sie von der Pike auf kannte, verschont sie nicht, weder mit Spott noch mit Nachsicht. Eine Gesellschaft, die zum Himmel schreiende Ungerechtigkeit und Unmenschlichkeit schafft und duldet, gehört verändert. Marie von Ebner-Eschenbach, die mit den Forderungen der 48iger Revolutionen stark sympathisierte, wollte aber niemals eine Revolution, die die vorgefundenen Herrschaftsverhältnisse grundlegend beseitigt. Der Adel sollte menschlicher herrschen und das Volk gebildeter werden. Versöhnung und Harmonie durch Vernunft und Sittlichkeit und beides durch Literatur befördert. Diesem aufklärerischen Grundsatz hing auch Marie von Ebner-Eschenbach an. Damals war die Ausbildung und das Bekenntnis zu Barmherzigkeit für die bitteren Lebensumstände des Volkes ein Ereignis, heute können und müssen wir die kaum noch zumutbaren, die Erde zerstörenden Herrschaftsverhältnisse nicht harmonisierend ausbalancieren, sondern sie revolutionieren – wenn wir die Existenz der Menschheit glaubhaft bewahren wollen.

Marie von Ebner-Eschenbach wurde hochbetagt und ihr Leben – fast bis zur letzten Minute – ein prall gefüllter Reigen mit reichlich Verpflichtungen, künstlerischen Enttäuschungen und offiziellen Anerkennungen, menschlichen Verlusten und echten Freundschaften, ausgiebigen Reisen und Liebe in Maßen. Radikale Brüche, Armut, Nöte, Erschöpfungen, schwere Krankheiten oder Tode von Kindern – wie wir sie bei ihrer Standesgenossin Jenny Marx registrierten – hat Marie von Ebner-Eschenbach nie erleiden müssen. Im Gegenteil, Einkommen verschiedener Quellen, eine wenig spektakuläre Ehe, Kinderlosigkeit, viele Verwandte und Freunde und ihr ununterbrochenes und letztlich doch anerkanntes Schreiben sorgten für ein langes, fast erschütterungsfreies Leben. Zu Nationalismus, Antisemitismus oder Kriegsbegeisterung ließ sie sich niemals hinreißen, was in dem Vielvölkerstaat Österreich-Ungarn, verwickelt in Aufruhr, Hass und Kriege, keinerlei selbstverständliche Leistung darstellt. Der Kaiser Franz Joseph, gleichaltrig mit ihr, regierte 68 Jahre, bis er wenige Monate nach ihr verstarb. Von ihm erhielt sie manche Auszeichnung, durch die sie sich durchaus geehrt fühlte. Die Kriege, die er anzettelte, gewann oder verlor, hatten kaum existenzielle Auswirkungen auf das Leben der Marie von Ebner-Eschenbach. Sie verstarb inmitten des 1. Weltkriegs 1916. Den Zusammenbruch des Habsburger Reiches, die Abdankung des Adels einschließlich der Flucht des letzten Kaisers und die Entstehung eigenständiger Republiken konnte sie nicht mehr wahrnehmen.

Marie von Ebner-Eschenbach kam 1830 auf Schloss Zdislawitz im tschechischen Mähren auf die Welt. Statt von ihrer Mutter, die kurz nach der Geburt verstarb, wurde sie durch zwei aufeinanderfolgende Stiefmütter und ihre Großmutter großgezogen. Dem Vater, Graf Dubsky, Offizier und Kämmerer am Hofe, wird wenig Bildung nachgesagt, dafür umso mehr Despotismus. Reich wird er durch seine vier adligen Ehefrauen, die Geld, Land und Immobilien in die jeweilige Ehe mit ihm einbrachten. Insgesamt kommt Marie von Ebner-Eschenbach auf sechs Geschwister. Lehrer bringen den Kindern Lesen, Schreiben und Religion bei. Man ist katholisch. Während alle Jungen das Wiener Theresianum besuchen, erhalten die adligen Mädchen nur den üblichen häuslichen Unterricht: Tanzen, Gesang, Klavierspiel, Malen, Reiten, etwas Literatur, Geschichte und Geografie. Französische Gouvernanten erziehen die Kinder mehr oder weniger liebevoll. Im Schloss sind viele Gutsbeamte, Bedienstete und Arbeiter angestellt. Zu Maries früh sich abzeichnender Hypersensibilität gehörten ein auffälliger Gerechtigkeitssinn, soziales Engagement und Verachtung von Gewalt gegen die meist tschechischen Arbeiter. Marie von Ebner-Eschenbach beginnt bereits in der Kindheit zu schreiben, und parallel dazu setzen das Schweigen oder, stärker noch, die Zurückweisungen seitens der Familie ein, verschwinden werden sie niemals mehr. Ihrer tschechischen Amme Marie Kittl allerdings kann sie sich in allen Belangen anvertrauen, ein Leben lang.

Zum 11. Geburtstag schenkt ihr die zweite Stiefmutter sämtliche Werke Schillers in einem Band, für den sie fortan schwärmen wird und sich ihm später in ihren ersten Dramen zu nähern, ja ihn zu kopieren versucht. In den Wintermonaten wohnt man grundsätzlich in Wien und Marie von Ebner-Eschenbach besucht leidenschaftlich gern Inszenierungen des Burgtheaters. Auf dem Spielplan finden sich Lessing, Goethe, Schiller, Grillparzer und Shakespeare. In der jungen Marie wächst der Wunsch, der »Shakespeare des 19. Jahrhunderts zu werden«. Ihre Lektüre vervollständigt sich durch Corneille, Racine, Kleist. Ihre ersten Schreibversuche gerieten an ihre Stiefmutter, die sie Grillparzer zur Begutachtung überlässt. Anstelle der erwarteten kritischen Ablehnung bestätigt der Antwortbrief der Verfasserin der Gedichte »Spuren von Talent ... und scharfe Beurteilungsgabe«, es fehle aber »Ordnung in den Gedanken«. Damit hat die erste, nie nachlassende Verehrung für diesen Künstler begonnen, ihre allerletzte Arbeit »Meine Erinnerungen an Grillparzer. Aus einem zeitlosen Tagebuch« ist ihm gewidmet.

Sommers wie winters wohnte unter ihrem Dach ihr Cousin Moritz von Eschenbach. Er, 15 Jahre älter, ist Offizier und Naturwissenschaftler, hält Vorlesungen an der Wiener Ingenieur-Akademie, so erfolgreich, dass ihm der Professorentitel verliehen wird. Vermögend ist er nicht und auch nur Baron. Zwischen beiden existiert ein verständnisvolles Verhältnis, ähnlich einem engen geschwisterlichen Verbundensein, ohne Leidenschaft und gemeinsame Kinder. Sie heiraten im Revolutionsjahr 1848, Marie von Ebner-Eschenbach erst 18-jährig. Fürst Metternich flüchtet, ihr Vater und ihre Brüder sind ebenfalls scharfe Gegner der Revolution, im Gegensatz zu Marie. Sie begrüßt das Anbrechen einer neuen Zeit. »Lass man zusammenbrechen, was morsch und reif zum Untergang ist« wird es von ihr in der Erzählung »Božena« heißen. In Zdislawitz blieb es ruhig, dort konnte man unbeschwert heiraten. Ihre ältere Schwester folgt ihr rasch, indem sie den Grafen Kinsky mit reichlichem Vermögen heiratet. Durch diese Verbindung entsteht die Verwandtschaft zu Bertha von Suttner, eine geborene Gräfin Kinsky.

1851 müssen die Ebner-Eschenbachs wegen des Umzugs der Ingenieur-Akademie nach Klosterbruck, 90 km von Wien entfernt, ziehen. »In diesem elenden Nest«, gibt sie von sich preis, »male ich, spiele Klavier, schreibe Briefe und habe Kopfweh«. Trotz ihrer jungen Ehe und erst recht später ist die Ablehnung von erotischer Sinnlichkeit etwas für sie Typisches, das mich an die durchgängige Verachtung jeglicher »Koketterie« bei Malwida von Meysenbug denken lässt. Einzig wichtig wird der Ebner-Eschenbach: »Die Verbreitung der Wahrheit unter den Menschen ist der Lebensberuf des Schriftstellers.« So klingt es 1852 selbstbewusst und klar aus ihr.

1854 erfolgt ihre erste Publikation unter ihrem Anagramm, ein Aufsatz über das Zeitalter Karls I. Freunde loben ihn, die Familie versteht ihn nicht. Ihre Gedichte, die sie auch veröffentlicht sehen möchte, schickt sie der 69-jährigen Bettina von Arnim zu und erhält von deren Töchtern als Antwort eine Abfuhr. Aus Enttäuschung lässt sie das Schreiben pausieren, aber nur kurzzeitig, denn Bettina von Arnim hatte auch ihren

Freund Varnhagen von Ense um Begutachtung der Gedichte gebeten, und er empfiehlt die Veröffentlichung. Ein eigenständiger Lyrikband wird es nicht, die Gedichte erscheinen in der Zeitschrift »Salon«, unter demselben Pseudonym. Ihre Gedichte offenbaren Ähnlichkeiten mit denen Heinrich Heines, den sie außerordentlich schätzt, ganz im Gegensatz zu Bettina von Arnim, wiewohl sie sich ihm politisch angenähert hatte.

1855 unternimmt sie ihre erste größere Reise nach Venedig, das seit 1815 dem Habsburger Reich angehörte. Sie genießt die Natur und all die Herrlichkeiten der Stadt in vollen Zügen. Zeitlebens ist sie von ihrer Dienerschaft umgeben. Die größte Freude nach dem Schreiben bedeutet ihr das Reiten. Erst im fortgeschrittenen Alter gibt sie es auf. 1856 zieht sie mit ihrem Mann wieder – seiner Versetzung wegen – nach Wien.

1858 debütiert sie mit dem Buch »Aus Franzensbad. Sechs Episteln von keinem Propheten« anonym in Leipzig. Abermals ist hier eine Ähnlichkeit zu Heinrich Heine, in diesem Falle zu seinen Reisebildern »Die Bäder von Lucca« unüberlesbar. Scharf beobachtet sie geistige Zeitumstände, den Inhalt des vierten Briefes macht sie zu ihrem Hauptziel, in dem sie ihre adligen Standesgenossen satirisch auf die Schippe hebt. Sie seziert deren hohles, hochmütiges, unnützes Gefüge und nimmt die darauf zu erwartende Kritik durch einen tadelnd warnenden Doktor schon vorweg: »Es ist ein gefährliches Buch ... Sie werden Feinde ernten.« Marie von Ebner-Eschenbach erbrachte es tatsächlich bösen Unmut, der noch Jahre Wirkung zeigte. Von Sätzen wie: »Der mächtige aristokratische Leu, der noch vor wenig Jahrhunderten so kräftig seine Tatzen gebrauchte, ist in ein kriechendes Katzengeschlecht degeneriert, das die Füße der Mächtigen leckt und die Schwachen kratzt ...« hatten sich Gemeinte getroffen gefühlt. So fürchterliche Folgen wie Berufs- und Publikationsverbot und Exil eines Heinrich Heine hatte sie allerdings zu keinem Zeitpunkt zu befürchten.

Da sie sich für das Verfassen von Romanen nicht geeignet hält, aber festen Willens ist, sich schreibend auszudrücken, so beschreitet sie den Weg der Dramatik. Ihr erstes Stück nennt sie 1860 »Maria Stuart in Schottland«. Es beginnt die persönliche Bekannschaft mit Grillparzer, indem sie ihn mehrfach aufsucht, Akte vorliest und sich beraten und ermutigen lässt. Allen deutschen Theatern sendet sie das Stück, antworten und uraufführen tut es nur das Karlsruher Hoftheater 1861. Ihren weiblichen Namen gibt sie, um ihre Angehörigen vor möglicher Kritik und sich selbst vor dem Blaustrumpf-Vorwurf der Ihren zu schützen, nicht preis. Ihr Stück, die Historientragödie einer Frau, konnte sie selbst nie sehen. 1863 folgt das Schauspiel »Das Geständnis« über eine Ehekrise, die Marie von Ebner-Eschenbach offensichtlich selbst erschüttert hatte. Ihr Mann, beruflich erfolgreich und oft auf Reisen, schien nicht viel Zeit und Interesse für seine Frau und eine erfüllende Zweisamkeit erübrigen zu wollen. Glücklich und versuchungsfrei kann diese Form der Ehe Marie von Ebner-Eschenbach nicht gemacht haben. Das Stück wird vom damaligen Burgtheaterdirektor Heinrich Laube abgelehnt, ebenso vom Karlsruher Theaterleiter. Lediglich die damals berühmte Burgschauspielerin Julie Rettich gastiert mit dem »Geständnis« auf einer Deutschlandtournee, ebenfalls mit dem Stück »Die Schauspielerin« und schließlich mit dem mehrfach überarbeiteten Stück »Mutter und Braut« – die Presse berichtet mehr als mäßig.

Die mangelnde Resonanz sowohl im Theater als auch die Vorwürfe seitens der Familie, die fehlende Anerkennung in der Öffentlichkeit, die ganze vergeudete, »vergähnte« Lebenszeit mit Spazierfahrten, Höflichkeitsbesuchen, Billard- und Kartenspielen hindern sie am Schreiben. Und ihre Verwandtschaft ist groß und der Güter und Schlösser gibt es viele zu besuchen. In Wien bedrängen sie die lästigen Visiten noch zahlreicher. Und es fällt der jungen Marie schwer, zu vermitteln, dass eine Frau ernsthaft schreiben möchte, ja muss. Sie liefert nicht die üblichen Rühr- und Luststücke, die die Mehrheit der Spielpläne beherrschen, aber zu Konzessionen, die ihr poetisches Gewissen gestattet, zeigt sie sich bereit. Das Lustspiel »Das Veilchen« wird beim Publikum des Burgtheaters ein Erfolg, andere Theater schließen sich an.

Marie von Ebner-Eschenbach

Die Kritik ist mit dem Stück weniger zufrieden. Marie von Ebner-Eschenbach macht diese Erfahrung nun häufiger und weiß, dass der »Shakespeare des 19. Jahrhunderts« sich anders ausweisen muss.

Zeitlebens wird sie von Schmerzen an Augen, Ohren, Rücken, Gesicht geplagt. Ihre vielen regelmäßigen und lang andauernden Kuren bleiben meist ohne Besserung. Sie schreibt trotzdem unentwegt weiter, die meisten Werke jedoch werden im höheren Alter, zwischen dem 60. und 85. Lebensjahr, entstehen.

Am Krieg zwischen Österreich und Preußen, dem Deutschlandkrieg von 1866, ist ihr Mann durch Versenken von Seeminen beteiligt. Der Krieg endet mit einer Niederlage für Österreich und seine Verbündeten, viele Tausende Gefallene und Verwundete sind in den Familien zu beklagen. Marie von Ebner-Eschenbach sieht die Zerstörungen und ist angewidert vom Krieg: »Welch' ein garstiger, scheußlicher Unsinn ist doch der Krieg!« Im Schloss Zdislawitz lebt und feiert man unberührt. Auch das bemerkt sie mit Erschrecken. Die Männer der Familie kämpften zwar im Krieg, jedoch kehrten sie verschont zurück.

Ihr Leben wird bereichert durch große Freundschaften, so mit dem Schriftsteller Ferdinand von Saar und Ida Fleischl. Ihr liest sie zuerst die neue Tragödie »Marie Roland« vor und verkehrt fortan in diesem wohlhabenden, verständnisvollen, anregenden und kunst- und literaturinteressierten Hause, wo auch Betty Paoli, die ebenfalls eine anerkannte Schriftstellerin wurde, lebt. Ihrer neuen und zugleich letzten Tragödie, einem Revolutionsdrama, ist wenig Aufführungserfolg beschieden. Das Burgtheater verliert den Direktor Heinrich Laube, d. h. er wird verdrängt und mit ihm die ursprüngliche Zusage zur Inszenierung. Dafür ist die Tragödie in Weimar zu sehen.

1867 fährt sie für sechs Wochen nach Paris, wo ihr Mann für die Weltausstellung tätig ist. Es schließt sich eine Kur in Bad Kissingen an. Im gleichen Jahr kommt in Prag »Das Geständnis«, das Ehebruchdrama, auf die Bühne und wird verrissen. Dieser Vorfall verdüstert das Verhältnis zu ihrem

Mann, sie befürchtet, er könnte ihr Schreibverbot erteilen, um seine Ehre zu retten. Dabei schreibt sie schon das nächste Stück, die Komödie »Das Waldfräulein«. Einen kleinen Erfolg verschafft sich Marie von Ebner-Eschenbach mit dem Gelegenheitsstück »Doctor Ritter« – anlässlich der feierlichen Errichtung eines Schillerdenkmals –, das sogar die Bühne des Burgtheaters erreicht. Die Familie, besonders ihr Vater, kann nach vielen politischen und persönlichen Auseinandersetzungen endlich einmal zufrieden mit ihr sein – nachdem sie die Anonymität aufgehoben und sich als Verfasserin geoutet hatte. Als ihre zweite Stiefmutter 1869 stirbt, zieht sie – nach langem Abwägen – zu ihrem Vater, ihr Mann ist inzwischen nach Ägypten zur Eröffnung des Suezkanals aufgebrochen. Muße zum Schreiben findet sie in der väterlichen Wohnung nicht. Nach einem halben Jahr unruhiger, unzufriedener Zeit fährt sie zur Kur nach Reichenhall. Der Ausbruch des Deutsch-Französischen Krieges 1870 beendet die Kur. Geschrieben hat sie in dieser Zeit das Kunstmärchen »Die Prinzessin von Banalien«, deren Aufnahme gegen Null tendiert.

In der nächsten Arbeit, die sie der Öffentlichkeit präsentiert, der Komödie »Das Waldfräulein«, geht es der Ebner-Eschenbach – ähnlich wie schon im Märchen – um ein Naturwesen, das der borniertiert Zivilisation österreichischer Aristokratie konfliktreich ausgesetzt ist, aber deren Herzlosigkeit zu bekehren vermag. Die Premiere im Januar 1873 im Wiener Stadttheater bringt ihr Kritiken, nach denen sie sich zu Tode schämt: »Ich getraue mich kaum auf die Straße. Die Zeitungen aller Gattungen und Tendenzen überschütten mich mit Hohn. Grausam!« Wie schon in »Aus Franzensbad« ist ihre Kritik des Adels scharf, weil aus nächster Nähe vertraut. Das konnte nicht jedem Ertappten gefallen. Das breite Publikum aber amüsiert sich trotz aller Kritik im Theater. Den Kampf um ihre Literatur und Anerkennung ihres Berufes setzt sie fort. Im Sommer 1873 – wieder auf Reisen – schreibt sie das Lustspiel »Männertreue«, das in Wien nicht gespielt wird, dafür in Coburg, Gotha und Prag. 1890 ist Ebner-Eschenbachs »Ohne Liebe« in Berlin und München zu sehen. Insgesamt lässt sich sagen, dass die dramatischen Ergebnisse nicht die Wirkung erreichten, wovon die Ebner-Eschenbach 25 Jahre zuvor geträumt hatte. Die gesellschaftlichen Vorurteile einer Dramatikerin gegenüber waren damals unvorstellbar hoch – die Ebner-Eschenbach musste sie bitter erfahren und aushalten. Von ihrem Mann, der nur das aussprach, was die gesamte Familie dachte, bekommt sie die Aufforderung zu hören: »Wenn meine Vorstellungen und meine Bitten dich nicht abhalten für die Bühne zu schreiben, werde ich es dir verbieten.« Wir erinnern uns, dass auch Günderrodes und Droste-Hülshoffs Stücke sich nie in die Öffentlichkeit des Theaters wagten.

Der große Börsenkrach von 1873 bringt für die weitläufige Verwandtschaft der Dubskys und Kinskys Verluste, Marie von Ebner-Eschenbachs Geldanlagen scheinen unangetastet, das Thema interessiert sie literarisch sehr wohl. In den Erzählungen »Ein Edelmann« (1873) und »Kapitalistinnen« (1885) zeigt sie sich einerseits angewidert von dem Geldgeschäft (der Edelmann habe nur idealen Zwecken zu dienen), andererseits beherrscht sie die Spielregeln so perfekt, dass sie sich über die Naivität beim Vermögenanlegen lustig macht. 1874 wird ihr Mann, inzwischen zur Generalität gehörend, plötzlich vorzeitig pensioniert, ein kritischer Aufsatz über die Unterbringung der Soldaten der k. u. k. Armee gab den Anlass. Die bedrohlichen Geschehnisse bringen Marie von Ebner-Eschenbach nicht von ihrer Berufung ab, sie schreibt unverdrossen weiter, nun aber konfliktreiche Prosa, so als hätte sie für die eigentlich gewollte Dramatik nur eine andere Form gewählt.

In der 1873 entstehenden Novelle »Ein Spätgeborener« reflektiert sie über den tragischen Abschied vom Theater, auf Umwegen über den ihrigen. Als 1875 ihr erster Band »Erzählungen« bei Cotta in Stuttgart erscheint, steht in ihm »Ein Spätgeborener« im Mittelpunkt. Daneben findet sich u. a. »Ein Edelmann« (dieser bricht mit seiner gräflichen Familie, weil sie Fabrikarbeiter ausbeutet!). Die Kritik der Aristokratie gewohnt, rückt sie nun verstärkt gefährdete Menschen aus dem Volk in den Fokus ihres Interesses. Zu dieser Zeit verschlang sie alles, was der Buchmarkt hergab, von Iwan Turgenjews Lektüre ließ sie sich zu Gottfried Keller und Charles Dickens anregen bzw. bestätigen. Sie fühlte sich – die Tatsachen verkennend – »so ziemlich am Ende meiner Laufbahn angelangt«. Die folgenden 40 Jahre sollten sie zu einer ungewöhnlichen Produktivität führen, die sie heraushob aus dem österreichischen Literaturbetrieb, wo sie heute noch unangefochten ihren Platz ausfüllt.

1876 wurde ihr erster Roman »Božena« publiziert. Die Protagonistin ist eine selbstbewusste Magd, die Probleme in einer konfliktreichen Welt zum Guten regelt, ohne deren Eingreifen das Menschliche auf der Strecke geblieben wäre. Ebner-Eschenbach glaubt und appelliert an die Verbesserung der Welt – gerade angesichts gesellschaftlicher Umbrüche und Niedergänge in nachrevolutionärer Zeit. Die Tschechin Božena ist moralisch und intellektuell den Herrschaften überlegen, einzig das Volk vermag die gestörten Verhältnisse zu ordnen. Damit war die Autorin einen weiteren Schritt in Richtung Realismus gegangen. Die Familie und die Presse erfreut das nicht, aber viele ihrer Freunde, so sind u. a. Ferdinand von Saar und Betty Paoli begeistert. Trotzdem kommen der 48-jährigen Ebner-Eschenbach erneut Zweifel an ihrer »Schriftstellerei«. Doch wie immer werden sie schreibend überwunden. 1880 erschien ein Band gesammelter »Aphorismen«, 300 zuerst, dann um weitere 200 ergänzt. Verfasst hat sie insgesamt 900 über viele Jahre. Das Buch machte sie schlagartig bekannt. Sie hatte die Betrachtungen, Maximen und Reflexionen Schopenhauers und Nietzsches anerkennend und zugleich kritisch gelesen, ging in der Prägnanz und Kürze, in Witz und Gehalt über sie hinaus. Uneingeschränkt nennt sie die Franzosen Montaigne und La Rochefoucauld ihre Vorbilder. Heute werden ihre Aphorismen vielfach aufgelegt, gelesen, bewundert und gerne zitiert. Es sind wahrhafte Perlen, ein sprühendes Gedankengut der Menschheit. Zudem kam im gleichen Jahr die Veröffentlichung des Romans »Lotti, die Uhrmacherin« in einer der bedeutendsten deutschen Literaturzeitschriften, der »Deutschen Rundschau«, hinzu, der zweifelsfrei zum Durchbruch führte. Nach

Marie von Ebner-Eschenbach

Božena, der böhmischen Magd, steht im neuen Roman eine Wiener Handwerkerin im Mittelpunkt des Geschehens. Marie von Ebner-Eschenbach hatte 1879 wie sie eine Uhrmacherlehre absolviert, so konnte sie ihrer Liebhaberei für alte Taschenuhren besser frönen. In den »Neuen Erzählungen«, dem nächsten veröffentlichten Buch, ist »Lotti, die Uhrmacherin« neben den Arbeiten »Die Freiherren von Gemperlein«, »Nach dem Tode« und »Ein kleiner Roman« enthalten. Nun geht es fast Schlag auf Schlag, weitere Erzählungen entstehen und werden sogleich gedruckt, 1881, 1882 und 1883 dann die vier »Dorf- und Schloßgeschichten« mit »Jacob Szela«, »Krambambuli« (ihre berühmteste Geschichte), »Der Kreisphysikus« und »Die Poesie des Unbewußten«. 1884 und 1885 folgen weitere Erzählungen, allerdings auf verschiedene Blätter verstreut.

Immer stößt sie ein Fenster zu neuen Themen, Ansichten über Verlebtes, Überkommenes im privaten wie im politischen Dasein auf. Durchweg solidarisch verhält sie sich mit den sogenannten Schwachen, dazu zählt sie auch die aristokratischen Töchter, die sich in Ehen von »Nullitäten« versklaven lassen müssen (»Komtesse Paula« und »Poesie des Unbewußten«). Die Ehe in allen Schichten wird von ihr vielfach dargestellt, meistens kommt sie einer Hinrichtung oder einem Gefängnis gleich. Ihre eigene Ehe wirkt nach außen unauffällig freundlich, die Ehen ihrer Geschwister erlebt sie konfliktreich, sie dienen durchaus als Vorlage ihrer dramatischen Erzählungen. So wie sie sich intuitiv für die Verbesserung der gesellschaftlichen Situation von Frauen aussprach, entwickelte sie in ihren Erzählungen Verständnis für benachteiligte Juden – der sich ausbreitende Antisemitismus widerte sie an –, für unterdrückte Landarbeiter und Nationalitäten in der Habsburgermonarchie – im Sinne ihres Aphorismus: »Der größte Feind des Rechts ist das Vorrecht.« Sie wollte soziale Veränderungen zugunsten aller Benachteiligten, in der Hoffnung, folgenreiche revolutionäre Erhebungen zu verhindern. Deshalb schilderte sie berührend und realistisch drastische Vorgänge, um im Leser eine starke Ablehnung inhumanen Verhaltens bzw. tiefes Mitgefühl für

Drangsalierte, letztlich ein Umdenken auszulösen. Ihre Erzählungen werden pädagogische Appelle an die bessere Moral und Vernunft. Die neuen Inhalte korrespondieren mit Experimenten neuer Erzählformen. Sie ist zu einer unbestritten großen Erzählerin geworden, auch in ihrer Familie beginnt man dies zu akzeptieren. Was Annette von Droste-Hülshoff so exemplarisch konfliktreich-realistisch in der »Judenbuche« und einigen epischen Gedichten begann, brachte die Marie von Ebner-Eschenbach zur vollen Entfaltung. So kann es nicht überraschen, wenn sie die Droste'schen Dichtungen außerordentlich verehrt, gleichermaßen deren selbstbewusste Auffassungen von der Berufsausübung als Schrifstellerin (grandios festgehalten im Gedicht »Mein Beruf« von 1844, hier S. 162) Als Marie von Ebner-Eschenbach 1876 Levin Schücking und seiner Tochter Theo(phanie) Schücking begegnete, kannte sie selbstverständlich dessen Biografie über die Droste. Später unterstützt sie Theo Schücking bei der Herausgabe des Briefwechsels zwischen ihrem Vater Levin Schücking und der Droste. Ja, Marie von Ebner-Eschenbach sah sich in der Tradition von Annette von Droste-Hülshoff. Betty Paoli, ihrer engen Freundin, erging es ähnlich. In ihren Essays über die Droste ist sie voller Anerkennung. Nicht weniger verehrt Betty Paoli Bettina von Arnim, die sie 1840 in Berlin getroffen hatte und ihr 1845 den Gedichtband »Romancero« widmet.

1886 erscheinen die »Neuen Dorf- und Schloßgeschichten«, sie enthalten »Der Unverstandene aus dem Dorfe«, »Er lasst die Hand küssen« und »Der gute Mond«, und 1887 der Roman »Das Gemeindekind«. Dieses Meisterwerk zeigt beeindruckend, wie ein armer unschuldiger Mensch sich der Ausgrenzung durch den Adel und die Kirche entgegenstemmt. Im Roman spricht der Lehrer den klugen Gedanken der Ebner-Eschenbach aus: »Ihr Geringen, ihr seid die Wichtigen, ohne eure Mitwirkung kann nichts Großes sich mehr vollziehen.« Auch hiermit hat sich die Schlossdame Marie von Ebner-Eschenbach – genau genommen zum wiederholten Male – weit nach vorn gewagt. Das Echo ist groß, auch von Seiten der Sozialdemokratie. Victor Adler, der Gründer der österreichischen Partei, fragt wegen eines Abdrucks in der »Arbeiter-Zeitung« an, 10 Jahre später nochmals ein Vorstoß, ein Abdruck kommt nicht zustande. In ihrer Literatur hatte sie sich weiter vom Adel entfernt als in ihrem realen Leben. Und es fühlten sich mehr und ganz andere Menschen von ihrer Literatur angezogen, als ihr vorschwebte. Sie wollte vornehmlich von ihren Standesgenossen gelesen und verstanden werden, tatsächlich verstanden und geschätzt wurde sie hingegen – mehr oder weniger unbeabsichtigt – vom Volk und seinen politischen Interessenvertretern, z. B. der erwähnten sozialdemokratischen Partei. Erst 1910 stimmt Marie von Ebner-Eschenbach dem Abdruck in der Zeitung und dann als Buchdruck im parteieigenen »Vorwärts«-Verlag zu.

1889 begibt sie sich in die Sommerfrische nach St. Gilgen und lernt dort die sozialdemokratische Familie Kautsky kennen und gerät in ständige Meinungsverschiedenheiten. Sie notiert: »Sie sollen ihre hässlichen Kämpfe fortführen, Hass säen so viel sie's freut.« Fast gleichlautend hatte sich Malwida von Meysenbug im Londoner Exil gegen den »Kommunistenführer« Marx positioniert, und die jüngere, ihnen folgende Bertha von Suttner wird aus den gleichen Motiven – bis fast vor ihrem Tod, aber da ist es schon zu spät – mit der Sozialdemokratie hadern. Hier ist genau jener Punkt berührt, der in der langen Geschichte der Arbeiterbewegung bis zum heutigen Tage innerhalb der linken Bewegung fortdauernd zu Spannungen und Spaltungen führt. Will man ausgleichende Versöhnung, Reformen oder Opposition und Klassenkampf, unterstützt man das Sozial-Utopische »Wir sind alle Brüder« oder das Revolutionäre »Proletarier aller Länder, vereinigt euch!« wie es im Kommunistischen Manifest von 1848 heißt und für die aktuellen Prozesse natürlich weitergedacht werden muss? Beim Kartenspiel (leidenschaftlich gern Tarock) mit Minna Kautsky kann Marie von Ebner-Eschenbach deren Forderung nach einem Achtstundentag für Arbeiter nicht gutheißen, nicht einmal die gewonnene Zeit, die Arbeiter für Bildung nutzen könnten. Ihr aristokratisches Verwurzeltsein blieb für ihr alltägliches Leben bestimmend, trotzdem hielt ihr offener Blick gerne Ausschau nach dem »anderen« Leben. Ein unmittelbares politisches Engagement unterblieb, allerdings half sie solidarisch jungen, noch unbekannten Schriftstellerinnen finanziell und bei Veröffentlichungen. Hölderlins »Was aber bleibet, das stiften die Dichter«, wie sehr gültig auch für das Werk der Ebner-Eschenbach, und nur das zählt und bleibt.

Auch in ihrem 1889 erschienenen Roman »Unsühnbar« kratzt sie am Lack der Selbstzufriedenheit aristokratischer Sitten. Sie thematisiert die Ehe, den Ehebruch und die Doppelmoral völlig neu, aus weiblicher Perspektive. Und auch hier legt sie offen, wer die ganze Frömmelei und das prunkvolle, stumpfsinnige Treiben tatsächlich durch harte Arbeit ermöglicht. Die Reaktionen von Verwandten und Bekannten lassen der Entrüstung prompt freien Lauf. Ein Jahr nach ihrem 60. Geburtstag kommen die »Gesammelten Werke« heraus, damit hat sie eine wichtige Stufe zur Klassikerin erreicht.

Als im Mai 1891 Bertha von Suttner im Hause der Ebner-Eschenbach erscheint, um für den Beitritt in den »Verein zur Abwehr des Antisemitismus« zu werben, kommt sie dem Wunsche nach. Zu dieser Zeit war der pazifistische Roman »Die Waffen nieder!« der Suttner schon bekannt, von Marie von Ebner-Eschenbach aber erst später – kritisch – gelesen. Man war verwandt, jedoch ohne menschliche Anziehung: »Baronin Suttner, der Friedensfreundin, die einem keinen Frieden gibt.« Einig sind sich die Frauen über den in Österreich sich gefährlich ausbreitenden Antisemitismus. Den Ruf »Kauft nur bei Christen!« begegnet die Ebner-Eschenbach mit dem Satz »Wäre ich in Wien, ich würde nur noch in jüdischen Geschäften kaufen ...« Die Hetze gegen Juden ist ihr unerträglich. Daher ist es konsequent, wenn sie in der Dreyfus-Affäre für den zu lebenslänglicher Deportation verurteilten jüdischen Hauptmann Solidarität ergreift und in Freude ausbricht, als der Beschuldigte freigesprochen wird. Insgesamt hält sich ihr gesellschaftlicher Optimismus in Grenzen, denn sie spürt die allgemeine Verdummung, die Kriegsstimmung und einen wackligen Vielvölkerstaat, mühsam zusammengehalten von einer geschwächten Donaumonarchie. In dieser kritischen Verfasstheit entstehen in den 90er Jahren Erzählungen mit großartigen Frauengestalten wie »Die Totenwacht«, »Mašlans Frau« und der Kurzroman »Glaubenslos«, der uns einen Priester kennenlernen lässt, dem der Glaube an Gott verloren ging, dafür den Glauben an die Menschen wiedergefunden hat. Obwohl sie dieses Thema bewusst maßvoll anging, konnte sie das Zetern aristokratisch-katholischer Kreise nicht verhindern. Ihre religiöse Position ist mit der Malwida von Meysenbugs vergleichbar. Jene hatte sich von den Dogmen der christlichen Kirche abgewandt hin zu einem tätigen, der Gerechtigkeit dienenden Leben im Diesseits. Für dieses humanistische Denken und Tun wurden Malwida von Meysenbug und ihre Freunde in Preußen verfolgt und verboten. Dass es beide Frauen bald zueinander zog, ist nur natürlich.

Marie von Ebner-Eschenbach war nicht feige zu nennen, wich sie doch den Angriffen der Kirche und des Adels, einschließlich ihrer Familie, nicht aus. Frei von jeder Abwägung hielt sie sich aber nicht. Bertha von Suttner schreibt ihr 1896: »Haben Sie das ›Vaterland‹ gelesen, worin mir die Ehre zuteil wird, neben Ihnen als Typus ›gottentfremdeten Culturweibertums‹ genannt zu werden?« Als Marie von Ebner-Eschenbach von der Friedensbewegung in Person Bertha von Suttners bestürmt wird, spendet sie Geld, möchte in der Öffentlichkeit jedoch nicht erwähnt werden und schreibt entschuldigend: »Erlauben Sie mir, der Gesellschaft der Friedensfreunde wie bisher auch ferner nur als stille Bekennerin anzugehören. Meine liebsten und nächsten Menschen suchen mich nie in meinen Überzeugungen zu beirren, gleichviel ob sie auch die ihre ist oder nicht. Ein persönliches Hervortreten meinerseits würden sie aber schwerlich billigen, und so unterlasse ich es denn, wie Sie, hochverehrte Frau Baronin, schon oft bemerkt haben müssen, bei jeder Gelegenheit. Diese eine Rücksicht bin ich denen schuldig, die mir gegenüber immer auf das liberalste Rücksicht üben.« Bertha von Suttner konnte dieses Verhalten auf Grund eigener Erfahrungen mit ihrer adligen Verwandtschaft durchaus nachvollziehen und akzeptieren.

Marie von Ebner-Eschenbach

1898 stirbt ihr Mann Moritz von Ebner-Eschenbach. Zunehmend erblindend hatte er Jahre zuvor seine Memoiren diktiert, die er gedruckt wünschte. Seine Frau hatte mit der Veröffentlichung seiner kritischen Lebensabrechnung keine Eile. Tatsächlich wurden seine Erinnerungen erst 1994 in Deutschland verlegt. Er hatte ihr einen Brief hinterlassen, in dem er sich sehr einsichtsvoll – bereits 1883 dem Testament beigefügt – über sein mangelndes Verständnis ihr gegenüber äußert, nur ihrer eigenen Kraft verdanke sie »die hohe Stellung«. Im Jahr des Todes ihres Mannes schreibt sie die Novellen »Uneröffnet zu verbrennen« und »Der Vorzugsschüler«. Dann bricht sie mit ihrer geschätzten Freundin Ida Fleischl im Herbst nach Rom auf. Zwischen den aufregenden Eroberungen der Kultur erreicht sie die Nachricht der Zuerkennung des »Ehrenzeichen für Kunst und Wissenschaft«, die von Kaiser Franz Joseph vergeben wird. Diese Auszeichnung macht sie stolz. Nach sechs Monaten verlassen beide Frauen die Ewige Stadt, nur wenige Wochen später ist ihre geliebte Freundin und Arbeitspartnerin tot. Ein Tod, der sie wie kein anderer trifft. Von nun an durchlaufen ihre Arbeiten nicht mehr die lang bewährte Kontrollinstanz. Auf Wunsch des Kaisers verfasst sie die Inschrift für ein Denkmal seiner Frau, die 1898 in Salzburg ermordet wurde, nicht weit entfernt von Marie von Ebner-Eschenbachs letztem Aufenthalt in St. Gilgen.

1899 folgt ihre zweite Reise nach Italien. Für einen neuen Roman macht sie Halt in Florenz, lässt sich die Stadt von Theo(phanie) Schücking, der Tochter Levin Schückings, zeigen. In Rom dann begegnet sie erstmals Malwida von Meysenbug in ihrem Salon. Man kommt sich schnell nah, gelesen hatte man sich bereits, und die Auffassungen über notwendige Veränderungen, insbesondere für Frauen, konnten kaum ähnlicher sein. Bis 1905 verbringt Marie von Ebner-Eschenbach fast jeden Winter in Rom.

Ihr 70. Geburtstag wird sowohl in Zdislawitz als auch in Wien ehren-, ja huldvoll begangen. Sie lässt sich als Klassikerin feiern. Die erste, von ihr unterstützte Biografie liegt pünktlich vor und das Burgtheater würdigt sie mit einem

»Ebner-Abend«, bestehend aus drei Einaktern ihrer Hand, eingeführt mit einem Prolog von Ferdinand von Saar. Er lässt den Text krankheitsbedingt von einem Schauspieler deklamieren, auch sie ist nicht anwesend. Ihr aphoristischer Kommentar »Zu späte Erfüllung einer Sehnsucht labt nicht mehr« sagt alles. Als Dramatikerin hat sie es nicht geschafft. Mehr stolz hingegen ist sie auf die Verleihung des Ehrendoktorats der Universität Wien, das erstmals einer Frau zuerkannt wurde. Während sie für die Menschenliebe und Einheit noch gepriesen wird, hatte sich die Auflösung der Donaumonarchie längst angekündigt. Der Ruhm tut gut, versetzt sie aber keineswegs in unkritische Rauschzustände. Ihre kreative Rastlosigkeit ermöglicht ein Weiterschreiben, »kein Vermorschen«, jedoch findet der neu entstandene Künstlerroman »Agave« kaum positive Resonanz. Die nachfolgenden Arbeiten finden Herausgeber, echte Aufnahme weniger. Ihr Romaufenthalt 1902 ist überschattet von der schwerkranken Malwida von Meysenbug, die 1903 verstirbt.

Marie von Ebner-Eschenbach schließt neue Freundschaften mit jungen Autorinnen, in Rom mit Isolde Kurz und in Wien mit Eurica von Handel-Mazzetti und Lou Andreas-Salomé, ihre herzliche Freundschaft, über die ich im Salomékapitel tiefer eingehen werde, dauert von 1895 bis 1913, sie besuchen, lesen und schreiben sich, was aber Marie von Ebner-Eschenbach keineswegs davon abhält, Kritisches zu der Saloméschen Erzählung »Aus fremder Seele. Eine Spätherbstgeschichte« in ihrem veröffentlichten Tagebuch zu vermerken: »Eine große Dichterkraft hat sich bemüht, ein unlösbares Problem zu lösen. Es ist ihr nicht gelungen, aber Respekt flößt sie uns ein.« Zugleich ordnet Marie von Ebner-Eschenbach ihre Papiere und überarbeitet ihre Tagebücher (ihre Verwandtschaft, Bekannte und Kirche schonend), die nach ihrem Tod von ihrem Biografen Anton Bettelheim für das Buch »Marie von Ebner-Eschenbachs Wirken und Vermächtnis« genutzt werden. Und sie macht diese Notizen zur Grundlage ihrer Lebenserinnerungen, beschränkt sich aber auf die Jahre bis zum 14. Lebensjahr und nennt diese Arbeit

»Meine Kinderjahre«. Bei aller Glätte offenbart sie ein junges Talent, das sich suchend findet, gegen Unverständnis und Glaubenszweifel – wie sehr erinnert das wieder an die sich zeitlebens quälende Droste und die sich von den Kirchendogmen forscher befreiende Malwida von Meysenbug. Der neuen Literatur steht Marie von Ebner-Eschenbach meist ablehnend gegenüber – und das lässt mich sogleich an Sophie von La Roche denken, die die jungen Goethe und Schiller mit ihren zeitgenössischen Werken »Die Leiden des jungen Werthers« oder »Die Räuber« ebenfalls ablehnt, und von diesen eines Tages nur noch eine nachlassende Verehrung erfährt und das ihnen sehr übel nimmt, wie es ihre Enkelin Bettina Brentano im Offenbacher Haus nur zu oft unverhohlen hören muss. Der Marie von Ebner-Eschenbach sind Gerhart Hauptmann und besonders Henrik Ibsen suspekt, ausgerechnet jener Autor der besonders damals wie heute noch mit seinen Stücken so anhaltende Begeisterung auslöst. Auch Arthur Schnitzler gehört zu den von ihr Abgelehnten. Sie, die immer sehr die Dialoge bevorzugte, erblickt in den inneren Monologen nur »unerträgliche Selbstbespiegelung«. Für diese neu aufkommenden Formen hat sie kein Verständnis mehr. In einer ihrer letzten Arbeiten »Erinnerungen an Grillparzer« wird sie den Autor und die Literatur ihrer Zeit würdigen können, was sie den Jungen, die die Zeit mit einem kritischeren, oftmals pessimistischen Blick wahrnehmen und reflektieren, versagt. Was sie anderen nicht zugestehen kann, durchdringt selbst ihre jüngsten Erzählungen wie »Das Schädliche«, »Die Reisegefährten« oder »Der Herr Hofrat« – da sind ihr Optimismus und Menschenliebe abhanden gekommen. Sie bleibt mit ihren späten Prosabänden »Alte Schule«, »Aus Spätherbsttagen«, »Altweibersommer«, »Stille Welt« und »Aus einem zeitlosen Tagebuch« trotz schwerer Zweifel bis ins hohe Alter produktiv und aufgeschlossen für technische Neuheiten wie das Auto beispielsweise, theoretische Werke und Geschichten aller Art.

Zu ihrem 80. Geburtstag erhält sie viele Telegramme, die deutsche Kaiserin gratuliert und der österreichische Kaiser verleiht ihr den Elisabeth-Orden 1. Klasse. Eine Reihe von gut betuchten Leuten sammelt für einen Marie von Ebner-

Marie von Ebner-Eschenbach

Eschenbach-Fonds, aus dem künftig jährlich der Ebner-Eschenbach-Preis verliehen werden soll. Um sie herum tobt seit Jahren das Sterben, sie lebt und schreibt unverdrossen fort. Als 84-Jährige erschüttert sie der Ausbruch des 1. Weltkriegs. Ist sie anfangs noch eine treu zum österreichischen Kaiser stehende Frau, gerät sie zusehends in Widerspruch zu jeglicher Kriegspropaganda. Das Schreiben lässt sie auch jetzt nicht, es werden Geschichten, Skizzen, Anekdoten, Gedichte, Reflexionen und Aphorismen. Ihren 85. Geburtstag begeht man in ihrem geliebten Schloss Zdislawitz. Ihre bereits genannten Erinnerungsbücher werden beendet und ihrem Berliner Verlag zugesandt. Sie erkrankt schwer, bedient aber weiterhin ihr Tagebuch: »Zerstreue die Mächte, die Krieg wollen« oder angesichts der Schlacht um Verdun »Wir siegen uns zu Tode«. Am 12. März 1916 ist Marie von Ebner-Eschenbach tot.

Die Erzählung »Er lasst die Hand küssen« von 1886 ist eine der erschütterndsten der Ebner-Eschenbach. Eine harte, seelenlose gräfliche Gutsherrin veranlasst ein Landarbeiter-Liebespaar, das nicht durch den Pfarrer gesegnet ist, brutal zu zerstören. In dem Maße wie darüber im Leser die Empörung wächst, wächst in ihm zugleich die Sympathie für die nicht unterdrückbare natürliche Liebe und das leidenschaftliche Erbarmen für die geschundenen Kreaturen. Aber damit nicht genug, man ersehnt die völlige Verbannung solcher Verhältnisse. Auch mit dieser Erzählung qualifiziert sich Marie von Ebner-Eschenbach zu einer echten »Anwältin aller Unterdrückten«, Frauen, Kinder und Männer gleichermaßen. Hier nun ist sie zu lesen.

»So reden Sie denn in Gottes Namen!« sprach die Gräfin, »ich werde Ihnen zuhören; glauben aber – nicht ein Wort.«

Der Graf lehnte sich behaglich zurück in seinem großen Lehnsessel: »Und warum nicht?« fragte er.

Sie zuckte leise mit den Achseln: »Vermutlich erfinden Sie nicht überzeugend genug.«

»Ich erfinde gar nicht, ich erinnere mich. Das Gedächtnis ist meine Muse.«

»Eine einseitige, wohldienerische Muse! Sie erinnert sich nur der Dinge, die Ihnen in den Kram passen. Und doch gibt es auf Erden noch manches Interessante und Schöne außer dem – Nihilismus.« Sie hatte ihre Häkelnadel erhoben und das letzte Wort wie einen Schuß gegen ihren alten Verehrer abgefeuert.

Er vernahm es ohne Zucken, strich behaglich seinen weißen Bart und sah die Gräfin beinahe dankbar aus seinen klugen Augen an. »Ich wollte Ihnen etwas von meiner Großmutter erzählen«, sprach er. »Auf dem Wege hierher, mitten im Walde, ist es mir eingefallen.«

Die Gräfin beugte den Kopf über ihre Arbeit und murmelte: »Wird eine Räubergeschichte sein.«

»O nichts weniger! So friedlich wie das Wesen, durch dessen Anblick jene Erinnerung in mir wachgerufen wurde, Mischka IV. nämlich, ein Urenkel des ersten Mischka, der meiner Großmutter Anlaß zu einer kleinen Übereilung gab, die ihr später leid getan haben soll«, sagte der Graf mit etwas affektierter Nachlässigkeit und fuhr dann wieder eifrig fort: »Ein sauberer Heger, mein Mischka, das muß man ihm lassen! Er kriegte aber auch keinen geringen Schrecken, als ich ihm unvermutet in den Weg trat – hatte ihn vorher schon eine Weile beobachtet ...Wie ein Käfersammler schlich er herum, die Augen auf den Boden geheftet, und was hatte er im Laufe seines Gewehres stecken? Denken Sie: – ein Büschel Erdbeeren!«

»Sehr hübsch!« versetzte die Gräfin. »Machen Sie sich darauf gefaßt – in Bälde wandern Sie zu mir herüber durch die Steppe, weil man Ihnen den Wald fortgetragen haben wird.«

»Der Mischka wenigstens verhindert's nicht.«

»Und Sie sehen zu?«

»Und ich sehe zu. Ja, ja, es ist schrecklich. Die Schwäche liegt mir im Blut – von meinen Vorfahren her.« Er seufzte ironisch und sah die Gräfin mit einer gewissen Tücke von der Seite an.

Sie verschluckte ihre Ungeduld, zwang sich zu lächeln und suchte ihrer Stimme einen möglichst gleichgültigen Ton zu geben, indem sie sprach: »Wie wär's, wenn Sie noch eine Tasse Tee trinken und die Schatten Ihrer Ahnen heute einmal unbeschworen lassen würden? Ich hätte mit Ihnen vor meiner Abreise noch etwas zu besprechen.«

»Ihren Prozeß mit der Gemeinde? – Sie werden ihn gewinnen.«

»Weil ich recht habe.«

»Weil Sie vollkommen recht haben.«

»Machen Sie das den Bauern begreiflich. Raten Sie ihnen, die Klage zurückzuziehen.«

»Das tun sie nicht.«

»Verbluten sich lieber, tragen lieber den letzten Gulden zum Advokaten. Und zu welchem Advokaten, guter Gott! ... ein ruchloser Rabulist. Dem glauben sie, mir nicht, und wie mir scheint, Ihnen auch nicht, trotz all Ihrer Popularitätshascherei.«

Die Gräfin richtete die hohe Gestalt empor und holte tief Atem. »Gestehen Sie, daß es für diese Leute, die so töricht vertrauen und mißtrauen, besser wäre, wenn ihnen die Wahl ihrer Ratgeber nicht freistände.«

»Besser wär's natürlich! Ein bestellter Ratgeber, und – auch bestellt – der Glaube an ihn.«

»Torheit!« zürnte die Gräfin.

»Wieso? Sie meinen vielleicht, der Glaube lasse sich nicht bestellen? ... Ich sage Ihnen, wenn ich vor vierzig Jahren meinem Diener eine Anweisung auf ein Dutzend Stockprügel gab und dann den Rat, aufs Amt zu gehen, um sie einzukassieren, nicht einmal im Rausch wäre es ihm eingefallen, daß er etwas Besseres tun könnte als diesen meinen Rat befolgen.«

»Ach, Ihre alten Schnurren! – Und ich, die gehofft hatte, Sie heute ausnahmsweise zu einem vernünftigen Gespräch zu bringen!«

Der alte Herr ergötzte sich eine Weile an ihrem Ärger und sprach dann: »Verzeihen Sie, liebe Freundin. Ich bekenne, Unsinn geschwatzt zu haben. Nein, der Glaube läßt sich nicht bestellen, aber leider der Gehorsam ohne Glauben. Das eben war das Unglück des armen Mischka und so mancher anderer, und deshalb bestehen heutzutage die Leute darauf, wenigstens auf ihre eigene Fasson ins Elend zu kommen.«

Die Gräfin erhob ihre nachtschwarzen, noch immer schönen Augen gegen den Himmel, bevor sie dieselben wieder auf ihre Arbeit senkte und mit einem Seufzer der Resignation sagte: »Die Geschichte Mischkas also!«

»Ich will sie so kurz machen als möglich«, versetzte der Graf, »und mit dem Augenblick beginnen, in dem meine Großmutter zum erstenmal auf ihn aufmerksam wurde. Ein hübscher Bursche muß er gewesen sein; ich besinne mich eines Bildes von ihm, das ein Künstler, der sich einst im Schlosse aufhielt, gezeichnet hatte. Zu meinem Bedauern fand ich es nicht im Nachlaß meines Vaters und weiß doch, daß er es lange aufbewahrt hat, zum Andenken an die Zeiten, in welchen wir noch das jus gladii ausübten.«

»O Gott!« unterbrach ihn die Gräfin, »spielt das jus gladii eine Rolle in Ihrer Geschichte?«

Der Erzähler machte eine Bewegung der höflichen Abwehr und fuhr fort: »Es war bei einem Erntefest und Mischka einer der Kranzträger, und er überreichte den seinen schweigend, aber nicht mit gesenkten Augen, sah vielmehr die hohe Gebieterin ernsthaft und unbefangen an, während ein Aufseher im Namen der Feldarbeiter die übliche Ansprache herunterleierte.

Meine Großmutter erkundigte sich nach dem Jungen und hörte, er sei ein Häuslerssohn, zwanzig Jahre alt, ziemlich brav, ziemlich fleißig und so still, daß er als Kind für stumm gegolten hatte, für dummlich galt er noch jetzt. – Warum? wollte die Herrin wissen; warum galt er für dummlich? ... Die befragten Dorfweisen senkten die Köpfe, blinzelten einander verstohlen zu und mehr als: ›So – ja eben so‹, und: ›Je nun, wie's schon ist‹, war aus ihnen nicht herauszubringen.

Nun hatte meine Großmutter einen Kammerdiener, eine wahre Perle von einem Menschen. Wenn er mit einem Vornehmen sprach, verklärte sich sein Gesicht dergestalt vor Freude, daß es beinahe leuchtete. Den schickte meine Großmutter anderen Tages zu den Eltern Mischkas mit der Botschaft, ihr Sohn sei vom Feldarbeiter zum Gartenarbeiter avanciert und habe morgen den neuen Dienst anzutreten.

Der eifrigste von allen Dienern flog hin und her und stand bald wieder vor seiner Gebieterin. ›Nun‹, fragte diese, ›was sagen die Alten?‹ Der Kammerdiener schob das rechte, auswärts gedrehte Bein weit vor...«

»Waren Sie dabei?« fiel die Gräfin ihrem Gaste ins Wort.

»Bei dieser Referenz gerade nicht, aber bei späteren des edlen Fritz«, erwiderte der Graf, ohne sich irremachen zu lassen. »Er schob das Bein vor, sank aus Ehrfurcht völlig in sich zusammen und meldete, die Alten schwämmen in Tränen der Dankbarkeit.

›Und der Mischka?‹

›Oh, der‹ – lautete die devote Antwort, und nun rutschte das linke Bein mit anmutigem Schwunge vor – ›oh, der – der laßt die Hand küssen.‹

Daß es einer Tracht väterlicher Prügel bedurft hatte, um den Burschen zu diesem Handkuß in Gedanken zu bewegen, verschwieg Fritz. Die Darlegung der Gründe, die Mischka hatte, die Arbeit im freien Felde der im Garten vorzuziehen, würde sich für Damenohren nicht geschickt haben. – Genug, Mischka trat die neue Beschäftigung an und versah sie schlecht und recht. ›Wenn er fleißiger wäre, könnt's nicht schaden‹, sagte der Gärtner. Dieselbe Bemerkung machte meine Großmutter, als sie einmal vom Balkon aus zusah, wie die Wiese vor dem Schlosse gemäht wurde. Was ihr noch auffiel, war, daß alle anderen Mäher von Zeit zu Zeit einen Schluck aus einem Fläschchen taten, das sie unter einem Haufen abgelegter Kleider hervorzogen und wieder darin verbargen. Mischka war der einzige, der, diesen Quell der Labung verschmähend, sich aus einem irdenen, im Schatten des Gebüsches aufgestellten Krüglein erquickte. Meine Großmutter rief den Kammerdiener. ›Was haben die Mäher in der Flasche?‹ fragte sie. – ›Branntwein, hochgräfliche Gnaden.‹ – ›Und was hat Mischka in dem Krug?‹

Fritz verdrehte die runden Augen, neigte den Kopf auf die Seite, ganz wie unser alter Papagei, dem er ähnlich sah wie ein Bruder dem anderen, und antwortete schmelzenden Tones: ›Mein Gott, hochgräfliche Gnaden – Wasser!‹

Meine Großmutter wurde sogleich von einer mitleidigen Regung ergriffen und befahl, allen Gartenarbeitern nach vollbrachtem Tagewerk Branntwein zu reichen. ›Dem Mischka auch‹, setzte sie noch eigens hinzu.

Diese Anordnung erregte Jubel. Daß Mischka keinen Branntwein trinken wollte, war einer der Gründe, warum man ihn für dummlich hielt. Jetzt freilich, nachdem die Einladung der Frau Gräfin an ihn ergangen, war's aus mit Wollen und Nichtwollen. Als er in seiner Einfalt sich zu wehren versuchte, ward er Mores gelehrt, zur höchsten Belustigung der Alten und der Jungen. Einige rissen ihn auf den Boden nieder, ein handfester Bursche schob ihm einen Keil zwischen die vor Grimm zusammengebissenen Zähne, ein zweiter setzte ihm das Knie auf die Brust und goß ihm so lange Branntwein ein, bis sein Gesicht so rot und der Ausdruck desselben so furchtbar wurde, daß die übermütigen Quäler sich selbst davor entsetzten. Sie gaben ihm etwas Luft, und gleich hatte er sie mit einer wütenden Anstrengung abgeschüttelt, sprang auf und ballte die Fäuste …aber plötzlich sanken seine Arme, er taumelte und fiel zu Boden. Da fluchte, stöhnte er, suchte mehrmals vergeblich sich aufzuraffen und schlief endlich auf dem Fleck ein, auf den er hingestürzt war, im Hofe, vor der Scheune, schlief bis zum nächsten Morgen, und als er erwachte, weil ihm die aufgehende Sonne auf die Nase schien, kam just der Knecht vorbei, welcher ihm gestern den Branntwein eingeschüttet hatte. Der wollte schon die Flucht ergreifen, nichts anderes erwartend, als daß Mischka für die gestrige Mißhandlung Rache üben werde. Statt dessen reckt sich der Bursche, sieht den anderen traumselig an und lallt: ›Noch einen Schluck!‹

Sein Abscheu vor dem Branntwein war überwunden.

Bald darauf, an einem Sonntagnachmittag, begab es sich, daß meine Großmutter auf ihrer Spazierfahrt, von einem hübschen Feldweg gelockt, ausstieg und bei Gelegenheit dieser Wanderung eine idyllische Szene belauschte. Sie sah Mischka unter einem Apfelbaum am Feldrain sitzen, ein Kindlein in seinen Armen. Wie er selbst, hatte auch das Kind den Kopf voll dunkelbrauner Löckchen, der wohlgebildete kleine Körper hingegen war von lichtbrauner Farbe, und das armselige Hemdchen, das denselben notdürftig bedeckte, hielt die Mitte zwischen den beiden Schattierungen. Der kleine Balg krähte förmlich vor Vergnügen, sooft ihn Mischka in die Höhe schnellte, stieß mit den Füßchen gegen dessen Brust und suchte ihm mit dem ausgestreckten Zeigefinger in die Augen zu fahren. Und Mischka lachte und schien sich mindestens ebensogut zu unterhalten wie das Bübchen. Dem Treiben der beiden sah ein junges Mädchen zu, auch ein braunes Ding und so zart und zierlich, als ob ihre Wiege am Ganges gestanden hätte. Sie trug über dem geflickten kurzen Rocke eine ebenfalls geflickte Schürze und darin einen kleinen Vorrat aufgelesener Ähren. Nun brach sie eine derselben vom Stiele, schlich sich an Mischka heran und ließ ihm die Ähre zwischen der Haut und dem Hemd ins Genick gleiten. Er schüttelte sich, setzte das Kind auf den Boden und sprang dem Mädchen nach, das leicht und hurtig und ordentlich wie im Tanze vor ihm floh; einmal pfeilgerade, dann wieder einen Garbenschober umkreisend, voll Ängstlichkeit und dabei doch neckend und immer höchst anmutig. Allerdings ist bei unseren Landleuten eine gewisse angeborene Grazie nichts Seltenes, aber diese beiden jungen Geschöpfe gewährten in ihrer harmlosen Lustigkeit ein so angenehmes Schauspiel, daß meine Großmutter es mit wahrem Wohlgefallen genoß. Einen anderen Eindruck brachte hingegen ihr Erscheinen auf Mischka und das Mädchen hervor. Wie versteinert standen beide beim Anblick der Gutsherrin. Er, zuerst gefaßt, neigte sich beinahe bis zur Erde, sie ließ die Schürze samt den Ähren sinken und verbarg das Gesicht in den Händen. Beim Souper, an welchem, wie an jeder Mahlzeit, der Hofstaat, bestehend aus einigen armen Verwandten und aus den Spitzen der gräflichen Behörden, teilnahm, sagte meine Großmutter zum Herrn Direktor, der neben ihr saß: ›Die Schwester des Mischka, des neuen Gartenarbeiters, scheint mir ein nettes, flinkes Mädchen zu sein, und ich wünsche, es möge für die Kleine ein Posten ausgemittelt werden, an dem sie sich etwas verdienen kann.‹ Der Direktor erwiderte: ›Zu Befehl, hochgräfliche Gnaden, sogleich ...obwohl der Mischka meines Wissens eine Schwester eigentlich gar nicht hat.‹

›Ihres Wissens‹, versetzte meine Großmutter, ›das ist auch etwas, Ihr Wissen! ... Eine Schwester hat Mischka und ein Brüderchen. Ich habe heute alle drei auf dem Felde gesehen.‹

›Hm, hm‹, lautete die ehrerbietige Entgegnung, und der Direktor hielt die Serviette vor den Mund, um den Ton seiner Stimme zu dämpfen, ›es wird wohl – ich bitte um Verzeihung des obszönen Ausdrucks – die Geliebte Mischkas und, mit Respekt zu sagen, ihr Kind gewesen sein.‹«

Der unwilligen Zuhörerin dieser Erzählung wurde es immer schwerer, an sich zu halten, und sie rief nun: »Sie behaupten, daß Sie nicht dabei waren, als diese denkwürdigen Reden gewechselt wurden? Woher wissen Sie denn nicht nur über jedes Wort, sondern auch über jede Miene und Gebärde zu berichten?«

»Ich habe die meisten der Beteiligten gekannt und weiß – ein bißchen Maler, ein bißchen Dichter, wie ich nun einmal bin –, weiß aufs Haar genau, wie sie sich in einer bestimmten Lage benommen und ausgedrückt haben müssen. Glauben Sie Ihrem treuen Berichterstatter, daß meine Großmutter nach der Mitteilung, welche der Direktor ihr gemacht, eine Wallung des Zornes und der

Menschenverachtung hatte. Wie gut und fürsorglich für ihre Untertanen sie war, darüber können Sie nach dem bisher Gehörten nicht im Zweifel sein. Im Punkte der Moral jedoch verstand sie nur äußerste Strenge, gegen sich selbst nicht minder als gegen andere. Sie hatte oft erfahren, daß sie bei Männern und Frauen der Sittenverderbnis nicht zu steuern vermöge, der Sittenverderbnis bei halbreifen Geschöpfen jedoch, der mußte ein Zügel angelegt werden können. – Meine Großmutter schickte ihren Kammerdiener wieder zu den Eltern Mischkas. Mit der Liebschaft des Burschen habe es aus zu sein. Das sei eine Schande für so einen Buben, ließ sie sagen, ein solcher Bub habe an andere Dinge zu denken.

Der Mischka, der zu Hause war, als die Botschaft kam, schämte sich in seine Haut hinein...«

»Es ist doch stark, daß Sie jetzt gar in der Haut Mischkas stecken wollen!« fuhr die Gräfin höhnisch auf.

»Bis über die Ohren!« entgegnete der Graf, »bis über die Ohren steck ich darin! Ich fühle, als wäre ich es selbst, die Bestürzung und Beschämung, die ihn ergriff. Ich sehe ihn, wie er sich windet in Angst und Verlegenheit, einen scheuen Blick auf Vater und Mutter wirft, die auch nicht wissen, wo ein und aus vor Schrecken, ich höre sein jammervoll klingendes Lachen bei den Worten des Vaters: ›Erbarmen Sie sich, Herr Kammerdiener! Er wird ein Ende machen, das versteht sich, gleich wird er ein Ende machen!‹

Diese Versicherung genügte dem edlen Fritz, er kehrte ins Schloß zurück und berichtete, glücklich über die treffliche Erfüllung seiner Mission, mit den gewohnten Kniebeugungen und dem gewohnten demütigen und freudestrahlenden Ausdruck in seiner Vogelphysiognomie: ›Er laßt die Hand küssen, er wird ein Ende machen.‹«

»Lächerlich!« sagte die Gräfin.

»Höchst lächerlich«, bestätigte der Graf. »Meine gute, vertrauensselige Großmutter hielt die Sache damit für abgetan, dachte auch nicht weiter darüber nach. Sie war sehr in Anspruch genommen durch die Vorbereitungen zu den großen Festen, die alljährlich am zehnten September, ihrem Geburtstage, im Schlosse gefeiert wurden und einen Vor- und Nachtrab von kleinen Festen hatten. Da kam die ganze Nachbarschaft zusammen, und Dejeuners auf dem grünen Teppich der Wiesen, Jagden, Pirutschaden, Soupers bei schönster Waldbeleuchtung, Bälle – und so weiter folgten einander in fröhlicher Reihe ...Man muß gestehen, unsere Alten verstanden Platz einzunehmen und Lärm zu machen in der Welt. Gott weiß, wie langweilig und öde unser heutiges Leben auf dem Schlosse ihnen erscheinen müßte.«[

»Sie waren eben große Herren«, entgegnete die Gräfin bitter, »wir sind auf das Land zurückgezogene Armenväter.«

»Und – Armenmütter«, versetzte der Graf mit einer galanten Verneigung, die von derjenigen, der sie galt, nicht eben gnädig aufgenommen wurde. Der Graf aber nahm sich das Mißfallen, das er erregt hatte, keineswegs zu Herzen, sondern spann mit hellem Erzählerbehagen den Faden seiner Geschichte fort: »So groß der Dienertroß im Schlosse auch war, während der Dauer der Festlichkeiten genügte er doch nicht, und es mußten da immer Leute aus dem Dorfe zur Aushilfe requiriert werden. Wie es kam, daß sich gerade dieses Mal auch Mischkas Geliebte unter ihnen befand, weiß ich nicht; genug, es war der Fall, und die beiden Menschen, die einander hätten meiden sollen, wurden im Dienste der Gebieterin noch öfter zusammengeführt, als dies in früheren Tagen bei der gemeinsame Feldarbeit geschehen war. Er, mit einem Botengang betraut, lief vom Garten in die Küche, sie von der Küche in den Garten – manchmal trafen sie sich auch unterwegs und verweilten plaudernd ein Viertelstündchen...«

»Äußerst interessant!« spottete die Gräfin – »wenn man doch nur wüßte, was sie einander gesagt haben.«

»Oh, wie Sie schon neugierig geworden sind! – aber ich verrate Ihnen nur, was unumgänglich zu meiner Geschichte gehört. – Eines Morgens lustwandelte die Schloßfrau mit ihren Gästen im Garten. Zufällig lenkte die

Gesellschaft ihre Schritte nach einem selten betretenen Laubgang und gewahrte am Ende desselben ein junges Pärchen, das, aus verschiedenen Richtungen kommend, wie freudig überrascht stehenblieb. Der Bursche, kein anderer als Mischka, nahm das Mädchen rasch in die Arme und küßte es, was es sich ruhig gefallen ließ. Ein schallendes Gelächter brach los – von den Herren und, ich fürchte, auch von einigen der Damen ausgestoßen, die der Zufall zu Zeugen dieses kleinen Auftritts gemacht hatte. Nur meine Großmutter nahm nicht teil an der allgemeinen Heiterkeit. Mischka und seine Geliebte stoben natürlich davon. Der Bursche – man hat es mir erzählt«, kam der Graf scherzend einer voraussichtlichen Einwendung der Gräfin entgegen –, »glaubte in dem Augenblick sein armes Mädchen zu hassen. Am selben Abend jedoch überzeugte er sich des Gegenteils, als er nämlich erfuhr, die Kleine werde mit ihrem Kinde nach einer anderen Herrschaft der Frau Gräfin geschickt; zwei Tagereisen weit für einen Mann, für eine Frau, die noch dazu ein anderthalb Jahre altes Kind mitschleppen mußte, wohl noch einmal soviel. – Mehr als: ›Herrgott! Herrgott! o du lieber Herrgott!‹ sprach Mischka nicht, gebärdete sich wie ein Träumender, begriff nicht, was man von ihm wolle, als es hieß, an die Arbeit gehen – warf plötzlich den Rechen, den ein Gehilfe ihm samt einem erweckenden Rippenstoß verabfolgte, auf den Boden und rannte ins Dorf, nach dem Hüttchen, in dem seine Geliebte bei ihrer kranken Mutter wohnte, das heißt gewohnt hatte, denn nun war es damit vorbei. Die Kleine stand reise fertig am Lager der völlig gelähmten Alten, die ihr nicht einmal zum Abschiedsegen die Hand aufs Haupt legen konnte und die bitterlich weinte. ›Hört jetzt auf zu weinen‹, sprach die Tochter, ›hört auf, liebe Mutter. Wer soll Euch denn die Tränen abwischen, wenn ich einmal fort bin?‹

Sie trocknete die Wangen ihrer Mutter und dann auch ihre eigenen mit der Schürze, nahm ihr Kind an die Hand und das Bündel mit ihren wenigen Habseligkeiten auf den Rücken und ging ihres Weges an Mischka vorbei und wagte nicht einmal, ihn anzusehen. Er aber folgte ihr von weitem, und als der Knecht, der dafür zu sorgen hatte, daß sie ihre Wanderung auch richtig antrete, sie auf der Straße hinter dem Dorfe verließ, war Mischka bald an ihrer Seite, nahm ihr das Bündel ab, hob das Kind auf den Arm und schritt so neben ihr her.

Die Feldarbeiter, die in der Nähe waren, wunderten sich: ›Was tut er denn, der Tropf? ... Geht er mit? Glaubt er, weil er so dumm ist, daß er nur so mitgehen kann?‹

Bald nachher kam keuchend und schreiend der Vater Mischkas gerannt: ›Oh, ihr lieben Heiligen! Heilige Mutter Gottes! Hab ich mir's doch gedacht – seiner Dirne läuft er nach, bringt uns noch alle ins Unglück ...Mischka! Sohn – mein Junge! ... Nichtsnutz! Teufelsbrut!‹ jammerte und fluchte er abwechselnd.

Als Mischka die Stimme seines Vaters hörte und ihn mit drohend geschwungenem Stocke immer näher herankommen sah, ergriff er die Flucht, zur größten Freude des Knäbleins, das ›Hott! hott!‹ jauchzte. Bald jedoch besann er sich, daß er seine Gefährtin, die ihm nicht so rasch folgen konnte, im Stich gelassen, wandte sich und lief zu ihr zurück. Sie war bereits von seinem Vater erreicht und zu Boden geschlagen worden. Wie wahnsinnig raste der Zornige, schlug drein mit den Füßen und mit dem Stocke und ließ seinen ganzen Grimm über den Sohn an dem wehrlosen Geschöpfe aus.

Mischka warf sich dem Vater entgegen, und ein furchtbares Ringen zwischen den beiden begann, das mit der völligen Niederlage des Schwächeren, des Jüngeren, endete. Windelweich geprügelt, aus einer Stirnwunde blutend, gab er den Kampf und den Widerstand auf. Der Häusler faßte ihn am Hemdkragen und zerrte ihn mit sich; der armen kleinen Frau aber, die sich inzwischen mühsam aufgerafft hatte, rief er zu: ›Mach fort!‹

Sie gehorchte lautlos, und selbst die Arbeiter auf dem Felde, stumpfes, gleichgültiges Volk, fühlten Mitleid und sahen ihr lange nach, wie sie so dahinwankte mit ihrem Kinde, so hilfsbedürftig und so völlig verlassen.

In der Nähe des Schlosses trafen Mischka und sein Vater den Gärtner, den der Häusler sogleich als ›gnädiger Herr‹ ansprach und flehentlichst ersuchte, nur eine Stunde Geduld zu haben mit seinem Sohne. In einer Stunde werde Mischka gewiß bei der Arbeit sein; jetzt müsse er nur geschwind heimgehen und sich waschen und sein Hemd auch. Der Gärtner fragte: ›Was ist ihm denn? Er ist ja ganz blutig.‹ – ›Nichts ist ihm‹, lautete die Antwort, ›er ist nur von der Leiter gefallen.‹

Mischka hielt das Wort, das sein Vater für ihn gegeben, und war eine Stunde später richtig wieder bei der Arbeit. Am Abend aber ging er ins Wirtshaus und trank sich einen Rausch an, den ersten freiwilligen, war überhaupt seit dem Tage wie verwandelt. Mit dem Vater, der ihn gern versöhnt hätte, denn Mischka war, seitdem er im Schloßgarten Beschäftigung gefunden, ein Kapital geworden, das Zinsen trug, sprach er kein Wort, und von dem Gelde, das er verdiente, brachte er keinen Kreuzer nach Hause. Es wurde teils für Branntwein verausgabt, teils für Unterstützungen, die Mischka der Mutter seiner Geliebten angedeihen ließ; und diese zweite Verwendung des von dem Burschen Erworbenen erschien dem Häusler als der ärgste Frevel, den sein Sohn an ihm begehen konnte. Daß der arme Teufel, der arme Eltern hatte, etwas wegschenkte, an eine Fremde wegschenkte, der Gedanke wurde der Alp des Alten, sein nagender Wurm. – Je wütender der Vater sich gebärdete desto verstockter zeigte sich der Sohn. Er kam zuletzt gar nicht mehr nach Hause, oder höchstens einmal im geheimen, wenn er den Vater auswärts wußte, um die Mutter zu sehen, an der ihm das Herz hing. Diese Mutter...« der Graf machte eine Pause – »Sie, liebe Freundin, kennen sie, wie ich sie kenne.«

»Ich soll sie kennen? ... Sie lebt noch?« fragte die Gräfin ungläubig.

»Sie lebt; nicht im Urbilde zwar, aber in vielfachen Abbildern. Das kleine schwächliche, immer bebende Weiblein mit dem sanften, vor der Zeit gealterten Gesicht, mit den Bewegungen des verprügelten Hundes, das untertänigst in sich zusammensinkt und zu lächeln versucht, wenn eine so hohe Dame, wie Sie sind, oder ein so guter Herr, wie ich bin, ihm einmal zuruft: ›Wie gehts?‹ und in demütigster Freundlichkeit antwortet: ›Vergelt's Gott – wie's eben kann.‹ – Gut genug für unsereins, ist seine Meinung, für ein Lasttier in Menschengestalt. Was dürfte man anders verlangen, und wenn man's verlangte, wer gäbe es einem? – Du nicht, hohe Frau, und du nicht, guter Herr ...«

»Weiter, weiter!« sprach die Gräfin. »Sind Sie bald zu Ende?«

»Bald. – Der Vater Mischkas kam einst zu ungewohnter Stunde nach der Hütte und fand da seinen Jungen. ›Zur Mutter also kann er kommen, zu mir nicht‹, schrie er, schimpfte beide Verräter und Verschwörer und begann Mischka zu mißhandeln, was sich der gefallen ließ. Als der Häusler sich jedoch anschickte, auch sein Weib zu züchtigen, fiel der Bursche ihm in den Arm. Merkwürdig genug, warum just damals? Wenn man ihn gefragt hätte, wie oft er den Vater die Mutter schlagen sah, hätte er antworten müssen: ›Soviel Jahre, als ich ihrer denke, mit dreihundertfünfundsechzig multipliziert, das gibt die Zahl.‹ – Und die ganze Zeit hindurch hatte er dazu geschwiegen, und heute loderte beim längst gewohnten Anblick plötzlich ein unbezwinglicher Zorn in ihm empor. Zum zweiten Male nahm er gegen den Vater Partei für das schwächere Geschlecht, und dieses Mal blieb er Sieger. Er scheint aber mehr Entsetzen als Freude über seinen Triumph empfunden zu haben. Mit einem heftigen Aufschluchzen rief er dem Vater, der nun klein beigeben wollte, rief er der weinenden Mutter zu: ›Lebt wohl, mich seht ihr nie wieder!‹ und stürmte davon. Vierzehn Tage lang hofften die Eltern umsonst auf seine Rückkehr, er war und blieb verschwunden. Bis ins Schloß gelangte die Kunde seiner Flucht; meiner Großmutter wurde angezeigt, Mischka habe seinen Vater halbtot geschlagen und sich dann davongemacht. Nun aber war es nach der Verletzung des sechsten Gebotes diejenige des vierten, die von meiner Großmutter am schärfsten verdammt wurde; gegen schlechte und undankbare Kinder kannte sie keine Nachsicht ... Sie befahl, auf den Mischka zu fahnden, sie befahl, seiner habhaft zu werden, um ihn heimzubringen zu exemplarischer Bestrafung.

Ein paarmal war die Sonne auf- und untergegangen, da stand eines Morgens Herr Fritz an der Gartenpforte und blickte auf die Landstraße hinaus. Lau und leise wehte der Wind über die Stoppelfelder, die Atmosphäre war voll feinen Staubes, den die Allverklärerin Sonne durchleuchtete und goldig schimmern ließ. Ihre Strahlen bildeten in dem beweglichen Element reizende kleine Milchstraßen, in denen Milliarden von winzigen Sternchen aufblitzten. Und nun kam durch das flunkernde, tanzende Atomengewimmel eine schwere, graue Wolkensäule, bewegte sich immer näher und rollte endlich so nahe an der Pforte vorbei, daß Fritz deutlich unterscheiden konnte, wen sie umhüllte. Zwei Heiducken waren es und Mischka. Er sah aus, blaß und hohläugig wie der Tod, und wankte beim Gehen. In den Armen trug er sein Kind, das die Händchen um seinen Hals geschlungen, den Kopf auf seine Schulter gelegt hatte und schlief. Fritz öffnete das Tor, schloß sich der kleinen Karawane an, holte rasch einige Erkundigungen ein und schwebte dann, ein Papagei im Taubenfluge, ins Haus, über die Treppe, in den Saal hinein, in welchem meine Großmutter eben die sonnabendliche Ratsversammlung hielt. Der Kammerdiener, von dem Glücksgefühl getragen, das Bedientenseelen beim Überbringen einer neuesten Nachricht zu empfinden pflegen, rundete ausdrucksvoll seine Arme und sprach, vor Wonne fast platzend: ›Der Mischka laßt die Hand küssen. Er ist wieder da.‹

›Wo war er?‹ fragte meine Großmutter.

›Mein Gott, hochgräfliche Gnaden‹ – lispelte Fritz, schlug mehrmals schnell nacheinander mit der Zunge an den Gaumen und blickte die Gebieterin so zärtlich an, als die tiefste, unterwürfigste Knechtschaft es ihm nur irgend erlaubte. ›Wo wird er gewesen sein ... Bei seiner Geliebten. Ja‹, bestätigte er, während die Herrin, empört über diesen frechen Ungehorsam, die Stirn runzelte, ›ja, und gewehrt hat er sich gegen die Heiducken, und dem Janko hat er, ja, beinahe ein Auge ausgeschlagen.‹

Meine Großmutter fuhr auf: ›Ich hätte wirklich Lust, ihn henken zu lassen.‹

Alle Beamten verneigten sich stumm; nur der Oberförster warf nach einigem Zagen die Behauptung hin: ›Hochgräfliche Gnaden werden es aber nicht tun.‹

›Woher weiß Er das?‹ fragte meine Großmutter mit der strengen Herrschermiene, die so vortrefflich wiedergegeben ist auf ihrem Bilde und die mich gruseln macht, wenn ich im Ahnensaal an ihm vorübergehe. ›Daß ich mein Recht über Leben und Tod noch nie ausgeübt habe, bürgt nicht dafür, daß ich es nie ausüben werde.‹

Wieder verneigten sich alle Beamten, wieder trat Schweigen ein, das der Inspektor unterbrach, indem er die Entscheidung der Gebieterin in einer wichtigen Angelegenheit erbat. Erst nach beendigter Konferenz erkundigte er sich gleichsam privatim nach der hohen Verfügung betreffs Mischkas.

Und nun beging meine Großmutter jene Übereilung, von der ich im Anfang sprach.

›Fünfzig Stockprügel‹, lautete ihr rasch gefällter Urteilsspruch; ›gleich heute, es ist ohnehin Samstag.‹

Der Samstag war nämlich zu jener Zeit, deren Sie«, diesem Worte gab der Graf eine besondere, sehr schalkhafte Betonung, »sich unmöglich besinnen können, der Tag der Exekutionen. Da wurde die Bank vor das Amtshaus gestellt...«

»Weiter, weiter!« sagte die Gräfin, »halten Sie sich nicht auf mit unnötigen Details.«

»Zur Sache denn! – An demselben Samstag sollten die letzten Gäste abreisen, es herrschte große Bewegung im Schlosse, meine Großmutter, mit den Vorbereitungen zu einer Abschiedsüberraschung, die sie den Scheidenden bereiten ließ, beschäftigt, kam spät dazu, Toilette zum Diner zu machen, und trieb ihre Kammerzofen zur Eile an. In diesem allerungünstigsten Momente ließ der Doktor sich anmelden. Er war unter allen Dignitären der Herrin derjenige, der am wenigsten in Gnaden bei ihr stand, verdiente es auch nicht besser, denn einen langweiligeren, schwerfälligeren Pedanten hat es nie gegeben.

Meine Großmutter befahl, ihn abzuweisen, er aber kehrte sich nicht daran, sondern schickte ein zweitesmal und ließ die hochgeborene Frau Gräfin untertänigst um Gehör bitten, er hätte nur ein paar Worte über den Mischka zu sprechen.

›Was will man denn noch mit dem?‹ rief die Gebieterin; ›gebt mir Ruhe, ich habe andere Sorgen.‹

Der zudringliche Arzt entfernte sich murrend.

Die Sorgen aber, von denen meine Großmutter gesprochen hatte, waren nicht etwa frivole, sondern solche, die zu den peinvollsten gehören – Sorgen, für welche Ihnen, liebe Freundin, allerdings das Verständnis und infolgedessen auch das Mitleid fehlt – Poetensorgen.«

»O mein Gott!« sagte die Gräfin unbeschreiblich wegwerfend, und der Erzähler entgegnete: »Verachten Sie's, soviel Sie wollen, meine Großmutter besaß poetisches Talent, und es manifestierte sich deutlich in dem Schäferspiel Les adieux de Chloë, das sie gedichtet und den Darstellern selbst einstudiert hatte. Das Stückchen sollte nach der Tafel, die man im Freien abhielt, aufgeführt werden, und der Dichterin, obwohl sie ihres Erfolges ziemlich sicher war, bemächtigte sich, je näher der entscheidende Augenblick kam, eine desto weniger angenehme Unruhe. Beim Dessert, nach einem feierlichen, auf die Frau des Hauses ausgebrachten Toast, gab jene ein Zeichen. Die mit Laub überflochtenen Wände, welche den Einblick in ein aus beschnittenen Buchenhecken gebildetes Halbrund verdeckt hatten, rollten auseinander, und eine improvisierte Bühne wurde sichtbar. Man erblickte die Wohnung der Hirtin Chloë, die mit Rosenblättern bestreute Moosbank, auf der sie schlief, den mit Tragant überzogenen Hausaltar, an dem sie betete, und den mit einem rosafarbigen

Band umwundenen Rocken, an dem sie die schneeig weiße Wolle ihrer Lämmchen spann. Als idyllische Schäferin besaß Chloë das Geheimnis dieser Kunst. Nun trat sie selbst aus einem Taxusgange, und hinter ihr schritt ihr Gefolge, darunter ihr Liebling, der Schäfer Myrtill. Alle trugen Blumen, und in vortrefflichen Alexandrinern teilte nun die zarte Chloë dem aufmerksam lauschenden Publikum mit, dies seien die Blumen der Erinnerung, gepflückt auf dem Felde der Treue und bestimmt, dargebracht zu werden auf dem Altar der Freundschaft. Gleich nach dieser Eröffnung brach ungemessener Jubel im Auditorium los und steigerte sich von Vers zu Vers. Einige Damen, die Racine kannten, erklärten, er könne sich vor meiner Großmutter verstecken, und einige Herren, die ihn nicht kannten, bestätigten es. Sie aber konnte über die Echtheit des Enthusiasmus, den ihre Dichtung erweckte, nicht im Zweifel sein. Die Ovationen dauerten noch fort, als die Herrschaften schon ihre Wagen oder ihre Pferde bestiegen hatten und teils in stattlichen Equipagen, teils in leichten Fuhrwerken, teils auf flinken Rossen aus dem Hoftor rollten oder sprengten.

Die Herrin stand unter dem Portal des Schlosses und winkte den Scheidenden grüßend und für ihre Hochrufe dankend zu. Sie war so friedlich und fröhlich gestimmt, wie dies einem Selbstherrscher, auch des kleinsten Reiches, selten zuteil wird. Da – eben im Begriff, sich ins Haus zurückzuwenden – gewahrte sie ein altes Weiblein, das in respektvoller Entfernung vor den Stufen des Portals kniete. Es hatte den günstigsten Augenblick wahrgenommen und sich durch das offenstehende Tor, im Gewirr und Gedränge unbemerkt, hereingeschlichen. Jetzt erst wurde es von einigen Lakaien erblickt. Sogleich rannten sie, Herrn Fritz an der Spitze, auf das Weiblein zu, um es gröblich hinwegzuschaffen. Zum allgemeinen Erstaunen jedoch winkte meine Großmutter die dienstfertige Meute ab und befahl zu fragen, wer die Alte sei und was sie wolle. Im nämlichen Moment räusperte sich's hinter der Gebieterin und nieste, und den breitkrempigen Hut in der einen

Hand und mit der anderen die Tabaksdose im Busen verbergend, trat der Herr Doktor bedächtig heran: ›Es ist, hm, hm, hochgräfliche Gnaden werden entschuldigen‹, sprach er, ›es ist die Mutter des Mischka.‹

›Schon wieder Mischka, hat das noch immer kein Ende mit dem Mischka? ... Und was will die Alte?‹

›Was wird sie wollen, hochgräfliche Gnaden? Bitten wird sie für ihn wollen, nichts anderes.‹

›Was denn bitten? Da gibt's nichts zu bitten.‹

›Freilich nicht, ich habe es ihr ohnehin gesagt, aber was nutzt's? Sie will doch bitten, hm, hm.‹

›Ganz umsonst, sagen Sie ihr das. Soll ich nicht mehr aus dem Hause treten können, ohne zu sehen, wie die Gartenarbeiter ihre Geliebten embrassieren?‹

Der Doktor räusperte sich, und meine Großmutter fuhr fort: ›Auch hat er seinen Vater halbtot geschlagen.‹

›Hm, hm, er hat ihm eigentlich nichts getan, auch nichts tun wollen, nur abhalten, die Mutter nicht ganz totzuschlagen.‹

›So?‹

›Ja, hochgräfliche Gnaden. Der Vater, hochgräfliche Gnaden, ist ein Mistvieh, hat einen Zahn auf den Mischka, weil der der Mutter seiner Geliebten manchmal ein paar Kreuzer zukommen läßt.‹

›Wem?‹

›Der Mutter seiner Geliebten, hochgräfliche Gnaden, ein erwerbsunfähiges Weib, dem sozusagen die Quellen der Subsistenzmittel abgeschnitten worden sind ...dadurch, daß man die Tochter fortgeschickt hat.‹

›Schon gut, schon gut! ... Mit den häuslichen Angelegenheiten der Leute verschonen Sie mich, Doktor, da mische ich mich nicht hinein.‹

Der Doktor schob mit einer breiten Gebärde den Hut unter den Arm, zog das Taschentuch und schneuzte sich diskret. ›So werde ich also der Alten sagen, daß es nichts ist.‹ Er machte, was die Franzosen une fausse sortie nennen, und setzte hinzu: ›Freilich, hochgräfliche Gnaden, wenn es nur wegen des Vaters wäre...‹

›Nicht bloß wegen des Vaters, er hat auch dem Janko ein Auge ausgeschlagen.‹

Der Doktor nahm eine wichtige Miene an, zog die Augenbrauen so hoch in die Höhe, daß seine dicke Stirnhaut förmliche Wülste bildete, und sprach: ›Was dieses Auge betrifft, das sitzt fest und wird dem Janko noch gute Dienste leisten, sobald die Sugillation, die sich durch den erhaltenen Faustschlag gebildet hat, aufgesaugt sein wird. Hätte mich auch gewundert, wenn der Mischka imstande gewesen wäre, einen kräftigen Hieb zu führen nach der Behandlung, die er von den Heiducken erfahren hat. Die Heiducken, hochgräfliche Gnaden, haben ihn übel zugerichtet.‹

›Seine Schuld; warum wollte er ihnen nicht gutwillig folgen.‹

›Freilich, freilich, warum wollte er nicht? Vermutlich, weil sie ihn vom Sterbebette seiner Geliebten abgeholt haben – da hat er sich schwer getrennt ...Das Mädchen, hm, hm, war in anderen Umständen, soll vom Vater des Mischka sehr geprügelt worden sein, bevor sie die Wanderung angetreten hat. Und dann – die Wanderung, die weit ist, und die Person, hm, hm, die immer schwach gewesen ist ...kein Wunder, wenn sie am Ziele zusammengebrochen ist.‹

Meine Großmutter vernahm jedes Wort dieser abgebrochenen Sätze, wenn sie sich auch den Anschein zu geben suchte, daß sie ihnen nur eine oberflächliche Aufmerksamkeit schenkte. ›Eine merkwürdige Verkettung von Fatalitäten‹, sprach sie, ›vielleicht eine Strafe des Himmels.‹

›Wohl, wohl‹, nickte der Doktor, dessen Gesicht zwar immer seinen gleichmütigen Ausdruck behielt, sich aber allmählich purpurrot gefärbt hatte. ›Wohl, wohl, des Himmels, und wenn der Himmel sich bereits dreingelegt hat, dürfen hochgräfliche Gnaden ihm vielleicht auch das weitere in der Sache überlassen ...ich meine nur so!‹ schaltete er, seine vorlaute Schlußfolgerung entschuldigend, ein – ›und dieser Bettlerin‹, er deutete nachlässig auf die Mutter Mischkas, ›huldvollst ihre flehentliche Bitte erfüllen.‹

Die kniende Alte hatte dem Gespräch zu folgen gesucht, sich aber mit keinem Laut daran beteiligt. Ihre Zähne schlugen vor Angst aneinander, und sie sank immer tiefer in sich zusammen.

›Was will sie denn eigentlich?‹ fragte meine Großmutter.

›Um acht Tage Aufschub, hochgräfliche Gnaden, der ihrem Sohne diktierten Strafe untersteht sie sich zu bitten, und ich, hochgräfliche Gnaden, unterstütze das Gesuch, durch dessen Genehmigung der Gerechtigkeit besser Genüge geschähe, als heute der Fall sein kann.‹

›Warum?‹

›Weil der Delinquent in seinem gegenwärtigen Zustande den Vollzug der ganzen Strafe schwerlich aushalten würde.‹

Meine Großmutter machte eine unwillige Bewegung und begann langsam die Stufen des Portals niederzusteigen. Fritz sprang hinzu und wollte sie dabei unterstützen. Sie aber winkte ihn hinweg: ›Geh aufs Amt‹, befahl sie, ›Mischka ist begnadigt.‹

›Ah!‹ stieß der treue Knecht bewundernd hervor und enteilte, während der Doktor bedächtig die Uhr aus der Tasche zog und leise vor sich hinbrummte: ›Hm, hm, es wird noch Zeit sein, die Exekution dürfte eben begonnen haben.‹

Das Wort, ›begnadigt‹ war von der Alten verstanden worden; ein Gewinsel der Rührung, des Entzückens drang von ihren Lippen, sie fiel nieder und drückte, als die Herrin näher trat, das Gesicht auf die Erde, als ob sie sich vor soviel Größe und Hoheit dem Boden förmlich gleichzumachen suche.

Der Blick meiner Großmutter glitt mit einer gewissen Scheu über dieses Bild verkörperter Demut: ›Steh auf‹, sagte sie und zuckte zusammen und horchte ...und alle Anwesenden horchten erschaudernd, die einen starr, die andern mit dem albernen Lachen des Entsetzens. Aus der

Gegend des Amtshauses hatten die Lüfte einen gräßlichen Schrei herübergetragen. Er schien ein Echo geweckt zu haben in der Brust des alten Weibleins, denn es erhob stöhnend den Kopf und murmelte ein Gebet...

›Nun?‹ fragte einige Minuten später meine Großmutter den atemlos herbeistürzenden Fritz: ›Hast du's bestellt?‹

›Zu dienen‹, antwortete Fritz mit seinem süßesten Lächeln: ›Er laßt die Hand küssen, er ist schon tot.‹« –

»Fürchterlich!« rief die Gräfin aus, »und das nennen Sie eine friedliche Geschichte?«

»Verzeihen Sie die Kriegslist, Sie hätten mich ja sonst nicht angehört«, erwiderte der Graf. »Aber vielleicht begreifen Sie jetzt, warum ich den sanftmütigen Nachkommen Mischkas nicht aus dem Dienst jage, obwohl er meine Interessen eigentlich recht nachlässig vertritt.«

Bleibende Literatur bedeutet – fast ausnahmslos – Verdammung von Unterdrückung jedweder Art und das Ersehnen freier und gerechter Verhältnisse für alle Menschen, gleich welchen Geschlechts. Mit ihrem unbeirrbaren Blick und mitfühlenden Herzen lenkt uns die Ebner-Eschenbach in die eiskalte Finsternis des sogenannten Oben und Unten. Dieses alte, verkommene Gesellschaftskonstrukt von Besitzenden und Besitzlosen, von Mächtigen und Machtlosen, von Lügnern und Betrogenen, von Gewalttätigen und Geschlagenen beherrscht heute die Welt, nur ist es nicht ewig ertragbar. Das wusste schon vor über 100 Jahren Marie von Ebner-Eschenbach. Ihre ins englische Exil geflohene Landsmännin Hermynia Zur Mühlen würdigte sie 1945 in dem für Kinder und Jugendliche und einem gesellschaflichen Neuaufbau in Österreich zugedachten Band »Kleine Geschichten von großen Dichtern« – jenen Dichtern, die der Faschismus zu vergessen oder zu missbrauchen versuchte – mit dem Porträt einer großen Menschenfreundin und nennt es »Helles Herz«. Es schließt mit dem zitierten aphoristischen Bekenntnis der Marie von Ebner-Eschenbach. »Man muss das Gute tun, damit es in der Welt sei.« Das ließ sich von den Nazis nicht missbrauchen, Hermynia Zur Mühlen in tiefster Not aber überleben.

Bertha von Suttner

> »Tod und Tötung hat nichts unsittliches für euch, ihr wohlerzogenen Dämchen – aber bei der bloßen Erwähnung der Dinge, welche die Quellen des fortgepflanzten Lebens sind, müsst ihr errötend wegschauen. Das ist eine grausame Moral.«
>
> *Aus »Die Waffen nieder! Eine Lebensgeschichte«*

BERTHA VON SUTTNER
(1843-1914)

Als einzige der von mir ausgewählten schriftstellerisch tätigen Frauen hat es Bertha von Suttner mit ihrem Roman »Die Waffen nieder! Eine Lebensgeschichte« zu einem Welterfolg geschafft. Der große Wurf von 1889 gründete sich weniger auf literarischer Neuerung als vielmehr auf politischer Brisanz. So schonungslos hatte noch niemand vor ihr über den Krieg und seine entsetzlichen Folgen geschrieben. Von nun an war die Stimme der Suttner unüberhörbar, in Zeitungen, ihren Büchern, auf Podien und Tribünen vieler Länder. Unterstützt von ihrem Mann engagierte sie sich beispiellos für die Idee und praktischen Möglichkeiten einer friedlichen Welt. Aufhalten konnte sie keinen Krieg, selbst die überwiegende Mehrheit der Intellektuellen ließ nicht ab von der Kriegsbejahung, zu Teilen sogar wahrer Begeisterung. Im Gegensatz zu ihnen war Bertha von Suttner in der Lage, die Gefahr und das Leid eines Krieges vorauszusehen und für dessen Unterbindung zu streiten, allzeit in der Hoffnung, die Menschheit doch noch umzustimmen. Trotz größter Belesenheit und einer Hochzahl internationaler Kontakte und Erfahrungen blieben ihr die ursächlichen Triebkräfte von Kriegen verschlossen. Erst am Ende ihres Lebens, unmittelbar vor dem Ausbruch des 1. Weltkrieges, offenbarten sich ihr in einigen wenigen Sozialisten und ihrer Anhängerschaft die eigentlichen Kräfte gegen den Krieg. Deren propagierter revolutionärer Weg zu einer konsequent gerechten

Gesellschaft, die zugleich die konsequente Abschaffung von Kriegen bedeutete, war für sie nicht begehbar. Dennoch – ihr wichtigster Gedanke, die Waffen schweigen, die Aufrüstung gar nicht erst beginnen zu lassen, gilt auch unter den Bedingungen heutiger Kriege als der erste wesentliche Schritt, Frieden zu erzwingen. Sie kämpfte für die Installierung von Schiedsgerichten, die die zwischenstaatlichen Konflikte unter Ausschluss militärischer Mittel regeln sollten. Als Frau den vielerorts bejubelten Krieg öffentlich zu entlarven und zu verdammen, brachte ihr neben Hohn und Spott aber auch Anerkennung, nicht zuletzt in Form des Friedensnobelpreises. Mit all ihren Aktionen richtete sie sich leidenschaftlich gegen Nationalismus und Antisemitismus, gegen die Einschränkung von Minderheiten- wie Frauenrechten.

Solch einen nicht gewöhnlichen Lebensweg zu beschreiben und mit allen Mühen, Entbehrungen und Anfeindungen unbeirrt zu gehen, wurde nur möglich, in dem sie sich frühzeitig von aristokratischen Gepflogenheiten unabhängig machte, erwerbstätig wurde, ihrer Liebe und ihrem Gewissen mutig, ja abenteuerlich folgte, sich vielseitig bildete, gleichberechtigt und politisch aktiv lebte. Damit widersetzte sie sich den traditionellen Konventionen leerer aristokratischer Vergnügungssucht, ohne allerdings ihren Stand restlos zu verlassen oder von ihm verstoßen zu werden. Ihr Aufklärertum hat die Menschheit vor dem 1. Weltkrieg nicht retten können, aber es wurde zum immerwährenden Maßstab im Strom aller Friedensbewegten. Heute, wo permanent aufrüstende Länder unter Zuhilfenahme des Nationalismus Völker gegeneinander hetzen – wie vor 100 Jahren –, gerät der Appell »Die Waffen nieder!« zu höchster Aktualität. Die deutsche Friedensbewegung agiert, wenn auch gegenwärtig schwächelnd, unter der Losung ihrer Mitbegründerin Bertha von Suttner.

Als 1843 im Palais des alten böhmischen Fürstengeschlechts der Kinskys in Prag Bertha geboren wird, ist ihre Mutter, Gräfin Kinsky, bereits Witwe eines fast 50 Jahre älteren Generals. Von der Hocharistokratie wird sie von nun an gemieden, denn sie ist bürgerlicher Herkunft, mit Theodor Körner verwandt, und hat keinerlei alten Adelsstammbaum, ihr mangelten die »sechzehn Ahnen«, vorzuweisen. Bertha, das jüngste der Kinder, ergeht es später ähnlich wie ihrer Verwandten und Schriftstellerkollegin Marie von Ebner-Eschenbach, durch Heirat »sinkt« sie ebenfalls von der Gräfin zur Baronin herab. Beide Frauen hatten ihre Visitenkarten stets mit dem Vermerk auf ihre gräfliche Abkunft versehen. Selbst für Jenny Marx wurde es in den besseren Londoner Jahren von Belang, auf die aristokratische Herkunft zu verweisen, sie stilisierte sich sogar zur Baronin. Die Visitenkarten waren allen diesen Frauen für ihre gesellschaftliche Reputation wichtig, vielleicht gerade weil sie mit ihren Familien häufig auf Kriegsfuß standen, ihre Herkunft aber keineswegs verleugnen wollten und sich für ihre Tätigkeiten maßgebliche Kontakte leichter zugänglich erhofften. Wir wissen doch, bis in unsere Zeit lassen sich Leute von Adelstiteln beeindrucken und öffnen untertänigst Türen und Kassen, nicht fähig, einen listigen Scharlatan dahinter zu wittern. Bertha von Suttner ist eine von jenen, die den österreichischen Adel in seinem Wesen erfasst: »... hier sind die Zehntausend mehr Kaste als Klasse. Die Bläue ihres Blutes ist ihnen Glaubensartikel. Eine Kluft liegt zwischen ihnen und dem Mittelstande. Dieser aber ist es, der die Arbeit – sowohl die manuelle wie die intellektuelle – betreibt, und da jeder Kulturfortschritt nur ein Ergebnis der Arbeit ist, so erhellt, dass die zeitbewegenden Gedanken vom Mittelstande ausgehen. Zu den jenseits dieses Standes lebenden Zehntausend dringen jene Gedanken nicht deutlich, sondern nur wie ein etwas unangenehmer – weil drohender – Brandungslärm hinüber.« Im Allgemeinen herrsche in der Welt der Hocharistokratie »ein seliges Nichtwissen all der Dinge, die das Jahrhundert bewegen«. Sehr wohl betrachtet und genießt sie die kulturellen Herrlichkeiten, die der Adel in seinen Schlössern für sich anhäufte, erkennt zugleich, dass der ganze nur ererbte, nie erarbeitete Reichtum zu Selbsterhebung, Hochmut und Konservatismus führt. Trotzdem – mit ihrer Garderobe bringt sie unübersehbar zum Ausdruck, dass sie dem Adel zugehörig erscheint. Das Zu-den-Mächtigen-gehören und mit ihnen Umgang pflegen, blieb ihr immer wichtig. Ihre spätere aktive Friedensarbeit bestand in großem Maße darin, die Kontakte zu den Herrschenden für eine Politik des Friedens und der Völkerverständigung zu nutzen, dabei jedoch deren Unfähigkeit zum Frieden übersehend.

Geliebt fühlt sich Bertha von ihrer Mutter, die bald nach der Geburt nach Brünn umzieht, wo der Vormund Graf Fürstenberg Schlösser und Güter besaß. Hier erwartet Bertha die übliche Kindheit mit englischen und französischen Gouvernanten, Klavierspielen und Singen, mit kleinen Landausflügen, Sonntagsmessen und Verehrung für den Kaiser. Als Bertha 12 Jahre alt ist, beziehen ihre Tante und ihre fast gleichaltrige Cousine Elvira Büschel das Haus. Sie ist hochgebildet, kennt bereits die Schriften von Kant, Fichte und Hegel, Shakespeare und die zeitgenössische Literatur. Die Cousine schreibt Dramen, Novellen und Gedichte, ist fast eine berühmte Dichterin, die sogar von Grillparzer und der Ebner-Eschenbach lobenden Besuch empfängt. Die junge Bertha ist von den Fähigkeiten begeistert und schreibt, angeregt von ihr, ihre erste Novelle als 16-Jährige. Die Mütter und deren Töchter ziehen nach Wien. Da die Mütter das Geld verspielen, müssen sie die Wiener Wohnung aufgeben und ein kleines Landhaus in Klosterneuburg beziehen. Bertha, Komtesse Kinsky, volljährig, soll nun wie jedes adlige Mädchen mit den traditionellen Vorbereitungen in die Ehe geschoben werden. Dementsprechend zählen nur Mode, Toilette, Bälle und Männer.

Aus Not, weil sich kein anderer Bewerber findet, verlobt sie sich in Wien mit dem steinreichen 52-jährigen Baron Gustav von Heine-Geldern, dem jüngeren Bruder von Heinrich Heine, dessen Gegner er natürlich ist. Mit seinem Geld und seinen Beziehungen zur Regierung ist er bemüht, Mutter und Tochter zu verwöhnen. Doch Bertha ekelt sich vor dessen ungeliebten Körper und löst die Verlobung. Es folgen vergnügliche Reisen nach Baden, Rom, Venedig und neuerliche Männerbekanntschaften, denen Bertha gerne Körbe erteilt. Was die junge Bertha von ihren anderen Standesgenossinnen unterschied, war die fehlende Erziehung in einer Klosterschule, dafür las sie zu Hause, aus ihren Memoiren erfahren wir welche Lektüre: »Den ganzen Shakespeare, den ganzen Goethe, den ganzen Schiller und Lessing, den ganzen Victor Hugo, Anastasius Grün, Hamerling, Grillparzer, Byron, Shelley, Alfred Musset, Tennyson unter den Dichtern; und von den Romanschriftstellern kannte ich den ganzen Dickens, den ganzen Bulwer ... Im Französischen die Romane der George Sand, Balzac, Dumas – das Theater der Corneille, Racine, Molière, Dumas fils, Augier, Sardou«, daneben wissenschaftliche Literatur wie »ethnographische, chemische, astronomische und philosophische Werke«. Auf dem Heiratsmarkt verschlechterten sich damit ihre Heiratschancen, »Blaustrümpfe«, gebildete, gelehrte Frauen waren in der aristokratischen Gesellschaft allzeit unerwünscht. Die Mutter ist weiterhin vergnügungssüchtig und verspielt in den mondänen Amüsierzentren das restliche Vermögen, so auch im Sommer 1864 im Kurort Homburg vor der Höhe. Hier lernt Bertha für ihr späteres Leben wichtige Personen kennen, Ekaterina Dadiani, Fürstin von Mingrelien und Tochter eines georgischen Fürsten, eine Dame von Welt, und den Vetter der Fürstin, Prinz Heraklius von Georgien.

Beide wecken ihr Interesse für den Kaukasus. In ihren Memoiren schreibt Bertha, inzwischen 21 Jahre geworden, über diese Zeit: »Nach einigen Saisons tritt eine Ernüchterung aber bei allen ein. Wer sich immer an den geselligen Festen genügen lässt, auch wenn die erste Jugend vorbei ist, und wenn die Verheißungen sich nicht erfüllt haben, wer dann nicht in anderen Zwecken, in neuen Pflichten, in ernster Tätigkeit ›das Wichtige‹ erkennt, der ist dann allerdings rettungslos frivol.« Nun will sie Sängerin werden und nimmt Gesangsunterricht, aber mit 23 muss sie den Traum abbrechen. Der verlustreiche Krieg Österreichs gegen Preußen lässt Bertha noch völlig unberührt. Im Winter 1867/68 zogen Mutter und Tochter nach Paris, vergnügen sich bei Hochzeiten, Bällen und anderen Geselligkeiten und kuren in den Sommern mit berühmten Leuten; Bertha plaudert mit König Wilhelm von Preußen, nimmt Gesangsstunden bei Pauline Viardot und sieht deren langjährigen Freund Iwan Turgenjew. 1868 sitzt Bertha einem australischen Betrüger auf, der angeblich steinreich, sie heiraten will, über Nacht jedoch verschwindet. Bertha gesteht sich ein, dass sie wieder bereit gewesen war, sich an einen ungeliebten Mann zu »verkaufen«. Aber schon taucht ein neuer Bräutigam auf – Adolf Prinz zu Sayn-Wittgenstein-Hohenstein. Mit ihm singt sie Liebesduette, schmiedet Heiratspläne und weiß nicht, dass sie abermals einem Betrüger, diesmal einem Verschwender mit Haftbefehl, auf den Leim geht. Ihr Bräutigam fasst eine Reise mit ihr nach Amerika ins Auge, doch der Vater stimmt einer Heirat nicht zu, und so macht sich Adolf allein in Richtung Amerika auf, eine enttäuschte Bertha zurücklassend. Auf der Überfahrt verstirbt der geliebte Mann. In ihren viel später geschriebenen Memoiren hat sie ihre Jugend keiner Beschönigung unterzogen, »wahr sein, ganz wahr!« – darunter wollte sie kein Schreiben.

Völlig gegen den Trend nimmt Gräfin Bertha Kinsky, inzwischen 30, unverheiratet und nicht mehr vermögend, indes ausgestattet mit hoher Allgemeinbildung, den Fremdsprachen Englisch, Französisch, Italienisch, gutem Klavierspiel und Singen, die Stelle einer Erzieherin von vier Töchtern im Wiener Palais des Barons Karl von Suttner an. 1873, im Jahr ihrer Einstellung, wirft der große Börsenkrach die Familie von Suttner in finanzielle Engpässe, die noch Jahrzehnte später für Bertha und ihren Mann belastend waren. Drei Jahre währt die heimliche Liebe zu dem sieben Jahre jüngeren Arthur von Suttner, dem jüngsten der drei Söhne der Familie. Doch das Verhältnis wird bemerkt und Bertha gebeten das Haus zu verlassen. Neuerliche Arbeit findet sie bei dem Schweden Alfred Nobel, dem berühmten Erfinder des Dynamits, als Sekretärin und Aufsicht des Haushalts in Paris. So fesselnd die geistvollen Unterhaltungen mit Nobel auch waren, die Entsagung der Liebe zu Arthur macht sie »steinunglücklich«, und sie erfährt vom tiefen Trübsinn, dem auch Arthur verfallen ist: »Kann ohne dich nicht leben!« Nach acht Tagen kehrt sie Nobel in seiner Abwesenheit den Rücken, bleibt ihm aber bis zu seinem Tode eng verbunden. Bertha bekennt sich zu ihrem geliebten Arthur, der zu erwartenden existenziellen Unsicherheit und bereitet, sich versteckend, ihre gemeinsame Flucht in den Kaukasus zu ihren georgischen Bekannten, der Fürstenfamilie von Mingrelien, vor. Er macht für die Reise Schulden und es wird im Juni 1876 noch geheiratet, heimlich und ohne Pomp. Dann beginnt die Flucht in den georgischen Teil des russischen Zarenreiches und zugleich die Erfahrung des Arbeitenmüssens, beide geben Musik-, Französisch- und Deutschstunden, schreiben Artikel für österreichische und deutsche Zeitungen, er über die Ereignisse im Kaukasus und den gerade begonnenen Krieg zwischen Russland und dem Osmanischen Reich, sie schreibt Novellen und unterhaltsame Fortsetzungsromane, u. a. die Autobiografie ihrer Ehe »Es Löwos« unter dem Pseudonym B. Oulet. Mit dem erarbeiteten Geld können sie ihre prekäre Lebenssituation bestreiten. »Damit begann unsere Schule des Lebens ... Hier haben wir gelernt, an den Fragen der Menschheit Anteil zu nehmen, hier ist der Drang in uns erwacht, Erkenntnis zu sammeln«, ist in den Memoiren zu lesen. 1878, als der Russisch-Türkische Krieg ausbrach, waren die Erkenntnisse der jungen Suttners noch spärlich, einige politische Hintergründe erschlossen sich ihnen erst Jahre später durch den Aufsatz »Das Christentum und der Patriotismus« (1894) von Leo Tolstoi. Da sind sie von ihm so begeistert, dass sie seine Werke studieren und in brieflichen Kontakt treten.

Ihr Leben im Kaukasus verlief überwiegend – wenn sie nicht Gäste der Fürsten waren – in einem entlegenen Bauernhaus mit »Hilfsdienerin«. Sie ließen sich Zeitungen und die neuesten Bücher aus Westeuropa zukommen, lasen und diskutierten sie und führten eine ausgiebige Korrespondenz mit den Verfassern. Die damalige internationale Atmosphäre in Georgien, besonders hinsichtlich der Vielfalt religiösen Glaubens, prägt die Suttners stark. Sie werden Freidenker, Parteigänger für die Wissenschaft und Wahrheit. Politisch sprachen sie sich gegen die aristokratischen Vorrechte, für Demokratisierung und eine Verfassung aus, ganz so wie es schon die Befürworterinnen der Revolution von 1848 Malwida von Meysenbug und Bettina von Arnim vertreten hatten. Bei Bertha von Suttner verstärkte sich diese Intention durch einen fast schwärmerischen Fortschrittsoptimismus, den

Glauben an die gesetzmäßige Veredelung der Menschheit und der sie umgebenden Natur, angeregt (auch fehlgedeutet) durch die Lektüre Darwins. Im Sommer 1882 ziehen die Suttners nach Tiflis, einer Stadt, die sich durch die bereits erwähnte lebendige Internationalität auszeichnet, allein 2000 Deutsche wirken hier kreativ.

Bertha von Suttner möchte die seichten Liebesgeschichten, die sie bisher vornehmlich schrieb und von der Aristokratie bevorzugt gelesen wurden, nun gegen Ernsthaftes austauschen und beginnt den philosophischen Roman »Inventarium einer Seele«, wo sie erstmals gegen die vorherrschenden Auffassungen über Krieg und Frieden polemisiert. Krieg sei kein Naturgesetz und der Kampf gegen Widrigkeiten muss den Krieg ausschließen. Der ewige Frieden allerdings könne nur durch Abschreckung mittels moderner Waffen errungen werden, da ist sie noch ganz Parteigängerin Alfred Nobels. Das Buch erscheint 1883 in Leipzig und ruft unterschiedliche Reaktionen hervor, »Sie sind mir allzu gläubig, Baronin«, ist die des damals berühmten dänischen Literaturhistorikers Georg Brandes. Dieser Einwand wird sie auch künftig begleiten. 1884 erscheint der Roman »Ein Manuskript« in Leipzig, ausgelöst durch den Tod ihrer Mutter. Eine über viele Monate dauernde Übersetzung des georgischen Nationalepos »Der Recke im Tigerfell« wurde abgebrochen und hatte nur Geldnot produziert. Ihre Lage verschärfte sich durch den bevorstehenden Krieg zwischen Österreich und Russland, der sie zu feindlichen Ausländern erklärt hätte. Die Suttners brechen 1885 nach Österreich auf, sie 42 und Arthur 35 Jahre alt, ohne Vermögen, jedoch mit neuem sozialen Bewusstsein. »Nicht das Glück, welches aus Glanz, aus Rang- und Reichtumsgenuß besteht, denn von diesem muß jeder instinktiv fühlen, dass es nur auf Kosten der Armut und der Niedrigkeit der anderen bestehen kann; solches Glück ist allen Verbesserungsideen und Reformplänen und überhaupt allen Änderungen abhold.« Während der Balkankrisen war Bertha von Suttner nicht für eine Verketzerung des russischen Volkes als dem sogenannten österreichischen Erzfeind zu gewinnen. »Sich das russische Volk als ein kriegswütiges vorzustellen, beruht auf völligem Irrtum. Es ist im Gegenteil eines der friedfertigsten, gutmütigsten Völker, die es gibt.« Wie sehr bräuchte man heute, angesichts der militärischen Umklammerung Russlands durch die NATO, solches verständnisvolle Hantieren in der Politik gegenüber Russland, geht es mir durch den Kopf. Die Suttner war auch nicht gegen das preußische Volk zu bewegen, als im Preußisch-Österreichischen Krieg ihre Landsleute bei Königgrätz blutigst besiegt wurden. Sie war gegen überhaupt kein Volk zu bewegen.

Nach den georgischen Jahren ziehen sie ins elterliche Haus der Suttners in Harmannsdorf im Waldviertel ein. Inmitten der großen Familie setzen sie ihre wissenschaftlichen und philosophischen Arbeiten fort, geraten mit ihren liberal-sozialen und antiklerikalen Überzeugungen natürlich in immer tiefer reichendere Widersprüche zu dem erzkonservativen Elternhaus wie auch zum politischen System insgesamt. Die Ergebnisse ihres Schreibens wurden im adligen Hause völlig ignoriert, »Literatur ist ein Feld, das ihnen fremder ist als die Kraterlandschaften des Mondes.« In ihrem nächsten Roman »High Life« 1886, da ist sie 43, setzt sie sich mit der an den Bewegungen des Jahrhunderts desinteressierten Lebensweise der österreichischen Aristokratie sarkastisch auseinander, indem sie über ihre jugendlichen Erlebnisse reflektiert: »Da sieht sie in ihrem früheren tagesfüllenden Umgang eine ganz eigene nomadisierende Völkerschaft, die ihre Zelte an alle Vergnügungsorte schleppt und sich überall da zu Hause fühlt, wo sie ihresgleichen begegnet ... Es sind die Zigeuner des Luxus. Wo es von Opernmusik, Pferdehufschlag, Champagnergläsergeklirr und Flirt-Gekicher erschallt; wo Wappen und Kronen, Fächer und Reitgerten, Puderquaste und Jagdgewehr die Insignien des Berufes bilden; wo man Baccara spielt, sich auf Degen schlägt, Zweitausendfrancs-Toiletten trägt, Tauben schießt, Korso fährt, verschleiert zum Rendezvous eilt, seine Ahnen von den Kreuzzügen datiert oder seinen Kredit nach Millionen beziffert. Da hat sich solch ein Luxuszigeunerlager aufgeschlagen.« Sie erkennt, dass die Aristokratie diesen Status quo natürlich mit allen Mitteln erhalten möchte, vornehmlich mit militärischen. »Die

Bertha von Suttner

Helden und Statisten des luxuriösen Festspiels, welches die europäische Zeitgeschichte heißt, sind nicht nur mit Wappenschildern, Ordensbändern, diamantblitzenden Crachats und sonstigem unschuldigen Flitter ausgestattet – nein, im Hintergrunde schimmern auch gezogene Schwerter und mordwuchtige Geschütze, man sieht gefletschte Zähne und blutgierige Augen glänzen, tigersprungbereit sind die Heere aufgestellt und werden zum Totschlag gedrillt.« Bertha von Suttner bringt die Phantasie auf, die barbarischen Bilder eines Krieges auszumalen und Kritik am Kaiser zu üben. Darin geht sie über die längste Zeit kaisertreue Marie von Ebner-Eschenbach hinaus. Dass die Einnahme kritischer Haltung ein nicht leicht zu erwerbender Standpunkt ist, besagt sie mit den Worten: »... denn ich bin doch mit allerlei Fibern an alte Traditionen geknüpft, fest genug, um das Prestige von Rang und Macht zu fühlen.«

Gleichen tun sich beide Schriftstellerinnen in ihrer Wahrheitsliebe und Realismusverehrung. Ihre Bücher sollten aufklären, erziehen, »nützen, erheben, beglücken«. Sie weisen dennoch große literarische Unterschiede auf. Bertha von Suttner bevorzugt durchgängig eine pädagogisch-aufklärerische Richtung. Sie »schmuggelt ihre Ideen hinein«, wo Marie von Ebner-Eschenbach stärker literarisch erzählend auf Barmherzigkeit erregende Gefühle im Leser hinschreibt. Von Bertha von Suttner folgt 1888 der »Schriftsteller-Roman«, der ihre Arbeits- und Lebensweise und Ansprüche offenlegt. Hervorhebenswert wird das 1889 unter dem Pseudonym Jemand erscheinende Sachbuch »Das Maschinenalter. Zukunftsvorlesungen über unsere Zeit«. In ihm beleuchtet sie ihre Zeit als eine Übergangszeit, mit der Hoffnung auf vernunftvolle Technikfortschritte in einem künftigen »Maschinenalter«, in dem sich »das demokratische Prinzip gegen Despotenverehrung, das Humanitätsprinzip gegen Streitaxt-Schwingerei und das wissenschaftliche Prinzip gegen Wundergeschichten« nicht mehr sträuben müssen. Scharf geht sie in den einzelnen Kapiteln gegen den Nationalismus und das veraltete Schulsystem vor, das die neuesten Erkenntnisse der Wissenschaften ausschließe. Sie vermisst einen modernen Geschichtsunterricht und eine prüdefreie sexuelle Aufklärung, sie beklagt veraltete Staatsformen, die überkommene Stellung der Frau, der Kirche, Kunst und Wissenschaften. »Maschinenalter« war Suttners erste explizit pazifistische Schrift, wo sie nach humanen Konfliktlösungen für den nächsten herandrohenden Krieg nachzudenken begann: »Jener Punkt, wo alles, was ist, aufhören muss – der Punkt der Unerträglichkeit nämlich –, von dem war die Waffenbelastung der Welt nicht mehr fern. Aller Reichtum, alle Volkskraft, alles Leben nur auf ein Ziel – Vernichtung – hingelenkt: ein solches System muss endlich entweder die Menschheit oder sich selber vernichten.« Da hatte sie sich von dem Nobelschen Abschreckungsgedanken entfernt.

Mit dem Honorar reisen die Suttners nach Paris und werden nun in den Salons Zeugen einer neuerlichen Kriegsstimmung. Kräfte in Frankreich wollen Revanche für die Niederlage von 1870/71. Die Suttners wissen natürlich um die politischen Absichten Bismarcks, seinerseits den Krieg nicht weniger zu schüren. Sie knüpfen Beziehungen zu andersdenkenden Intellektuellen und fühlen sich wie jene als »Weltbürger und nicht in Nationalstolz befangene Menschen«. Im Hause des französischen Schriftstellers Alphonse Daudet hörte Bertha von Suttner erstmals von einer organisierten Friedensbewegung, dieser Gedanke elektrisierte sie, schon vorher begriff und verurteilte sie den Krieg als »Riesenfrevel. Zugleich der Höhepunkt der Unvernunft«. Sie erfährt, dass es Friedensvereine in einer Reihe von Ländern gibt. Von nun an bildet der vehemente Gedanke der Verhinderung von Kriegen sowohl in ihren Hauptwerken als auch parallel dazu in der Organisation internationaler Friedensaktivitäten ihr Lebenszentrum. Dabei gerät sie natürlich in die Nähe jener politischen Kraft, die den Krieg zwischen den Völkern entschieden ablehnt, die damals noch revolutionäre Sozialdemokratie. Diese wiederum erkennt in Bertha von Suttner eine Bündnispartnerin in Sachen Frieden. Kein Geringerer als der sozialistische Abgeordnete und Vorsitzende der SPD, August Bebel, rezensiert »Das Maschinenalter« in Karl Kautskys herausgegebener »Neuen Zeit«. Es sei »eine gute Propagandaschrift für weniger vorgeschrittene Leserkreise«. Und verweist kritisch auf das seiner Meinung nach Fehlende, die unterlassene Erwähnung wesentlicher Zusammenhänge von Produktionsweisen, Fabrikwesen und Arbeiterexistenz, kurz »der treibenden Kräfte und Gesetze des Kapitalismus«. Bertha von Suttner hatte in ihrem Bücherregal in Harmannsdorf neben dem verehrten Darwin auch Marx stehen. Während sie den einen beschwärmt und zum Teil falsch propagiert, will sie dem anderen nicht folgen, Klassenkampf, gar Revolution widersprechen ihrer Auffassung vom Frieden und der Schaffung des »Edelmenschen«. Diesen Standpunkt wird sie nie verlassen. Dennoch erkannte und würdigte die Suttner die seit 1870 entschieden vertretene Haltung von Wilhelm Liebknecht und August Bebel, die deutsche Annexionspolitik und alle Kriegskredite abzulehnen. Sie war bereit zu lernen und bei Neuauflagen das Hinzugewonnene einzuarbeiten bzw. zu präzisieren.

1888 beginnt sie den Roman »Die Waffen nieder! Eine Lebensgeschichte«. Das Buch, viele Male verlegt und übersetzt, erstmalig ohne Pseudonym, wird schon 1889 ein Welterfolg. Die Geschichte der jungen Gräfin Martha Althaus, die in zwei Kriegen, 1859 und 1870, jeweils einen Ehemann verliert und sich anschließend in der Friedensbewegung engagiert, stieß auf ein breites Leserinteresse. Bertha von Suttner hatte in Vorbereitung auf das Buch viele Gespräche und Dokumente studiert, so dass sie, der die Anschauung und das eigene Erleben fehlten, es vermochte, sehr konkret die entsetzlichen Bilder nach den Schlachten nachfühlbar zu schildern. Statt Heldentum, Ruhm und Herrlichkeit des Krieges zeichnet sie die grausamen Verwüstungen und das entwürdigende Sterben der Menschen, die Blutbäder und Verstümmelungen und entlarvt die ewigen Phrasen und Lügen von Heldentod und Ehre fürs Vaterland, entmystifiziert den Krieg als ein von Herrschenden gemachtes Verbrechen. Hoffnungsgestimmt entlässt sie den Leser und ruft ihn auf, sich der organisierten Friedensbewegung anzuschließen. Eine Reihe von Verlagen hatten die Veröffentlichung des Romans aus politischen Gründen oder weil sich Leser durch den Inhalt abgestoßen fühlen könnten, abgelehnt. Die Erstauflage war schnell vergriffen. Sie hatte heftige Streitgespräche über Krieg und Frieden in der Gesellschaft ausgelöst.

Besonders erfreute Bertha von Suttner 1892 die Bitte von Wilhelm Liebknecht, den Roman im »Vorwärts«, deren Chefredakteur er war, abdrucken zu dürfen. Sie sagte zu: »Die Sozialdemokratie ist eine große Friedensliga« (erinnern wir uns, wie viele Jahre Marie von Ebner-Eschenbach für ihre Zustimmung benötigte, dass – erst zu Beginn des 20. Jahrhunderts – eine Novelle von ihr in diesem Parteiorgan gedruckt werden konnte). Bertha von Suttner war da aus anderem Holz, sie suchte im Interesse des Völkerfriedens ein breites Bündnis mit der großen und einflussreichen Partei: »Ich bin sogar sehr stolz darauf, dass die Sozialdemokraten, die die Friedensgesellschaft bisher als bourgeois und als ohnmächtig verächtlich beiseite schoben, uns durch mein Buch jetzt näher gebracht werden – dass zu Marthas Eroberungen nun auch das Haupt der großen Volkspartei gehört.« »Die Waffen nieder!« erschien vom 20. August bis zum 22. November 1892 meistenteils auf der ersten Seite des »Vorwärts«. Die zahlreiche Begegnung von lesenden Arbeitern und dem Antikriegsbuch führte zu dessen Massenerfolg, was ein bürgerlich-adliges Publikum nie vermocht hätte. Schließlich erhoffte sie sich auch, den sozialen Problemen im Zuge der Friedensfrage zur Lösung zu verhelfen. Nach ihrer Fortsetzungsreihe folgte die von Friedrich Engels' »Kann Europa abrüsten?« mit konkreten Abrüstungsvorschlägen. Die Sozialdemokraten nutzten seine und Bertha von Suttners Arbeit für ihre Opposition gegen den Rüstungsetat im deutschen Reichstag.

Zur Reaktion auf das Buch gehört nunmehr ihre Einbindung in die praktische Arbeit der Friedensbewegung. Ihr besonderes Interesse galt der Mitwirkung russischer Intellektueller. So schickt sie Leo Tolstoi die russische Ausgabe ihres Buches und bittet ihn um Geleitworte für den Dritten Internationalen Friedenskongress 1891 in Rom. Er antwortet tatsächlich: »Der Abschaffung der Sklaverei ist das berühmte Buch einer Frau, Frau Beecher-Stowe, vorausgegangen; Gott gebe es, dass die Abschaffung des Krieges Ihrem Buch folge.« Und sympathisiert mit dem Anliegen des Kongresses. Seinem Tagebuch (und Wiener Literaturkreisen) aber ist zu entnehmen, dass dem Buch literarische Begabung abgesprochen wurde. Sie selbst sah sich weniger als Künstlerin denn als Aufklärerin, fühlte sich dennoch von der Kritik, wie z. B. durch Karl Kraus, gekränkt. Dass sich rechte Kräfte ob ihrer antiklerikalen, »schwarzen« Kriegsschilderungen oder ihrer Sympathie für andere Völker gereizt fühlten, war zu erwarten und konnte sie gut verschmerzen. Vielen, unterschiedlich Gesinnten, ging es gegen die Hutschnur, dass ausgerechnet eine Frau sich dem Thema des Krieges verschrieb. Deren öffentlich gemachten Spott und Hass hatte Bertha von Suttner zeitlebens zu ertragen. Von ihrer aristokratischen Familie wurde sie als Abtrünnige, das Buch als gefährlich (gleichlautend wurde es auch Bettina von Arnim seitens ihrer Familie um die Ohren gehauen) und ihre Friedensarbeit als feindlich betrachtet. Sie kommentiert dies: »Für sie sind alle, die den heutigen Gesellschaftsstaat (ein Staat, der ihnen so viele Vorteile bietet) reformieren wollen, Verbrecher oder Verrückte.«

Mit dem erworbenen Geld für »Die Waffen nieder!« verbrachten die Suttners den Winter 1890/91 in Venedig. Wieder knüpfen sie Kontakte zu anderen Pazifisten. Ihr Ziel am Ende der Reise ist die Gründung einer österreichischen Friedensgesellschaft und die Aktivierung von Parlamentariern für die Interparlamentarische Union, die, den Friedensgesellschaften adäquat, ebenfalls jährlich tagte. 1891 reist sie bereits als Präsidentin der soeben gegründeten österreichischen Friedensgesellschaft zum Internationalen Friedenskongress nach Rom. Das für die Reisen, Korrespondenzen und Werbung notwendige Geld erhielt sie Jahr für Jahr vorrangig von Alfred Nobel. Rastlos kämpfte sie gegen den Ausbruch des 1. Weltkriegs, in dem Glauben, ihn und andere Kriege durch internationale Friedensarbeit für immer »abzuschütteln«. Sie bediente sich vornehmlich klangvoller, also, aristokratischer Namen einer elitären

Minderheit und verbaute sich dadurch eine breite Wirksamkeit und Erfolge. Die österreichische wie die deutsche Sozialdemokratie beteiligten sich an derartigen Gesellschaften, Kongressen gar nicht erst. Auch waren die Friedensfreunde der unterschiedlichen Länder bezüglich der nationalen Konflikte zerstritten (das Hauptproblem damals war Elsaß-Lothringen, beide, Frankreich und Deutschland beanspruchten diese Gebiete. Ein anderes Problem bestand in der Einflusslosigkeit der österreichischen Friedensgesellschaft gegenüber Ungarn, Böhmen und weiteren Teilen des Habsburger Reiches).

An die Stelle der Schriftstellerei traten Organisatorisches, Reisen, Reden, Artikel u. a. für die Zeitschrift »Die Waffen nieder!«, dem Organ der österreichischen Friedensgesellschaft, in Wien von Bertha herausgebracht und in Berlin von ihrem Mitstreiter Alfred H. Fried bis 1899 gedruckt, ab 1900 erschien dann, ebenfalls im Verlag von Alfred H. Fried, die »Friedenswarte«. Leo Tolstoi lässt sich für die Mitarbeit bewegen, Henrik Ibsen lehnt ab. Von Marie von Ebner-Eschenbach kennen wir die Antwort, sie wollte nur eine stille Bekennerin sein, mit Rücksicht auf ihre Verwandtschaft. Die Zeitschriften werden auch zum Podium der 1892 gegründeten deutschen Friedensgesellschaft, deren aktive Initiatorin Bertha von Suttner war, wie für die Gesellschaften anderer Länder. Nach 10 Jahren ergebnisloser Friedensarbeit ruft sie sich und anderen mutmachend zu: »Aber die Fahne lassen wir nicht sinken ... Bleiben wir auf Posten!«

Mit großem Engagement stemmt sich Bertha von Suttner gegen den seit den 80er Jahren aufkommenden wütenden Antisemitismus in Österreich. Hintergrund war eine Fluchtwelle vieler russischer, vor allem armer Juden, die sich vor den Pogromen im Zarenreich in Sicherheit bringen wollten und in der neuen Heimat abermals um ihre Existenz bangen mussten. Gemeinsam mit ihrem Mann ist sie – parallel zur Friedensarbeit – aktiv in dem von ihnen 1891 gegründeten »Verein zur Abwehr des Antisemitismus«. Sie weiß, ein Frieden nach außen lässt sich nur durch einen Frieden von gleichberechtigten Mitbürgern im Inneren herstellen. Wieder gewinnen sie Prominente mit klangvollen Namen, unter ihnen das Ehepaar Ebner-Eschenbach. 1892 gründeten die Suttners die Zeitung »Das Freie Blatt«, um gegen die weit verbreiteten antisemitischen Hetzblätter und hoffähig gewordenen Aktivitäten des Staates und der Kirche zu protestieren. Es ist erstaunlich, wie kraftvoll Bertha von Suttner beispielsweise den Appell des christlich-sozialen Prinzen Liechtenstein »Kauft nicht bei Juden!« mit »Liebt nicht bei Antisemiten!« parierte. Dieser Aufruf zum Liebesboykott erregte öffentliches Aufsehen und brachte ihr zur »Friedensbertha« noch den weiteren Spott der »Judenbertha« ein. Für die katholische Zeitung »Das Vaterland« galten Bertha von Suttner und Marie von Ebner-Eschenbach als »frauengefährdend«, sie seien »wahre Typen eines gottentfremdeten Kulturweibertums«. Die Antisemiten waren auf dem Vormarsch, Bertha von Suttner musste die Wirkungslosigkeit ihres Vereins resigniert akzeptieren, 1896 stellte »Das Freie Blatt« die Arbeit ein. Hart attackiert wurden die Suttners vom zionistisch gesinnten Wiener Schriftsteller Theodor Herzl. Seiner Idee der Gründung eines separaten Judenstaates wollten sie nicht folgen, vielmehr wünschten sie sich, die Juden zu assimilieren, eine Verbrüderung. Herzl erwiderte dieses Ansinnen mit der Forderung nach Auflösung des »Abwehrvereins«. Die Suttners, erst Arthur, dann Bertha, schwenken um und vertreten nun die Notwendigkeit eines festen Zufluchtsortes, eines Vaterlandes für Juden, wodurch auch der Antisemitismus vom Zionismus besiegt werden könnte – im Sinne der Friedensbewegung. Die Idee wurde mit der Gründung des Staates Israel auf dem Gebiet Palästinas 1948 wahr. Leider ist daraus einer der leidvollsten andauernden Konfliktherde entstanden. Die millionenfache Vertreibung und Tötung der arabischen Bevölkerung, der Raub ihres Landes und die israelischen Expansionen gegen weitere Staaten bringen andauernd nichts als Zerstörung und Elend für alle in den Konflikt verwickelten Völker. Die Anerkennung auch eines palästinensischen Staates, eine klar geregelte Zweistaatenlösung, ist lange überfällig, könnte sie doch das Ende des seit 70 Jahren währenden Krieges bringen. Erleben tun wir gerade das ganze Gegenteil.

1897 mischt sich Bertha in die antisemitisch geprägte Dreyfus-Debatte ein und steht voll hinter Emile Zolas Forderung nach Neuaufnahme des Prozesses und Rehabilitierung des nach seiner Überzeugung zu Unrecht verurteilten jüdischen Offiziers. Zola – und da steigert sich die Empörung – wird zu Gefängnis und Geldstrafe verurteilt, entkommt dem durch Flucht nach England. Der damalige Wiener Bürgermeister Lueger tönt: »Dreyfus gehört auf die Todesinsel und alle Juden dazu!« und findet einen erstarkenden Widerhall. Hitler wird sich später auf ihn berufen.

Bertha von Suttners Engagement gegen die Verfolgung und Unterdrückung der Juden – sie bat auch in einem Brief an den russischen Außenminister um eine Audienz von Theodor Herzl bei Zar Nikolaus II. – führte mehr und mehr zur Diskreditierung der Friedensvereine als »Judenvereine« und »jüdischer Intrige« und zu persönlichen Angriffen von Bertha von Suttner und ihrem jüdischen Mitarbeiter und Verleger Alfred H. Fried. In jenen schwierigen Jahren schrieb Bertha wieder Romane, so u. a. 1894 »Vor dem Gewitter«, 1896 »Einsam und arm« und 1899 »Schach der Qual«.

Sie setzte ihre Hoffnungen auf das 20. Jahrhundert, es sollte den Durchbruch bringen für Abrüstung und Frieden und die Einführung eines internationalen Schiedsgerichtes zur Klärung bzw. Vorbeugung von Konflikten. Sie glaubte noch an den österreichischen Kaiser Franz Joseph und vor allem an den russischen Zaren Nikolaus II., an dessen Friedenswillen und Unterstützung für eine internationale Friedenskonferenz unter erstmaliger Beteiligung von Regierungen. 1898 war Bertha von Suttner geradezu elektrisiert vom »Friedensmanifest« des russischen Zaren und enttäuscht von der deutschen Sozialdemokratie, die den russischen Vorschlägen skeptisch begegnete. »Der jetzige Abrüstungsvorschlag des zaristischen Russlands ist Schwindel«, so Wilhelm Liebknecht. In einem Brief von August Bebel an Bertha von Suttner wird diese Position begründet:

Berlin, 31. Januar 1899

Hochgeehrte Frau!

Sie hatten die Güte, mich für den verflossenen Sonntag zu einem Besuche einzuladen.

Ich war leider außerstande, diesem Wunsche folgen zu können, weil der Brief keine Angabe über Ihre Wohnung enthielt und ich dieselbe erst nachträglich erfahren konnte.

Erlauben Sie mir, hierbei gleich ein paar Worte über meine Stellung zur Frage des Friedensmanifestes des russischen Kaisers hinzuzufügen, da ich annehmen darf, daß ich dieser Angelegenheit die Ehre Ihres Schreibens zu verdanken habe.

Die Sozialdemokratie steht dem dem Manifest zugrunde liegenden Gedanken sympathisch gegenüber. Sie ist bisher im deutschen Reichstag die einzige Partei gewesen, die der Entwicklung des Militarismus fast mit denselben Worten wie der russische Kaiser entgegengetreten ist; sie vertritt allein und konsequent die Idee der Völkerverbrüderung zwecks Förderung der gemeinsamen Kulturaufgaben der Menschheit.

Daß nun der Monarch eines Reiches wie das russische, dessen Politik bisher die Entwicklung des Militarismus mit in erster Linie förderte und notwendig machte, nunmehr als ein Gegner auftritt, ist hoch anerkennenswert, kann uns aber nicht verhindern, dem Vorgehen mit einem gewissen Mißtrauen zu begegnen, bis nicht durch entsprechende Taten bewiesen wurde, daß dieses ungerechtfertigt ist. Die Einberufung der Konferenz mit dem bekannten, neuerdings veröffentlichten Programm genügt dazu noch nicht.

Auch sind es jedenfalls sehr gewichtige innere politische Gründe, die die russische Regierung veranlaßten, die Vertretung des kaiserlichen Planes zu übernehmen, was anderenfalls kaum geschehen wäre. Auch ein absolut regierender Kaiser ist noch nicht allmächtig.

Aus den kurz hier angeführten Gründen steht die Sozialdemokratie einer Agitation im Sinne des kaiserlichen Manifestes kühl gegenüber; sie kann nicht durch ein

Hand-in-Hand-Gehen mit dieser Agitation die Verantwortung übernehmen für das, was zur Zustimmung und Verherrlichung des kaiserlichen Manifestes getan und gesagt wird. Wollten ihre Vertreter alsdann Einsprache erheben, so würde dies nur einen Mißklang hervorrufen, welcher der Sache selbst, um die es sich handelt, nachteilig wäre.

Ich glaube daher, daß es im beiderseitigen Interesse liegt, in dieser Angelegenheit getrennt zu marschieren und jede Richtung ihren besonderen Standpunkt selbständig vertreten zu lassen.
Mit vorzüglicher Hochachtung
A. Bebel

Wieder geht man getrennte Wege. Die Sozialdemokratie jener Zeit sieht das Problem von Krieg und Frieden nicht in der Versöhnung aller, in der Balance zwischen Oben und Unten, wie Bertha es sich mit dem Satz »Krieg und Frieden ist keine Klassenfrage.« wünscht. Die sozialen Spannungen im Innern und die ökonomischen und politischen Widersprüche zwischen den europäischen Staaten waren inzwischen derart zugespitzt und die Stimmungen aufgeheizt, dass die empfohlene Verbrüderung für die Sozialdemokratie als völlig illusorisch betrachtet wurde. Trotzdem waren Bertha von Suttners immerwährende Forderung, Krieg als Mittel der Politik auszuschließen, und ihr Ruf »Die Waffen nieder!« nicht falsch und sind heute noch gültig. Widerstand erfuhr Bertha von fast allen Seiten, ihr Buch »Die Waffen nieder!« wurde in Russland verboten, ausgerechnet dort, wo sie sich zugkräftige Unterstützung für ihre Friedensidee erhoffte.

Die Erste Haager Friedenskonferenz fand über drei Monate im Frühjahr 1899 statt, »um die Mittel zu suchen, der Welt dauernden, wahrhaften Frieden zu sichern«. Ganze 10 Jahre hatten sich Bertha und ihre Freunde dafür eingesetzt, sie blieben während der Konferenz im Hintergrund, in Berthas Salon liefen dennoch die inoffiziellen Fäden zusammen. Der erhoffte Erfolg blieb aus, die Ergebnisse der Konferenz beschränkten sich lediglich auf eine unverbindliche Konvention zur friedlichen Schlichtung internationaler Konflikte. Die heftigste Bremse war Deutschland, es forcierte die Rüstung vor allem durch seine Hochseeflotte. Aber aufgerüstet wurde überall. Nur wenige Monate nach der Haager Konferenz bricht der Burenkrieg aus. Bertha kämpft wie gehabt in Vorträgen, Appellen und Zeitungsartikeln gegen alle Formen des Nationalismus, egal in welchem Land. Ohne Ergebnis. Es beginnt der Krieg europäischer Länder gegen China, wo sich Russland in der Mandschurei besonders grausam verhielt. Seltsamerweise bleibt ihr Glaube an den »Friedenszaren« unerschütterlich. Ihr Buch »Die Haager Friedenskonferenz. Tagebuchblätter« wird ein Misserfolg, es ist belanglos und schlecht geschrieben. Auch bei weiteren kriegerischen Auseinandersetzungen hofft sie auf das Haager Schiedsgericht und wird wie immer enttäuscht. 1905 bricht in Russland die erste Revolution aus, die Arbeiter fordern die Beendigung des Krieges Russlands gegen Japan und eine Konstitution. Der Zar lässt Tausende friedlich Demonstrierende erschießen, was als Petersburger Blutsonntag in die Geschichte einging. Die Revolution ergreift auch den Kaukasus. Bertha ist erschrocken und verzweifelt: »... die furchtbare Revolution hat gesiegt – und wehe, was nun folgt.« Anstatt sich dem berechtigten Wunsche der russischen Arbeiter nach Frieden anzuschließen, sorgt sie sich um »ihren Friedens-Nikolaus« in gänzlicher Verkennung seiner verübten Brutalität. Ihr Verhaftetsein in der Aristokratie und im bürgerlich-liberalen Denken ist nicht hilfreich, einen wirklichen Weg in Richtung Frieden und soziale Gerechtigkeit beschreiten zu können. Frieden zwischen den Völkern ist ohne soziale Befriedung im Innern nicht zu haben, eine Erkenntnis, die schon Bettina von Arnim kam, als sie die Befreiung des polnischen Volkes vom preußischen Joch verschmelzen sah mit dem 1848iger Kampf um Demokratie und Gerechtigkeit in Preußen selbst. Ein Seitenwechsel kam für Bertha nicht in Frage. Für aristokratische Verhältnisse war sie schon weit – bis ins Skandalöse – vorgeprescht. Am Ende des 19. Jahrhunderts nannte sie sich Pazifistin. 1907 hält sie während der Zweiten Haager

Konferenz ein paar Fäden in der Hand. Bei der Abrüstungsfrage gibt es keinerlei Fortschritte, in allen Ländern wird für den Krieg gerüstet.

Literarisch konnte sie keinen Erfolg mehr vorweisen. Etliche Romane, schnell und unkonzentriert geschrieben, brachten lediglich das dringend benötigte Geld für den Unterhalt des hochverschuldeten Schlosses und der vor dem Bankrott stehenden Güter. Die Ehe der Suttners, die sich ohne Kinder genügte, kam ins Wanken, Arthur hatte sich in seine ebenfalls im Schloss wohnende junge Nichte und sie in ihn verliebt. Man bleibt unter einem Dach, quälend und ungeliebt. Es kränkt Bertha von Suttner sehr, dass sie in einem Roman ihrer Nichte das ganze Liebesverhältnis und über sich selbst Unverblümtes lesen muss. In dieser Zeit vieler Enttäuschungen, Streit, Eifersucht und Geldmangel klärt sie ihren Nachlass und ihr Testament mit dem Wunsch nach Feuerbestattung, was damals nur im Krematorium in Gotha möglich war. Ihr Mann hinterlässt ihr kurz vor seinem Tode 1902 einen Brief und bittet sie, in ihrem Engagement »zum Besserwerden der Welt« weiterhin beizutragen. »In dem, was wir leisten, sind wir einig, und davon musst Du trachten, noch viel zu leisten.« Unmittelbar nach dem Tod folgt die Versteigerung des Schlosses wegen Überschuldung. Bertha von Suttner bezieht eine kleine Wohnung in Wien und sorgt erstmals in ihrem Leben für sich allein. Da sie kein Geld hat, spenden Freunde, darunter auch Marie von Ebner-Eschenbach. Die Summe, übergeben zum 60. Geburtstag, ist so hoch, dass sie davon bis zur Verleihung des Nobelpreises leben und sich eine komfortable Wohnung leisten kann. Aber Dazuverdienen bleibt ihr nicht erspart und so beginnt sie die »Briefe an einen Toten«, ein Porträt von Arthur, und veröffentlicht es 1904. Sie hinterlässt der Nachwelt einen makellosen Mann, eine allzeit glückliche Ehe, und für sie schmückt sein Konterfei altarähnlich das Wohn- und Arbeitszimmer. Nebenher Reisen, Vorträge und Artikel für die Friedensarbeit, angetrieben von ihrem engsten Mitarbeiter Alfred H. Fried. Sie liest und geht in die Oper, pflegt Freundschaften, z. B. zu Arthur Schnitzler, den wie die ganze neue Literatur die Ebner-Eschenbach, wie wir uns erinnern, nicht mochte.

Als Alfred Nobel 1896 verstarb, hatte er testamentarisch verfügt, aus den Zinsen seines veranlagten Vermögens von 35 Millionen Kronen künftig fünf Preise zu vergeben, darunter den Friedenspreis. Vehement dazu angeregt hatte ihn seine Freundin Bertha von Suttner in einem intensiven Briefwechsel, so dass sie – nach der Testamentseröffnung – ihren Anspruch auf den Preis öffentlich verteidigte. Aber Nobel hatte die Vergabe nicht eindeutig geregelt, wie sie es sich wünschte. Das norwegische, damals noch zu Schweden gehörende Preiskomitee in Christiania (heute Oslo) startete eine weltweite Umfrage, um auf diese Weise den Preisträger zu küren. 1901, 1902, 1903 und 1904 ging sie – entgegen alle Erwartungen – leer aus. Erst 1905 entschied man sich mehrheitlich für sie und überreichte ihr im Frühling 1906 den Preis. Inzwischen hatte man sie während einer 6-monatigen Vortragsreise durch die USA 1904 bejubelt, das dafür benötigte Geld schenkte ihr Emanuel Nobel, der reiche Neffe ihres Freundes. Den Friedensnobelpreisträger von 1906, Roosevelt, konnte sie auf Grund seiner forcierten Rüstungsprogramme überhaupt nicht billigen, auch nicht die nachfolgenden Preisträger. Und heute ist es nicht anders, dieser Preis wird fast ausnahmslos nicht an tatsächliche Friedenskämpfer verliehen. Eine interessante Charakteristik der Fragwürdigkeit des Preises entdeckte ich kürzlich in dem 2014 erschienenen Buch »Der Mann im Schatten. Eduard Fuchs« von Ulrich Weitz. Dort wird der sozialistische Kulturpolitiker Fuchs zitiert: »ich gehöre ... zu jenen, die im Nobel-Preis eine der ekelhaftesten Komödien der verlogenen bürgerlichen Kultur erblicken. Schwätzer wie Quidde bekommen einen Preis, volksparteiliche Minister wie Herr Stresemann, die genauso imperialistisch eingestellt sind wie ihre Vorgänger im Weltkrieg ... das ist die eine Seite. Die andere Seite ist, dass man durch derartige Kindereien nicht den Frieden vorbereitet, sondern nur die Massen betölpelt. Die dritte Sache ist die, dass ein Forscher von Rang und Bedeutung nicht durch ein Geldgeschenk (das aus der Fabrikation des wichtigsten

Kriegsmittels, des Dynamit, ermöglicht wird) geehrt werden kann, sondern höchstens kompromittiert wird.«

Die hohe Geldsumme bedeutete einen Segen für sie. Einen Großteil legte sie fest an, um von der Verzinsung bis an ihr Lebensende gesichert leben zu können, sie beglich alte Schulden gegenüber Gläubigern und beschenkte Familienangehörige und andere Bittsteller in großzügiger Weise. Dennoch vermisste sie schon bald die jahrzehntelange Unterstützung durch Alfred Nobel, sie suchte angestrengt nach einem neuen persönlichen Mäzen. Erst 1912 gelang ihr die Bewilligung einer Lebensrente durch den reichen Industriellen Andrew Carnegie. Gleichermaßen verband sie das Einwerben von Geld mit einer Beeinflussung für ihr pazifistisches Anliegen. Sie spannte allzeit umfangreiche Netzwerke zwischen Monarchen, Ministern, Diplomaten, Parlamentariern, zwischen einflussreichen Herrschenden. Dabei passiert es, dass sie den Phrasen des deutschen Kaisers Wilhelm II. benebelt auf den Leim geht. Sie glaubte ernsthaft, die Mächtigen zur Kasse und zum Frieden bewegen und das Volk durch Aufklärung veredeln zu können. Da sie ihre Begegnungen in den Fürstenhöfen Europas in der Presse penibel ausbreitet, ruft sie Kritiker auf den Plan. Kein Geringerer als Karl Kraus nimmt ihre Überlieferungen beim Wort und macht sie lächerlich. Zu Recht, denn sie wurde von den Herrschenden mit deren Friedens-Konversationen hereingelegt. Aus ihren Träumereien ist sie spät erwacht: »Ja, die Völker ahnen nicht, was die großen Herren, welche die Weltgeschichte machen, für kleine Mittelchen anwenden, für kleine Zweckchen verfolgen ..., aus welchen dann die gewaltigen Ereignisse hervorgehen, die als der Ausdruck des göttlichen Willens, oder des naturgesetzlich bedingten Weltgeschehens ausgelegt werden. ... Die großen Herren da oben wissen nichts vom Volke; für seine Leiden und Hoffnungen fehlt ihnen das Verständnis.«

Die Führer der deutschen Sozialdemokratie Wilhelm Liebknecht und August Bebel kannte sie (natürlich viel weniger als manchen europäischen Fürstenhof), wusste um deren konsequenten Kampf gegen Militarismus und soziale Ungerechtigkeit, für Frieden und Völkerverständigung. Sie hatte erfahren, dass beide für ihre Überzeugungen, klug und mutig, mehrfach Hochverratsprozesse und Gefängnisstrafen unangefochten und ungebrochen überstanden hatten. Beide nahmen ernsthaft und kritisch Anteil an ihren Büchern wie an ihren Aktivitäten. Doch sie mochte sie wegen ihrer revolutionären, klassenkämpferischen Haltung nicht. Erst ganz am Ende ihres Lebens war angesichts der Skepsis gegenüber den Machthabern und der Leiden des Volkes in ihr eine neue Sicht gewachsen: »Da sind die Demonstrationen der Arbeiter ... eine bessere Hoffnung!« Doch bis zu dieser Einsicht haderte sie noch, das Trennende, so argumentierte sie, sei, dass der Klassenkampf, wo auch ihr »Die Waffen nieder!« verhalle, sich an die kriegerischen Instinkte wende. Die Sozialdemokraten seien die »einzigen offenen Friedensfreunde. Wir dürfen deshalb uns nicht mit ihnen amalgieren.« Sie unterstellte ihnen, gegen den Krieg lediglich eines »Punktes im Parteiprogramm«, weniger des Abscheus wegen, aufzutreten. Die besitzenden Herrscher und nichtbesitzenden Beherrschten wollte sie, Bertha, allein durch Aufklärung zu Sittlichkeit und Vernunft erziehen, die rauen, unglücklich machenden Lebensumstände des Volkes zu mildern. Eigentlich seien alle die Sozialdemokraten, bekannte sie, die das anstreben. Die Sozialdemokratie als kämpferische politische Organisation lehnte sie bis unmittelbar vor Ausbruch des Krieges ab. In ihr sah sie lange die Freiheit des Einzelnen, der Minderheit nicht gewährleistet – wenn die Vergesellschaftung der Produktionsmittel stattgefunden hat.

Ihr politisches Konzept wollte die Verbrüderung aller miteinander. So blieb nur die punktuelle Übereinstimmung, und die reichte für die Denunzierung zur »Roten Bertha«, obwohl sie den revolutionären Gedanken an eine sozialistische Gesellschaft zeitlebens ablehnte. Schwierig gestaltete sich für Bertha von Suttner ebenso die Berührung mit der sozialistischen Frauenbewegung in Österreich und deren Begründerin Adelheid Popp, die täglich 12 Stunden in der Fabrik arbeitete und sich nachts Lesen und Schreiben selbst beibrachte, ihre Bildung vertiefte, um für die Interessen der Arbeiterinnen öffentlich zu kämpfen. Als Bertha von Suttner 1906 – nach der Verleihung des Nobelpreises – und auch in späteren Jahren sich um Kontakte bemühte, blieben diese von Adelheid Popp unerwidert. Zu tief war die Kluft zwischen einer körperlich schwer arbeitenden Frau und einer Baronin, deren ausgestellter Habitus leider nicht zum Bündnis einlud. Von Friedrich Engels und August Bebel, die miteinander befreundet waren, wurde Adelheid Popp sehr geschätzt. Sie besuchten sie in ihrer armseligen Behausung in Wien. 1911, bei einer großen Demonstration für das Frauenwahlrecht bekannte sich die Sozialistin zu den Zielen der Friedensbewegung: »Wir wollen aber auch dagegen kämpfen, daß Millionen verwendet werden für Mordzwecke und Bruderkrieg. Wir wollen, daß die Mordrüstungen ihr Ende nehmen, und diese Millionen verwendet werden für die Bedürfnisse des Volkes.« Bertha erfreute diese »Mithilfe der einen, bisher entrechteten Menschheitshälfte«. Zu der bürgerlichen Frauenbewegung in ihrem Land verhielt es sich umgekehrt. Bertha von Suttner erfüllte einige ihrer Anforderungen und Auftritte, aber weniger als von den Organisatorinnen erwünscht, sie wollte sich in ihrer Arbeit für den Frieden nicht verzetteln, argumentierte sie.

Keineswegs der Annäherung förderlich wurde die nach dem Tode von Wilhelm Liebknecht und August Bebel mehrheitlich sich reformistisch und nationalistisch ausrichtende Sozialdemokratie, gipfelnd im, was Bertha von Suttner nicht mehr erleben konnte, entscheidenden Dezember 1914, als die Fraktion geschlossen für die Kriegskredite stimmte – bis auf eine einsame Ausnahme, und das war die von Karl Liebknecht. Seine Begründung für die Ablehnung durfte im Reichstag weder gehalten noch im Protokoll festgehalten werden. Durch ein Flugblatt des Spartakusbundes ist dieser grandiose Text überliefert. Die SPD weigert sich bis zum heutigen Tage, diese kluge wie mutige Tat, der noch viele andere folgten, mit einer kleinen Gedenktafel zu würdigen. Karl Liebknecht zog nach Krieg, Zuchthaus, gespaltener Partei, verräterisch abgewürgter Novemberrevolution seitens der von Kapital, Großgrundbesitz und Militär, den alten Funktionseliten – nur ohne Kaiser –, eingesetzten sozialdemokratischen »Revolutionsregierung« unter Friedrich Ebert und seinen brutalen Mannen Scheidemann und Noske die Konsequenzen und gründete im Januar 1919 neben Rosa Luxemburg und anderen Kriegsgegnern die KPD. Nur wenige Tage nach der Gründung wurden diese beiden aufrechten Persönlichkeiten mit Billigung jener »Volksbeauftragten« – Sozialdemokraten ermordet, jene zerschlugen alles, was sich für die Interessen des arbeitenden Volkes engagierte, was nach »Bolschewismus« roch. Das gleiche Schicksal erwartete wenig später den Intellektuellen Gustav Landauer, Minister für Volksaufklärung der Räterepublik in Bayern, der vor seiner Ermordung bemerkte: »In der ganzen Naturgeschichte kenne ich kein ekelhafteres Lebewesen als die sozialdemokratische Partei.« Leider hatten jene, die Führer der staatstragenden Mehrheitssozialdemokratie tatsächlich durch den »Weißen Terror« der Freikorps die Grundlage für den im Faschismus gipfelnden Terror eröffnet.

Während Bertha von Suttner zwischen allen Stühlen saß, schwärmte sie für die Literatur Upton Sinclairs und Leo Tolstois, las ihre Bücher und Schriften und korrespondierte mit ihnen. Tolstoi lehnte Friedenskonferenzen grundsätzlich ab, er baute allein auf die Menschenwürde, die das Töten, »das tierische Abrichten« verweigert. Das überzeugte seine Briefpartnerin durchaus, nur sah sie die Zeit für eine Verweigerung des Wehrdienstes durch Einzelne noch nicht gekommen. In seinem konsequenten Christentum ist ihr Tolstoi näher als der, wie sie glaubt, »revolutionäre und doktrinäre Pazifismus« der Sozialdemokratie. Sie fühlte sich als Weltbürgerin, die sich auch den Frieden zwischen den vielen Nationalitäten in ihrem Heimatland Österreich-Ungarn wünschte, doch die Hoffnung versank in den ausgebrochenen Nationalitätenkämpfen.

Bertha bleibt auf Posten, mit Vorträgen, Broschüren und Appellen an die Herrschenden stemmt sie sich wie eh und je gegen die ständige Aufrüstung und den kommenden Krieg. Die Aggressionen und Annexionen werden immer häufiger, dreister und weiten sich aus, Italien marschiert in Nordafrika ein und erobert das von Türken besetzte Tripolis. Friedensnobelpreisträger wie der Italiener Moneta und der Amerikaner Roosevelt, einstige Mitstreiter von Bertha, machen sich für weitere Aufrüstungen stark. Die ehemaligen Pazifisten »sind uns ganz verloren«. Die Balkankonflikte wurden die Basis für den Krieg, dem alle europäischen Staaten tollwütig entgegenrüsteten. Da erstmalig mit Luftflotten, reagiert Bertha von Suttner mit der Schrift »Die Barbarisierung der Luft« und beginnt mit ihrem Mitstreiter Alfred H. Fried die Vorbereitung eines weiteren internationalen Friedenskongreses, geplant für 1914 in Wien. Die österreichische Friedensgesellschaft lehnt diesen Plan geschlossen ab. 1912, 69-jährig und körperlich sehr angegriffen, geht Bertha von Suttner auf eine zweite siebenmonatige Vortragsreise durch die USA, mit einem enormen Pensum, gefeiert und dennoch unzufrieden, da sie keinerlei Informationen aus Europa erhält und in den USA die starke Rüstung und den schwachen Pazifismus erfährt, völlig anders als sie vor der Reise vermutet hatte. Von ihrer Überzeugung besessen, wird sie von Stefan Zweig mit Kassandra, mit jener, die der altgriechischen Sage nach den Untergang Trojas prophezeite, aber keinen Glauben fand, verglichen. Als sie nach Europa zurückkehrt, hat sich die Balkankrise weiter verschärft, ebenso wie das offizielle Verhalten ihr und anderen Friedenskräften gegenüber. Ihr 70. Geburtstag erhält in der österreichischen Öffentlichkeit keinerlei Würdigung. Sie verfolgt und kommentiert ungebrochen wichtige Aktivitäten, im November 1913 den Parteitag der deutschen Sozialdemokratie, dabei hebt sie besonders die Antikriegsreden der Rosa Luxemburg hervor. Das kriegsfiebernde Europa ist ein Pulverfass, es bedarf nur noch eines letzten bzw. ersten Anlasses, um die Lunte zu zünden. Im Mai 1914 schreibt sie ihre allerletzte Hoffnung: »Die einzigen – weil sie auch eine Macht sind –, auf die man hoffen kann, dass sie den Massenkrieg abwenden, sind die Sozialdemokraten. Die ›bürgerliche‹ Friedensbewegung bei uns ist wirklich von einer Schlappheit, die ihresgleichen sucht.«

Literarisch war ihr kein Erfolg mehr vergönnt, die »Memoiren«, »Marthas Kinder«, der zweite Teil von »Die Waffen nieder!« und »Der Menschheit Hochgedanken« wurden kaum mehr wahrgenommen. Für das letztgenannte Buch fand sich nicht einmal mehr ein Verlag, so dass es Alfred H. Fried in seinem Verlag der »Friedenswarte« herausbrachte. Ihr einstiger Ruhm als Erzählerin war erloschen und der Anschluss an die zeitgenössische Literatur verpasst, auch nicht beabsichtigt. Sie verstand sich in erster Linie als Agitatorin. Als solche war sie wesentlich länger »auf Posten«. 1911 gesteht sie sich ein: »Beim Publikum hat die Pazifistin die Literatin getötet«, um sogleich sich mit den Worten »Pazifismus ist doch der seltenere Titel und wird der Nachwelt mehr genützt haben als literarische Erfolge« zu trösten.

Ihr Tod kam am 21. Juni 1914, sieben Tage bevor die Schüsse auf den österreichischen Thronfolger in Sarajevo fielen und fünf Wochen bevor der 1. Weltkrieg ausbrach.

Angefügt ist nun ein Auszug aus dem Hauptwerk »Die Waffen nieder! Eine Lebensgeschichte«. In ihm besucht Marthas künftiger zweiter Mann, Baron Tilling, ihre Familie und löst durch seine kriegskritische Überzeugung eine Diskussion aus, bei der die familiäre Kriegsbegeisterung offenbar wird. Martha allerdings sympathisiert mit seiner Haltung:

> Einige Tage später, um die Nachmittagsstunde, trat Tilling bei mir ein. Er traf mich jedoch nicht allein. Mein Vater und Tante Marie waren auf Besuch gekommen, und außerdem befanden sich noch Rosa und Lilli, Konrad Althaus und Minister »Allerdings« in meinem Salon.
>
> Ich hatte Mühe, einen Überraschungsschrei zu unterdrücken: der Besuch kam mir so unerwartet und so freudig erregend zugleich. Aber mit der Freude war es bald vorüber, als Tilling, nachdem er die Anwesenden begrüßt und sich auf meine Einladung mir gegenüber niedergesetzt hatte, in kaltem Tone sagte:
>
> »Ich bin gekommen, Ihnen meine Abschiedsaufwartung zu machen, Gräfin. Ich verlasse in den nächsten Tagen Wien.«
>
> »Auf lange?« »Und wohin?« »Und warum?« »Und wieso?« fragten gleichzeitig und lebhaft die anderen, während ich stumm blieb.

»Vielleicht auf immer. – Nach Ungarn. – Zu einem anderen Regiment versetzen lassen. – Aus Vorliebe für die Magyaren,« gab Tilling nach den verschiedenen Seiten Bescheid.

Indessen hatte ich mich gefaßt.

»Das war ein rascher Entschluß,« sagte ich möglichst ruhig. »Was hat Ihnen denn unser Wien zu leid gethan, daß Sie es auf so gewaltsame Weise verlassen?«

»Es ist mir zu lebhaft und zu lustig. Ich bin in einer Stimmung, welche die Sehnsucht nach einsamer Pußta mit sich bringt.«

»Ach was,« meinte Konrad, »je trüber die Stimmung, desto mehr soll man Zerstreuung suchen. Ein Abend im Carltheater wirkt jedenfalls erfrischender, als tagelange beschauliche Einsamkeit.«

»Das beste, um Sie aufzurütteln, lieber Tilling,« sagte mein Vater, »wäre wohl ein frischer, fröhlicher Krieg – aber leider ist jetzt gar keine Aussicht dazu vorhanden; der Friede droht sich unabsehbar auszudehnen.«

»Was das doch für sonderbare Wortzusammensetzungen sind,« konnte ich mich nicht enthalten zu bemerken: »Krieg und – fröhlich; Friede und – drohen.«

»Allerdings,« bestätigte der Minister, »der politische Horizont zeigt vor der Hand noch keinen schwarzen Punkt; doch es steigen Wetterwolken mitunter ganz unerwartet rasch auf, und die Chance ist niemals ausgeschlossen, daß eine – wenn auch geringfügige – Differenz einen Krieg zum Ausbruch bringt. Das sage ich Ihnen zum Trost, Herr Oberstlieutenant. Was mich anbelangt, der ich kraft meines Amtes die inneren Angelegenheiten meines Landes zu verwalten habe, so müssen meine Wünsche allerdings nur nach möglichst langer Erhaltung des Friedens gerichtet sein; denn dieser allein ist geeignet, die in meinem Ressort liegenden Interessen zu fördern; doch hindert dies mich nicht, die berechtigten Wünsche derer anzuerkennen, welche vom militärischen Standpunkt allerdings –«

»Gestatten Sie mir, Excellenz,« unterbrach Tilling, »für meine Person gegen die Zumutung mich zu verwahren, daß ich einen Krieg herbeiwünsche. Und auch gegen die Unterstellung zu protestieren, als dürfe der militärische Standpunkt ein anderer sein, als der menschliche. Wir sind da, um, wenn der Feind das Land bedroht, dasselbe zu schützen, geradeso wie die Feuerwehr da ist, um, wenn ein Brand ausbricht, denselben zu löschen. Damit ist weder der Soldat berechtigt, einen Krieg, noch der Feuerwehrmann, einen Brand herbeizuwünschen. Beides bedeutet Unglück, schweres Unglück, und als Mensch darf keiner am Unglück seiner Mitmenschen sich erfreuen.«

»Du guter, teurer Mann!« redete ich im Stillen den Sprecher an. Dieser fuhr fort:

»Ich weiß wohl, daß die Gelegenheit zu persönlicher Auszeichnung dem einen nur bei Feuersbrünsten, dem anderen nur bei Feldzügen geboten wird; aber wie kleinherzig und enggeistig muß ein Mensch nicht sein, damit sein selbstisches Interesse ihm so riesig erscheine, daß es ihm den Ausblick auf das allgemeine Weh verrammelt. Oder wie hart und grausam, wenn er es dennoch sieht und nicht als solches mitempfindet. Der Friede ist die höchste Wohlthat – oder vielmehr die Abwesenheit der höchsten Übelthat, – er ist, wie Sie selber sagten, der einzige Zustand, in welchem die Interessen der Bevölkerung gefördert werden können, und Sie wollten einem ganzen großen Bruchteil dieser Bevölkerung – der Armee – das Recht zuerkennen, den gedeihlichen Zustand wegzuwünschen und den verderblichen zu ersehen? Diesen ›berechtigten‹ Wunsch großziehen, bis er zur Forderung anwächst, und dann vielleicht sogar erfüllen? Krieg führen, damit die Armee doch beschäftigt und befriedigt werde – Häuser anzünden, damit die Löschmannschaft sich bewähren und Lob ernten könne?«

»Ihr Vergleich hinkt, lieber Oberstlieutenant,« entgegnete mein Vater, indem er gegen seine Gewohnheit Tilling mit seinem militärischen Titel ansprach, vielleicht um ihn zu ermahnen, daß seine Gesinnungen mit seiner Charge nicht übereinstimmten. – »Feuersbrünste bringen nur Schaden, während Kriege dem Lande Macht und

Größe zuführen können. Wie anders haben sich denn die Staaten gebildet und ausgebreitet, als durch siegreiche Feldzüge? Der persönliche Ehrgeiz ist wohl nicht das einzige, was dem Soldaten Freude am Kriege macht, vor allem ist es der nationale, der vaterländische Stolz, der da seine köstliche Nahrung findet; – mit einem Wort, der Patriotismus –«

»Nämlich die Liebe zur Heimat?« fiel Tilling ein. »Ich begreife wirklich nicht, warum gerade wir Militärs machen, als hätten wir dieses, den meisten Menschen natürliche Gefühl, allein in Pacht. Jeder liebt die Scholle, auf der er aufgewachsen; jeder wünscht die Hebung und den Wohlstand der eigenen Landsleute; aber Glück und Ruhm sind durch ganz andere Mittel zu erreichen, als durch den Krieg; stolz kann man auf ganz andere Leistungen sein, als auf Waffenthaten; ich bin zum Beispiel auf unseren Anastasius Grün stolzer, als auf diesen oder jenen Generalissimus.«

»Wie kann man einen Dichter mit einem Feldherrn nur vergleichen!« rief mein Vater.

»Das frage ich auch. Der unblutige Lorbeer ist weitaus der schönere.«

»Aber, lieber Baron, sagte nun meine Tante, so habe ich noch keinen Soldaten sprechen hören. Wo bleibt da die Kampfbegeisterung, wo das kriegerische Feuer?«

»Das sind mir keine unbekannten Gefühle, meine Gnädige. Von solchen beseelt, bin ich als neunzehnjähriger Junge zum erstenmal zu Feld gezogen. Als ich aber die Wirklichkeit des Gemetzels gesehen, nachdem ich Zeuge der dabei entfesselten Bestialität gewesen, da war es mit meinem Enthusiasmus vorbei, und in die nachfolgenden Schlachten ging ich schon nicht mehr mit Lust, sondern mit Ergebung.«

»Hören Sie, Tilling, ich habe mehr Campagnen mitgemacht als Sie und auch Schauderscenen genug gesehen, aber mich hat der Eifer nicht verlassen. Als ich im Jahre 49 schon als ältlicher Mann mit Radetzky marschierte, war's mit demselben Jubel wie das erste Mal.«

»Entschuldigen Sie, Excellenz – aber Sie gehören einer älteren Generation an, einer Generation, in welcher der kriegerische Geist noch viel lebendiger war, als in der unseren, und in welcher das Weltmitleid, welches nach Abschaffung alles Elends begehrt, und das jetzt in immer größere Kreise dringt, noch sehr unbekannt war.«

»Was hilft's? Elend muß es immer geben – das läßt sich nicht abschaffen, ebensowenig wie der Krieg.« ...

»Sehen Sie, Graf Althaus, mit diesen Worten kennzeichnen Sie den einstigen, jetzt schon sehr erschütterten Standpunkt, auf welchem sich die Vergangenheit allen sozialen Übeln gegenüber verhielt, nämlich den Standpunkt der Resignation, mit der man das Unvermeidliche, das Naturnotwendige betrachtet. Wenn aber einmal beim Anblick eines großen Elends die zweifelnde Frage ›Mußte es sein?‹ ins Herz gedrungen, so kann das Herz nicht mehr kalt bleiben, und es steigt neben dem Mitleid zugleich eine Art Reue auf – keine persönliche Reue, sondern – wie soll ich sagen? – ein Vorwurf des Zeitgewissens.«

Mein Vater zuckte die Achseln. »Das ist mir zu hoch,« sagte er. »Ich kann Sie nur versichern, daß nicht nur wir Großväter mit Stolz und Freude auf die durchgemachten Feldzüge zurückdenken, sondern daß auch die meisten von den Jungen und Jüngsten, wenn befragt, ob sie gern in den Krieg zögen, lebhaft antworten würden: Ja gern – sehr gern.«

»Die Jüngsten – gewiß. Die haben noch den in der Schule eingepflanzten Enthusiasmus im Herzen. Und von den anderen antworteten viele dieses ›Gern‹, weil dasselbe nach allgemeinen Begriffen als männlich und tapfer erscheint, das aufrichtige ›Nicht gern‹ aber gar zu leicht als Furcht gedeutet werden könnte.«

»Ach,« sagte Lilli mit einem kleinen Schauder, »ich würde mich auch fürchten ... Das muß ja entsetzlich sein, wenn so von allen Seiten die Kugeln fliegen, wenn jeden Augenblick der Tod droht –«

»So etwas klingt aus Ihrem Mädchenmunde ganz natürlich,« entgegnete Tilling, »aber wir müssen den Selbsterhaltungstrieb verleugnen ... Soldaten müssen auch das Mitleid, den Mitschmerz für den auf Freund und Feind hereinbrechenden Riesenjammer verleugnen, denn nächst der Furcht wird uns jede Sentimentalität, jede Rührseligkeit am meisten verübelt.«

»Nur im Krieg, lieber Tilling,« sagte mein Vater, »nur im Krieg; im Privatleben haben wir, Gott sei Dank, auch weiche Herzen.«

»Ja, ich weiß: das ist so eine Art Verzauberung. Nach der Kriegserklärung heißt es plötzlich von allen Schrecknissen: ›Es gilt nicht‹. Kinder lassen manchmal diese Konvention in ihren Spielen walten. ›Wenn ich dies oder jenes thue, so gilt es nicht,‹ hört man sie sagen. Und im Kriegsspiel herrschen auch solche unausgesprochene Übereinkommen; Totschlag gilt nicht mehr als Totschlag; Raub ist nicht Raub – sondern Requisition; brennende Dörfer stellen keine Brandunglücke, sondern ›genommene Positionen‹ vor. Von allen Satzungen des Gesetzbuches, des Katechismus, der Sittlichkeit heißt es da – solange die Partie dauert – ›Es gilt nicht.‹ Wenn aber manchmal der Spieleifer nachläßt, wenn das verabredete ›Gilt nicht‹ für einen Moment aus dem Bewußtsein schwindet, und man die umgebenden Scenen in ihrer Wirklichkeit erfaßt und dies abgrundtiefe Unglück, das Massenverbrechen als geltend begreift, da wollte man nur noch eins, um sich aus dem unerträglichen Weh dieser Einsicht zu retten: – tot sein.«

»Eigentlich, es ist wahr,« bemerkte Tante Marie nachdenklich, »Sätze wie: Du sollst nicht töten – sollst nicht stehlen – liebe deinen Nächsten wie dich selbst – verzeihe deinen Feinden –«

»Gilt nicht,« wiederholte Tilling. »Und diejenigen, deren Beruf es wäre, diese Sätze zu lehren, sind die ersten, welche unsere Waffen segnen und des Himmels Segen auf unsere Schlachtarbeit herabflehen.«

»Und mit Recht,« sagte mein Vater. »Schon der Gott der Bibel war der Gott der Schlachten, der Herr der Heerschaaren ... Er ist es, der uns befiehlt, das Schwert zu führen, er ist es –«

»Als dessen Willen die Menschen immer dasjenige dekretieren,« unterbrach Tilling, »was sie gethan sehen wollen – und dem sie zumuten, ewige Gesetze der Liebe erlassen zu haben, welche er, – wenn die Kinder das große Haßspiel aufführen –, durch göttliches ›Gilt nicht‹ aufhebt. Genau so roh, genau so inkonsequent, genau so kindisch wie der Mensch, ist der jeweilig von ihm dargestellte Gott. Und jetzt, Gräfin,« fügte er hinzu, indem er aufstand, »verzeihen Sie mir, daß ich eine so unerquickliche Diskussion heraufbeschworen und lassen Sie mich Abschied nehmen.«

Stürmische Empfindungen durchbebten mich. Alles, was er eben gesprochen, hatten mir den teuren Mann noch teurer gemacht ... Und jetzt sollte ich von ihm scheiden – vielleicht auf Nimmerwiedersehen? So vor anderen Leuten ein kaltes Abschiedswort mit ihm wechseln und damit alles zu Ende sein lassen? ... Es war nicht möglich: ich hätte, wenn die Thüre sich hinter ihm geschlossen, in Schluchzen ausbrechen müssen. Das durfte nicht sein. Ich stand auf:

»Einen Augenblick, Baron Tilling,« sagte ich ... »ich muß Ihnen doch noch jene Photographie zeigen, von der wir neulich gesprochen.«

Er schaute mich erstaunt an, denn es war zwischen uns niemals von einer Photographie die Rede gewesen. Dennoch folgte er mir in die andere Ecke des Salons, wo auf einem Tische verschiedene Albums lagen und – wo man sich außer Gehörweite der anderen befand.

Ich schlug ein Album auf und Tilling beugte sich darüber. Indessen sprach ich halblaut und zitternd zu ihm:

»So lasse ich Sie nicht fort ... Ich will, ich muß mit Ihnen reden.«

»Wie Sie wünschen, Gräfin – ich höre.«

»Nein, nicht jetzt. Sie müssen wiederkommen ... morgen, um diese Stunde!«

Er schien zu zögern.

»Ich befehle es ... bei dem Andenken Ihrer Mutter, um welche ich mit Ihnen geweint –«

»Oh Martha!« ...

Der so ausgesprochene Name durchzuckte mich wie ein Glücksstrahl.

»Also morgen,« wiederholte ich, ihm in die Augen schauend.

»Um dieselbe Stunde.«

Wir waren einig. Ich kehrte zu den andern zurück und Tilling, nachdem er noch meine Hand an seine Lippen geführt und die übrigen mit einer Verbeugung begrüßt, ging zur Thür hinaus.

»Ein sonderbarer Mensch,« bemerkte mein Vater kopfschüttelnd. »Was er da alles gesagt hat, würde höheren Ortes kaum Beifall finden.«

1924 veröffentlichte der erklärte sozialdemokratische Pazifist Ernst Friedrich erstmalig Fotos unter dem Motto »Krieg dem Kriege!«, die den 1. Weltkrieg genauso widerspiegelten wie Bertha von Suttner vor Ausbruch des Krieges mit ihren aufrüttelnden verbalen Bildern vergeblich gewarnt hatte. Seine Dokumentation bildete den Grundstock für ein Antikriegsmuseum in Berlin. 1933 wurde es von der SA zerstört und in eine Folterkammer umfunktioniert. Der pazifistische Ernst Friedrich sah sich schon kurze Zeit später veranlasst, in der französischen Résistance gegen den deutschen Faschismus zu kämpfen. Und was hätte die Pazifistin Bertha von Suttner damals, im 1. oder 2. Weltkrieg, unternommen und was würde sie uns heute empfehlen?

Lou Andreas-Salomé

»Das Leben zu lieben, ist das einzige,
aber probate Mittel, vom Tod verschont zu sein:
denn der Tod ist ein Vorurteil.«

*Aus »In der Schule bei Freud.
Tagebuch eines Jahres 1912/13«*

LOU ANDREAS-SALOMÉ
(1861-1937)

Die Beschäftigung mit Lou Andreas-Salomé fiel in die Zeit der monatelangen Vorbereitung meiner Reise nach Russland im Juni 2017. Inzwischen hatte ich ihre Bücher, die sich unmittelbar auf Russland beziehen, gelesen, wusste ich doch durch die Entdeckung eines ihrer Fotos vom alten Samara-Hafen, dass ich bei meiner geplanten Wolgareise auf Flussabschnitte und Städte stoßen würde, die Lou Andreas-Salomé bereits im Juni 1900 betrachtet bzw. betreten hatte, zusammen mit Rainer Maria Rilke. Mein Schiff namens Alexander Herzen – der Name ließ mich unversehens an das tragische Ertrinken seiner Mutter und seines jüngsten Sohnes bei einer Dampferfahrt, einen seiner vielen Schicksalsschläge erinnern, nicht weniger an die ihm hilfreiche Malwida von Meysenbug – ging von Nischni Nowgorod kommend über Kasan, wo ich zustieg, in Samara vor Anker. Hier war ich glücklich, noch uralte Holzhäuser in Hafennähe vorfinden zu können, die mit Sicherheit auch die Augen der Salomé bei ihrem Landgang erspäht haben dürften. In einem von ihnen ist seit Langem ein Alexej-Tolstoi-Museum beheimatet, welches ich mir nicht entgehen ließ, nicht zuletzt, um ein russisches Haus aus dem 19. Jahrhundert auch von innen zu bestaunen und einem Abkömmling der großen Grafenfamilie Tolstoi meine Referenz zu erweisen. Noch eindrücklicher verstand ich das Schwärmen der Salomé, als mich das Schiff an den prächtigen Ufern zwischen Samara und Togliatti, zu ihrer Zeit noch Stawropol heißend, vorbeiführte. Mehrfach las ich, punktgenau an diesem von ihr beschwärmten Flussabschnitt, ihr Wolgagedicht, welches sie als eine Poetin ausweist:

Wolga

Bist du auch fern: ich schaue dich doch an.
Bist du auch fern: mir bleibst du doch gegeben
Als eine Gegenwart, die nichts verlöschen kann.
Wie meine Landschaft liegst du um mein Leben.

Umgibst mich immer wieder; lächelnd-groß.
Auf deinen Höhen Kirchen halb verborgen,
Um deine Ufer Fernen grenzenlos,
Und deine Wälder ragen in den Morgen.

Aus weitem Steppenland, jahrtausendalt,
Steigt märchengleich der Glanz von großen Städten
Und sinkt zurück in Wüstenei und Wald,
In deine Wildnis ewig unbetreten –.

Und wieder seh' ich, wenn es dunkeln will,
Die »weißen Nächte« deine Nacht erhellen
Und höre, durch die Nebelfrühe, schrill
Den Klageschrei von Möwen auf den Wellen –.

Gleichviel, daß nicht auf dir mein Blick dann ruht,
Was ich auch lebe, muß mich zu dir leiten:
Stets lande ich, aus tiefer Traumesflut,
An deinen ungeheuren Einsamkeiten.

Jahre später hat sie dieses Gedicht mehrfach bearbeitet. In Anlehnung an das ihr im Rilke'schen »Stunden-Buch« (1905) gewidmete Liebesgedicht »Lösch mir die Augen aus, ich kann dich sehn«, welches hier auf S. 346 nachlesbar ist, entstand die folgende Erwiderung, mit der die Salomé ihrerseits die einstige Liebesfahrt unvergessen machen will:

LOU ANDREAS-SALOMÉ

Wolga

Bist Du doch fern: ich schaue Dich doch an.
Bist Du auch fern, bleibst Du mir doch gegeben
Als eine Gegenwart, die nichts verlöschen kann.
Wie meine Landschaft liegst Du um mein Leben.
Umgibst mich immer wieder; lächelnd groß.
Auf Deinen Höhen Kirchen, halbverborgen,
Um Deine Ufer Fernen, grenzenlos,
Und Deine Wälder ragen in den Morgen.

Als müsste wieder, wenn es dunkeln will,
Ein Junihimmel Deine Nacht erhellen,
Als klänge durch die Nebelfrühe schrill
Der Klageschrei von Möwen auf den Wellen –
Hätt ich auch nie an Deinem Strand geruht:
Mir ist, als wüsste ich um Deine Weiten:
Als landete mich jede Traumesfluth,
An Deinen ungeheuren Einsamkeiten!

Ich verstand ihr maßloses Glück, ihre russische Heimat und sich selbst wiederentdeckt zu haben, und andererseits, darüber allerdings schweigen sich die Gedichte beider aus, Salomés während der Fahrt schmerzhaft gewonnene Erkenntnis, das Liebesverhältnis zu Rilke beenden zu müssen. Durch unsere »gemeinsame« Wolga-Juni-Reise rückte mir die Salomé näher, die mir doch in manchem so fremd schien. Oft bohrte in mir die Frage, gehört sie in den Strom der hier versammelten Frauen, fehlt ihr doch die politische Wucht einer Bettina von Arnim oder Bertha von Suttner, die Sprachgewalt einer Karoline von Günderrode oder Annette von Droste-Hülshoff, das existenzielle Spannungsfeld einer Jenny Marx oder Franziska zu Reventlow und das soziale Engagement einer Malwida von Meysenbug oder Hermynia Zur Mühlen. Ich entschied mich für die Aufnahme in den Strom, weil die Salomé den für eine adlige Frau vorbestimmten Weg zeitig, originell und konsequent gegen einen unkonventionellen tauschte, sich durch intensives Selbststudium eine hohe Bildung erarbeitete und während ihres ganzen Lebens die menschliche Seele, anfänglich literarisch, später praktisch zu erforschen suchte. Zu Recht nannte Sigmund Freud, ihr großer Lehrmeister, sie »die Dichterin der Psychoanalyse«. Ihr Lebenswerk umfasst 170 Romane, Erzählungen, Essays, autobiografische und psychoanalytische Schriften. Trotz der Fülle gibt es bis heute keine Gesamtausgabe, in einer seit 2006 herausgegebenen Werkedition erscheinen die Bücher, Schriften und Briefe lediglich in loser Folge verschiedener Interessenten. Obwohl in den letzten Jahren verstärkt biografische Arbeiten und Editionen ihres umfänglichen Briefwechsels auf ihr Werk und ihr schaffensfreudiges Leben verweisen, spielt sie im geistigen Austausch kaum noch eine Rolle. Im Fokus der Wahrnehmung hat sich ihr ungewöhnlicher Lebensstil, zahlreiche selbstbestimmte Liebes-Arbeitsbeziehungen außerhalb der Ehe, ohne mit Gewissensskrupeln sich zu quälen, verfestigt. Deshalb hängt ihr etwas Geheimnisvolles, Rätselhaftes, Fragwürdiges, Femme-fatales an. Und manche schwer verständliche Schrift oder überholte Auffassung befördert dieses Bild, wie mir scheinen will. Über das ausschließliche Interesse für das ihrer Meinung nach ewig währende biologische Innenleben des Menschen hat sie den Bezug zur Außenwelt, die sozial-politischen Zusammenhänge und Veränderungen ihrer Zeit weitgehend vernachlässigt. Wirtschaftliche Krisen und Klassenkämpfe, Revolutionen und Kriege, die sich in ihr Leben drängten, führt sie lediglich auf fehlgesteuerte Triebe zurück. So geraten ihre Protagonisten, meist ihr oder Freundinnen ähnelnde Frauen und Mädchen, statisch, zeitlos, verkörperten Thesen gleich. Ihre Sprache ist nicht selten blumig antiquiert. Das bringt ihr schon zu Lebzeiten Kritik ein und kann erst recht heute nicht mehr genügen. Als sie mit knapp 50 Jahren ihre psychoanalytische Praxis eröffnet und von dieser Arbeit bis zu ihrem Tode sehr erfüllt wird, minimiert sie das literarische Schreiben, aufhören tut sie nicht. Sie war zu intelligent und wissbegierig, zu neugierig und kontaktfreudig, zu fleißig und verwoben mit dem Leben, um im parasitären Nichtstun zu vergammeln. Wer ihr begegnete, ob Jung oder Alt, ob Mann oder Frau, verfiel ihrem intellektu-

Lou Andreas-Salomé

ellen Geist und anmutigen Charme. Ihre Fähigkeit, anderen hingebungsvoll Freundschaft, Aufmerksamkeit und in einigen ausgewählten Beziehungen auch körperliche Liebe zu schenken und selbst zu genießen, war vielleicht ihre stärkste Leistung.

Wie hat Lou Andreas-Salomé so werden können, selbstbewusst, eigenwillig, lebens- wie arbeitsaktiv? 1861 wird sie in St. Petersburg als Louise von Salomé geboren. Ihr Vater ist hugenottisch-baltischer Abstammung und General des russischen Zaren. Ihre Mutter, deutsch-dänischer Abstammung, hat vor der einzigen Tochter bereits fünf Jungen geboren, mit dreien von ihnen wächst Louise im Generalitätsgebäude gegenüber dem Winterpalais auf. Gesprochen wird zu Hause Deutsch, Französisch und Russisch. Sie erfährt die Üblichkeiten adligen Daseins, russische Amme, französische Gouvernante, Privatstunden, Kirche, Bälle, Reisen. Glücklich nennt sie ihre Kindheit nicht, früh verliert sie ihren Gottesglauben, tritt aus der deutsch-reformierten Kirche und der dazugehörigen Schule aus und studiert zuerst heimlich, dann von der Mutter (der Vater ist bereits tot) genehmigt, bei einem Prediger der holländischen Gesandtschaft philosophische Schriften von Kant, Schopenhauer, Spinoza, Leibnitz, Fichte, Voltaire und Kierkegaard sowie die Geschichte sämtlicher Weltreligionen. Ihr Lehrmeister heißt Hendrik Gillot, ist 42-jährig, verheiratet, Vater zweier Kinder und macht ihr dennoch einen Heiratsantrag, den Lou – so nennt er sie, da er das koserussische Ljolja nicht aussprechen kann, und so heißt sie von da an Lou für alle Ewigkeit – erschrocken und entschieden ablehnt. Anstelle der verlorenen Gläubigkeit an Gott und Gillot tritt bei Lou nun tiefe Ehrfurcht »vor allem, was ist«. Sie entschließt sich 1880, in Zürich zu studieren, wohin sie ihre Mutter begleiten wird, und ihre Zukunft selbst in die Hand zu nehmen. Um allerdings das Land verlassen zu können, benötigt sie einen Pass, der ohne Konfirmation nicht zu haben ist. Das wird kurzerhand in einer holländischen Dorfkirche von Gillot und ihr erledigt. Sie verfügt von jetzt an über einen russischen Pass, ist Russin mit dem Vermerk »Excellenz«. 1881 verlässt sie St. Petersburg in Richtung

Zürich. Hier beginnt sie Studien der Allgemeinen Religionsgeschichte, Philosophie und Kultur- und Kunstgeschichte, letzteres bei dem alten Gottfried Kinkel, dem sie ihre ersten Gedichte zur Begutachtung anvertraut. Während ihrer Züricher Zeit erlebte sie viele junge Russinnen, darunter auch adlige, die sich aus politischem Verständnis bildeten, um als Ärztinnen, Hebammen, Lehrerinnen dem russischen Volk – in den entlegensten Gebieten – mittels Bildung und Aufklärung zu dienen. Diese mutige Entschlossenheit imponierte der Salomé. Nicht weniger beeindruckten sie die feierlichen Studentenumzüge anlässlich der Ermordung Alexander II. In ihrem Buch »Rodinka. Russische Erinnerung« von 1923 hat sie den Aktivitäten der Narodniki, der Volkstümler, von ihr Volksfreunde genannt, künstlerisch – schwankend zwischen Sympathie und Befremden – Ausdruck verliehen, ebenso in ihrem erst 1951 veröffentlichten Erinnerungsband »Lebensrückblick«. Hierin betont sie den Unterschied zwischen der westeuropäischen und russischen Zivilisation bis hin zur Beschreibung einer anders ausgeübten »Geschlechterliebe« und tiefen »Glaubensinbrunst«, »die das eine Mal zur Ergebung und das andere Mal zur Aktion aufruft«. Die Salomé wurde niemals eine Freundin der Revolution, ahnte aber, ja wusste, dass in Russland die alten Verhältnisse ausgedient hatten und Neues zu erwarten sein musste.

Auf Grund eines Lungenleidens – ihre Gesundheit ist immer instabil – muss sie das Studium nach einigen Monaten in Zürich aufgeben. Zusammen mit ihrer Mutter bricht sie zu Kuren nach Scheveningen und schließlich nach Rom auf. Gottfried Kinkel, einstiger Freund von Malwida von Meysenbug aus Londoner Exilzeiten, zuletzt jedoch mit ihr entzweit, schickt der Salomé ein Empfehlungsschreiben nach, wodurch sie schnell Zutritt zu deren Salon erhält, im Februar 1882 verkehrt sie dort bereits. Malwida, 65-jährig, zu dieser Zeit eine in Deutschland anerkannte Schriftstellerin – ihre Memoiren auch von Lou gelesen – und in Rom Mittelpunkt von Intellektuellen, freut sich anfänglich über die 21-jährige Lou von Salomé. Aber schon bald heißt es in einem Brief, Lou sanft ermahnend: »Als Sie mir zuerst entgegen kamen, war es mir, als sähe ich meine eigene Jugend auferstehn und als wüsste ich nun, dass ich selbst, in meiner eigensten Natur, fortarbeiten würde an der Aufgabe der mein Leben geweiht gewesen ist ... Daß der freiere, edlere Verkehr der Geschlechter in der Jugend, eine notwendige Bedingung edlerer Verhältnisse überhaupt sei, ist meine feste Überzeugung ... Das aber gerade sollte streng vermieden werden, dass man unsere Art und Weise noch mit jener der alten Welt verwechseln kann.« Und Lou wehrt sich gegen Vorwürfe ihres ersten Lehrmeisters Hendrik Gillot: »Ihren Brief hab ich gewiß schon 5 Mal gelesen, aber kapiert hab ich ihn noch immer nicht. Was, in Dreiteufelsnamen, hab ich denn verkehrt gemacht? Ich dachte ja, Sie würden grade jetzt des Lobes voll über mich sein. Weil ich doch nun grade dabei bin zu beweisen, wie gut ich seinerzeit meine Lektion bei Ihnen gelernt habe. Erstens indem ich doch ganz und gar nicht einer bloßen Phantasie nachhänge, sondern sie verwirklichen werde, und zweitens, indem es durch Menschen geschehen soll, die wie von Ihnen ausgesucht erscheinen, nämlich vor lauter Geist und Verstandesschärfe schon fast platzen.« Beide Briefe deuten auf den Konflikt hin, der in Malwidas Salon ihren Ursprung hatte. Lou von Salomé trifft hier zuerst den jungen Philosophen Paul Rée, dessen Buch »Der Ursprung der moralischen Empfindungen« (1877) auch dank Malwidas Jahre vorher großzügig initiierten, gemeinsamen Sorrent-Aufenthaltes entstehen konnte. Bei jener Begegnung 1876 war auch Friedrich Nietzsche vor Ort, er und Malwida hatten sich seit der Grundsteinlegung des Bayreuther Festspielhauses befreundet. Paul Rée schwärmte Friedrich Nietzsche, der gerade in Genua weilt, von »dieser Russin« vor, und schon folgte ein gegenseitiges Kennenlernen und gemeinsames Philosophieren im Salon von Malwida von Meysenbug. Beide Männer übermittelten der jungen Salomé mehrfach Heiratsanträge, sie lehnte ab und schlug ihnen stattdessen ein Leben und Arbeiten zu dritt vor. Diese originellen Pläne von Dreieinigkeit scheiterten bereits nach sechs Monaten gemeinsamen und teils getrennten Reisens. Salomé verbrachte dann noch einige Wochen mit Nietzsche im thüringischen Tautenburg, die von dessen Schwester giftigst begleitet wurden. Nietzsche wird frustriert und verzieht sich, zurückgesetzt fühlend und mit Gerüchten über seine einstigen Freunde um sich schlagend, mehr und mehr in die Einsamkeit, die im Wahnsinn und 1900 im Tod endet. Malwida hielt als einzige aus diesem Kreis noch jahrelang einen regen wie mitleidsvollen Briefkontakt zu ihm aufrecht, obwohl sie seinen Bruch mit ihrem einstmaligen, gemeinsamen Freund Richard Wagner nicht gutheißen konnte. Malwida war keineswegs erbaut über Lous Umgangsformen mit ihren »Adoptivsöhnen« Nietzsche und Rée, so kam es zur Totenstille zwischen beiden Frauen. Für Lou waren die Begegnungen mit Nietzsche so anregend und faszinierend wie gleichzeitig abschreckend. Sie hatte bereits zu unbefangener Zeit, also vor dem persönlichen Desaster, begonnen, ein Buch der Würdigung Nietzsches zu verfassen. 1894 ließ sie es – noch zu seinen Lebzeiten – unter dem Titel »Friedrich Nietzsche in seinen Werken« erscheinen. Er zerbrach an dem Verlust dieser über alles geliebten Frau, deren intelligentes Wesen er so sehr geschätzt hatte: »Von welchen Sternen sind wir uns hier einander zugefallen?« Ihr Gedicht »Hymnus an das Leben« hatte er noch begeistert vertont.

Mit Paul Rée zog sie nach schweren Auseinandersetzungen mit ihrer Familie nach Berlin. Man teilte fünf Jahre gemeinsam eine Wohnung – mit zwei Schlafzimmern. Dieses Prinzip sexueller Enthaltsamkeit galt auch für ihre spätere Ehe. Vermutlich erst durch Rainer Maria Rilke lernte sie die körperliche Liebe kennen und wiederholte den Genuss solcher Zweisamkeit auch bei anderen Liebhabern während ihrer Ehe, die kinderlos blieb. Sie stand selbstbewusst zu ihrer Lebensart wider die gesellschaftlichen Sitten, »ihrem total entriegelten Freiheitsdrang«, wohl wissend, dass sie bei ihrer Familie und Bekannten auf Ablehnung stieß. Und für ihren eifersüchtigen Gatten konnten die vorbeiziehenden Liebhaber, die mit seiner Frau manchmal wochen- und monatelang auf Reisen waren, nicht schmerzfrei gewirkt haben.

In Berlin schufen sich Lou und Paul Rée ihr »philosophisches Kränzchen«, dem namhafte Wissenschaftler wie der Psychologe Hermann Ebbinghaus, der Literaturhistoriker

Georg Brandes und der Soziologe Ferdinand Tönnies, der sich auch in Lou verliebte, angehörten. Beide, Rée und Lou, unternahmen viele Reisen in den Süden und schrieben, er »Die Entstehung des Gewissens« und sie ihr erstes Buch, den Roman »Im Kampf um Gott«, der 1885 unter dem Pseudonym Henri Lou erschien. Im »philosophischen Kränzchen« war er umstritten. Wie all ihre Bücher ist es angelehnt an eigenes Erleben. Seit dem in ihrer Kindheit verlorengegangenen Gottesglauben ist sie auf der Suche nach einem neuen fassbaren Lebenssinn. Im Roman stellt sie verschiedene Lebenskonstellationen mit und ohne Gott gegeneinander. Ihr Ringen erinnert mich an das ewige Zweifeln und Suchen der Droste nach Gott, obwohl deren Denkergebnisse und literarische Ausformungen gänzlich anders ausfielen und für eine Veröffentlichung von ihr niemals freigegeben wurden. Während die katholische Droste beschied, in den gewohnten Bahnen tiefer Religiosität fortzuleben, sprengt die Salomé die Fesseln orthodoxer Gläubigkeit. Bestärkt durch ihre früheren Spinozastudien begreift sie Gott als Lebenszuversicht und Religion als ehrfurchtsvolle Fühlung des Weltganzen. Gott hat in sich geschaffen, wer sich kraftvoll selbst gestaltet, nicht hingibt einer äußeren Wesenheit. Mit diesem Gott in sich lässt sich alles durchstehen und frei leben, ein Freigeist, ein freier Partner nach jeglicher Lust und Laune sein. Zu den Spitzen menschlichen Fortschritts zählt sie Kunst und Kultur.

Als unverheiratete Frau lebte sie von der Generalswitwenpension ihrer Mutter und einer kleinen Pension, die Töchtern des russischen Adels bewilligt wurde. Entgegen ihrer eigentlichen Einstellung verheiratete sie sich – mit dem ausdrücklichen Segen der Familie – 1887 überraschend mit dem 15 Jahre älteren Orientalisten Friedrich Carl Andreas, unter der Bedingung völliger sexueller Enthaltung. Paul Rée missdeutete die Besonderheit dieser Beziehung und entschwand aus Lous Leben. Im schweizerischen Oberengadin, wo er mit Lou etliche Sommer glücklich verbracht hatte, arbeitete er als Armenarzt, bis zum tödlichen Absturz in den Inn 1901. Lou hatte sich niemals von diesem Freund trennen wollen, mit oder ohne Trauschein, und behielt diesen gütigen und klugen Menschen voller Schmerz und Schuldgefühlen in Erinnerung. Dass er eine sehr kritische Haltung zum Philosophen Nietzsche bezog: »Ich habe ihn doch nie zu lesen vermocht. Er ist geistreich und gedankenarm.« oder »Jeder tut Jedes aus Eitelkeit; aber seine Eitelkeit ist eine pathologische, krankhaft gereizte. Gesund hätte sie ihn in normaler Weise zum Hervorbringen großer Werke gebracht; in dem Kranken, der nur selten denken, schreiben konnte, bald es überhaupt nicht mehr zu können fürchtete, Ruhm um jeden Preis erobern wollte, brachte die krankhafte Eitelkeit Krankes, vielfach Geistreiches und Schönes, aber im wesentlichen doch Verzerrtes, Pathologisches, Wahnsinniges hervor; kein Philosophieren, sondern ein Delirieren!!«, hat Lou Andreas-Salomé so klar nicht zu beurteilen vermocht.

Durch ihren Ehemann gerät sie in die Berliner Schriftsteller- und Künstlerkreise, hier trifft sie Größen wie Gerhart Hauptmann, Bruno Wille, Wilhelm Bölsche, die Brüder Heinrich und Julius Hart, August Strindberg, Max Halbe, Arno Holz, Walter Leistikow, Richard Dehmel, Fritz Mauthner, Otto Brahm, Maximilian Harden, Carl Hauptmann, Otto Hartleben und Erich Mühsam. Und sie lernt Theater und Literatur kennen und schätzen, so die Stücke von Ibsen, die ihr Mann ihr vorliest und sogleich übersetzt. Dieses Erlebnis regt sie zu ihrem zweiten Buch »Henrik Ibsens Frauengestalten« (1892) an. Das Ehepaar schließt sich dem Verein der »Freien Bühne« Berlin an. Die stärkste Anziehung übte in dieser Zeit der sozialistische Journalist und Politiker Georg Ledebour aus. Mit ihm besucht sie erstmals Arbeiterversammlungen. Die beiderseitige Liebe brachte ihre Ehe ernsthaft ins Wanken. Ihr Mann gab sie nicht frei und bestand hartnäckig auf Trennung des verliebten Paares. Man verlor sich aus den Augen, nicht jedoch aus dem Sinn. Anfang der 20er Jahre wandte sich Lou Andreas-Salomé nochmals an Ledebour, um Hilfe für ihren in Russland verbliebenen Bruder zu erbitten. Der Brief kam ungelesen zurück. Nach der unglücklichen Affäre macht sich Lou 1894 für ein halbes Jahr auf nach Paris.

Das Unterwegssein, das ständige Reisen wird ihr von nun an zum Lebenselexier, hier ist sie ganz bei sich, fühlt sich ungebunden, offen für immer neue Bekanntschaften. In Paris werden es u. a. Knut Hamsun, Hermann Bang, Paul Goldmann – mit einer kleinen Liebelei – und vor allem Frank Wedekind. Er nimmt sie auch zu der legendären, jetzt schwerkranken und verarmten Emma Herwegh, Witwe des Dichters Georg Herwegh, mit, der er täglich das Essen bringt. In der russischen Kolonie befreundet sie sich mit politischen Emigranten, die schwere Jahre der Zwangsarbeit in Sibirien hinter sich haben. Es kommt zu einem Wiedersehen mit ihrer engsten Freundin und Schriftstellerin Frieda von Bülow – sie kennen sich seit 1891. Jene ist gerade wieder aus Deutsch-Ostafrika eingetroffen, nachdem die Gründung eines Landgutes mit Palmenplantage und Kalkbruch und andere Projekte endgültig gescheitert waren. Dort vergötterte sie jahrelang Carl Peters, den Gründer dieser deutschen Kolonie. Nicht erst heute, wo er in Tansania noch immer gehasst wird, bereits damals waren seine brutalen Verbrechen gegen die einheimische Bevölkerung, sogar seine unmittelbare Umgebung, bekannt. Carl Peters trug sich seitens der Afrikaner den Spitznamen »Der Mann mit den blutigen Händen« und vonseiten der kolonialkritischen Presse den Beinamen »Hänge-Peters« ein. Der sozialistische Abgeordnete August Bebel machte seine Verbrechen durch Augenzeugenberichte wie die Kolonialpolitik insgesamt im Deutschen Reichstag und im »Vorwärts« öffentlich. Schon 1889 hatte Bebel scharf die Kolonialvertreter attackiert: »Meine Herren, was bedeutet denn aber in Wahrheit Ihre christliche Zivilisation in Afrika? Äußerlich Christentum, innerlich und in Wahrheit Prügelstrafe, Weibermisshandlung, Schnapspest, Niedermetzelung mit Feuer und Schwert, mit Säbel und Flinte. Das ist Ihre Kultur. Es handelt sich um ganz gemeine materielle Interessen, ums Geschäftemachen und um nichts weiter!« Carl Peters war auch als Frauenheld verrufen, neben Frieda von Bülow drängelten sich noch andere Frauen um ihn. Auf sie, die 1909 verstarb, also Kenntnis dieser aufsehenerregenden Debatten gehabt haben muss, wirkte seine alldeutsche, nationalistische und antisemitische Herrenrassenideologie keineswegs abschreckend, nein, sie teilte sie ohne Wenn und

Aber und verfasste in glühender Verehrung für ihn, »den genialen Mann«, 1899 das Buch »Im Lande der Verheißung. Ein Kolonialroman um Carl Peters«. Die Nazis huldigten ihm, dem Vorläufer ihrer Ideologie, ebenfalls und verbreiteten mehrfach Frieda von Bülows Bücher. In dem 1962 in der DDR erschienenen Buch »Kolonien unter der Peitsche« des Historikers Fritz Ferdinand Müller wird Peters ausführlich charakterisiert als »ein Psychopath mit sadistischen Neigungen«. Das kann mir Frieda von Bülow nicht sympathisch machen und auch die Bemerkung nicht verdrängen, dass Lou Andreas-Salomé dem damaligen politischen Zeitgeist der sogenannten Elite anhing, ihn bestenfalls ignorierte, – nicht unähnlich ihrem Mann, dessen engste Freunde ministerielle Kolonialbeamte waren. Die Abwesenheit von politischer Sensibilität und Wachheit, von kritischer Distanz schmälerte ohne Zweifel die Verbreitung und längerfristige Ausstrahlung sowohl ihrer literarischen als auch ihrer psychologischen Schriften. Sie hätte genügend Gründe für Empfindlichkeit und Befürchtungen haben müssen, schließlich hat das deutsche Kaiserreich den 1. Weltkrieg ausgelöst, Russland den Krieg erklärt und damit Reisen in ihre russische Heimat, zu ihren Verwandten, dauerhaft unmöglich gemacht, und der deutsche Faschismus die »jüdische Psychoanalyse« verboten und ihre gesamte Bibliothek beschlagnahmt und das Haus besetzt, letzteres mitzuerleben blieb ihr durch den Tod 1937 erspart. Ihren großen Lehrmeister Freud traf es unerbittlich, kurz nach der Annexion Österreichs durch Nazideutschland musste er, schon todkrank, ins Londoner Exil flüchten, 1939 beging er Selbstmord – ganz entgegen seinen Empfehlungen gegenüber gefährdeten Patienten. Leider hatten sich ihm wie seiner Schülerin das Funktionieren von Politik und Gesellschaft und die Entstehung seelischer Krankheiten in Abhängigkeit von ihnen nie erschlossen.

Der koloniale Gedanke wurde in den damaligen Herrschaftskreisen wie auch – mit wenigen Ausnahmen – in der Breite der Gesellschaft als selbstverständlich, fern jeder Unehrenhaftigkeit oder Unrechtmäßigkeit gehandhabt, ganz so wie heute der Neokolonialismus, scheinbar noch unangefochten, dazu dient, den Rohstoffreichtum mittels direkter imperialistischer Raub- und sogenannter Entwicklungspolitik, also durch Diebstahl und Ausbeutung anderer Völker, zu sichern. Und so kann es nicht verwundern, wenn noch heute in Westdeutschland und Westberlin Straßen, Plätze und Denkmäler Carl Peters ehren oder im wiederaufgebauten Berliner Schloss – genau besehen einer Fassade mit viel innerer Luft –, getarnt als Humboldt-Forum, die gestohlenen Raubgüter aus deutschen Kolonien ohne Auseinandersetzung ausgestellt werden, anstatt sie den betroffenen afrikanischen Völkern endlich zurückzugeben. In allerletzter Zeit sind erste zaghafte Schritte in diese Richtung vernehmbar. Gleichfalls besteht heute noch die Forderung nach Rückgabe der Schädel und Gebeine aus den kolonisierten Ländern, mit denen wilhelminische »Wissenschaftler« die Minderwertigkeit der Afrikaner nachzuweisen beabsichtigten. Insbesondere afrikanische Aktivistinnen wünschen energisch die Kenntnis solcher »Forschungen« und »werden niemals vergessen, was uns der Kolonialismus angetan hat«. Millionen afrikanische Flüchtlinge haben derartiges Wünschen und Hoffen längst aufgegeben und dafür die verzweifelte Suche nach einem Überlebensplatz in Europa, jenem Europa, das ihnen seit über 100 Jahren die Lebensgrundlagen zerstört, aufnehmen müssen.

Lou mochte den »Pioniergeist« und die Willensstärke ihrer Freundin und sicher auch eine ihr gewidmete Novelle und die Kolonialromane mit Frauen- und Adelsthemen gerne lesen. Mit ihr ging sie oft auf Reisen, frei von jeglichen Verpflichtungen und materiellen Bedrängnissen, bis auf das selbstverordnete Schreiben und Veröffentlichen natürlich. Auf Paris folgte 1895 St. Petersburg, wo sie Predigten von Hendrik Gillot hörten. Dann sind sie mehrere Monate in Wien, einschließlich »der Herrlichkeiten seiner Umgebungen«, und treffen Literaten wie Arthur Schnitzler, Hugo von Hofmannsthal, Felix Salten, Hermann Bahr, Peter Altenberg oder Richard Beer-Hofmann, mit dem Lou für eine gewisse Zeit ein Liebesverhältnis, »eine nicht zu Ende gelebte Liebe« verbindet. Durch den befreundeten Journalisten Fritz Mauthner »hingebracht«, verweilte sie, immer wenn sie in

Lou Andreas-Salomé

Wien war, bei Marie von Ebner-Eschenbach, diese erfährt von ihrer Freundin die neuesten Entdeckungen von Freud. Zuletzt sehen sich beide 1913. In Salomés »Lebensrückblick« heißt es: »Unvergesslich bleiben mir die Stunden bei ihr – die Stille und ... die Wesenhaftigkeit, die von ihr ausging. ... Man nahm von ihr gleichsam Geheimnis und Offenbarung mit – und es bewahrte sich in dieser zusammengehaltenen Wärme heimlicher Gegenwart.« Im Aufsatz »Ketzereien gegen die moderne Frau« beschreibt sie die Begegnungen mit dieser greisen Dichterin in einem noch höheren, gewiss zu hohen Ton. Die Ebner-Eschenbach antwortet ihr mit lobenden Briefen, so auch zu dem Roman »Ma«, in ihr Tagebuch gelangen jedoch die kritischen Töne, wenn es zu »Aus fremder Seele. Eine Spätherbstgeschichte« heißt: »Eine große Dichterkraft hat sich bemüht, ein unlösbares Problem zu lösen. Es ist ihr nicht gelungen, aber Respekt flößt sie uns ein.« In Wien fühlte sich Lou Andreas-Salomé immer sehr wohl und als Kennerin von Friedrich Nietzsche und Gerhart Hauptmann (in seinem Stück »Einsame Menschen« sind Lou und Nietzsche wiederzuerkennen) hofiert. In jenen Jahren schreibt sie verschiedene Artikel und Theaterkritiken und ihre erste Erzählung »Ruth« (1895), in der sie ihr Jugenderlebnis mit Hendrik Gillot zusammenfasst.

Und sie plant die nächste Reise mit Frieda von Bülow, nach München, wo sie 1896 eintreffen. Hier stößt sie neben Max Halbe und Frank Wedekind, Björnstjerne Björnson, Ernst von Wolzogen, Eduard von Keyserling und neben Frauen um das berühmte Fotoatelier »Elvira« auch auf Jakob Wassermann. Ein Jahr später, im Mai 1897, stellt er ihr René Maria Rilke vor. Er hatte inzwischen Arbeiten wie die Erzählung »Ruth« und den Aufsatz »Jesus der Jude« mit Begeisterung gelesen und ihr anonym Gedichte zugesandt. Aus René macht sie kurzerhand Rainer und wenige Zeit später finden sie sich in Wolfratshausen im Isartal wieder, wo ihre große Liebe einen idyllisch-anregenden Lebensort erhält. Sie sind nicht immer allein, ihr Mann besucht sie für eine Woche, Frieda von Bülow, die in heiklen Situationen Salomés Vertrauen genießt, und weitere Freunde sind um sie, u. a. ein junger russischer

Kritiker aus St. Petersburg, mit dem Studien über Russland geplant sind. Während Lou bereits 36 Jahre alt ist, hat es Rilke erst auf 21 gebracht. Aber »er konnte damals noch lachen«, wenngleich schon spürbar wurde, dass »der in seiner Kunst sich vollendende Dichter« sich »seiner Harmonie der Persönlichkeit berauben musste«, wie sie sich später erinnerte. Diese lebenslange Qual, nebst allen »Herrlichkeiten des Erlebens«, durfte Lou über vier Jahre in unmittelbarer Nähe »ertragen« bzw. nach der Trennung aus der Ferne beobachten. Sie wurde in seinem unsteten Leben die stabilste Beziehung, die treueste Ratgeberin – mit ihren klugen Briefen war sie bemüht, seine immerwährenden Ängste für sein Schreiben nützlich zu machen – bis an sein Lebensende, mit wachsendem Verständnis für seine Texte, die sie noch am Anfang wegen ihrer Überschwenglichkeit oder verräterischen Intimität oft genug verworfen hatte.

Nach Wolfratshausen wechselt Rilke in die größtmögliche Nähe des Ehepaars Andreas nach Berlin. Dort wirtschaften und studieren sie oft zusammen und bereiten sehr intensiv die erste Reise nach Russland vor. Vorher, 1898, veröffentlicht Lou noch zwei Erzählungen »Fenitschka« und »Eine Ausschweifung«, in denen sich gebildete, emanzipierte Frauen gegen die Abhängigkeit in der Ehe, für ihre Selbstständigkeit entscheiden. 1899 ist es soweit, zu dritt fahren sie nach St. Petersburg, anschließend nach Moskau, wo es zur ersten Begegnung mit Leo Tolstoi kommt. 1900, ein Jahr später, reisen beide allein – wieder nach aufwendiger Vorbereitung, einschließlich des Erlernens der russischen Sprache durch Rilke. Diese Reise dauert länger und hat mehr Stationen. In Jasnaja Poljana bei Tula treffen sie erneut mit Leo Tolstoi zusammen. Gipfeln tut die Reise in der tagelangen Wolgafahrt von Saratow im Süden bis Jaroslawl im Norden, mit Übernachtungen und Besuchen in ufernahen Dörfern und Städten, beispielsweise Samara, wie bereits beschrieben, und Simbirsk, und natürlich wechselnden Wolgadampfern. Die unerwartete landschaftliche Schönheit und Fülle von Erlebnissen russisch-orthodoxer Religiosität und Spiritualität, die zur Jahrhundertwende eine wahre Renaissance erfuhr, überwältigen Rilke derart, dass er während und unmittelbar nach der Reise schwere seelische Attacken erleidet. Für die Tiefe der aufgestauten Eindrücke formten sich nicht schnell genug die passenden Worte, der letzte Ausdruck. Das Erlebte fliegt rastlos unbewältigt vorbei und macht ihn anfallartig weinen. »Die Angst irregeleiteter Produktivität«, wie die Salomé es einschätzt, gemischt mit immer heftiger sich entladenden Verstimmungen infolge bereits vor der Reise schwindender Zuneigung sind für sie nicht mehr akzeptabel. In St. Petersburg lässt sie ihn allein zurück und reist schnell weiter auf den finnischen Sommerlandsitz der Familie, um sich von einem »überanstrengten Nebenmann« zu erholen. Sie sehnt sich nach »der Ruhe von vor 4 Jahren«. Gemeinsam reisen sie noch zurück, aber sie hat ihn schon mit Ratschlägen für sein künftiges Leben ausgestattet. Ihr Wunsch nach endgültiger Trennung erreicht ihn dann schriftlich als »letzter Zuruf«. Ihre unterschiedlichen Wege waren bereits vollzogen, sie wohnt weiterhin in Berlin, er für eine gewisse Zeit in Worpswede und begibt sich in eine Ehe mit Kind, in der er keinen dauerhaften Halt findet, und immer unruhig und einsam weiterzieht. Lou und Rilke nehmen nach zwei Jahren des Schweigens wieder brieflichen Kontakt auf und besuchen sich in Abständen. Russland bleibt ein Reservoir, aus dem sie beide noch Jahre schöpfen. »Das Stunden-Buch«, »Gelegt in die Hände von Lou« ist der direkteste, aber bei Weitem nicht einzige Ausdruck seiner Russland-Verehrung und seiner Liebe zu Lou. Dort findet sich, wie bereits angekündigt, das schönste der ihr zugedachten Gedichte:

> Lösch mir die Augen aus: ich kann dich sehn,
> wirf mir die Ohren zu: ich kann dich hören,
> und ohne Füße kann ich zu dir gehen,
> und ohne Mund noch kann ich dich beschwören.
> Brich mir die Arme ab, ich fasse dich
> Mit meinem Herzen wie mit einer Hand,
> halt mir das Herz zu, und mein Hirn wird schlagen,
> und wirfst du in mein Hirn den Brand,
> so werd ich dich auf meinem Blute tragen.

LOU ANDREAS-SALOMÉ

Für sich selbst hielt sie fest: »Ich bin Erinnerungen treu für immer, Menschen werde ich es niemals sein.« Bezogen auf Rilke mag es bedingt stimmen, für viele ihrer Beziehungen, wie zu ihren Freundinnen Frieda von Bülow und die Deutsch-Baltin Helene von Klot-Heydenfeldt (verheiratete Klingenberg) und den in ihr Leben getretenen Sigmund Freud und dessen Tochter Anna, ja selbst für ihren Mann, trifft es nicht zu. Sie besaß durchaus die Gabe, Menschen dauerhaft treu zu sein.

Die Erfahrungen mit der hypersensiblen Persönlichkeit Rilkes und Jahre vorher mit der Labilität Nietzsches bereiteten in ihr ein tiefergehendes Interesse für die Psychoanalyse vor, sie drückt es so aus: »Im Rückerinnern will mir scheinen, als ob mein Leben der Psychoanalyse entgegengewartet hätte.« 1903 bezog sie ein neues Heim in Göttingen, wohin man ihren Mann als Iranisten an die Universität berufen hatte, und sie nach Studien bei Sigmund Freud 1913 eine psychoanalytische Praxis eröffnete und bis zu ihrem Tod betrieb. Es interessierte sie brennend, mittels der Erforschung des Unbewussten, »dem Urboden unseres Triebwerkes«, die Patienten von seelischen Leiden zu heilen. Näher kennengelernt hatten sich Lou und Sigmund Freud 1911 auf dem 3. Internationalen Psychoanalytischen Kongress in Weimar. Lou befand sich auf dem Rückweg von einem Aufenthalt – ihrem letzten – in St. Petersburg und Schweden (als Gast der Schriftstellerin und Reformpädagogin Ellen Key) mit ihrem neuen Geliebten Poul Bjerre, der sie in die Psychoanalyse eingeführt hatte, nach Deutschland. Monate später, da war Lou 50, ließ sie sich in Wien von Sigmund Freud in der Tiefenpsychologie unterweisen. Von da an führten sie einen umfangreichen Briefwechsel, tauschten sich als Kollegen häufig aus, bei psychoanalytischen Kongressen und bei Freud zu Hause. Mit seiner Tochter Anna, die ebenfalls als Psychoanalytikerin arbeitet, entsteht eine sehr enge Freundschaft. Zum letzten Mal begegneten sich Lou und ihr Lehrmeister 1928, da muss sie sehen und hören, wie schwer die Krebserkrankung und die vielen Operationen ihn bereits geschwächt haben. Ihre Schrift »In der Schule bei Freud« und der offene Brief »Mein

Dank an Freud« anlässlich seines 75. Geburtstages konnten ihn noch erfreuen. Ihre menschlichen und intellektuellen Fähigkeiten schätzte er sehr, zumal er sich mit nicht wenigen maßgeblichen Fachkollegen ernsthaft überworfen hatte. Lou bemühte sich zweifelsohne um mehr Komplexität und erweiterte die Themen, z. B. mit der Schrift »Zum Typus Weib« (1914), in der sich die Psychoanalyse erstmals mit der weiblichen Psyche befasste. Die wesentlichen Grenzen Freuds wollte seine Jüngerin nicht überschreiten. Sein Mangel an Einbeziehung des jeweiligen konkreten sozial-politischen Umfeldes bei der Analyse und Bewertung seelischer Leiden ist leider der ihrige.

Auch wenn Lou in ihrem »Lebensrückblick« den Arzt Friedrich Pineles nicht namentlich erwähnt, so war er doch über Jahre ihr Freund, Begleiter und Geliebter bei unendlich vielen Sommerreisen und Wanderungen durch Nord-, Mittel- und Südeuropa, einschließlich St. Petersburg 1904, wo nach dem verlorenen Russisch-Japanischen Krieg ein heftiges Brodeln im Volk einsetzte und sich dann, 1905, in der ersten russischen Revolution entlud. Sie kannten sich aus Wiener Zeiten 1895, verkehrten aber erst nach dem Ende der Beziehung mit Rilke, also mit vier Jahren Unterbrechung, wieder miteinander. Bei ihm kann sie die Mutterrolle (die sie bei Rilke nebenher übernommen hatte) endlich ablegen, »Jetzt bin ich jung«, sagt sie von sich als 40-Jährige und reist mit ihm im Mai 1901 ins Riesengebirge und wird schwanger, verliert das Kind jedoch durch eine Fehlgeburt. Pineles Heiratsantrag lehnt sie ab. Es war die längste erotische Beziehung, sie endete 1908. Aus Dokumenten erschließt sich, dass sie sehr stark sexuell orientiert war und von Lou deshalb später als minderwertig, triebhaft verurteilt und verschwiegen wurde. Überhaupt fand ich in keinem ihrer Rückblicke eine einzige sinnlich erotische Schilderung, nicht einmal eine Andeutung zu Erlebtem. In dieser gehüteten Zurückhaltung ähnelt sie auch den anderen Frauen ihrer Herkunft – bis auf Bettina von Arnim, jene malte ihr erotisches Geneigtsein zu Goethe in ihrem Debüt poetisch-kraftvoll aus, so sehr, dass sie sich gegenüber ihrer Familie zu erklären hatte.

Lou Andreas-Salomé

In den Jahren vor der Eröffnung ihrer Praxis 1913 fährt Lou Andreas-Salomé oft nach Berlin zu ihren Freunden und ins Theater. Besonders gern ist sie Gast bei der Schauspieltruppe Max Reinhardts im Deutschen Theater, verfasst Rezensionen und beginnt Bücher wie die Erzählung »Das Haus«, den Novellenband »Im Zwischenland«, in dem sie sich mit den Problemen pubertierender Mädchen auseinandersetzt. Gerade dieses Buch zählte zu der erstarkenden Frauenliteratur, allerdings ist es bar jeglicher gesellschaftspolitischer Ambitionen. Einige ihrer sexuellen Erfahrungen verarbeitete sie in der Schrift »Die Erotik«, jedoch alle Sinnlichkeit unterschlagend, und hinterlässt fragwürdige Thesen, so dass das Liebesleben generell auf dem Prinzp der Untreue basiere, die Gewöhnung »eine dem entgegenwirkende Macht« darstelle. Ihre Beiträge zur psychoanalytischen Theorie fanden nicht durchgängig Anerkennung, nicht zuletzt, weil sie sich einer exakten psychoanalytischen Terminologie verweigerte und nicht ausreichend verständlich sein konnte. Freud aber hatte sie immer auf ihrer Seite und so wurde sie 1922 ohne Formalien Mitglied der angesehenen Wiener Psychoanalytischen Vereinigung.

Der 1. Weltkrieg beendete ihr unbeschwertes Reisen durch Europa, veränderte die Menschen und Völker zueinander, das politische Denken der Salomé nicht. Die allgemeine, besonders unter deutschen Intellektuellen verbreitete überschwängliche Kriegsbegeisterung ist bei ihr nicht zu vernehmen, sie kennt jedoch keine gesellschaftlichen Triebkräfte, nur die im Menschen wirkenden: »Führen wir ja doch Kriege, weil wir schon Krieg in uns selber sind: im eigenen Wesen angesiedelt auf zweierlei Ebenen wie man sie sich entgegengesetzter, sich den Raum streitigmachender kaum vorstellen kann: betätigt Menschentum sich doch im Triebwerk und Denkwerk so zwiefach, wie wenn es nicht derselben Person unabänderlich anhafte.« Und so frage ich mich, hat die Salomé niemals Bertha von Suttners vielfach tönenden Ruf »Die Waffen nieder!« oder andere warnend aufklärerische Stimmen gehört und ihre Auffassung infrage gestellt? Leider nein, sie intensivierte ihre tiefenpsychologische Arbeit mit der Überzeugung »Nichts gibt es, was kriegsmäßiger vor sich ginge, als das rückhaltlose Aufdecken all des Streitsüchtigen in uns bis an unsere Seelenfundamente«, und ist gewaltig auf dem Holzweg. Aber da geht sie nicht allein, ihrem großen Vorbild folgend. Freud vertrat die rein psychologisierende, biologistische Auffassung, Krieg sei der Ausfluss des Todestriebes. Um den Krieg zu bekämpfen oder zu verhindern, müsse sein Gegenspieler, der Lebenstrieb, nur unverkrampft tätig werden. Gesellschaftliche Veränderungen betrachtete Freud weder für sinnvoll noch möglich – solches Ausblenden sozialer Zusammenhänge bzw. die Isolierung des Patienten von seinem sozialen Raum hat in der psychotherapeutischen Praxis bis heute überlebt, eine radikale Umkehr steht noch aus. Wer anders denkt, fliegt aus der Internationalen Psychoanalytischen Vereinigung, so geschah es auf Bitte von Freud im November 1933 seinem dem Marxismus nahestehenden, einstigen engen Kollegen Wilhelm Reich, der Veränderungen in der Sozialstruktur für notwendig befand, um psychische Störungen massenhafter Art zu beseitigen. Außerdem wurde ihm der Vertrag beim Internationalen Psychoanalytischen Verlag, dessen Leiter Sigmund Freuds Sohn Martin zu dieser Zeit war, gekündigt. Über die Gründe wurde mit Reich nie gesprochen. Diesem Gebaren folgte der deutsche Staat durch Ausweisung Wilhelm Reichs. Brechen konnten ihn diese Demütigungen nicht, im dänischen Exil setzte er seine Forschungen fort und beendete die Theorie der »Massenpsychologie des Faschismus«, die heute hochaktuell und der antifaschistischen Politik dringend zu empfehlen ist.

Die Bücherverbrennung der faschistisch gesinnten Studentenschaft am 10. Mai 1933 hatte auch in der Universitätsstadt Göttingen gewütet. Lou Andreas-Salomé wusste, dass die Bücher ihres Gelehrtenfreundes Sigmund Freud (nicht weniger Wilhelm Reichs) und vieler befreundeter Schriftsteller im Feuer verbrannten. Für die Zukunft Deutschlands sah sie schwarz und zog sich in ihren letzen Lebensjahren resignierend zurück.

Der 1. Weltkrieg, die Kriegserklärung gegenüber Russland beendeten Lous Reisen in die alte Heimat. Als im Oktober

1917 russische Arbeiter, Bauern und Matrosen unter Führung der Bolschewiki rasch und fast unblutig das alte Regime samt seines Kriegsheeres hinwegfegten, um auf russischem Boden die Losung »Frieden, Brot und Land« für das Volk Wirklichkeit werden zu lassen, entflammte, befeuert durch die Weißen im Innern wie die geballten Interventionen und Umzingelungen der Armeen der europäischen und außereuropäischen Aristokratie und Bourgeoisie gegen die junge Sowjetmacht, der über Jahre dauernde und das ganze Land zerstörende Krieg. Lous Angehörige kämpften auf Seiten der Weißen, der Konterrevolution. Den Widerhall der Ereignisse nimmt sie durch die Briefe ihrer Familie wahr. Von den Brüdern lebte zu diesem Zeitpunkt einzig noch der mittlere, Robert von Salomé. Sein Besitz, Land und Haus sind in die Hände des Knechts gelegt worden, beide wohnen nun unter einem Dach, nur der Herr ist jetzt ein anderer, und er ist, wie Lou erfährt, ein auskömmlicher, in ihm erblickt sie »die Geburt eines neuen Typs des russischen Menschen«, auf den sie so gehofft hatte. Trotzdem konnte und wollte sie sich, obwohl sie die alten Verhältnisse für das Volk als nicht mehr hinnehmbar befand, für die neuen nicht erwärmen. Als Lou 1923 in der Poliklinik der Berliner Psychoanalytischen Vereinigung ihre Methoden der Analyse verbreitete, schreibt sie Rilke, wie sehr sie sich von der Bolschewiki – die nach fünf Jahren erbitterter Kämpfe den Sieg davontrug und 1922 die Sowjetunion gründete – abgestoßen fühlt und anderen Idealen »voller Glut und Reinheit« anhängt, für die sie aber kaum noch Hoffnung zeigt.

Direkt erleben tut sie eine andere Revolution. Rilke lädt sie im Frühjahr 1919 nach München ein. Beide werden Zeugen der revolutionären Ereignisse bis zum bitteren Ende. Das anfängliche Engagement hatte sich bei Rilke nach den ersten 100 Tagen der Revolution allerdings verbraucht. Seine Russland-Schwärmerei schloss die Befürwortung der russischen Revolution und deren Übertragung auf Deutschland ein, »wenn sie große Schritte zu machen versucht« – aber nur theoretisch. In der Realität konnte der Anblick eines Arbeiters oder seiner massenhaften Bewegung ihn erschrecken. Beeinflusst ist er ursprünglich durch die Bekanntschaft mit Sophie Liebknecht, die die Zuchthauszeit ihres Mannes Karl wegen dessen Kriegsgegnerschaft in ihn beeindruckender Würde übersteht und Rilke zu raten weiß: »Wenn Sie unsere Zeit nicht so von sich weisen würden, wenn Sie mehr sich um sie kümmerten ..., wenn Sie ... mehr reelle Beziehung zu ihr hätten«, so könne er »productiv darunter leiden« und wäre dann »erlöst«. So gestaltete sich seine Schwabinger Wohnung tatsächlich zu einem Treffpunkt revolutionärer Intellektueller, und er ist später noch überzeugt: »Einen kleinen Augenblick gab es, wo eine echtere Besinnung sich durchzusetzen schien, zu Kurt Eisner's Zeit ...« Ja, als Lou Andreas-Salomé, seine alte Liebe, im März 1919 in München eintrifft, ist seine revolutionäre Begeisterung bereits verflogen und sein Tun wieder auf Bücher, besonders aber auf die Weiterarbeit an den »Duineser Elegien«, die während des Krieges stagniert hatte, gerichtet.

Zurückgezogen und ängstlich verbringt er die restlichen 75 Tage der Revolution bevorzugt in seiner Wohnung. Während er und Lou die Proklamation der Münchner Räterepublik am 7. April und die folgenden Straßenkämpfe bis zur blutigen Niederschlagung der Revolution am 2. Mai gezwungenermaßen erfahren müssen, beglücken sie sich seelenverwandt, er sie mit seiner neu entstandenen vierten der »Duineser Elegien«, in denen er zum ersten Mal das diesseitige Dasein als anzunehmendes Leben preist, sie ihn mit tiefer Dankbarkeit: »Du schenktest mir ein Stück Leben.« Es ist ihr letztes Zusammensein. Bald nach Lous Abreise kehrt er Deutschland für immer den Rücken. Bis auf eine Hausdurchsuchung – im Gegesatz zu seinen ermordeten bzw. im Zuchthaus landenden einstigen Kampfgefährten Landauer, Toller, Mühsam oder Graf – reist er unbeschadet, allerdings von nun an pass- und heimatlos, in die Schweiz, in die Arme nächster gönnerhafter Schlossbesitzerinnen. 1926 stirbt Rilke, um den Lou bis zum Schluss verständnisvoll und tröstend bemüht war. Eine Psychoanalyse bei ihm hatte sie allerdings abgelehnt, seine Schöpferkraft nicht zu gefährden oder wie sie sagte: »Möglicherweise gehen die

Engel mit aus.« Nach dem Tod Rilkes beginnt sie »Rainer Maria Rilke. Buch des Gedenkens« zu schreiben und stellt es 1928 fertig. Seit 1999 liegt dank der Nachlassverwalterin Dorothee Pfeiffer auch das Tagebuch »Russland mit Rainer« öffentlich vor, hier lässt sich noch einmal nachvollziehen, wie inspirierend und reich die Reise an menschlichen, landschaftlichen, künstlerischen und religiösen Begegnungen war, von Disharmonien mit Rilke keine Spur, nur bei dem winzigen vorletzten Satz werden wir hellhörig: »... was ich brauche, ist fast nur Stille, – mehr Alleinsein, so wie es vor 4 Jahren war.« Lou hielt bis zu ihrem Tode Kontakt zu Rilkes verheirateter Tochter Ruth und ihren Kindern.

1930 stirbt auch ihr Mann. Ihm widmet sie in ihren Erinnerungen – weit hinter Rilke – das allerletzte Kapitel, genau genommen erst den Nachtrag. Sie verliert viele Worte über seine Kompliziertheit als Mensch und als Wissenschaftler, kein einziges Wort aber der Liebe oder Freundschaft. Diese spezielle Ehe, die das erotische Begehren ausdrücklich ausschloss, befestigte ein Gebilde voller Misstrauen und Eifersucht, die Salomés Verhalten natürlich provozierte. Ihrem Mann wollte sie nur ein Neutrum, keine Frau sein. Auch konnte sie ihm keine Partnerin auf seinem Wissenschaftsgebiet der Orientalistik sein. Einzig die gemeinsame Behausung und die Welt der Tiere verbanden sie, man hielt sich allzeit Hunde. Bei Menschen schied sich der Geschmack, so lebte jeder sein Leben allein – 40 Jahre. »Noch als wir längst ganz alte Leute waren, kam ich mit manchem, was mich wesentlich und täglich beschäftigte, so selten zu meinem Mann, wie wenn ich dazu erst von Japan oder Australien hätte heranreisen müssen – und kam, wenn es geschah, damit in für mich noch um vieles entferntere Weltteile, die ich wie zum allerersten Mal betrat.« Sehr, sehr spät erst lernten sie das Angenehme des Beisammenseins schätzen: »In jenem Spätherbst lag ich ungefähr sechs Wochen lang krank in der Klinik, und da ich ab vier Uhr nachmittags meiner psychoanalytischen Tätigkeit nachzugehen fortfuhr, erhielt mein Mann Erlaubnis zum Besuch schon vor drei Uhr: die ordnungsmäßig statthafte Zeit war also begrenzt. Uns so gegenüberzusitzen, war uns aber ganz neu: wir, die wir die üblichen Familienabende ›beim trauten Schein der Lampe‹ gar nicht kannten, die wir auch auf Spaziergängen am liebsten ungestört rannten, erfuhren damit eine Situation ungewohntester Art, die uns vollkommen hinriß.« Nach der von ihrem Mann erzwungenen Beendigung (er konnte »nicht aufhören zu wissen«, dass sie eine Frau war) des Liebesverhältnisses mit Georg Ledebour 1892 – wie bereits beschrieben – trennten sich, ohne die Scheidung zu vollziehen, ihre Wege und Unternehmungen für Jahrzehnte. Um dem »Alleinsein zu zweien« zu entkommen, ging Salomé in der Folgezeit gern und viel auf Reisen. Zwischen beide legte sich nach den »Kämpfen und Krämpfen« beständiges Schweigen und zurückhaltende Abkehr. Während dieser »großen Stille« begegnete ihr dann die Liebe, »das erstmalig Wirkliche« mit Rilke – bar jeglicher »Trotz- oder gar Schuldgefühle«. Zu ihrem Mann hielt sie und umgekehrt er zu ihr eine dauerhafte »einfache Ehrerbietung gegeneinander«, die sich für sie »wie Besitz und Sicherheit anfühlte«. Sie hatte sich nur unter der Bedingung, die Sexualität, das körperliche Begehren völlig aus ihrer Zweisamkeit zu verbannen, vermählt. Es sollte nur ein ideelles Verhältnis sein, das war es, aber durchaus nicht für beide erfüllend (ihr Mann zeugte mit der Haushälterin ein Kind) und schon gar nicht in großer Hingabe gipfelnd. Im Ergebnis der Russlandreise – den sie befremdenden Eindrücken mit Rilke – stellte sich bei ihr das Gefühl der Unabhängigkeit und die Akzeptanz ihrer Ehe her.

Lou schrieb und reiste, während sie als Psychoanalytikerin praktizierte, wesentlich weniger. Es existieren ein Fragment der Erzählung »Die Geliebte«, die sie Anna Freud zum 30. Geburtstag widmete, die szenischen Spiele »Der Teufel und seine Großmutter« und »Die Tarnkappe«, in dem sie Rilkes Persönlichkeit interpretiert, und die Geschichten »Die Stunde ohne Gott«. Dem schwerkranken Freud widmet sie das Buch »Mein Dank an Freud«, das 1931 erscheint – noch. Die entstandene autobiografische Erzählung »Jutta« wird dann niemand mehr drucken, der Faschismus hat auch in den Verlagen die Macht übernommen. Noch Jahre vor ihrem Tod lernte sie ihren letzten Vertrauten, den Philologen Ernst Pfeiffer kennen, der sich um sie, als es ihr gesundheitlich sehr schlecht ging, kümmerte und den Nachlass mit ihr ordnete. Ihm sind die Veröffentlichungen des »Lebensrückblicks« und die Briefwechsel mit Rilke und Freud, versehen mit klugen Nachworten und sehr präzisen Erläuterungen, zu verdanken. Russland war für ihr ganzes Leben wichtig. Ihre kenntnisreiche Verehrung – durch die Sorgen um die Familie in nachrevolutionärer Zeit gemindert – drückte sich in ihren vielen Reisen und Büchern aus. Das Erlebnis Russland erhält in ihrem autobiografischen »Lebensrückblick« breiten Raum, ebenso im veröffentlichten Studientagebuch »Russland mit Rainer«. Mit dem erwähnten »Stunden-Buch« erreichte Rilke seinen künstlerischen Durchbruch. Für Lou könnte man dies von ihrem literarisch auch für mich interessantesten Buch »Rodinka. Russische Erinnerung« mit der vorangestellten Widmung »An Anna Freud, ihr zu erzählen von dem, was ich am tiefsten geliebt habe« behaupten. Sie begann es unmittelbar nach der Reise 1900, ließ es aber erst 1923 erscheinen. In »Rodinka«, zu deutsch »Kleine Heimat«, finden wir ihr gesamtes Russlandbild, all ihre Erfahrungen von der Kindheit bis in die vorrevolutionäre Zeit beschrieben. Sie tut dies mit klarem Wissen und Gespür für Stimmungen und untergründig brodelnde Bewegungen, so dass wir heute sehr genaue Vorstellungen erhalten können, wie der russische Adel damals in seinem häuslichen Umfeld in verschiedenen Facetten agierte. Sie schildert u. a. ein Gut, wo sich das gräfliche Familienleben – durch eine »moosbewachsene Mauer« vom Dorf und den Hütten der arbeitenden Bauern getrennt – in ewigem Müßiggang und Frömmigkeit spiegelt. Und doch unterliegt allem Geschehen eine fein spürbare, geheimnisvolle Aufbruchsstimmung. Junge Adlige verlassen fast unbemerkt ihre Familien, tauchen ab, verzichten auf Besitz, um konspirativ »das Volk der großen Aktion« auf »Taten« vorzubereiten, deren Ziel die Proklamierung eines menschenwürdigen Daseins für alle heißt. Lou kannte die russische Geschichte, 1861,

Lou Andreas-Salomé

im Jahr ihrer Geburt, wurde die Leibeigenschaft beseitigt, 1905 brach die erste russische Revolution aus, im Februar 1917 dankt der Zar ab und schon wenige Monate darauf wälzt die Oktoberrevolution die Verhältnisse grundlegend um. Ihre Hoffnungen lagen auf der Volkstümlerbewegung, zu der sich auch Tolstoi, Turgenjew und Herzen bekannten. Arbeiter und Bauern sollten durch Bildung und Aufklärung gewaltfrei zu einem besseren Leben gelangen. Darin war sie der Malwida von Meysenbug, die in ihrer Londoner Exilzeit unter Herzens Dach direkt beeinflusst wurde, sehr ähnlich. Für einen revolutionären Umsturz konnte man beide Frauen nicht gewinnen. Lou reichte schon das Wissen um die Gefährlichkeit des Wirkens der Volkstümler gegen die Zarenherrschaft, das mit Gefängnis, Zwangsarbeit in Sibirien oder Hinrichtung geahndet wurde. Lou ist von dem Mut für die persönlichen Konsequenzen beeindruckt wie auch befremdet und abgeschreckt von dem hohen Preis für »die Sache treu bis in den Tod«. Ein Teil der Volkstümler, die Gruppe »Narodnaja Wolja«, zu deutsch »Volkswille«, entschied sich für eine nicht gewaltfreie Methode, so das Attentat auf Alexander II. 1881, nachlesbar bei Lou Andreas-Salomé.

Eine andere Russland-Verehrerin war Bertha von Suttner. Sie hatte neun Jahre ihres Lebens im Kaukasus, der damals zum russischen Reich gehörte, verbracht und blieb diesem großen Land – bis hin zu Illusionen gegenüber der Politik des russischen Zaren – innerlich verbunden. Während ihre Bücher durch die Friedensarbeit dominiert werden, verlegt sich Lou ausschließlich auf das Innenleben des Menschen. So wie die eine Tolstoi brieflich als Mitkämpfer und Agitator zu gewinnen bemüht ist, fährt die andere nach Moskau und Jasnaja Poljana zu Tolstoi und findet sich selbst. Beide haben uns dankenswerterweise ihr gelebtes Leben und ihre Ansichten so verschieden hinterlassen, uns manchen Widerspruch abgewinnend.

Obwohl Lou Deutsch sprach und schrieb, ist Russland die längste Zeit ihr Sehnsuchtsort. Vielleicht ist dies der Grund, warum »Rodinka« nachhaltiger als andere ihrer Bücher gelingen konnte. Und ich es deshalb mit einem Auszug vorstelle, der insbesondere das jugendliche Personal des Gutes Rodinka in die Nachwehen des Russisch-Türkischen Krieges und die vorrevolutionären Strömungen und Stimmungen geraten lässt:

Letzter Winter

Schwer und grau lastete der Winter von 1879/80 über uns allen. Durchreisende Fremde hätten meinen können, die Newastadt sei an ihrem zugefrorenen Strom selbst in Schlaf gesunken. Leerer und länger noch als sonst schienen die geradlinigen Straßen sich zu dehnen, gleichgültiger die Menschen aneinander vorüberzugehen, wie wenn starre Stumpfheit jede Lebensäußerung im Bann hielte. Dahinter aber, hinter dieser anscheinenden Ruhe, stand etwas Ruheloses, Atemloses. Hier und da an Plätzen und Ecken gewahrte man berittene Schutzmannschaft; ungern nur schlich sich bei Einbruch der Nacht der Hausknecht auf seine Bank am Torweg, denn schon war es geschehen, daß solch ein armer Wärter, in den Schafspelz eingemummt, am nächsten Morgen tot dagesessen hatte, erschossen von unsichtbarer Hand. Nach zehn Uhr abends durfte niemand das Haus mehr verlassen ohne gelbe Erlaubniskarte der Polizei.

Noch war ein Jahr hin bis zur Ermordung Alexanders II., noch war die Detonation im Winterpalais nicht erfolgt, noch schritt man ahnungslos über heimlich unterwühlten Straßen, man deckte vielleicht Butterbedarf eben dort: in jenen neuen Butterläden zur Seite des Fahrdamms, die im Innersten ihrer Fässer hinaufgeschaufelte Erde enthielten.

Aber auf den Gemütern lag bereits der dumpfe Druck alles Kommenden. Infolge des reaktionären Gesinnungswechsels des einst umjubelten »Zarbefreiers« gärte es immer drohender in der freiheitlich gesinnten Jugend, bis es, nach der »Volksfreundebewegung« des letzten Jahrzehnts, dem aufklärenden Wirken der »Narodniki« im Lande, zur Bildung eines revolutionären Exekutivkomitees gekommen war, zum Umschlag in den Terror. Wir hörten hie und da in Großpapas Hause von der innerpolitischen Sachlage dadurch, daß der damalige Kriegsminister Miljutin – einer der tatsächlich allerletzten aus der früher so bevorzugten Reformpartei im Regierungsdienst – sich als alter Bekannter bisweilen mit ihm traf.

Dennoch, obschon inmitten all dieser Dinge lebend, blieben wir doch auch immer ein wenig geschieden von ihnen; es ging damit wie mit dem Kriege, der erst in der Erinnerungslegende »Witalii« ein Gesicht für uns erhalten hatte. Obwohl wir von klein auf die russische Sprache beherrschten, Boris russisch gerufen wurde und ich im zärtlich verstümmelten Koserussisch, dem ein Name nicht leicht dortzulande entgeht, blieb doch immer gegenwärtig, daß unsere Heimat ganz fern in süddeutschem Lande stand, mochten wir ihr auch seit mehreren Generationen schon entrückt sein. Der Vater war es, der, obwohl mehr unwillkürlicher-, absichtsloserweise, uns das nie vergessen ließ: und wär es auch bloß die verräterische Sehnsucht gewesen, womit er ein paar verblaßte Landschaftsfotografien, als seien es Bilder teurer Angehöriger, auf seinen Schreibtisch gestellt hatte, oder die besondere Pietät, die allem galt, was aus der Zeit vor der Übersiedlung sich vererbt hatte, sei es noch so unbrauchbar und beschädigt.

So fühlten wir uns vorwiegend im Verband mit den übrigen, zahlreich vertretenden Ausländern – ja, gelegentliche Verheiratung mit »echtem Russenblut« war seltener als die unvermutetste untereinander. Ob Deutsche, Franzosen, Engländer, Holländer, Schweden, unterschieden sie sich vom Russentum mit seiner nationalen Orthodoxie am gemeinsamsten durch ihre Kirchen; die evangelischen Kirchen, zu denen die Mehrzahl gehörte, und die ihnen angegliederten Schulen bezeichneten so – trotz der ungeheuren Zerstreuung der Gemeinden über die riesig ausgedehnte Stadt – gewissermaßen Mittelpunkte einer Stadt für sich, worin die fremden Straßen wie an einer Art von Heimatstätte zusammenliefen.

Dies Internationale, verbunden mit dem Großzügigen russischer Verkehrsgewohnheiten, gab dem gesellschaftlichen Leben einen gleichzeitig weltstädtischeren und natürlicheren Zauber, als es vielleicht irgendwo sonst der Fall ist, und solange meine Mutter noch lebte, nahmen wir daran teil. Mit ihrer heiteren Anmut, die jung und alt bestrickte, hatte sie verstanden, das durchzuführen, wiewohl mein Vater als simpler Magister der Physik und Mathematik an höheren Lehranstalten Luxus in seinem Hause niemandem bieten konnte.

In ihr verkörperte sich von jeher alles, was in sein ernstes Gelehrtendasein Reiz oder Rausch getragen, mit ihrem Tode nahm sein Heimweh nach dem Vaterlande, das er nur von ein paar Reisen her kennenlernen durfte, im stillen überhand. Schärfer als bis dahin spürte er im weiten Zuschnitt der hauptstädtischen Ausländerkreise die im Grunde wunderlich selbstgenügsame Enge: diese besondere Art eines Philistertums sozusagen, die sich als Weltbürgertum nur anfühlt, weil es – weder im In- noch im Ausland wahrhaft heimisch – sich der Wirkungen enthält.»Überhaupt: Welch eine Stadt, mein Gott!« bemerkte er immer öfter.»Schnell hingesetzt dort, wo das Land schon aufhört: als liefe sie hinweg vom eigenen Lande, als verlöre sie einfach das Gedächtnis für alles hinter ihr – alles stets neu anfangend und erlebend, ohne Voraussetzungen, ohne Vergangenheit: Wie will sie da Zukunft haben oder auch nur Gegenwart?«

In der Abgeschlossenheit dieser grauen, schweren Winterwochen, ein Jahr ungefähr nach meiner Mutter Tode, trat zum erstenmal wieder Witalii in unser Leben. Der Großpapa hatte ihn uns angekündigt. Witalii, bei Verwandten untergebracht, hegte die Absicht, seinen alten Herzenswunsch nachträglich zu erfüllen und das Abitur zu bestehen. Aber als er nun leibhaftig unter uns drei Geschwistern dastand, wirkte es trotz der Ankündigung namenlos überraschend und unerwartet. Wir befanden uns im Zimmer der Brüder. Augenblickslang gab niemand einen Laut von sich. Dann entfuhr mir, als sei die einstige

Stunde der Gemeinsamkeit eine ganze gemeinsame Kindheit gewesen, ein Freudenschrei: »Witalii!«

»Musja!« kam es ebenso zurück, und das Eis war gebrochen. Boris umhalste ihn wie einen zurückgefundenen Freund, und Michael, der im Alter besser zu ihm paßte, nahm ihn als den seinen auf.

Eine Bewegung, die wir ihn mit der linken Hand ausführen sahen anstatt mit der rechten, lenkte sehr bald unser aller Augen auf den Arm, der ihm schlaff und verkürzt aus dem Ärmel hing.

»Ich bin schon sehr geschickt!« versicherte Witalii. »Man muß nur erst die linke Hand üben« – und er entzog sich rasch mit Fragen nach Michaels Studium dem Versuch, ihn über seine »Kriegslaufbahn« auszuforschen. Auch später kam er niemals darauf zurück; als Boris ihn einmal dringend darum bat, sagte er unvermittelt heftig:

»Ihr müßt wissen – da war bei mir keinerlei Begeisterung dabei – nichts dergleichen – nicht für die ›russischen Brüder‹ oder gar: gegen die ›Ungläubigen‹ – nein, nein, nicht so war es! Nur ganz allein für mich selbst – nur um meinetwillen –«

Wenn es gewesen war, um sich Freiheit zu ertrotzen, so war es geglückt, und er benutzte sie ausschließlich zum Lernen. Mit Boris, dem Primaner, »büffelte« er ganz gewaltig, um Klassen zu überschlagen, doch auch Michael mußte seinen Wissensdurst löschen helfen, obschon er selber gar nicht viel für Studieren übrig hatte. Unseres eleganten Michael noch etwas schmalbrüstig aufgeschossene Gestalt überragte die Witaliis bei weitem, was dem etwas kurzgeratenen Boris entschieden angenehm war; dennoch erschien Witalii trotz seiner Schülereinstellung zwischen den beiden durchaus als der älteste von ihnen. Mich erinnerte er deutlich an den kleinen Knaben von damals, an Mund und Augen würde ich ihn überall wiedererkannt haben, besonders am Mund. Der war nicht hübsch, ein wenig aufgeworfen, aber ich stellte fest, daß dies nicht so sehr an den Lippen lag als an einem zu geradlinigen Verlauf der Gebißlinie, wodurch beim Sprechen oder Lachen die Eckzähne sichtbar wurden – was sich bald naiv, bald brutal ausnahm und zum übrigen Gesicht nicht recht passen wollte.

Die eigentümliche Zeitlage beschränkte für die Brüder manchen Verkehr auswärts und band die drei noch enger aneinander. Michaels bisheriger Freund, ein Student, der sich angeblich mit Verbreitung verbotener Schriften befaßt hatte, war gefänglich eingezogen worden; einer beargwöhnte den andern, und selbst harmloseste Zusammenkünfte zu vieren oder fünfen blieben nicht sicher vor polizeilicher Einmischung. Für mich wurden die »drei Brüder« halb zum Ersatz für allerlei Mädchenfreundschaften, die sich seit den letzten Klassen zu lockern begonnen. Von Körper und Gebärden noch backfischhaft eckig, von Natur schüchtern, verstand ich mich nur im Hause fröhlich gehen zu lassen und fand wenig Berührungspunkte mit Altersgenossinnen, von deren beginnenden Gesellschaftsinteressen mich überdies mein Trauerkleid schied. Durch Witalii indessen gelangte ich zu einer ganz neuen weiblichen Bekanntschaft: Nadeschda Iwanowna, Nadia genannt, den im Verkehr mit Russen so unwesentlichen Familiennamen habe ich nicht einmal in der Erinnerung behalten. Sie war vom Lande gebürtig, besuchte in der Hauptstadt die Bestuschewschen höheren Frauenkurse, hatte sich aber außerdem eine Art von Privatkurs ganz im kleinen eingerichtet, worin sie etlichen Fabrikarbeitern und Hausknechten, lauter Analphabeten, heimlich Unterricht erteilte. Dies volksfreundliche Tun, das Mut erforderte und sie den folgenschwersten Kämpfen aussetzen konnte, sicherte Nadia von vornherein unsere bewundernde Sympathie.

Erstaunt entdeckten wir in der erwarteten heldenmäßigen Frau ein liebes, kleines, blondes Mädchen, zum Umblasen zart in ihrem abgetragenen dunklen Kleidchen, und mit den sanftesten Augen der Welt. Ich war überzeugt, sie müßte noch schüchterner sein als ich selber, und mein Herz flog ihr zu. Auch fügte es sich so, daß sie mir bald darauf Bekenntnisse machte, die sich weniger um Politik als um Liebe drehten: genau so, wie zwei Mädchen miteinander reden. Sie hatte sich vor einigen Jahren, fast noch ein Kind, mit dem Sohn einer ihrem Elternhause benachbarten Popenfamilie verlobt, der gleichfalls Pope werden wollte; die Glaubensfrage spielte dabei keine Rolle, um so mehr die des Volkswohls: Pope sein, das konnte heißen, dem Dorf ein Engel werden, besonders wo zwei Engel sich zu solchem Zweck zusammentun. Aber einmal Geistlicher, schoß ihr ehrgeiziger Spiridon über dies nächste Ziel hinaus in die höhere klerikale Laufbahn der »schwarzen« Geistlichkeit, welche zum Zölibat verpflichtet, während die »weiße« des Popentums ja gerade Eheschließung voraussetzt. Ungewöhnlich intelligent, machte er – im Heiligen Synod, beim »Staatschef« der Russenkirche – durch wohlüberlegte Schriften von sich reden und opferte so seine ehemaligen Träume glatt der herrschenden Macht: Nadia sprach von diesem doppelten Verrat mit einer verblüffenden Sachlichkeit, als gelte der ungetreue Spiridon ihr nicht mehr als der Mann im Monde. Aber gerade hierdurch erhielt das private Leid seine erschütternde Betonung, daß sie es in eins geworfen hatte mit dem Umfassenden des russischen Menschen in ihr, dem Leid um die russische Sache: der allein sie fortan lebte und Treue hielt – die Treue für zwei. Es war das erstemal, daß ich in so persönlicher Weise eine Liebestragödie zu Gehör bekam, und der Romantik meiner Backfischjahre entsprach sie sicherlich wenig. Andererseits näherte eben dieser Grad von überpersonaler Reife Nadias Bericht meiner Unreife: Er lieh ihr eine Art unerschlossener Mädchenhaftigkeit zurück aus diesem Jenseits menschlichen Begehrens. Und während wir einander gegenübersaßen – im Zimmer meiner Mutter, das mit seinen lichten Möbeln und geblümten Mullvorhängen ganz unverändert zur Stube der Tochter sich geeignet hatte –, wurden wir fast Schwestern in unsern schwarzen Kleidchen: wie heroisch die eine, wie kindisch die andere, doch beide zwei kleine Nonnen dem Leben gegenüber. Einmal, als ich, wie immer nachmittags, Tee und Butterbrot ins Zimmer meiner arbeitenden »drei Brüder« hinübertrug, fand ich sie ausnahmsweise faulenzend. Es dunkelte schon. Nur die großen Holzklötze, die Boris in den Ofen nachzuschleudern liebte, flammten hell durch die Stube, er selbst aber lag lang hingestreckt auf seinem Bett, die Hände unterm Kopf verschlungen. »Was treibt ihr denn –? Und ohne Licht?« fragte ich.

»Ja, das Licht, siehst du, das soll uns im Kopf aufgehen«, belehrte mich Boris. »Du ahnst ja gar nicht, harmloses Kind Gottes, was der Mensch heutzutage und hierzulande alles für Probleme erledigen muß –«

Witalii löste sich vom Fenster, woran er stand, er unterbrach Boris: »Einfach um einen der Fabrikleute bei Nadia handelt es sich.«

Michael widmete sich bereits seinem Glase Tee. »Ja, stell dir das mal vor«, erzählte er, »der aus der Seifenfabrik, der jetzt aufs Dorf zurück mußte, der hat einen ganzen Aufsatz hergeschickt – oder hergeschleudert, eine ganze Standrede wahrhaftig, schreiben kann er also schon! Aber das empört ihn nun hinterdrein gewaltig, daß er jetzt glauben soll, die Sterne, die über seinem Dorfe standen, seit er denken kann, das seien keine Engelsaugen wie früher.«

»Na ja, die verfluchte Rückständigkeit!« meinte Boris gähnend, »das liebe heilige Rußland ist eben noch Asien, das heißt, es hat nur beten gelernt, nicht denken. Diese Kleinigkeit bringen erst wir ihm bei – wir, das heißt Europa.«

»– Wenn es nur angeschulmeistert ist – beten oder denken, einerlei: Zwang ist es dann so und so!« murmelte Witalii.

»Nein, höre mal!« Boris wurde ärgerlich. »Ihr solltet doch froh sein, daß ihr nicht die ganze Geschichte selbständig noch einmal machen müßt, die wir vor euch voraushaben – gerade auch im wissenschaftlichen Leben –, daß ihr das fix und fertig eingetrichtert kriegt. Die Konflikte, die das setzt, sind schließlich doch dieselben auch einst bei uns gewesen.«

»Nicht dieselben – nicht so naive, nicht durch so äußerlich ›Eingetrichtertes‹!« widersprach Witalii gequält. »Erst hierher kommt die Wissenschaft gleich mit so weitgereisten Ergebnissen – nicht allmählich auch hier gereift, nein, nur auf unsern Boden geworfen wie zur Explosion – ja, eine Bombe! Ein einziges Aufgerissenwerden, Wundsein! Versteh doch, daß das Lebendige dran, das einzig Eigene, eben das ist – dasjenige, woraus der Mensch so kindisch schrieb – nicht die Engelsastronomie und nicht die richtigere Astronomie, sondern daß es bei ihm aus solchem Aufeinanderprall kommt, aus den unmöglichsten Gegensätzen – aus etwas, das nur er, nur alle diese – so erleben –«

Fast mitten im Satz, dem Tonfall nach, brach er ab.

»Nun, aber Nadia? Also täte sie nicht recht?! Aber was verehrst du dann ihr Tun –«, bemerkte Boris kopfschüttelnd. »Nicht gegen sie red' ich –; gegen mich selbst eher vielleicht, daß ich da was nicht versteh'.« Witalii sagte es mit sinkender Stimme; seine gesunde Hand hielt den rechten, schlaff hängenden Arm umklammert, wie er es manchmal tat, wenn Schmerzen unvermutet darin aufzuckten; und dies geschah nach jeder Überanstrengung. Michael lenkte gutmütig ein. »Nun, wie du willst. Aber jedenfalls können wir nicht ganz Rußland in Ordnung bringen – wenigstens nicht gleich so auf der Stelle. – Man muß auch trachten, ans Ziel zu kommen.«

»– Ziel –?« Unruhig hob Witalii den Kopf. »Gott, mindestens durchs Abitur, dann durch die ganze Natur, bis Gott gibt die Professur! Denn das wird mein Ziel, in aller Bescheidenheit«, antwortete statt Michaels, der etwas verlegen schwieg, Boris. Er hatte sich im Bett aufgesetzt und ließ die Beine baumeln. »Über alles ging dir doch dein Studium?! Und ausgerechnet jetzt mußt du erst ausknobeln, ob dieser Fabrikmann nicht Seelenschmerzen davon bekäme? Auf-auf! Herr Oblomow – arbeiten!«

Mir ist dies Gespräch fester im Gedächtnis geblieben als viele vor- und nachher, obgleich ich eigentlich zunächst nur den einen Ton daraus heraushörte, der mir noch nie vernehmbar geworden war: Witalii – Russe, wir – die Nichtrussen; sich und Nadia empfand er als ein »Wir« uns gegenüber.

Sogar wo er jetzt einmal nicht mit ihr übereinstimmte – was mir merkwürdig angenehm war. Überdies verhielt es sich damit so, daß Nadia ihrerseits erst recht unter ihrem freigewählten Beruf litt, ungeschulten Menschen durch »wissenschaftlichen« Starstich die Augen über ihre Illusionen zu öffnen. Sie litt aber überhaupt darunter: all diese ihr von zu Hause her tief vertrauten bäuerischen Menschen zu städtischem Proletariat in dessen Erwerbskämpfen werden zu sehen. Andernteils jedoch hielt sie fanatisch fest an der in ihren Kreisen gerade erst hochkommenden marxistischen Lehre, wonach alle künftige Entwicklung mit Unerbittlichkeit nach logisiertem Schema geregelt schien – das auch Witalii abstieß, ohne doch von ihm widerlegt werden zu können.

Die Buchstaben, die Nadia ihre Analphabeten aneinanderreihen lehrte, formten sich ihr selber deshalb zu weit mehr drückenden als beglückenden Erkenntnissen, jedenfalls zu keiner der fröhlichen, getrosten »Wahrheiten« mehr, wie die gewesen, denen sie einstmals mit Spiridon, politisch wie kirchlich ganz unbekümmert, in »Jesus dem Bruder«, nachzuleben trachtete. Seit ihre Kindheit hinter ihr lag und das arme Heimatdörfchen voll Blindheit, Sonne und Schmutz, südlich im Lande – kannte sie kaum etwas anderes, als daß ihr vor wehe tuenden Gedanken der Kopf schmerzte und das Herz blutete. Ihre freudig gefaßte Haltung, wenn es galt zu helfen, zu leisten, ihre unentwegte Bereitschaft ließ das anfangs übersehen, bedeckte ihre tiefe Traurigkeit; darunter aber, unter diesem Strahlenmantel unschuldigen Opferdranges, wohnte die ursprüngliche Seele der kleinen Nadia fast ebenso verborgen, wie hinter heuchlerischer Priestermaske sich verstecken mußte die »schwarze Seele« Spiridons, des doppelten Verräters.

Ich weiß noch heute nicht zu sagen, ob Nadia irgendwie typisch war für die Frauen von Witaliis damaligem Umgang, denn er kannte ihrer mehrere, die uns fremd blieben. Hie und da schwirrte ein Name durch die Luft, einmal kam mir eine Fotografie zu Händen, welche machte, daß ich die nächsten Nachmittagsbutterbrote mit meinen Tränen salzte, dann stellte sich jedoch das Urbild als die schon vor einigen Jahren ins Ausland entwichene Wera Sassulitsch heraus, die auf den Stadthauptmann Trepow geschossen hatte, von den Geschworenen freigesprochen und vom Publikum auf den Schultern zum Gerichtssaal hinausgetragen worden war: die »erste der Terroristinnen« vor Organisation des Terrors.

Witalii kam allmählich etwas seltener zu uns, benommen von Dingen, über die er uns nicht sprach – von denen aber geredet werden mochte in Nadias engem Hofstübchen, mit den gemeinsamen Freunden, so manche Nacht hindurch, während sie sich weigerten, dies bei uns zu tun: Wie sich später herausstellte aus begründeter Befürchtung, unser deutsches Haus zu einem verdächtigen zu machen.

Von unsern Verwandten – jenen verschiedenen Onkeln und Tanten, nach denen Boris und ich unsere Ostereier benannt hatten – blieb es dennoch nicht unbemerkt, daß bei uns junge Leute aus und ein gingen, die sich ungemein »russisch« benahmen, und kopfschüttelnd wurde mein Vater darauf aufmerksam gemacht. Möglicherweise teilte er sogar diese Besorgnis; geäußert hat er es jedoch nie. Denn stärker war in ihm das Widerstreben, jemanden in Wahl oder Form seines Umganges zu beaufsichtigen. Jederzeit nahm er an, seine Söhne ständen für ihre Schwester ein, und diese wiederum für den Ton des Kreises, mochte er im übrigen sich zusammensetzen aus wem immer es sei. Ich weiß nicht, ob dieses himmlische Vertrauen meines Vaters der Zeit, worin wir damals lebten, sonderlich angemessen war, allein dies weiß ich wohl: wie anspornend, ja geradezu haltgebend es während ihrer ganzen Jugend auf meine Brüder gewirkt, wieviel feine Scham, Vertrauen zu mißbrauchen, es auch in Witaliis Kameraden weckte. Überhaupt nur wenige von ihnen kamen, und diese selten nur. Dann freilich gerieten sie in heftigen Redekämpfen aneinander – und einig doch, auch mit den Brüdern, denn leichtbewegte, begeisterungsdurstige Jugend waren sie alle. Und allen voran die zarte, schüchternblickende Nadia – mit ihrer leisen, jeden Augenblick von Husten unterbrochenen Stimme –, der niemand es gleichtun konnte. Die sanfte Bestimmtheit, womit sie Pech und Schwefel regnen ließ über des Volkswohls Widersacher und vor dem Teufel selber nicht zurückschreckte, machten den Zuhörenden atemlos. Und ich sah es vor mir, wie sie auch ihrem Spiridon als einem Schädling der Gesellschaft eigenhändig, gleichmütig eine Bombe unter den Fuß gelegt haben würde, ohne den mindesten weiblichen Rachegedanken gegen ihn im Herzen. Witalii sagte am wenigsten. Manchmal stritt er gegen Nadia, wobei sie jedoch meist ihm überlegen blieb. Nicht so sehr durch ihren Standpunkt, als weil sie einen hatte. Denn immer sichtlicher schien Witalii in zwei Hälften gerissen durch seinen leidenschaftlichen Drang nach geistiger Selbstentwicklung und der Gewalt, die, aus seinem Volk auf ihn einstürmend, aus aller Vereinzelung herausriß. Vieles von dem, was um mich vorging, verstand ich noch nicht, aber was ich deutlich sah, war eine eigentümlich beredte allmähliche Verwandlung in Witaliis Äußern: wie abgetragen seine Kleidung wurde, wie hager sein Wuchs. Nicht nur, daß er seinen keimenden Bart stehen ließ, sein Haar wachsen, wie es wollte, nicht nur, daß die Augen oft abwesend blickten, sich röteten um das Lid, gab ihm ein ungepflegtes Aussehen. Bei den Verwandten wohnte er offenbar längst nicht mehr. Wo? Und ließ man es ihm denn von Rodinka her an materiellen Mitteln fehlen? Sowenig wie jemals von Mutter oder Heimat, sprach er zu uns darüber ein Wort.

Großpapa war seinem alten Interesse für Witalii treu geblieben, wurde auch von ihm besucht, doch zweifle ich, ob er in irgendeiner Hinsicht mehr von ihm wußte als wir. Auch der Vater fand ein entschiedenes Wohlgefallen an Witalii; ihm gefiel dessen so kampfvoll durchgesetzter

Studieneifer, ja gerade das Ungemessene daran, das sich kaum für eine einzelne Wissenschaft hätte entscheiden können, aus lauter Ehrfurcht vor Wissen überhaupt – aus dem Gefühl: »wissen« heiße: alles mitwissen. Witalii gehörte zu den wenigen, die der Vater in sein Allerheiligstes hereinnahm, mit dem er sich in sachliche Gespräche ernstlich vertiefte: ungestört von den geringen Kenntnissen dieses jungen Menschen, denn als wahrer Wissender sah er – wie der Herrgott im Punkt der Moral – lediglich auf die Gesinnung: die den Fortgeschrittensten immer wieder dem Lernbedürftigsten so innig ähnlich macht.

Mitunter konnte es scheinen, als ob der Vater mit seinem dem Außenleben abgekehrten Blick wahrhaftig geneigt sei, sogar Witaliis durchgeriebene Rockknöpfe und grausliche Bartstoppeln aus der Zerstreutheit des zukünftigen Gelehrten – gleichsam nach Auffassung der damaligen »Fliegenden Blätter« – zu erklären. Wie tief irrten wir uns aber über den Vater! Daß er es so aufzufassen schien, war bewirkt durch zarteste Zurückhaltung, die Witalii nicht als solche empfinden sollte – durch Wissen also auch in diesem Punkt. Aus gleich scheinhaften Gründen nahm man ja den Vater selber für den Gelehrten »wie er leibt und lebt«, ohne zu ahnen, weshalb er in dieser weitabgewandten Einseitigkeit verharrte: weil die einzige, lebendigste Verbindung zwischen ihm und der Heimat nur noch das sein konnte, was er wissenschaftlich arbeitete und wie allen so auch in erster Linie der Heimat als sein bestes Gut schenken durfte. Ein Zwiespalt, nicht ganz ungleich dem, der Witaliis Wesen uneinig machte, war darin mit stiller Besonnenheit zum allein möglichen Austrag gebracht.

Gegen Winters Ende verließen die nächsten Kameraden Witaliis die Stadt, und bei diesem Anlaß erst wurde mir klar, daß er ihr Obdach, ihren Hunger, ihre Schwierigkeiten alle völlig mit ihnen geteilt hatte und daß er dies unter falschem Namen und Paß getan. Auch Nadia ging fort. Erschreckend hatte ihr böser Husten zugenommen, immer fiebriger erglänzten die blauen Augen, immer verschleierter klang ihre Stimme. Wir versuchten sie zur Abreise in ihre südlichere Heimat zu veranlassen, und wirklich entschwand sie uns. Viel später erst erfuhren meine Brüder und ich, daß sie sich Handlungen zur Verfügung gestellt, deren Folgen sie in der Schlüsselburg noch rascher dem Tod überliefert haben werden, als infolge ihrer Schwindsucht geschehen wäre.

Dieses Sterben, das wir erlebten, barg sich so in seinem eigensten Geheimnis. Aber wieviel verlor auch ich schon mit Nadias persönlichstem Entschwinden! In all ihrer fanatischen Drangabe ans Politische lag doch ein Zug, der uns nicht nur unterschied, sondern auch einander anglich – ja fast als verbürgerliche er Nadia in größtem Stil an eben ihrer Familienlosigkeit. Nur daß ihre Brüder, nach Abertausenden zählend, ihr straßauf, straßab begegneten – nur daß sie zu Vater und Mutter trat, sobald sie eintrat bei Bauern im Dorf oder überarbeiteten Weibern in Fabriken denn, suchte sie sie auch ein wenig zu belehren zu allerlei Nutz und Frommen: Noch weit mehr grüßte sie sie in ihrem Herzen mit der stillen Ehrerbietung der Tochter, die ihnen nachzuleben trachtet.

Nie kann ich mich aber jetzt ihrer rührenden Gestalt erinnern, ohne gleichzeitig der seltsamsten Kunde zu gedenken, die uns nach Jahren, in Deutschland, durch eine Zeitungsnotiz über den Popensohn Spiridon zukam. Hiernach war dieser als Geistlicher terroristischer Propaganda verdächtigt und, zur Zeit ungezählter Hinrichtungen, gehenkt worden. Sein geistliches Wirken schien er nur betrachtet zu haben als die geeignetste Sorte Dynamit in einem Volke, dem der Aufruhr durch den Unglauben abstoßend werden kann, der ihn predigt. Ob hier von Beginn an Nadia gegenüber ein heroisches Schweigen vorlag, das ihn sie im Stich lassen hieß um des Wagnisses willen – das blieb uns für immer Geheimnis. Gewiß erscheint diese Möglichkeit auch reichlich phantasievoll, aber wußte nicht vielleicht der sehr intelligente Mensch, daß Nadia – ihrer Sache treu bis in den Tod auch ohne ihn – zu dem einen dennoch nicht imstande gewesen wäre:

zu seinem furchtbar stummen Umweg – zu diesem Teufelspakt des Gottesdieners –? Die tiefe Dunkelheit jedenfalls, darin das ausschlaggebende Motiv des Popensohnes für uns auf alle Zeit verborgen blieb, trug dazu bei, daß in den späteren Jahren seine dramatische Erscheinung unsern Gedanken noch fester eingeprägt blieb als die Erzengelgestalt seiner Braut, die soviel lauterer als er, und soviel lauter auch, nach des Teufels Hilfe rief, ohne den Teufel ganz zu kennen.

Aufgerissen von Krisen und Kriegen, Kaiser- und Zarenstürzen, von Revolutionen und blutigen Konterrevolutionen, von zusammenstürzenden Reichen und neuen Republiken, von Faschismus und Klassenkampf wurden Lou Andreas-Salomés Lebensjahre. Doch von allen Zeitkonflikten scheinbar wenig gepeinigt, jedenfalls ohne existenziell bedrohliches Elend oder gar Widerstand, lebte sie ihrem Motto treu, da wo ich liebend bin, kann der Tod nicht sein. Also liebte sie, beobachtete, reiste, analysierte, tröstete, heilte und schrieb. Mit ihren Büchern und Schriften konnte sie ihre Leser mehr als nur unterhalten, besonders Frauen wollte sie nachdenklich und selbstbewusst stimmen. Bewundert wird sie seit eh und je für ihren unkonventionellen Lebensstil und Umgang mit geistigen Größen auf Augenhöhe, gelesen nur von einer kleineren Gemeinde, darunter ein paar, die das Geheimnisvolle einer Lou Andreas-Salomé immer noch zu lüften wünschen.

Franziska zu Reventlow

FRANZISKA ZU REVENTLOW

»Der gleiche Widerspruch zieht sich auch durch unser ganzes Gesellschaftsleben, das immer noch auf christlichen Grundlagen beruht, und ebenso durch das Staatsleben, in dem z. B. der Totschlag verboten, der Krieg aber erlaubt ist.«
Aus dem Essay »Erziehung und Sittlichkeit«

FRANZISKA ZU REVENTLOW
(1871-1918)

Franziska zu Reventlow war 10 Jahre jünger und doch viel eher tot als Lou Andreas-Salomé. Sie glichen sich in ihrer aristokratischen Herkunft, dem Unterworfensein einengender Erziehung, nur sporadisch erfahrener Bildung, in ihren rebellischen Anlagen zum Ausbruch aus stereotyp vorherbestimmtem Gleich- und Müßiggang, ihrer Gier nach Wissen und Kommunikation mit Menschen, ihrem selbstbewussten Umgang mit Männern, Lust auf Reisen, Bücher und Schreiben. Und dennoch wurden sie so sehr voneinander verschieden, im alltäglichen Dasein wie in ihren uns hinterlassenen literarischen Werken. Begegnet sind sie sich nicht, möglich wäre es durchaus zum Ende des 19. Jahrhunderts gewesen, als die Salomé 1897 München besuchte und sich in Rilke verliebte. Da hatte Franziska zu Reventlow ihre kleine Liaison mit ihm gerade hinter sich. Die Salomé nahm die Bücher ihrer Kollegin zur Kenntnis, besprach sie, im Gegensatz zu Rilke, kritisch, so nachlesbar über den Roman »Von Paul zu Pedro oder Von der Schwierigkeit nur einen Mann zu lieben« 1912 in der Zeitschrift »Die Neue Generation«. Überraschen kann das keineswegs, die Salomé präferierte eher eine kühl sezierende Studie über die »Erotik« oder das standhafte Verschweigen eigenen erotischen Erlebens – kein Sterbenswörtchen verlor sich in ihren »Erinnerungen« –, als sich von »Amouresken« unterhalten zu lassen. Frivol oder anstößig äußerte sich zu diesem Thema keine

Franziska zu Reventlow

von beiden, nur bevorzugte die Reventlow in allem, was sie schrieb, das Lebendige, das Widersprüchliche, das Witzige, das scheinbar Unbeschwerte statt thesenhaft-kopfig bis in die Verständnislosigkeit über menschliches Tun und Lassen zu berichten. Der Salomé, die sich als praktizierende Schülerin und Freundin Sigmund Freuds verstand, konnte die spitze Kritik der Kollegin an der Psychoanalyse ihres Idols ebenso nicht gefallen haben. Beide Frauen schrieben überwiegend autobiografisch, sich dicht orientierend an Selbsterfahrenem. Da dies, ihre Lebensentscheidungen, Ambitionen, Ansichten und Nöte drastisch voneinander abwichen, so präsentieren sich ihre künstlerischen Ausformungen auch in sehr anderer Weise. Mehr intellektuell, theoretisch, kühl reflektierend die eine, sinnenfroh, schalkhaft, leicht und dennoch nicht weniger klug die andere – ähnelnd dem Naturell der Minna von Barnhelm: »Kann man denn nicht auch lachend sehr ernsthaft sein?« Das »Femme fatale« ist für beide hinlänglich überliefert, der einen für ihre zahlreichen außerehelichen Männerverhältnisse, der anderen für ihre zahlreichen, nicht selten rauschhaften Ausschweifungen. Während die eine die »Ehe zu dritt« proklamiert, wird sie von der anderen gelebt.

Die Reventlow schaffte es auf inzwischen mehrere Gesamtausgaben, worauf die Anhänger der Salomé sich noch gedulden müssen. Schwiegertochter Else Reventlow begann 1925 mit der Herausgabe einiger Erzählungen, Romane und Tagebücher in einem Band, 1928 vervollständigt durch Briefe. Von 1971 bis 1981 ließ sie weitere überarbeitete Gesamtausgaben erscheinen. In den Jahren 2004 und 2010 erreichten die Leser nun fünf- bzw. sechsbändige Gesamtausgaben mit erstmals originalgetreuen Texten. Unabhängig von diesen verlegerischen Initiativen liegen unendlich viele Einzelausgaben ihrer Essays, Erinnerungen, Tagebücher, Erzählungen, Skizzen, Gedichte, Romane und Briefe vor. Allein vier Biografien ermöglichen uns eine Vorstellung dieser ungewöhnlichen Frau. Gekrönt wurde die Rezeption durch eine ihr gewidmete Wanderausstellung mit dem kongenialen Titel »Alles möchte ich immer« und einem beigefügten gleichlau-

Franziska zu Reventlow

tenden, ästhetisch schönen Katalog. Zu sehen war die Ausstellung für mich im August 2011 in der Vertretung des Landes Schleswig-Holstein in Berlin. Ich hatte schon fast alles von und über sie gelesen, kannte eine Reihe Fotos, so dass die zu betrachtenden Exponate auf mich vorbereitet wirken konnten. Und ich gewann die Reventlow abermals gern, und freute mich riesig, dass ausgerechnet diese wilde und fehlbare Frau das gräfliche Geschlecht derer zu Reventlow, von dem sonst niemand irgendetwas Interessantes zu berichten wüsste, rausgehauen hat – so wie die von der eigenen Familie ebenfalls verschmähte Bettina von Arnim. Ihrer beider Werke und Haltungen haben überlebt, sonst würden andere und ich nicht an sie denken.

Trotz schwierig-angespannter Verhältnisse sind der Franziska zu Reventlow die Würde und die Kraft, die Anmut und der Humor selten abhanden gekommen. Im Kanon der Weltliteratur bzw. den Annalen der Germanistik ist sie kaum zu bemerken. Wer aber über die Schwabinger Bohème um 1900 etwas zu erfahren wünscht, muss sich an die erste Adresse, an Franziska zu Reventlows »Herrn Dames Aufzeichnungen oder Begebenheiten aus einem merkwürdigen Stadtteil« wenden, und wer über den Beginn der sexuellen Emanzipation der Frau sich schlau machen will, sollte unbedingt zu ihren streitbaren Essays greifen. Während des Faschismus wurden ihre Bücher nicht mehr gedruckt, erst mit dem studentischen Aufbruch und der anwachsenden Emanzipationsbewegung der Frauen, insbesondere der angepeilten, aber nie vollzogenen sexuellen Revolution in der alten Bundesrepublik, entstand Anfang der 70er Jahre ein aktuelles Interesse für ihre Bücher. In der DDR besannen sich einige Verlage erst sehr spät, Arbeiten von ihr zu drucken, darunter der erste inhaltlich wie ästhetisch vollendet edierte Auswahlband in Deutschland überhaupt – »Das allerjüngste Gericht«. Leider verhinderte das Verschwinden der DDR das Erscheinen bzw. die Fortsetzung einiger bereits in Planung befindlicher Editionen Reventlowscher Bücher. 1991, kurz vor dem endgültigen Aus des renommierten Verlages der Nation erblickte noch ein Auswahlband das Licht der Öffentlichkeit, der von

Franziska zu Reventlow

der Herausgeberin Ursula Püschel – allseits bekannte Bettina von Arnim-Spezialistin! – als »Der Selbstmordverein. Zwei kleine Romane und drei Aufsätze« betitelt wurde. Zwangsläufig erinnere ich mich an den bereits erwähnten, ebenfalls schmerzhaften Abbruch der mit zwei Bänden begonnenen, wissenschaftlich vorbildlich konzipierten Werkausgabe der Bettina von Arnim – oder so unendlich vieler anderer hervorragender Editionsreihen.

Das zentrale Anliegen der Reventlow bezog sich allein auf die sexuelle Befreiung, die körperliche Selbstbestimmung der Frau. Die war mit der ökonomischen Unabhängigkeit in einer ausbeutungsfreien Gesellschaft wie der DDR in kürzester Zeit vollzogen. Der Sozialismus, so unvollkommen und falsch er auch manchmal sein konnte, ermöglichte allen Frauen Rechte und Freiheiten, wovon man im damaligen Westen nur träumen konnte und im heutigen Gesamtdeutschland, unsere Errungenschaften nicht unter den Tisch kehrend, erneut oder immer noch träumt. Völlig gelingen kann die Befreiung der Frau, und nicht nur ein paar krampfhafte Separierungen, ausschließlich in einer konsequent sozial gerechten, wirklich freien Gesellschaft, so aufmüpfig wollte die Reventlow nicht sein, obwohl August Bebels »Die Frau und der Sozialismus« in jungen Jahren zu ihrer bevorzugten Lektüre gehörte. Deshalb konnte und brauchte die Reventlow für die Frauen in der DDR keine direkte Vorreiterrolle spielen wie in der BRD. Manchen ihrer Denkansätze, als Teil des Ringens um die sexuelle Befreiung der Frau, hätten wir DDR-Frauen befriedigt beipflichten und mit Sicherheit über ihre herrlich verwickelten Geschichten erfrischend, anerkennend lachen oder, vom Widerspruch herausgefordert, streiten können. Die Programme der einstigen Verlage hatten offensichtlich prioritär auf dringlichere literarische Stoffe gesetzt. Der Reventlow andererseits wären unsere Möglichkeiten paradiesisch erschienen, hier hätte sie sich nicht derart plagen, prostituieren und als Alleinerziehende stigmatisieren lassen müssen. Als hauptamtliche Hetäre, was ihr vorschwebte, wäre sie offiziell nicht durchgegangen, für ihre körperliche Selbstbestimmung hingegen hätten keinerlei Hindernisse bestanden. Angeeckt wäre sie – ganz wie wir – bei rückwärtsgewandten Herrschaften, die die rasche Entwicklung der Frauen in der DDR nicht mitvollziehen wollten und, von der Zeit abgehängt, auf der Strecke blieben. Davon gab es einige, wie ich noch weiß. Die selbstbewusst gewordenen Frauen hatten sich ihrer entledigt und die Scheidungsquoten in die Höhe getrieben. Unsere durch Bildung erworbenen Fähigkeiten und unsere ökonomische Unabhängigkeit, im Rücken frauenfördernde Gesetze, veränderten uns zu neuen Wesen, zaubergleichen »Hexen«, wie es in der DDR-Literatur, allen voran von Irmtraud Morgner, Brigitte Reimann, Maxie Wander und Christa Wolf fantastisch beschrieben und von außen bewundernd oder neidisch beäugt wurde. Wir erlebten tatsächlich den lang ersehnten »Eintritt der Frau in die Historie«. Und dann – nach der Wende – den Versuch der Vertreibung. Wir konnten und mussten unsere unbestritten schwer erprobten Zauberkünste, das ganze Spektrum von täglichen Anforderungen und Widerständen scheinbar spielend leicht unter einen Hut zu bekommen, in der »neuen« Zeit, als sämtliche gesellschaftlichen Bindungen sich auflösten und wir oft genug Alleinverdienerinnen waren, weil unsere Männer in die Arbeitslosigkeit oder wir selber in irgendwelche Beschäftigungsmaßnahmen verbannt wurden, in Stellung bringen. Der Verlust erst machte uns den spannungsvollen Reichtum unserer Verhältnisse eklatant bewusst, genauso wie den Arbeitern der Verlust ihrer Betriebe erst dämmerte, als sie vor ihren Toren für immer ausgesperrt standen. Dass wir Frauen just in jenem Moment – als wir modernen Arbeitstollen den gesamtdeutschen Arbeitsmarkt vermeintlich zu »verstopfen« drohten – ausgerechnet von CDU-Bundestagsmännern, die sich ihre Frauen zu Hause hielten, lauthals als Rabenmütter denunziert wurden, offenbarte dies wieder einmal ein geschichtlich längst hinter uns gelassenes Menschenbild. Das konnte uns, die wir zurückgestoßen werden sollten in die Altbackenheit überkommener Familienkonstrukte, nicht für derart Spießiges, Mittelalterliches – hätte die Reventlow noch hinterhergespöttelt – einnehmen, im Gegenteil, unsere Hexereien, unseren Anspruch als ganzer Mensch zu leben, wollten wir nicht im Orkus versinken lassen. In unseren Töchtern sehe ich diese erworbene Frauenpower, wie so vieles andere auch, ungebrochen fortleben, nur müssen sie sich bei der Vereinbarkeit von Beruf, Ehe, Familie und gesellschaftlichem Engagement in einer radikal veränderten, krisenhaften, prekär-ungerechten Arbeits-Welt, unsere gesetzlichen Freundlichkeiten von einst nicht mehr im Rücken wissend, behaupten. Und unsere Söhne? Sie profitieren im Zusammenleben nicht weniger von der Sozialisation, nämlich der Solidarität und des Füreinanderstehens gleichberechtigter Partnerschaften. Ihnen sind ja die Hexereien gleichfalls geläufig. Da haben wir doch etwas Helles, Überdauerndes in die Welt gesetzt! Die Reventlow, die der Vorstellung von glücklichen »Berufsfrauen«, von »Weibsschenien« oder »Unabhängigen« noch keinen Glauben schenken konnte, hätte sich von unserer Hexerei, welche Armut und Demütigung arbeitender, insbesondere alleinerziehender Mütter völlig verbannte, gewiss anstecken lassen.

Immer war die Reventlow auf der Suche nach Liebe, nach Verständnis und Sicherheit, und sie findet dabei zeitweilig Zipfel davon. Vor Liebhabern kann sie sich kaum retten, 53 wurden gezählt, aber die tiefe dauerhafte Liebe ist nicht darunter. Allein und meistens in erdrückender Armut zieht sie einen Sohn groß, hat Fehlgeburten, Zusammenbrüche, Depressionen, Operationen und wird dennoch Grazie und Lebensmut niemals verlieren. Unregelmäßig eintreffendes oder verdientes Geld versiegt rasch für Schulden, Reisen, Feste und Freunde. Allein in München, wo sie 17 Jahre lebt, muss sie unfreiwillig 27 Mal die Wohnung wechseln. Im Leihhaus ist sie keine Unbekannte, Tag und Nacht übersetzt sie, insgesamt über 50 Romane aus dem Französischen. Und aus mentaler und finanzieller Not beginnt sie zu schreiben. Ihre Lebensumstände und Spannungen werden sich niemals ändern. Von der Familie verstoßen, vom Unglück und unerfüllbaren Sehnsüchten gejagt, stürzt und fällt sie durch ein Leben mit härtesten Aufschlägen, um jählings auf den höchsten Gipfeln des Lebensrausches jubilierend wieder zu erstehen, »Könnte ich für einen Moment der Freude meine ewige Seligkeit verkaufen. – Ich könnte es nicht nur, ich tue es auch.«

In ihrem Tagebuch hält sie die Abstürze ehrlich fest, genauso ihre an sich selbst gerichteten Ermahnungen, das Schicksal anzunehmen und zu lieben. Ihr Weg ist ein einziges Wechselbad von Widrigkeiten, Enttäuschungen, Irrtümern und Verfehlungen wie von Mut, Begeisterung und immer neuer Lebenslust, so dass sie zweifelt, »überhaupt für ein friedliches Dasein geschaffen« zu sein. Dieses Maß an Fragilität, an fortwährender Infragestellung und zugleich sozialer Misslichkeit hatte die Salomé niemals zu tragen.

Beide Frauen bekannten sich selbstbewusst zu ihren unkonventionellen Lebensweisen; die unmittelbare Politik wie auch die Forderungen der Frauenbewegung interessierten sie wenig. Die Ablehnung von Antisemitismus und Kriegsbegeisterung ist bei der Reventlow dennoch deutlich ausgeprägt, sie war viel zu sehr kritisch Wahrnehmende und Mutter, als dass die weit verbreiteten rassistischen und nationalistischen Parolen ihrer Zeit, gipfelnd im Satz des Kaisers »Ich kenne keine Parteien mehr, ich kenne nur Deutsche«, bei ihr verfangen konnten. Damit begab sie sich auch in dieser Frage in einen scharfen Kontrast zu ihrer Familie, insbesondere dem stramm alldeutsch-völkischen Bruder Ernst, dessen antisemitische Bücher im neuen alten Deutschland ungebrochen zum Verkauf stehen.

Der Charme und die Intelligenz beider Frauen, der Salomé wie der Reventlow, beförderten die Entstehung vieler Bekanntschaften bzw. tiefer Freundschaften, sogar – zeitlich versetzt – mit denselben Männern, so mit Ferdinand Tönnies, Rainer Maria Rilke, Franz Hessel, Frank Wedekind und Erich Mühsam. Franziska zu Reventlow lernt natürlich noch weitere, ebenfalls in München Schaffende kennen: Thomas Mann, Oskar Panizza, Oscar A. H. Schmitz, Stefan George, Friedrich Huch – um die heute noch bekanntesten zu nennen. Einige von ihnen hinterließen ihre Eindrücke von ihr. Rilke verliebte sich 1896 in sie, warf ihr morgens Liebesgedichte in den Briefkasten und kümmerte sich über Ostern 1897 um die inzwischen, nicht von ihm, schwangere und in elender Verfassung befindliche Franziska am Bodensee. Nur wenige Tage später, im Mai ist er bereits in die Salomé unsterblich verliebt. Trotzdem hat er sie nie vergessen: »Sie ist der einzige Mensch, der mir aus meiner Münchner Zeit geblieben ist und der mir immer bleiben wird (Brief an Friedrich Huch, 1902). Er schreibt ihr, gratuliert aus Berlin, wohin er der Salomé gefolgt ist, zur Geburt des Kindes, schickt Briefe aus Russland und rezensiert 1904 wohlwollend ihren ersten, stark autobiografisch grundierten Roman »Ellen Olestjerne«. Thomas Mann porträtiert sie sachlich knapp in seiner 1904 veröffentlichten Erzählung »Beim Propheten«, wo er das Gehabe der Schwabinger Bohème fein ironisiert. Franz Hessel, mit dem die Reventlow zweieinhalb Jahre in einem Haus zusammen wohnte, erinnert sich 1926 überschwänglich in der »Literarischen Welt«: »... sie brachte das beste Teil der Gesellschaft, der sie entflohen war, mit und schuf aus kahlen und überfüllten Ateliers und Mansarden einen Salon, in dem sie vornehmer empfing und bessere Konversation machte als ihre Vettern und Basen auf Schlössern und in politischen Salons.« Die größte Verehrung schenkt ihr Erich Mühsam, der großartige Dichter und anarchistische Revolutionär, in seinen »Unpolitischen Erinnerungen«, ihr, der »Gräfin« widmet er ein ganzes Kapitel. Er publizierte seine Erinnerungen nach den Jahren der Revolution und der Gefängniszeit in der »Vossischen Zeitung« von 1927 bis 1929, leider konnte die Reventlow sie nicht mehr lesen, sie hätten sie sehr gefreut, für uns und alle Zeit sind seine Worte aufgehoben. Zur Einführung ist ein kleiner Auszug aus dem Kapitel »Schwabing« vorangestellt, aus dem ebenfalls schon seine Begeisterung von Franziska unüberlesbar ist:

Im eigentlichen Schwabing lag das »Café Leopold«, wo Albert Langen und seine Mitarbeiter vom Simplicissimus ihre Erholung suchten. Da saß Karl Wolfskehl mit den übrigen Jüngern Stefan Georges, und hier kam ich zum erstenmal mit der einzigartigen Frau in Berührung, deren große Persönlichkeit, die sich nur im Milieu Schwabings frei entfalten konnte, allein genügen würde, um Schwabings Bedeutung als Kulturbegriff sicherzustellen: der Gräfin Franziska zu Reventlow.

Franziska zu Reventlow

Von dieser außerordentlichen Frau, dem innerlich freiesten und natürlichsten Menschen, dem ich begegnet bin, gleichmäßig ausgezeichnet von höchstem weiblichem Charme, gepflegtester geistiger Kultur, kritischster Klugheit, anmutigstem Humor und vollkommenster Vorurteilslosigkeit, wird in anderen Zusammenhängen mehr zu sagen sein. Vom Schwabinger Gesamtmilieu aber erhält man ein vortreffliches Bild, wenn man sich mit dem wundervollen Buch beschäftigt, das auf über zwölfhundert Seiten die Gesammelten Werke der Gräfin (so nannten wir Freunde sie, wenn wir von ihr sprachen, so riefen wir sie, wenn wir zu ihr sprachen – es lag keinerlei Wertung darin, nur eine Bezeichnung) zusammenfaßt. Die Tagebücher – sie brechen 1910 ungefähr da ab, wo meine eigenen Erinnerungen durch seltsame Konspirationen mit den Erlebnissen der Gräfin zusammengeraten – beleben auf jeder Seite Stätten, Namen, Stimmungen und, obwohl bis dahin meine Wege die ihrigen nur flüchtig kreuzten, Situationen, die eine Art familiärer Zusammengehörigkeit Schwabings offenbaren, eine Gemeinsamkeit des Erlebens aller, auch ohne mitwirkende Beteiligung aller.

Das köstlichste Bild Schwabings – mindestens eines bestimmten Ausschnittes dieser kulturgeographischen Kuriosität – hat die Gräfin in dem Buch gezeichnet, das den Namen trägt Herrn Dames Aufzeichnungen oder Begebenheiten aus einem merkwürdigen Stadtteil. Da lernt man dieses »Wahnmoching« kennen mit seinen Riten und Ekstasen, seinen Verstiegenheiten und seiner Geheimsprache – es ist eine ebenso liebenswürdige wie schonungslose Verhöhnung des reinen Ästhetentums, das sich zufriedengab, wenn es die großen Probleme der Menschheit in ein klingendes Wort und ein genießerisches Seufzen eingefangen hatte. Es gibt noch ein anderes Dokument, das die Geheimnisse der Stefan-George-Gemeinde mit ihrer liturgischen Rhythmik, nur für Eingeweihte verständlich, dem Gelächter Schwabings preisgab. Das war eine in fünf hektographierten Nummern erschienene Zeitung, die den Namen führte Schwabinger Beobachter, sie kam vor meiner Münchener Zeit heraus – in den Tagebüchern 1904 erwähnt –, doch hat die Gräfin sie mir einmal zu lesen gegeben. Die Betroffenen sollen sehr entsetzt gewesen sein, als sie herausbekamen, daß die Haupttäterin die allseits umschwärmte Reventlow war; denn sie hatte das affektierte Getue derart lächerlich gemacht, daß von Weihe und Gloria noch Jahre später einiger Respekt abgebröckelt war.

Nun ist das angekündigte Kapitel zu lesen:

Die Gräfin

Als Kinder waren wir Nachbarn gewesen. Aber Franziska zu Reventlow gehörte so wenig wie ihre Brüder zu meinen Lübecker Spielkameraden. Man kannte sich vom Sehen, wußte, daß der alte Graf im Schleswigschen Landdrost gewesen war, bis ihn die Preußen 1864 absetzten. Er soll stockdänisch gesinnt geblieben sein und sich aus Protest gegen die Annexion Schleswig-Holsteins in das nichtpreußische Lübeck zurückgezogen haben. Doch dies mag alles Kleinstadtklatsch sein. Ich erinnere mich jedenfalls, daß dergleichen vom Grafen Reventlow erzählt wurde. Die Gräfin, seine Tochter, hat es mir nicht bestätigt; ich habe sie auch nie nach dergleichen gefragt. Wer sich für die Familiengeschichte der Reventlows interessiert, der mag den autobiographischen Roman der Gräfin Ellen Olestjerne lesen, an den sie übrigens nicht sehr gern erinnert wurde: »Sentimentaler Schmarren«, sagte sie von ihrem Erstlingswerk.

Ich entsinne mich aus meiner Gymnasiastenzeit sehr deutlich der blendend schönen blonden Seminaristin, von der man damals als der »Komtesse Reventlow« zu sprechen pflegte. Da sie den gleichen Schulweg hatte wie ich, sah ich sie täglich, grüßte sie auch höflich – ob aus früh entwickeltem Verständnis für weibliche Reize – die Komtesse war immerhin etliche Jahre älter als ich – oder aus Respekt vor dem schönen Adelsnamen, der einem Fünfzehnjährigen noch von keinem kritischen Erleben ausgetrieben ist, kann ich heute nicht mehr sagen. Sicher ist, daß die Bewunderung durchaus einseitig war und daß ich die puerilen Empfindungen distanzierter Verehrung ihrem Objekt erst ungefähr zwölf Jahre später gebeichtet habe.

Wie die Bekanntschaft im Münchener Café Luitpold (im vorhergehenden Kapitel ist vom Café Leopold die Rede – K. D.) zustande kam, weiß ich nicht mehr genau, vermutlich saß ich mit Bekannten von ihr zusammen, und sie kam dazu, oder es mag auch umgekehrt gewesen sein, daß mich Maja oder irgendwer, von dem die Tagebücher der Gräfin Näheres berichten, zu ihr an den Tisch schleppte. Die gemeinsame Heimat schuf von selbst Stoff zu vielerlei amüsanten Betrachtungen, und ich glaube, es war gleich bei unserer ersten Begegnung, daß die Gräfin mir erzählte, wie wir zahlreichen, in die Literatur, Kunst und Boheme versprengten Lübecker Gegenstand der besorgten Unterhaltung auf einer Abendgesellschaft beim Bürgermeister unserer Vaterstadt gewesen seien. Thomas Mann hatte mit den Buddenbrooks, Heinrich Mann mit dem Professor Unrat die Lübecker Wohlanständigkeit arg verschnupft, Fritz Behn war noch kein Professor und hatte sich, gleichfalls Sproß einer Senatorenfamilie, der brotlosen Kunst der Bildhauerei in die Arme geworfen, die Reventlow gar, eine Gräfin, war Mutter eines unehelichen Kindes, und ich schrieb nicht nur höchst unmoralische Gedichte, sondern trieb überdies Propaganda für den Anarchismus und gab der Polizei und dem Staatsanwalt zu tun – es war viel auf einmal, und Seine Magnifizenz hätte, wie die Gräfin von einer Ohrenzeugin erfahren hatte, ob dieser traurigen Bilanz bekümmert den Kopf geschüttelt und gemeint: »Daß die auch gerade alle aus Lübeck sein müssen – was sollen bloß die Leute im Reich von uns denken!«

Was die Gräfin anlangt, so war es ihr recht gleichgültig, was die Leute im Reich, die Leute in Lübeck und zumal die Leute der Kaste, aus der sie stammte, dachten. Sie ging ihren Weg und lebte, wie es ihr paßte und wie sie es ihrer Lebensaufgabe schuldig zu sein glaubte. Diese Lebensaufgabe aber konzentrierte sich fast vollständig auf die Pflege und Erziehung ihres Kindes. Unter allen reichen Eigenschaften, die Franziska zu Reventlow auszeichneten, dem herrlichen Lebensmut, trotz ewiger Krankheit, ewigem Mißgeschick und quälendster Armut, der Selbstverständlichkeit, Handeln und Denken nur den Gesetzen des eigenen moralischen Gewissens zu unterwerfen, unbekümmert um Konventionen und gesellschaftliche Vorurteile, der Arbeitsenergie, die sie heute zu simplen Näharbeiten, morgen zu Glasmalereien und dazwischen zu wertvollen Übersetzungen aus dem Französischen und zum Schreiben ihrer überlegen-humorvollen, stilistisch ausgezeichneten Novellen befähigte – unter all diesen Tugenden ruhte der seelische Halt der Frau ganz und gar in ihrer Mutterliebe. Freilich war sie eine viel zu lebenshungrige und künstlerisch bewegte Natur, um sich nicht unbedenklich den Launen ihres sinnlichen Begehrens zu überlassen, und dazu ein viel zu fröhlicher Charakter, um sich nicht mit unvergleichlicher Leichtigkeit und selbst Ausgelassenheit über die schikanöse Misere des Daseins hinwegzusetzen. Ihr inneres Glück aber zog sie einzig aus dem Reichtum, den ihr das Heranwachsen und körperliche und geistige Gedeihen ihres Kindes, ihres Bubi, gab. Man erfährt ja erst aus den Tagebüchern, zu welchem Schmerz das übermütige Herz dieser Mutter fähig war, welches Wirrsal von Sehnsucht jede kurze Trennung von dem Kinde in ihr wachrief. Ich glaube, daß die freundschaftliche Sympathie, die die Gräfin mir durch alle Jahre unserer Bekanntschaft bezeigt hat, wesentlich ein Reflex der Freude war, die mir die Beschäftigung mit Kindern erweckt und die mir das Vertrauen aller Kinder einträgt. Die Freundschaft, die mir der kleine Rolf entgegenbrachte, teilte sich der Mutter mit und erwarb mir das Amt eines Beichtvaters in vielerlei Nöten und Sorgen, wovon viele Briefe, die ich verwahre und die bis zum Jahre 1907 zurückreichen, Zeugnis geben.

In den Briefen ist viel die Rede vom »lieben Gott«. In diesem Sammelbegriff faßte die Gräfin alles zusammen, was ihr das Leben verbitterte: Krankheit, Schulden, Pech jeder Art, und ich habe kaum einen Menschen gekannt, der so unaufhörlich vom Pech verfolgt war wie diese Frau, die wahrhaft jedes Glück verdient hätte, da sie die zur Genialität gesteigerte Fähigkeit besaß, Glück zu genießen und zu verwerten. Ich denke mit Wehmut daran, wie sie wochenlang im Zimmer hockte, Hunderte von Gläsern um sich herum, und die Landschaften von Oberammergau, das Theater, die rührendsten Szenen der Christusgeschichte und sonstwelche frommen Dinge daraufmalte. Sie war auf die Idee gekommen, ihrem Dalles durch den Verschleiß von Andenken an Oberammergau bei den gerade fälligen Passionsspielen abzuhelfen. Tatsächlich reiste sie hin, saß die ganze Zeit von früh bis abends in einer Holzbude vor dem Theater und hoffte auf die amerikanischen Millionäre, die ihr die Gläser abkaufen würden. Aber die ganze Zeit hindurch regnete es, und außerdem waren die Andenken viel zu billig, als daß reiche Leute sie gekauft hätten. So kam sie fast mit dem ganzen Vorrat und mit vermehrter Schuldenlast nach Schwabing zurück. Um sich am Anblick der durch die Malerei völlig entwerteten Gläser nicht länger ärgern zu lassen, beschloß die Gräfin, die ganze Herrlichkeit zu ersäufen. Sie mietete im Englischen Garten ein Boot, ruderte in die Mitte des Klein-Hesseloher Sees und wollte eben das mächtige Paket mit den Passionsgläsern über Bord lassen, als ein Parkwächter erschien und ihr zuschrie, das Versenken von Gegenständen im See sei bei hoher Strafe verboten. Daß sie den zum Tode verurteilten Andenken nicht einmal den Garaus machen konnte, knickte die arme Gräfin noch mehr als die ganze Pleite von Oberammergau.

In meiner früher hier schon erwähnten Schrift Ascona. Eine Broschüre hatte ich mich ausgiebig mit einer der ulkigsten Persönlichkeiten befaßt, die die schöne Landschaft dort am Lago Maggiore belebten. Das war ein baltischer Baron namens Rechenberg, ein riesiger Kerl, der ein verwegenes Leben als Matrose in aller Welt und als Goldwäscher im Ural hinter sich hatte, bei irgendwelchen Abenteuern sein Gehör vollständig eingebüßt hatte und gegen die abstinenten Vegetarier besonders dadurch erheblich abstach, daß er zu jeder Mahlzeit ungeheure Fleischmassen vertilgte und ständig besoffen war. Dieser Mann liebte glühend eine italienische Waschfrau, die aber von dem tauben Säufer schon deswegen nichts wissen wollte, weil sie mit ihrem Mann recht glücklich lebte. Rechenberg hatte in seiner kurlandischen Heimat einen reichen Vater wohnen und berechnete unausgesetzt, wie er sein Leben neu gestalten werde, wenn er dereinst die Erbschaft anträte, die er auf etwa zweihunderttausend Mark veranschlagte.

Zum Freundeskreis der Gräfin Reventlow gehörten in den letzten Jahren ihrer Münchener Zeit der Psychoanalytiker Dr. Otto Gross und der Nationalökonom Professor Edgar Jaffé, der, wie schon erwähnt, später Finanzminister der Eisnerschen Revolutionsregierung wurde. Gross wollte der Gräfin helfen, indem er in seiner genialen und faszinierenden Art alle ihre Sorgen und Leiden als Wirkung seelischer Komplexe bewußt zu machen und dadurch aufzulösen suchte, Jaffé bot ihr eine Stellung als Privatsekretärin an. Sie schwankte zwischen den starken Eindrücken der Psychoanalyse, die sie übrigens zugleich sehr lustig ironisierte, und der Aussicht, eine feste Existenz zu erhalten, auf der einen Seite, andererseits einem Angebot, in Paris als Kassendame bei einer Kunstausstellung eine Stellung anzunehmen, die ihrem Erlebnisdrang einigermaßen entgegenkam, hin und her. Sie entschloß sich endlich zu Paris. In dieser Zeit – gegen Herbst 1910 – kam eine Freundin von mir aus Ascona nach München zurück und berichtete mir folgendes: Der Vater des Barons Rechenberg habe sich nun ebenfalls in Ascona festgesetzt und möchte gern, daß der Sohn heiraten solle. Das habe Rechenberg junior auf die Idee gebracht, der geliebten Waschfrau, da er sie schon nicht haben könne, dadurch zu helfen, daß er deren Töchterchen zu seiner Erbin mache. Nach russischem Recht würde aber sein väterliches Erbteil nach seinem Tode an die Geschwister fallen, falls er unverheiratet stürbe. Sei er aber verheiratet, so könne er selbst letztwillig verfügen. Darum lasse mich Rechenberg fragen, ob ich nicht eine Frau für ihn wisse, die mit ihm einen Scheinehevertrag eingehen möchte. Sie würde, sobald er die Erbschaft antrete, die Hälfte des Vermögens sofort ausgezahlt erhalten, dürfe aber an die andere Hälfte keinerlei Ansprüche stellen, die solle für das Kind der Waschfrau bleiben. Eine Verpflichtung aus der Ehe anderer Art käme selbstverständlich nicht in Frage.

Als ich den Vorschlag hörte, rief ich augenblicklich: »Die Gräfin!« Von der hatte ich mich am selben Vormittag verabschiedet, da sie am andern Morgen nach Paris abreisen wollte. Ich stürzte sofort in ihre Wohnung und ließ ihr einen Zettel zurück, daß sie unbedingt noch zu mir kommen müsse. Abends kam sie.

»Sagen Sie mal, Gräfin«, sagte ich, »Sie sollen eine Baronin werden.« – »Sie sind wohl verrückt«, entgegnete sie, und dann setzte ich ihr die Geschichte auseinander. »Wie heißt der Kerl?« fragte sie nach kurzer Überlegung und meinte dann: »Rechenberg ist ganz praktisch. Da brauche ich ja nicht einmal die Monogramme in den Taschentüchern umzusticken.« Sie beauftragte mich, die Rechtsverhältnisse nach den russischen Gesetzen zu ermitteln, mich mit dem Balten direkt in Verbindung zu setzen und alles zu tun, was die Sache fördern könne. Sie reiste ab, und ich machte mich ans Werk, froh, der wertvollsten Frau, die ich kannte, ein für allemal aus Elend und Bruch helfen, zugleich einem armen, italienischen Proletarierkind eine sorgenfreie Zukunft schaffen und dem gutmütigen Säufer das Herz erleichtern zu können.

Es mag genügen, zu wissen, daß die Eheschließung tatsächlich zustande kam. Die Gräfin schilderte mir in einem bezaubernden Briefe die Zeremonie in der Kirche zu Locarno; sie erschien im Strandkleid, der Gatte in Matrosendreß, und der Schwiegervater, der keine Ahnung hatte, daß das Ganze Komödie war, voll Glück, daß dem mißratenen Sohn sogar eine leibhaftige Gräfin beschieden sei, in Bratenrock und Zylinder. Als er später dahinterkam, was es mit der ganzen Heiraterei auf sich hatte, war es zu spät.

Dann erhielt ich – ich denke, 1912 – eine Karte mit der Mitteilung, die Erbschaft sei fällig. »Hoffentlich gibt es keine Mißernte.« Na, es gab lange Prozessiererei und schließlich nicht die hunderttausend, doch aber an die vierzigtausend Franken, eine für die Gräfin märchenhafte Summe.

Was weiter geschah, hat die glückliche Erbin in ihrem kostbaren Roman Der Geldkomplex selber wenigstens angedeutet. In dem Briefe, der mir den Verlauf berichtete, beklagte sie sich nur über den eigenen Leichtsinn, der darin lag, daß sie zum ersten Male in ihrem Leben etwas bürgerlich vollkommen Korrektes getan hatte, nämlich das Geld einer Bank zu übergeben. Mit einer kleinen Summe fuhr sie nach Nizza. Von dort zitierte sie ein Alarmtelegramm zurück, und als sie in Locarno eintraf, hatte die Bank, eines der bedeutendsten Schweizer Institute, gerade falliert, war die Erbschaft vollständig beim Teufel. »Es scheint kein Segen an dem Geld gehangen zu haben«, meinte sie in dem Brief an mich melancholisch, fand aber zugleich, daß die ganze Geschichte ihr nur ähnlich sehe.

Danach habe ich die Gräfin nur noch ein einziges Mal gesehen, als der Krieg schon im Gange war. Sie war durch die Heirat Russin und daher »Feindin« geworden. Nun kam sie bei mir an und klagte, daß ihr Junge, der damals sechzehn Jahre alt war, durchaus als Freiwilliger gehen wolle. »Er hält den Krieg für eine Indianergeschichte«, sagte sie todunglücklich. Zum Glück wurde ihr Bubi damals nicht genommen, und als er zwei Jahre später mußte, da hat die mutige Gräfin ihrer Mutterliebe die Krone aufgesetzt und ihn mit eigener Gefahr in Sicherheit gebracht. Wie das geschah, gehört aber nicht in meine Erinnerungen hinein, am wenigsten in die unpolitischen.

Im Sommer 1918 erreichte mich in Traunstein, wo ich interniert war, die Nachricht, daß Franziska zu Reventlow gestorben sei. Es war schwer, daran zu glauben. Ich grüße diese Tote mit inniger Verehrung. Sie trug, außer ihrem Namen, nichts an sich, was vom Moder der Vergangenheit benagt war. In die Zukunft gerichtet war ihr Leben, ihr Blick, ihr Denken; sie war ein Mensch, der wußte, was Freiheit bedeutet, ein Mensch ohne Vorurteile, ohne traditionelle Fesseln, ohne Befangenheit vor der Philiströsität der Umwelt. Und sie war ein froher Mensch, dessen Frohsinn aus dem tiefsten Ernst des Charakters kam. Wenn sie lachte, dann lachte der Mund und das ganze Gesicht, daß es eine Freude war, hineinzusehen. Aber die Augen, die großen, tiefblauen Augen, standen ernst und unbewegt mitten zwischen den lachenden Zügen. Die Gräfin war eine schöne Frau, ihr Äußeres von strahlendem Reiz, und das Herz erfüllt von der Sehnsucht nach einer schönen und freien Menschenwelt.

FRANZISKA ZU REVENTLOW

Mühsam kannte aus seiner frühen Berliner Zeit Lou Andreas-Salomé, aus seiner nachfolgenden Münchner Zeit Franziska zu Reventlow, nur sie, keine andere Frau konnte seinem außergewöhnlichen Geist, der 1942 im Konzentrationslager Sachsenhausen bestialisch von SS-Leuten ausgelöscht wurde, so gefallen. Auf Grund ihrer Erscheinung, innerlich freigeistig und äußerlich aristokratisch, meistens indes auffällig lediert durch abgetragene Schuhe und Kleider, beförderte Mühsam sie liebevoll zur »Gräfin«, die sie ja auch tatsächlich war. Andere Zeitgenossen nannten sie »Braut von ganz Schwabing«, »Heidnische Hetäre«, »Heidnische Heilige«, »Madonna mit dem Kinde«, »Holsteinische Venus«, »Königin der Bohème«, »Tapferes Vollweib«, »Donna Juana« oder »Kurtisane«. Nichts davon war sie. Allein Mühsam vermochte die komplexe Größe der Reventlow wie auch die Bohème insgesamt gültig zu charakterisieren: »Weder Armut noch Unstetigkeit ist entscheidendes Kriterium für die Bohème, sondern Freiheitsdrang, der den Mut findet, gesellschaftliche Bindungen zu durchbrechen und sich die Lebensformen zu schaffen, die der eigenen inneren Entwicklung die geringsten Widerstände entgegensetzen.«

Franziska (eigentlich Fanny Gräfin) zu Reventlows Lebenszeit währt so lange wie das deutsche Kaiserreich. Als sie 1871 im Schloss Husum auf die Welt kommt, residiert hier ihr Vater als königlich-preußischer Landrat. Er steht einem großen Haushalt mit Frau, sechs Kindern, Kindermädchen, Gouvernanten, Dienstboten und Knechten jeder Art vor. Seine beiden Töchter werden zuerst von seiner Frau, geborene Gräfin zu Rantzau, unterrichtet und später von Gouvernanten streng aristokratisch erzogen, zu Hause lernen sie Schreiben, Lesen und Rechnen, Religion, Stricken und es kommt noch das obligatorische Tanzen hinzu. Im Schloss werden viele Gäste empfangen, unter ihnen auch Theodor Storm, der gerne seine Spuk- und Gespenstergeschichten vorträgt. Im Sommer fährt man auf die Schlösser, Burgen und Güter der großen Verwandtschaft. Auf Bällen lässt man sich von Offizieren den Hof machen. Pariert man nicht, so folgen Schläge.

Franziska zu Reventlow

Zwischen Franziska und ihrer Mutter ist ewig »Krieg«, bestenfalls »gleichgültige Freundlichkeit«. »... ich fürchte, Liebe wird es nie zwischen M. und mir geben. Es ist durch ihre frühere erstarrende Lieblosigkeit etwas in mir zerrissen, das nie wieder heilen wird.«, vertraut sie einem Jugendfreund an. 18 Jahre verbringt sie im großen grauen Schloss und der weitläufigen, ihr unvergesslichen Landschaft mit den hinter dem Garten liegenden Koppeln und Wiesen, dem Deich und dem Meer. Im Garten errichten sich Franziska und ihre Freunde heimlich eine Kultstätte, einen Tempel mit einem holzgeschnitzten Götzen, dem sie eine vom Christentum losgesagte, neue Religion mit wilden Gesängen und Tänzen zelebrieren. Unentdeckt soll auch ihre erste Männerbekanntschaft mit einem intensiven Briefwechsel bleiben. Täglich vertraut sie, als 19-Jährige, ihrem Freund Emanuel Fehling ihre familiären »Auseindersetzungen und Szenen« wie auch ihre Sehnsucht nach Freiheit an und glaubt sich von ihm verstanden: »Oh, wie mir die ganze Aristokratensippe zuwider ist, diese Hohlköpfigkeit und Beschränktheit!« und »... mir ist diese hochgradige Aristokratie höchst unsympathisch. Die Hauptmasse meiner Verwandten, an der Spitze die alberne Formalität, die idiotischen Standesvorurteile würden es mir unmöglich machen, auf die Länge unter denselben zu leben, ohne sie energisch vor den Kopf zu stoßen.« oder sich an ihn wendend »Ihr seid so herrlich frei und ich so fest gebunden, mit 1000 engen Grenzen; ich möchte mich mit austoben, ausleben und alles verbietet es mir. Es ist das ein Gefühl, was ich unendlich oft empfinde und über das ich nie wegkommen kann.« und etwas später, wo sie ihn duzt, »Nur 2 Jahre und dann bin ich frei! Dann mache ich mich frei und wenn ich alle Schranken zerbrechen müsste. Dann bin ich es mir und Dir schuldig, mir mein Leben nicht noch weiter verelenden zu lassen.« Als der Mutter die Erziehungsmethoden versagen »Geh mir aus den Augen, ich hab's satt, mich mit dir zu quälen.«, die Zähmung nicht gelingen will, wird Franziska 1886 in das Freiadelige Magdalenenstift zu Altenburg nach Thüringen gesteckt. In diesem protestantischen Internat sollte sie die französische und englische Sprache erlernen, aber auch Handarbeit, Zeichnen, Gesang und im Glauben unterwiesen werden. Franziska war eine glänzende Schülerin, fühlte sich aber erneut wie im Gefängnis, »ins Exil verbannt«, und wehrte sich gegen die kalten Erziehungsprinzipien Zucht und Ordnung sowie deren harte Reglementierungen und Strafen. Als Franziska für ihre geliebte Freundin heimlich ein Buch kauft und liest, wird sie von der Pröbstin zur Außenseiterin erklärt und muss die völlige Isolierung und einen Zusammenbruch verkraften, letztlich den endgültigen Rauswurf. Über diese Zeit schreibt sie später: »Ich habe nie das Knie gebogen – den stolzen Nacken nie gebeugt.« Ihre Art, ihre sich nicht anpassende Lebensgier und ihren Widerspruchsgeist hatte man nach einem Jahr auch hier nicht austreiben können. Wieder nach Husum zurückgekehrt, schnüffelt die Mutter in Franziskas Sachen und entdeckt Briefe und ein Buch mit ihren Gedichten. Sie wirft es der Tochter vor die Füße, die Gedichte verurteilend und künftiges Schreiben verbietend, Briefe sollen ihr von nun an vorgelegt werden. Ab Juni 1887 schicken die Eltern sie häufig aufs Land zu Verwandten nach Kaltenhofen, Wulfshagen und schließlich nach Preetz in die Holsteinische Schweiz. Dies war ein Glück für Franziska, ihre Tante Fanny Gräfin zu Rantzau erkannte und förderte ihre Begabung, gab ihr ein Atelier und vermittelte Zeichenunterricht. Erstmals erhielt Franziska Ermutigung für ihren eigenständigen Wunsch und eine Aufgabe: die Kunst. Im Dezember 1888 kehrt sie nach Hause zurück, nun mit der Erfahrung, dass es abseits des vorgezeichneten Weges Ehe und Kinder noch etwas anderes gab. Sie wollte eine Malerinnenausbildung. Noch vor dem Umzug der Familie nach Lübeck im Oktober 1889 lehnt der Vater ihren Kompromisswunsch (die Malerei hätte er ohnehin nicht genehmigt), ein Lyzeum oder ein Lehrerinnenseminar absolvieren zu dürfen, ab. Rechtlich war er nur verpflichtet, die Ausbildung seiner Söhne zu finanzieren.

    Lübeck mit seinem Theater und anderen kulturellen Angeboten wird eine Bereicherung für Franziska. Hier gewinnt sie ihren ersten, bereits erwähnten Freund und Geliebten Emanuel Fehling, mit dem sie heimlich im Kreise des Ibsenklubs verkehrt, das heißt, sich mit oppositionellen Jugendlichen, »wirklichen Menschen, ohne Schablone und voll Künstlertum und Freiheit« trifft, Bücher tauscht und gesellschaftliche Probleme diskutiert. Ibsens Stücke sprechen der jungen Reventlow – wie ja auch der Salomé – zutiefst aus der Seele, das alte Ordnungsgefüge sollte neuen Lebensformen weichen: »... ich möchte ins Leben hinaus und für diese Ideen leben und wirken; aber bei diesem Zuhauseleben sind mir ja die Flügel geschnitten.« Bei Ibsen sieht sie ihre Sehnsucht nach einem freien, selbständigen Leben bestätigt. Zur Literatur war sie zeitig in Kontakt gekommen, zuerst im Schloss durch Theodor Storms Geschichten und Gedichte. Ihm widmet sie 1897 den Aufsatz »Erinnerungen an Theodor Storm«. Anregend wirkte ebenso Ferdinand Tönnies (wir wissen, dass er sich in seiner Berliner Zeit in Lou Andreas-Salomé verliebt hatte), der als freigeistiger Soziologe im Kavaliershaus des Husumer Schlosses wohnte und sich gern mit Franziska unterhielt und Briefe wechselte. Sie las in jener Zeit enorm viel. Aus ihren Briefen an Fehling erfahren wir auch welche Bücher und Autoren: Dostojewski, Tolstoi, Turgenjew, Hamsun, Strindberg, Maupassant, Zola, Fontane, Lassalle, Hauptmann, Jean Paul, Lord Byron, Conradi, Schopenhauer, Feuerbach, Mark Twain, August Bebel (»Die Frau und der Sozialismus«), Jens Peter Jacobsen, die Tagebücher der russischen Malerin Marie Baschkirtseff, die Erzählung »Tristan und Isolde«, die Zeitschrift »Freie Bühne«, und Friedrich Nietzsches »Also sprach Zarathustra« erklärt sie zum Bibelersatz.

Seit März 1890 offenbarte sie ihrem Freund in 200 Briefen alles an, was sie so sehr bedrückt: »Ich will und muß einmal frei werden; es liegt nun einmal tief in meiner Natur, dieses maßlose Streben, Sehnen nach Freiheit. Die kleinste Fessel, die andere gar nicht als solche ansehen, drückt mich unerträglich, unaushaltbar und ich muß gegen alle Fesseln, alle Schranken ankämpfen, anrennen. Ich habe das mein ganzes Leben gefühlt – und dann dieser kleinliche, unaufhörende Druck aller Verhältnisse. Muß ich mich nicht freimachen, muß ich mein Selbst nicht retten – ich weiß, dass ich sonst daran zugrundegehe.« Ihr Aufbegehren nach Bildung, Freiheit und Selbständigkeit klingt wie ein lang unterdrückter Schrei, der sich nur lautlos, dafür umso heftiger entlädt, besonders wenn es am 1. Mai 1890 in einem Brief heißt:» ... Meiner Meinung nach würden durch eine gemeinsame Schulbildung und völlig zwanglosen Verkehr viel gesündere Verhältnisse entstehen; die jetzigen in der Gesellschaft sind doch durch und durch krank. Die weibliche Erziehung ist eben das Unsinnigste, was es gibt; ich kann Ihnen als Beispiel anführen, was ich an mir selber erfahren habe. ... Sie machen sich gar keinen Begriff, wie mit solch unglücklichen Backfischen zu Hause und in Pensionen verfahren wird, ihnen werden die unnötigsten, uninteressantesten Kenntnisse eingetrichtert, furchtbar viel Religion, Grammatik, Handarbeiten und Klavier. Sie sollen gewaltsam in eine Schablone gepresst werden; was dabei herauskommt, können Sie an den Durchschnittsjungen-Mädchen und -Frauen sehen, ungebildete, bleichsüchtige, spitzenklöppelnde, interesselose Geschöpfe; die, wenn sie sich verheiraten, in Haushalts- und Kindergeschichten aufgehen und ihrem Mann unmöglich etwas sein können, als eben seine Hausfrau – bleiben sie ledig, so entsteht aus ihnen die Sippe der unleidlichen alten Jungfern, über die sich alles lustig macht ... Es liegt eben darin, dass man die Frau nicht als Selbst, nur als wesenloses Geschöpf betrachtet. Ist das nicht himmelschreiendes Unrecht? ... Was ich bei Ibsen besonders liebe, ist seine schöne, edle Auffassung des Weibes und der Ehe. In unserer Gesellschaft findet man es fast nie, dass Mann und Frau wirklich innerlich zusammenleben, das ist ja auch unmöglich, wenn die Frau einen so weit geringeren Bildungsgrad hat. ... was ich für die Stellung der Frauen für erstrebenswert halte, ist Freiheit des Verkehrs und die Möglichkeit einer wissenschaftlichen und künstlerischen Bildung; letztere ist, wie Sie wissen, mein Ziel. ... Unsere aristokratische Verwandtschaft – wie Catty sagt, eine infame Bande – finden dergleichen unmöglich. Sie glauben nicht, was das für eine Wonne für mich ist, wenn ich in Holstein bin, diese Art Leute vor den Kopf zu stoßen; dieselben leiden nämlich sehr an Standesvorurteilen, ich errege dann durch Tat und Wort vielen Anstoß; meine Altenburger Exkludierung wird mir auch sehr übel genommen, dass ich solche Schande auf die Familie gebracht habe. ...Ist es da nicht natürlich, dass man sich aus diesem Schein- und Lügenwesen herausarbeiten, sich freimachen will? Und dabei vielleicht zu ungestüm vorgeht.« Der Briefwechsel mit ihrem Freund, für den sie zunehmend romantische Liebesgefühle entwickelt hatte, die aber durch seinen Umzug zum Studium bzw. Einberufung zum Militär nach anderthalb Jahren abflauten, offenbart schon ihr literarisches Talent und geradezu exemplarisch ihr Lebensprogramm, auf dessen Realisierung sie nicht länger verzichten wollte. Trotz mehrfacher Ablehnungen der Eltern hatte sie ihren Plan, das Lehrerinnenseminar zu absolvieren, nie aufgegeben und immer wieder angefragt, im Sommer 1890 kam dann die Erlaubnis. Endlich näherte sie sich ihrem Ziel, durch die Ausbildung einen Beruf zu erlernen, mit dem sie sich das Malerinnenstudium selbst zu finanzieren gedachte. Im Oktober beginnt sie die Lehrerinnenausbildung und besteht die Aufgaben mit Bravour, kann die Zeit sogar beträchtlich verkürzen, so dass sie bereits im April 1892 das Zeugnis der Befähigung für den Unterricht an mittleren und höheren Mädchenschulen erhält. Kurze Zeit später entdeckt die Mutter in Franziskas Abwesenheit einen Brief und bricht darauf ihren Schreibtisch auf und wird fündig, all ihre Briefe lagern hier, die von Fehling, von Freunden aus dem Ibsenklub und von einem neuen Freund und sogar Verlobten, Karl Schorer. Er war nichts als die »Versuchung selbst«, ein »Rausch«, durch den sie in die Verlobung geriet. Glücklich wird sie bei Schorer keineswegs, eher unsicher und skeptisch, »wie sollte man wissen, ob nicht immer und immer ein andrer kam.« Es machte sich nun bemerkbar, dass sie von den Eltern niemals Liebe, Vertrauen, Verständnis, Freiheit, echte Bindung oder Halt erfahren konnte, »Warum haben wir als Kinder keine Lehrmeister, die uns lehren, mit dem Leben eins zu werden, warum haben sie uns immer nur gesagt, dass es Feindschaft und Kampf sein müsste, schwer und hart ... was man jahrelang in uns hineingelogen hat.« Die aus diesem Mangel erwachsene Unsicherheit und Instabilität und doch wieder umso kräftigere Selbstbehauptung ziehen sich wie ein roter Faden durch ihr Leben: »auch daß ich überhaupt nicht imstande bin, fürs ganze Leben nur einem Menschen zu gehören.« oder »Warum muß man gerade verheiratet sein – Kommen und Gehen, eine Weile zusammenleben und sich dann wieder trennen – mir läge das viel näher.« Stetig und mit ungestümen Sprüngen, »die nicht alle wagen«, bleibt sie auf der Suche »Wie soll man jemals etwas schaffen können, wenn man nicht sein eigentliches Leben lebt?«, doch das einmal gewonnene, vermeintlich glückliche Leben erweist sich allzu schnell als Schimäre, »alles Illusion, die in nichts zerrann«. Die Eltern schicken sie im neuerlichen Fall zur Strafe, »wie einen sibirischen Sträfling«, in ein Pfarrhaus bei Flensburg, versehen mit hohen, entwürdigenden Auflagen, wo sie »Moral und Haushalt lernen« sollte. Aber sie flieht, kurz vor ihrem 22. Geburtstag, bewirbt sich ergebnislos bei Privathaushalten und Schulen. Die Familie sagt sich von ihr los, verweigert ihr den sterbenden Vater zu besuchen und teilt ihr schriftlich die Schuld an seiner Erkrankung zu. Der ältere Bruder erwägt im Auftrag der Familie außerdem: »Wirst Du zu schamlos, so werde ich, wenn Papa es nicht mehr kann, den Antrag auf Entmündigung wegen Geisteskrankheit gegen dich stellen. Moral insanity wird sich erweisen lassen, das Material liegt bereits vor.« Diesen, ihr zugefügten Schmerz wird sie nie verwinden können und sich umso eigenständiger auf ihren Weg begeben. In dieser krisenhaften Situation lernt sie in Wandsbek den Gerichtsassessor Walter Lübke kennen, löst die Verlobung mit Karl Schorer, um sich mit dem neuen Mann zu verloben. Er akzeptiert und finanziert ab August 1893 eine Malschule in München, denn Malerin zu werden, ist ihr immerwährender Traum. Für ein halbes Jahr besucht sie die private Malschule von Anton Ažbe. München ist zu dieser Zeit – neben Paris, Berlin und Wien – ein Zentrum von Kunst und Literatur. Es existierten Unmengen von Verlagen, Zeitschriften, Kabaretts, Akademien und Malschulen, allerdings war es Frauen nur an nichtstaatlichen Schulen gestattet, Unterricht zu erhalten. Davon machten unzählige »Malweiber« Gebrauch, unter ihnen ist die weltberühmt gewordene sozialkritische Käthe

Kollwitz (1888/89 Schülerin in der Damenakademie von Ludwig Herterich) oder die in den letzten Jahren wiederentdeckte, 1945 in Theresienstadt ermordete, hochtalentierte Julie Wolfthorn. Im Münchner Stadtteil Schwabing konzentrierte sich das Treiben all dieser Künstler, der bunten Bohème. Der Bildhauerei, worin sie sich ebenfalls versuchte, wendet sich Franziska, da sie nicht über genügend Geld für die Materialien verfügt, rasch ab, dafür verfasst und veröffentlicht sie kleinere literarische Arbeiten. Sie debütiert 1893 in den »Husumer Nachrichten« mit der Skizze »Warum?«, wenig später erscheinen dort die Erzählungen »Eine Uniform« und »Moment-Aufnahmen« und in der »Gesellschaft«, dem wichtigsten Organ des Naturalismus, 1894 die Erzählung »Das Bekenntnis«. Ernste existenzielle Sorgen sind ihr aus eigenem Erleben noch relativ fremd, sie nimmt sie aber bei anderen Menschen sensibel und kritisch wahr und verarbeitet sie in den vier kurzen »Moment-Aufnahmen«, besonders eindrücklich in »Nachtarbeit«. Immer noch versteht sie sich als werdende Malerin und lebt auf, feiert Atelierfeste und besucht regelmäßig das Café Luitpold, eines der berühmten Künstlercafés, und verliebt sich erneut, diesmal in einen jungen polnischen Künstler namens Adolf Herstein, und wird von ihm schwanger. Trotzdem heiratet sie ihren Verlobten Walter Lübke im Mai 1894, sie erleidet in Hamburg, wo sie nun beide wohnen, eine Fehlgeburt, von der ihr Mann vorerst nichts erfährt. Nach einem Jahr gemeinsamen Zusammenlebens zieht es Franziska wieder nach München, um für ein weiteres Jahr die Malausbildung fortzusetzen. Lange verschweigt sie ihrem Mann ihre Liebesgeschichte, als er sie von ihr am Ende des letzten Ausbildungsjahres erfährt, reicht er sofort die Scheidung ein. Nun steht sie für sich allein, bricht zusammen und wird im Krankenhaus nach einer lebensbedrohlichen Operation wiederhergestellt und muss noch lange am Stock gehen. Ab 1896 veröffentlicht sie ihre neuentstandenen Texte in der soeben von dem Münchner Verleger Albert Langen gegründeten satirischen Zeitschrift »Simplicissimus«, deren Autoren und Illustratoren Militarismus und Obrigkeitsdenken des wilhelminischen Kaiserreichs aufs Korn nehmen. Das Honorar für Witze und ihre Erzählungen »Wahnsinn«, »Das jüngste Gericht«, wofür der Verleger wegen Gotteslästerung angeklagt wird und sie angriffslustig »Das allerjüngste Gericht«, eine bittere Justizsatire, nachschiebt, reicht nur zum Leben in Armut. Mit ihrer Malerei, die oft stagniert, lässt sich kein Geld verdienen und so beginnt sie 1897 mit Übersetzungen aus dem Französischen, was sie lebenslänglich tun wird. In großem Tempo und Eigenwilligkeit übersetzt sie für den Albert Langen Verlag Guy de Maupassant, Emile Zola, Marcel Prévost und Anatole France. Fortlaufend hat sie ihre Abenteuer, aber Liebe, Wärme, Geborgenheit geben sie ihr nicht. Kaum jemand wusste, dass sie häufig von Depressionen gequält wurde. Besonders stark waren sie während ihrer erneuten Schwangerschaft. Im April 1897 wird ihre Ehe geschieden. Da sie für schuldig befunden wurde, hatte sie sämtliche Gerichtskosten zu tragen. Und es folgte der Rauswurf aus ihrer Wohnung, was ihr im Laufe des Lebens noch viele Male widerfahren sollte, und eine Flucht für ein paar Tage an den Bodensee, mit dabei ist zwar der junge, noch unbekannte Rilke, doch ihrer Situation gegenüber gänzlich hilflos (wenige Tage später wird er durch die Salomé auf Angenehmeres gelenkt, bis auch diese Beziehung misslingt). Trotz des Zusammenseins fühlt sich Franziska einsam und nachts dem Selbstmord nah. Einzig die Freude auf ihr Kind stärkt ihren Lebenssinn. Im September 1897 kommt ihr Sohn Rolf zur Welt. Dass er unehelich geboren ist, dass sie niemals den Vater preisgibt, passt zu dem Wesen der Reventlow, »die Tore der ›Gesellschaft‹ sind für immer zugeschlagen«. Sie ist eine liebende Mutter, »ich weiß meine Verantwortung wohl«, und erzieht einen aufrechten Menschen, Fotograf, Schriftsteller, Journalist und Mitglied der SPD und – was seine Partei nicht unterstützte – antifaschistischer Offizier der 68. Division der Spanischen Volksarmee. So genau erfuhr ich es im November 2016 in einer Berliner Ausstellung zum Spanischen Bürgerkrieg, für die der Historiker Werner Abel das Konzept, aus seiner beeindruckenden Sammlung Texte und Fotos lieferte. Rolf Reventlow hatte seinen Adelstitel frühzeitig abgelegt.

Während des 1. Weltkriegs desertierte er, nachdem er als Soldat an der französischen Front gekämpft hatte, mit der Hilfe seiner Mutter in die Schweiz. 1981 stirbt er in München nach einem politisch sehr bewegten Leben und lässt sich in der Nähe der Grabstätte seiner Mutter in Locarno beerdigen. Seine Frau Else ist gleichfalls eine antifaschistische Journalistin, die sich ab 1925 um die Veröffentlichung des Werkes ihrer Schwiegermutter verdient machte. Ihre gemeinsame Tochter Beatrice und Enkelin Andrea übergaben den Nachlass dem Literaturarchiv »Monacensia« der Münchner Stadtbibliothek. Rolf Reventlows zweite Frau Suzanne Posty brachte seine Erinnerungen »Kaleidoskop des Lebens« zu Papier, die bisher noch unveröffentlicht sind.

Franziska liebt ihr Kind, unterrichtet es meist selbst und kann dennoch nicht verhindern, dass es ein »recht ungeordnetes ... Kinderleben«, wie Rolf Reventlow berichtet, wird. »Das Fehlen des Vaters bedeutet keine Lücke in meiner Kindheit ...« Ihr Sohn wurde die konstanteste Beziehung ihres Lebens. Die Nöte verschärften sich, sie muss nun für zwei Menschen sorgen. Verzweifelt sucht sie den Kontakt zu ihrem Bruder Ludwig, der wie die ganze Familie, mit ihr gebrochen hatte. Diesmal bekommt sie Besuch und etwas Geld, aber es reicht nicht für die Schulden, und so bleiben die Gerichtsvollzieher ihr weiter auf den Fersen. Die Übersetzungshonorare sind gering. Um nicht zu verhungern, prostituiert sie sich in einem vornehmeren Salon, manchmal auf die Schnelle auch in Bahnhofsnähe. Sie versucht sich als Sekretärin, Versicherungsagentin, Aushilfsköchin, Messehostesse und nach mehreren Anläufen als Schauspielerin. 1897 erscheinen die Satiren »Das gräfliche Milchgeschäft« und »Christus. Ein Interview«. Die Rezensionen fallen positiv aus. Und es erscheinen die Essays »Viragines oder Hetären?« und »Das Männerphantom der Frau«. Sie lehnt die Forderungen der Frauenbewegungen, der bürgerlichen Frauenrechtlerinnen nach dem Wahlrecht wie der noch weitreichenderen sozialistischen nach völliger Gleichberechtigung ab, allerdings mit der wichtigen Einschränkung: »Das Streben, die Frauen der arbeitenden Klassen aus ihrer Misere zu befreien, ihnen bessere Lebensbedingungen, höhere Löhne zu schaffen, sich der Kinder und Wöchnerinnen, besonders der unehelichen, anzunehmen, alles das ist der sogenannte berechtigte Kern der ganzen Bewegung ... Es sind das Gebiete, wo ein Zusammenwirken männlicher und weiblicher Kräfte geboten ist.« Franziska zu Reventlows Forderung nach Selbstbestimmung besteht in der »vollen geschlechtlichen Freiheit, das ist, freie Verfügung über seinen Körper, die uns das Hetärentum wiederbringt«. Von Gleichstellung der Geschlechter hielt sie gar nichts, denn »eine Vermännlichung der Frauen ließe die Erotik verkümmern«. »Bei mir steht und fällt alles mit dem Erotischen.« Ihr Ideal lautet: die Hetäre. »Ich meine, den Frauen den Mut zur freien Liebe vor aller Welt wiedergeben. ... Die Hetären des Altertums waren freie, hochgebildete und geachtete Frauen.« Ihre eingeschränkte Sicht verhinderte aber keine Freundschaften zu Frauenrechtlerinnen wie Anita Augspurg oder Verfasserinnen wie Helene Böhlau in München. Mit beiden Frauen pflegte auch die Salomé engere Kontakte, obwohl sie mit der Frauenbewegung ihrer Zeit gleichermaßen nichts am Hut haben wollte.

Im Juni 1899 lernt sie den Philosophen Ludwig Klages kennen und gerät durch ihn in die sogenannte »kosmische Runde«, einen Zirkel, dem noch der Archäologe Alfred Schuler und der Germanist Karl Wolfskehl und der als Meister titulierte Schriftsteller Stefan George angehören. Klages vertraut sie vieles an, ausgiebig ihre Männerbekanntschaften. Er unterstützt sie in ihrem Vorhaben, einen Roman über ihr Leben zu schreiben – nicht zuletzt um Geld zu verdienen. Mit einem ihrer neuen Geliebten, dem Geologen Albrecht Hentschel, und ihrem Sohn reist sie auf die griechische Insel Samos. Hier beginnt sie – mit einem Vorschuss des Albert Langen Verlages – mit der Arbeit an ihrem autobiografischen Roman und beendet ihn in den Jahren 1901 und 1902, meistens abgelegen vom städtischen Getriebe. In dieser Zeit bewegte sie sich, wenn sie in München weilte, im erwähnten Kosmiker-Kreis. Zehn Jahre später wird sie diese Erfahrungen sehr präzise und mit ironischer Distanz in dem Roman »Herrn Dames Aufzeichnungen oder Begebenheiten aus einem merkwürdigen Stadtteil« wiedergeben. Was hatte sie erlebt? Als Kosmiker bezeichneten sich jene, die der Überzeugung waren, dass rational nicht erfassbare kosmische Kräfte das Leben des Menschen bestimmen. Klages entwickelte ein philosophisches System, das die Ratio und allen geschichtlichen Fortschritt als dem Leben feindliche Kräfte ablehnt und stattdessen die »Bewusstlosigkeit der Lebensvorgänge« verherrlicht. Eine zentrale Rolle im Denken der Kosmiker spielte der Begriff des Blutes als völkische Substanz. »Blutleuchte« bedeutete das Wiederaufleben der »Lebensgluten« alter heidnischer Völker bei einigen wenigen Begnadeten. Die Juden galten als feindlich, sie seien »zersetzend, negativ-molochitisch«, im Gegensatz zu den »Ariern«, die das »aufbauende, kosmische Prinzip« repräsentieren. Dieser Antisemitismus wurde wesentlich durch Klages und Schuler vertreten. Man traf sich zu »Jours« in der Wohnung von Wolfskehl und Franziska verkleidete sich, wie alle, und tanzte als wildeste Bacchantin auf den kosmischen Faschingsfesten, bei denen man den heidnischen Untergrund heraufbeschwören wollte. Hier wurde durch Klages auch der Begriff »Heidnische Madonna« geprägt, als Kultfigur ließ sie sich dennoch nie vereinnahmen. Sie bewahrte in diesem Schwulst ihre kritische Beobachtungsgabe und schuf gemeinsam mit Franz Hessel, jedoch anonym, die satirischen Hefte »Schwabinger Beobachter«. In ihnen wird das Treiben der »Enormen« in seiner Lächerlichkeit bloßgestellt. Noch heftiger entlarvt sie die Gefährlichkeit der Kosmiker in ihrem Roman. Der Antisemitismus richtete sich zunehmend gegen den Juden Karl Wolfskehl, mit dem sie ein Verhältnis einging, um sich von der »quälenden Zerrerei« mit Klages zu erholen, und gegen sie selbst, weil sie mit dem Juden Franz Hessel unter einem Dach wohnte. Dieser Antisemitismus und Prioritätsstreitigkeiten führten 1904 zum »großen Schwabinger Krach«. Franziska verkehrt nun mehr mit den Mitarbeitern des »Simplicissimus« und den Schauspielern des Kabaretts der »Elf Scharfrichter«, wo sie den großartigen Frank Wedekind erlebte, ihm nachschlich, aber für ein Liebesspiel nicht gewinnen konnte. Und Franziska empfing in ihrem eigenen

Kreis, dem der polnische Kunstgewerbler und Puppenspieler Bogdan von Suchocki, die Schriftsteller Franz Hessel (Vater des durch seine Schrift »Empört euch!« berühmt gewordenen Stèphane Hessel) und Oscar A. H. Schmitz angehörten. Es beschäftigt sie die Veröffentlichung ihres ersten Romans »Ellen Ollestjerne«, für den sie auf der Suche nach Subskribenten war. Auf der Liste standen bereits Helene Böhlau, Maximilian Harden, Frank Wedekind und Rainer Maria Rilke. Der Roman erschien im Verlag Julian Marchlewski in München. Er findet von der Literaturkritik unterschiedliche Bewertungen. Rilke stört sich nicht – wie andere – an den vielen Liebhabern der Protagonistin, sondern betont deren Einsamkeit, »die unter der Oberfläche ihres heiteren Amüsements hervorluge«. Sie selbst distanzierte sich schnell von dem »sentimentalen Schmarren«, wie uns Mühsam wissen ließ, nötig war das keineswegs, es ist ein gelungener Roman, mehr noch ein hochinteressantes, bewegendes Dokument über ihr gesamtes Leben bis zur Geburt ihres Kindes.

Im Herbst 1903 bezogen sie, Franz Hessel und Bogdan von Suchocki eine gemeinsame Bleibe, das »Eckhaus« in der Kaulbachstraße. Jeder erhält einen eigenen Raum, gemeinsam nutzt man die Küche. Hessel ist wohlhabend, Suchocki verdient, so dass sie glaubt, umsonst leben zu können. Unproblematisch wird es nicht. Sie ärgert sich oft genug über die Wirtschafterei der beiden Männer. Ihr nun fester Geliebter Suchocki kann die Episoden mit ihren anderen Liebhabern nicht verknusen, inzwischen soll auch Frank Wedekind dazu gekommen sein, und Briefe von Karl Wolfskehl treffen immer noch ein. »... entweder liebe ich keinen oder alle«, vertraut sie ihren speziellen Standpunkt ihrem Tagebuch, das sie von 1895 bis 1910 führt, an. Zweieinhalb Jahre hatte die Gemeinschaft zu dritt gedauert, zu der sich besuchsweise viele hingezogen fühlten, unter ihnen die russischen Künstler Marianne Werefkin und Alexej Jawlenski, denn immer noch glaubte sie eine Malerin zu sein, als Schriftstellerin deklarierte sie sich niemals. Wieder hat sie mit einer Fehlgeburt zu tun, während einer Italienreise im Oktober 1904 verliert sie ein Zwillingspaar im sechsten Monat. Suchocki, der Vater der toten Mädchen, und Franz Hessel sind liebevoll um Franziska besorgt, sie ist untröstlich und voller körperlicher Beschwerden, eigentlich ist sie es ein Leben lang. In der »Eckhaus«-Zeit entstanden keine literarischen Arbeiten, wesentliche Bilder ebenfalls nicht. Im März 1905 besucht sie ihren schwerkranken Bruder Ludwig in Berlin, trifft dabei auf ihren Bruder Ernst, der sich nach einer Militärlaufbahn zum politischen Schriftsteller entwickelt und mit seinen Büchern und Aktivitäten bei den Nazis Karriere machen wird. Eine Annäherung zwischen ihnen ist ausgeschlossen. Auch mit der Mutter, die im Herbst 1905 verstirbt, ist es nie mehr zu einem Wiedersehen bzw. zur Versöhnung gekommen. Lediglich ihre ältere Schwester Agnes, die immer gehorsam den Eltern folgte und zusammen mit ihrer verwitweten Mutter ohne Mann im Stift landete, bleibt nach Ludwigs Tod mit ihr in Verbindung.

Die Wohngemeinschaft löste sich, nicht unerheblich aus finanziellen Gründen, auf. Franz Hessel fährt im Sommer 1906 nach Berlin, später nach Paris, und Bogdan von Suchocki geht eine Scheinehe ein und flieht bald, da »seine« Frau unerwartet Unterhaltsansprüche gegen ihn erhebt, in die USA und dann weiter nach Mexiko. Für Franziska beginnt eine sehr unsichere Zeit. Allein siebenmal wechselt sie von 1906 bis 1910 die Wohnungen, Operationen sind wieder notwendig, sie versucht sich mit enormem Einsatz, aber erfolglos in der Glasmalerei. 1906 hatte sie Erich Mühsam in einem der berühmten Schwabinger Künstlercafés kennengelernt. Wie kein anderer schätzt er das Naturell der Reventlow, selbst in prekären Situationen einen lebensfrohen Kopf zu behalten. Über Mühsam lernt sie auch den Psychoanalytiker Otto Gross kennen (1908 wird er von Freud – ähnlich wie Wilhelm Reich Jahre später – aus der Psychoanalytik verbannt). Er steht für freie Sexualität, antiautoritäre Erziehung und die Befreiung der Frau von patriarchaler Gewalt. Das konnte sie nur bejahen. Beide Männer versuchten, ihr, die wirtschaftlich bankrott ist, die alternativen Lebensformen auf dem Monte Verità oberhalb von Ascona im Schweizer Tessin schmackhaft zu machen. Hier siedelten viele, die nach einem anderen, freien, gesunden Leben trachteten. Für Franziska zu Reventlow wurde es aber erst ernst, als sie von Mühsam den konkreten Hinweis auf einen gewissen Baron, den Balten Alexander Rechenberg-Linten, erhält. Er ist jemand, der sich seine Zeit mit Trinken vertreibt und seine Schulden von seinem Vater regelmäßig begleichen lässt. Dem reichte es nun und er drohte seinem Sohn mit Enterbung, sollte er nicht eine passende Ehefrau und einen neuen Lebensstil finden. Die Reventlow greift Mühsams Idee auf, sie glaubt, ihrer Misere ein für alle Mal zu entkommen, fährt im Oktober 1910 mit ihrem Sohn nach Ascona, findet eine bescheidene Behausung, willigt in die Scheinehe im Juni 1911 ein und wird russische Staatsangehörige. Das Erbe stand erst nach dem Tod des Schwiegervaters zur Verfügung, d. h. sie musste weiter übersetzen, schreibt für den »Simplicissimus« wieder Erzählungen, »Der Tod«, »Wir Spione« und »Der feine Dieb«, und die ebenfalls autobiografischen Romane »Von Paul zu Pedro oder Von der Schwierigkeit nur einen Mann zu lieben« 1912, »Herrn Dames Aufzeichnungen oder Begebenheiten aus einem merkwürdigen Stadtteil« 1913, »Der Geldkomplex« 1916 und zuletzt den unvollendet gebliebenen und am wenigsten autobiografischen Roman »Der Selbstmordverein«. Damit hatte sie eine literarische Karriere hingelegt, ohne sich jemals als Schriftstellerin zu verstehen.

In Locarno begegnet ihr der Rechtsanwalt Mario Respini-Orelli, diese neue Liebe dauert bis zu ihrem viel zu frühen Tod. Er drängt auf Heirat, sie kann sich dazu nicht mehr entschließen. Als sie von ihm schwanger wird, geht sie lieber, denn sie ist inzwischen 43 Jahre alt, zu einer »Engelmacherin«. Danach zieht sie nach Locarno, in seine Nähe. Mit den Bohème-Bewohnern des oberhalb des Lago Maggiore gelegenen Monte Verità pflegt sie kaum Kontakt, am wenigsten zu den ihr unsympathischen »Vegetariern mit langen Locken«. Ihr offizieller Ehemann besucht sie regelmäßig mit Geschenken wie Tee und Zigaretten und verschont sie mit jeglicher Art von Anbiederei. 1913, sie hält sich gerade im Haus ihres Vetters Viktor von Levetzow auf Mallorca auf, kommt – endlich – per Telegramm die Mitteilung vom Tod ihres Schwiegervaters. Ihr 15-jähriger Sohn fährt nach Zürich, in der Annahme, dort der Testamentseröffnung beizuwohnen, aber sie hat bereits stattgefunden. Rechenberg-Linten senior hatte den Schwindel mit der Scheinehe bemerkt und das Erbe auf den Pflichtteil reduziert. Franziska erfährt von Rechenberg-Linten, dass der Erbschaftsvertrag bei der »Credito Ticinese« in Aussicht gestellt sei. Beide erben Aktien der Eisenbahngesellschaft Moskau-Kiew-Woronesch, auf Anraten der Bank verkaufen sie die Aktien und erhalten jeweils 10.000 Franken. Der Rest von 30.000 sollte ihnen später ausgezahlt werden. Franziska beglich ihre Schulden, spielt im Casino von Monte Carlo und reist mit ihrem Sohn wieder nach Mallorca. Zurück im Tessin, überrascht sie der Bankrott ihrer Bank. Rechenberg-Linten flüchtet auf Nimmerwiedersehen zu seiner Schwester, erkrankt und stirbt. Dieses Erlebnis verarbeitet sie in dem Roman »Der Geldkomplex. Meinen Gläubigern zugeeignet«. Er ist eine überschäumende Parodie auf die Psychoanalyse von Sigmund Freud, der zu ihrem Bedauern die wirtschaftlichen und sozialen Probleme von Patienten kategorisch ausschloss. Und so wird die Protagonistin des Romans, eine »Patientin« einer Nervenklinik, der schlicht das Geld zum Leben fehlt, mit der im Falle der Reventlow und ihrer »Heldin« völlig realitätsfremden, ja lächerlichen Erklärung »verdrängter Erotik, nicht ausgelebter Gefühle und Triebe, die sich im Unterbewusstsein zusammenballen und einem seelische Beschwerden verursachen« – köstlich zu lesen –, abgespeist. Der im Roman letztlich resignierende Psychoanalytiker jener Nervenklinik gesellt sich der »Patientin« zu, gemeinsam auf den Tod des »alten Herrn« und die sehnsüchtig erwartete Erbschaft hoffend. Als das Buch 1916 erscheint, ist der 1. Weltkrieg in vollem Gange, lediglich eine Rezension kann dem Roman »geistreich und unterhaltend zu sein«, bescheinigen.

Den Krieg und die ganze deutsche Kriegsbegeisterung lehnt sie – höchst selten unter deutschen Intellektuellen – entschieden ab. Sie bemüht sich, ihren Sohn in der Schweiz einzubürgern, um ihn vom Krieg fernzuhalten. Der Versuch misslingt. Als russische Staatsbürgerin hatte sie es ohnehin nicht leicht. Die Schweizer Behörden verlangten eine Sondersteuer und ließen sie überwachen. Die Deutschen wiederum ließen sie als »Feindin« – Deutschland hatte Russland im August 1914 den Krieg erklärt – nicht mehr ins Land. Ihr Sohn erhielt im April 1916 die Einberufung an die französische Front. Während eines Urlaubs desertiert er, mit seiner Mutter hatte er die Details der Flucht über den Bodensee geplant. Glücklich nimmt sie ihn am verabredeten Ort auf Schweizer Boden in die Arme (viele Jahre später wird eine Protagonistin aus Hermynia Zur Mühlens Roman »Unsere Töchter, die Nazinen« ebenfalls diese Fluchtroute nutzen, um Verfolgte des deutschen Naziregimes in Sicherheit zu bringen). Beide arbeiten, er in verschiedenen Betrieben bis zu seiner Ausweisung aus dem Kanton Tessin, sie als Lockvogel im Spielcasino. 1917 gibt sie eine Sammlung von Erzählungen heraus und nennt sie »Das Logierhaus ›Zur schwankenden Weltkugel‹«. Es entsteht ihr letzter Roman »Der Selbstmordverein«, der durch ihren unerwarteten Tod im Juni 1918 nicht beendet und erst 1925 postum in den »Gesammelten Werken in einem Band« von Else Reventlow veröffentlicht wird. Im Roman scheitern vier Menschen an ihren Lebensumständen und überlassen sich geplant dem Freitod. Die Reventlow selbst hat einen solchen Versuch nie unternommen, aber dicht ran ans Verzweifeln und an Verzweifelnde geriet sie schon. Nach einem Fahrradsturz und einer sich anschließenden Operation starb sie. In einer kleinen Grabstatt in Locarno kam ihr ereignisreiches Leben zur Ruhe.

Ich entschloss mich, zwei kleinere Arbeiten, in denen sich ihre besondere Begabung zeigt, hier vorzustellen: »Nachtarbeit«, eine ihrer ersten Skizzen aus den »Moment-Aufnahmen«, und die im Text von mir erwähnte Erzählung »Das gräfliche Milchgeschäft«.

Nachtarbeit

Unten an der Isar ging ich entlang, wo Tag und Nacht an den Kanalisationswerken gearbeitet wird.

Tag und Nacht.

In der Mitte der Straße eine tiefe, lang sich hinziehende Grube, unten tief die Arbeiter, die unermüdlich die Erde emporschaufeln. Man hört nur das Klirren der Spaten und das Hinabrollen der aufgeworfenen Steine.

Gegen Abend haben die Männer da unten noch bei der Arbeit gesungen, jetzt sind sie längst zu müde, aber die Arbeit geht immer weiter. Durch die scharfe Nachtluft rieselt empfindlicher Frostschnee auf alles herab, der beißt auf der Haut und dringt schneidend in die Kleidung ein.

Hier und da hängt eine Laterne mit unruhig flackerndem Licht an einem der hervorstehenden Balken.

Durch die Nacht klingt das Rauschen der Isar und das Ächzen der Dampfmaschine.

Schwarz, blank, kolossal steht sie da. Der mächtige Schlot atmet Rauchwolken aus, durch welche einzelne Funken blitzen und wie Sternschnuppen verschwinden. Hinter der Maschine steht der Heizer. Seine Gestalt ist in schwarzer Silhouette gegen die helle Wand der die Maschine umgebenden Bretterbude abgeschnitten.

Dann und wann fährt er sich mit der Hand über die müden, von Rauch und Hitze brennenden Augen. Nun reißt er die Ofentür auf, flackernder roter Feuerschein fährt über sein Gesicht. Dann rasselt die Schaufel durch die Kohlen und füllt den aufgerissenen Schlund mit neuer Nahrung.

Auf einer Bank im Bretterverschlag sitzt ein zweiter Mann, den Kopf herabgesunken. Er scheint zu schlafen. Der andere steht nach vollbrachter Heizarbeit wieder unbeweglich auf seinem Platz. Nur zuweilen fährt er sich über die Augen, während die Nacht mit unerbittlicher Langsamkeit vorrückt.

Über die Brücke hört man Studenten singen mit rohen berauschten Stimmen. Liebespaare drücken sich am Quai entlang.

Und drüben auf der anderen Seite, wo die neuerbauten hohen Häuser stehen, kommen die Theaterbesucher nach Hause, in Pelzen und hellen Abendmänteln. Einige von ihnen gähnen und reiben sich die Augen. Es war doch recht anstrengend, so lange dazusitzen.

Ein junger Mann und eine Dame unterhalten sich über Sozialismus und über die letzten großen Strikes.

»Sehen Sie, Fräulein, ein interessantes Motiv.«

Der müde Mann an der Maschine fährt sich über die Augen und schüttelt sich zwischen Nachtfrost und Kohlenhitze.

Das gräfliche Milchgeschäft

Raoul Lichtwitz kehrte von zweijährigem Aufenthalt aus Paris zurück.

Als der Zug langsam in die Halle des Münchener Centralbahnhofs einfuhr, lehnte er sich weit heraus, um dem zu seinem Empfang herbeigekommenen Freunde zuzuwinken. Dann stieg er aus, und die beiden schüttelten sich kräftig die Hand.

»Schön, daß du wieder da bist!«

»Und du bist immer noch der alte? Den Lodenmantel da kenne ich noch. Hast dich wenig verändert.«

»Ja, ja«, sagte Fritz Beier, »und du bist ja der reine jeune homme chic geworden – komm, laß uns gehen.«

Langsam bummelten sie durch die Stadt hin und hatten sich viel zu erzählen.

»Aber kehren wir ein, Fritz, ich bin müde.«

»Mir ist's recht, was meinst du zum Café Max – aus alter Erinnerung?«

»Du, existiert denn der alte Stammtisch noch von damals?«

»Gott bewahre, das ist alles längst auseinander, ich war seit Ewigkeiten nicht mehr drin. Habe keinen Schimmer, wer da jetzt verkehrt.«

»Na, dann laß uns nur mal wieder hineingehen und den Rummel anschauen.«

Erinnerungen wurden in dem Zurückgekehrten lebendig an die alte Bohème-Zeit.

Sie traten ein. Es war spät. Nur drei Gäste im Lokal. Der eine spielte mit dem Wirt Billard, der zweite saß mit der Kellnerin in einer verschwiegenen Ecke und der dritte gähnte gelangweilt hinter seiner Zeitung.

Sie setzten sich an den alten Stammtisch zu einem Absinth. Beiden wurde ganz wehmütig. Ja – damals!

Und dann fingen sie an, von den alten Zeiten zu sprechen. Raoul hatte viel zu fragen nach den einstigen Bekannten. »Ja, weißt du, es ist immer dasselbe vom Lied: Die Zigeunerei hört von selbst auf. Jeder kriegt's einmal satt und fängt an, zu streben und ein nützliches Mitglied der Gesellschaft zu werden.«

Der »jeune homme chic« starrte in seinen Absinth, und verblaßte Bilder stiegen vor ihm auf.

»Was ist denn aus dem ›polnischen Hamlet‹ geworden? Denkst du noch, wie er dasaß und dozierte: Könnt ihr alle nicht verstehen, ›Hamlet‹?«

»Gott im Himmel, ja, und wie er uns wegen uns'rer Oberflächlichkeit heruntermachte. – Ich glaube, er hat jetzt die Fabrik seines Onkels übernommen und versorgt die Welt mit Seife, die er selbst nie brauchte.«

»Und seine Ophelia, die große Blonde?«

»Na, die ist ihm längst durch. Sie ist jetzt irgendwo in der Schweiz und macht Nihilismus. Na ja, diese norddeutschen Mädel, wenn die nach München kommen –«

»Damals war sie immer so unheimlich korrekt. Weißt du noch, wie wir sie damit aufzogen, daß sie in unsrer dekadenten Mitte immer noch den ›moralischen Maßkrug‹ hochhielt?«

»Ja, das hatte die Gräfin aufgebracht.«

»Gott ja, die Gräfin, was ist aus der geworden? Wo ist sie hingekommen? Ich seh' sie noch vor mir, wie sie abends hereinkam, wenn wir alle schon dasaßen. Heile Stiefel hatte sie nie an, aber dafür eine Reitgerte mit silbernem Griff, von der sie sich nie trennte. Die stammte noch aus ihrer Glanzzeit auf den väterlichen Gütern. Sie kam immer allein und meist sehr spät, und dann knallte sie mit ihrer Peitsche auf den Tisch. ›Donnerwetter, Kinder, jetzt muß ich zuallererst einen Nervenreiz haben!‹ – Du, Fritz, was weißt du von ihr? Erzähl doch, es interessiert mich.«

»Ja, ich weiß schon, du hast immer ein Faible für exzentrische Weiber gehabt, das kennt man. – Sie soll jetzt Schauerromane für die ›Illustrierte Gerichtszeitung‹ schreiben. Damals, als sie mit ihrem Milchgeschäft pleite gegangen war.«

»Milchgeschäft?«

»Naja, mit dem Milchgeschäft. Die Geschichte spielte doch noch zu deiner Zeit?«

»Keine Spur, was war denn damit?«

»Na, stell dir vor, das verrückte Frauenzimmer verfiel eines Tages auf die Idee, ein Milchgeschäft zu betreiben. Sie hatte es ja immer mit Erwerbszweigen zu tun.«

»Ja, ich weiß, damals wollte sie sich durchaus bei einer Akrobatengesellschaft von der Oktoberwiese engagieren lassen«, sagte der »jeune homme chic«. »Sie war ganz wild darauf, drei Abende lang hat sie mit allem jongliert, was ihr in die Hand kam, und verfluchte ihre Erzieher, die ihre Gelenke hatten einrosten lassen, wie sie sagte.«

»Gut«, fuhr der andere fort. »Das ging vorbei, aber die Idee mit dem Milchgeschäft saß fest. Wochenlang redete sie von nichts anderem. Dann schwieg sie wieder und kam überhaupt des Abends nicht her. Wie wir nachher erfuhren, war sie als Statistin am Hoftheater und verdiente allabendlich 58 Pfennige und morgens für die Proben 35. Davon lebte sie und legte ihr anderes Geld zurück. Dann kam sie nach einigen Monaten endlich wieder, abgerissener als je, aber sonst gar nicht wiederzuerkennen. Sie hat nicht gesungen, nicht gepfiffen, keinen unnötigen Lärm gemacht, sondern sich ganz stillbefriedigt herangesetzt und ihren Absinth getrunken. Und dann auf einmal emporgefahren und mit dem unvermeidlichen Fuchtelknochen auf den Tisch geschlagen: ›Kinder, ich hab's.‹

›Was hast du, was ist los‹, brüllten wir ganz gespannt, denn, wenn es auch immer Blödsinn war, was sie ›hatte‹, so war es doch wenigstens meist etwas Neues, und es lag eine Art Methode darin. Diesmal waren wir gründlich überrascht. Sie hatte die Geschichte mit ihrem Milchgeschäft wirklich zustande gebracht.«

»Na, und wo hatte sie das Geld her?« fragte Raoul Lichtwitz gespannt, »die Ersparnisse werden doch schwerlich gereicht haben.«

»Gott bewahre, sie hat da die unglaublichsten Geschichten geleistet. Finanzoperationen waren ja immer ihre starke Seite, wie du dich erinnern wirst. Da ist sie bei allen ihren Bekannten herumgegangen, die noch so glücklich waren, silberne Löffel oder goldene Uhren zu besitzen und hat sich was zum Versetzen ausgeliehen –«

»Na hör mal –«

»Nun, du weißt doch selbst, wie das in uns'rer damaligen Gesellschaft war. Was man grad' nicht selbst versetzt hat, ist doch egal, ob's jemand anders versetzt. Man hilft sich eben aus. Und sie hat so überzeugend zu reden gewußt von momentaner Verlegenheit und den Leuten plausibel gemacht, daß ein Reklamelöffel mit der Inschrift: ›Trinkt Kath'reiners Malzkaffee‹ genau dieselben Dienste leistet wie ein silberner. Genug, sie bekam alles mögliche zusammen. Aber es reichte immer noch nicht. Dann ist sie auf die Anatomie gegangen zu dem alten Professor Rüdiger. Sie hatte mal irgendwo gehört, daß man seinen Leichnam schon bei Lebzeiten zur Sektion verkaufen könne. Das hat sie uns später alles selbst erzählt: wie der weißhaarige Alte, eben aus der Vorlesung gekommen, in Seziermantel und schwarzer Samtmütze, umringt von anatomischen Präparaten, vor einem ›auserlesenen Frühstück‹ saß, während sie ihm ihr Anliegen vortrug. Wie er dann ganz desperat gesagt hat, jetzt im Karneval käme halb München und wolle sich sezieren lassen, um das Geld zu verjubeln, und schließlich hat er ihr väterlich liebevoll die Backen getätschelt und gesagt: ›Nein, nein, mein Kind, daraus wird nichts. Jetzt sind Sie mir viel zu nett zum Sezieren, und später bekommen wir Sie ja doch erst als altes Mütterchen.‹«

»Die hat doch Schneid gehabt«, meinte Raoul voll Ekstase.

»Danke für Schneid«, sagte Fritz Beier. »Es war denn doch etwas reichlich. Sie hat ihm auch noch die Leichen von drei oder vier ihrer guten Bekannten angeboten. Am Ende hätte sie noch den ganzen Stammtisch zum Anatomie-Futter verkauft –«

»Weiter, weiter, jetzt wird's spannend.«

»Also, mit den Leichen war es nichts, aber sie hat das Geld doch schließlich zusammengebracht. Unter anderem hat sie eine ganze Anzahl Prachtwerke, Stuck-Album und alles mögliche auf Ratenzahlung genommen, und ehe die erste Rate gezahlt war, unter der Hand zu etwas herabgesetzten Preisen wiederverkauft. Und was weiß ich noch. Vor allem hat sie aufgehört, Schulden zu bezahlen, was sonst ihre Hauptbeschäftigung war.

Der besagte Abend verlief übrigens sehr lustig. Die Komtesse fühlte sich als Kapitalistin und ließ Sekt anfahren. Sie behauptete, sie brauche zwar heute keinen Nervenreiz, müsse aber doch einen haben. Was die anderen Gäste an dem Abend gedacht haben, weiß ich nicht. Das Café Max erbebte nur so von Hochs auf das ›Gräfliche Milchgeschäft‹.

In acht Tagen sollte die Geschichte eröffnet werden. Bis dahin hatte sie noch viel zu tun, aber sie kam wieder allabendlich und erzählte uns von den Schritten, die noch zu tun waren. Vormittags konferierte sie zwei Stunden lang im Café Elite mit dem Verwalter des Hausbesitzers, dem die Bude gehörte. Nachmittags fuhr sie in die Schillerstraße, um sich mit Herrn Humplmayr, dem damaligen Besitzer des Geschäftes zu besprechen. Dann machte sie einen Landmann ausfindig, der die Milch um dreizehn Pfennig pro Liter ablieh. Auf diesen Erfolg war sie besonders stolz, sonst mußte man immer fünfzehn Pfennig zahlen. Die Zeit, die ihr übrigblieb, verwandte sie dazu, um sich die nötigen ›Kenntnisse in der Branche‹ zu erwerben.

Wir bekamen sogar Aufträge, ich hatte ein Schild mit einer Alpenlandschaft und Kühen zu malen, darunter die Inschrift: Milch- und Butterniederlage, ausgeübt von Gräfin von so und so. Erst sollte es Humplmayrs Nachfolger heißen, aber nach eingehender Beratung kamen wir überein, die ›Gräfin‹ würde besser ziehen. Der Maxl, der Bildhauer, du kennst ihn auch noch, mußte eine Kuh für die Fensterausschmückung modellieren, die mit dem Kopf wackeln konnte. Stilvolle Annoncen wurden komponiert, kurz, wir bekamen alle Hände voll zu tun und waren alle ganz Milchgeschäft.

Schließlich war der große Tag gekommen. Humplmayr hatte das Feld geräumt. Die Gräfin war mit ihrem ganzen Besitz, der aus Bett, Koffer, Staffelei und drei schwarzen Dackeln bestand, in die Schillerstraße übergesiedelt. Sie wollte selbst im Geschäft wohnen. Es mußte doch immer jemand da sein, und die zwei Zimmer nebst Küche mußten sowieso mitgemietet werden. Unsere Bande besorgte, wie das Usus war, bei Nacht und Nebel den Umzug. Das Schild wurde befestigt, es war ein Meisterwerk, das Beste, was ich jemals gemacht habe. Dann das Schaufenster dekoriert. Die Kuh, die der Maxl überraschend naturgetreu getroffen hatte, prangte höchst effektvoll zwischen Pyramiden von Käse und Semmeln.

Dann wurde Bier geholt und bei geschlossenen Läden das frohe Ereignis oder vielmehr die Aussicht auf die frohen Ereignisse gefeiert. Gegen ein Uhr wollte die Gräfin uns entlassen, sie war in Angst, daß sie sonst die Zeit verschlafen würde, sie müsse um vier Uhr in der Frühe am Platz sein. Sonst pflegte sie erst um elf Uhr aufzustehen. Wir machten sie darauf aufmerksam, daß es sich überhaupt nicht mehr verlohne, zu schlafen, und so zogen wir schließlich noch alle ins Luitpold. Sie war gar nicht wiederzuerkennen an dem Abend. Eine Art Feierlichkeit lag über ihrem Wesen. ›Ja, Kinder, jetzt fängt der Ernst des Lebens an‹, sagte sie mehrmals ganz ernst und weihevoll. Schließlich steckte sie uns alle an, und in banger, erwartungsvoller, beinahe andächtiger Stimmung brachen wir gegen drei Uhr auf und geleiteten sie unter Absingen von Chorälen – etwas bezecht waren wir alle – an die Stätte ihres demnächstigen Wirkens. Sie hatte keine Ruhe mehr gehabt zu bleiben, aus Furcht, es könne eingebrochen und das Inventar gestohlen werden.

Endlich standen wir vor der Ladentür. ›Verlaßt mich nicht in dieser Stunde‹, sagte sie ganz ergriffen, ›kommt mit herein. Ich mach euch einen Kaffee.‹

Wir saßen im Zimmer hinter dem Laden und erwarteten die schicksalsschwangere Morgenstunde. Die Dackel schliefen vor dem Ofen. Unsere Gastgeberin hatte sich in ihre zukünftige ›Millifrau-Uniform‹ geworfen, ein schlichtes schwarzes Kleid mit blendend weißer Schürze. Du kannst dir gar nicht vorstellen, wie komisch sich das ausnahm bei ihren kurzen Haaren. Sie schien das selbst zu fühlen, stand lange nachdenklich vor dem Spiegel und meinte, wenn dies Geschäft sich rentiere, werde sie sich eine Perücke mit geradem Scheitel und einladenden Zöpfen kaufen, das ganze müsse einen solid bürgerlichen Eindruck machen. Endlich schlug es vier, dann halb fünf. Etwas später rollte ein Wagen vor und ein scharfes Klingeln ertönte. Die Dackel fuhren mit einem wahren Mordsgebell in die Höh'. Die Komtesse wurde leichenblaß: ›Um Gottes willen, haltet die Köter fest und macht keinen Lärm.‹ Sie warf mir die Reitpeitsche in den Schoß, war hinaus und schlug die Tür zu.

Draußen hörten wir sie mit dem Kutscher verhandeln, dann eifriges Auf- und Abgehen im Laden, schweres Dröhnen von Gefäßen, Platschen, Klirren von Geldstücken und der Wagen rollte wieder fort. Sie kam wieder herein, ganz echauffiert: ›Die Milch ist da, nun müssen wir sie taufen. Wo mag nur die Wasserleitung sein?‹ Wir suchten, und schließlich entdeckte der Maxl sie auf dem Flur in einer dunklen Ecke. Dann saßen wir wieder atemlos in unsrer Hinterstube. Es kamen wirklich Kunden. Die Gräfin platschte, goß und klapperte mit ihren Milchgefäßen, als ob sie ihr Leben lang nichts anderes getan hätte. Ich muß wirklich sagen, an dem Morgen hat sie uns kolossal imponiert. Wir waren ganz baff vor Bewunderung über ihr routiniertes Auftreten. Wir hatten leise die Tür halb aufgemacht und sahen zu, wie sie mit den Leuten verhandelte. Die Arme hatte sie in die Seite gestemmt und sah ganz zunftmäßig aus. Die Kunden betrachteten sie etwas erstaunt und warfen dann und wann einen noch erstaunteren Blick nach unsrer Tür. Als der Laden einen Augenblick leer war, drehte sie sich um und wurde wütend, als sie uns sah. ›Um Gottes willen, ihr verjagt mir ja die Leute. So eine bezechte Bande im Hintergrund, das sieht unsolid aus. Geht lieber nach Haus, ich komme dann abends ins Max.‹

Eben kam wieder eine dicke Frau mit blauer Kanne. Die Tür flog zu. Die Dackel machten einen Mordsspektakel, wir fielen über die Cognacflasche her, und der Hamlet intonierte mit Donnerstimme: ›Hoch soll sie leben!‹ Dann machte sie aber Ernst und warf uns hinaus. Wir mußten einzeln fortgehen, um kein Aufsehen zu erregen. An dem Abend kam sie um halb elf ins Max. ›Das Geschäft geht brillant, aber müde bin ich zum Umfallen.‹ Sie strahlte, trank drei Tassen schwarzen Kaffee und stürzte wieder fort, um auszuruhen.

Acht Tage lang sahen wir nichts von ihr. Sie hatte sich unsere Besuche verboten, ›um die dehors zu wahren‹. Dann kam eines Abends ein Dienstmann mit einem Brief. ›Kinder, bitte kommt auf einen Milchpunsch zu mir. Kommt möglichst vollzählig.‹

Wir erschienen in corpore und mußten circa zwanzig Liter nachgebliebene Milch in allen möglichen Gestalten vertilgen helfen. Die Komtesse machte einen ziemlich deprimierten Eindruck.

Sie zog mich beiseite und bat mich, die Inschrift auf dem Firmenschild in ›Humplmayrs Nachfolger‹ umzuändern. Sie glaube, die ›Gräfin‹ mache die Leute stutzig. Übrigens wollte sie jetzt noch einen Zeitungsverkauf und einen Schnapsausschank mit dem Milchgeschäft verbinden. Willy Stenzel, der Lithograph, der damals gerade keine Arbeit hatte, trat mit in das Geschäft ein.

Er bekam dafür den Titel Kompagnon, und seine Tätigkeit bestand im Vertilgen der nachgebliebenen Milch. Der Schnapsausschank wurde unter Diskretion im Hinterzimmer betrieben, weil die Konzession zuviel kostete, und florierte ziemlich. Willy entwickelte ungeahntes Talent zum Kellner, und die blonde Luise Johannsen, die Ophelia aus Mecklenburg, mußte als Anziehungspunkt hinter dem Büfett sitzen und Buch führen. Wir andern erschienen gewissenhaft jeden Vormittag zum Milchfrühschoppen.

Das ging noch so vier Wochen, dann kam Neujahr.

Die Gräfin kam am Silvesterabend bleich und verstört ins Café. Ihr Vorgänger im Geschäft hatte ihr einen fürchterlichen Streich gespielt. Er hatte an der nächsten Straßenecke wieder einen Milchladen aufgetan und die Kunden von ihr abgezogen. Sie hatte vergessen, wie es üblich ist, die diesbezügliche Bedingung im Kaufkontrakt festzumachen. Den Milchbezug hatte sie jetzt schon von zweihundert auf hundert Liter herabsetzen müssen, es gingen höchstens fünfzig pro Tag ab, und unsere vereinten Kräfte hätten nicht vermocht, des Restes Herr zu werden. Willy Stenzel war von dem unausgesetzten Milchkonsum schon so dick geworden, daß sein Arzt ihm eine Entfettungskur anempfohlen hatte. Das ›Zweistundenweib‹ zum Austragen war längst abgeschafft, und die Komtesse lief morgens selbst treppauf, treppab mit Milchkannen, Semmeln und Zeitungen. ›Wenn ich nur einen Blick in meine Familiengruft tun könnte‹, sagte sie einmal ganz verzweifelt, ›um zu sehen, ob meine Ahnen noch auf der richtigen Seite liegen.‹

Die Schnapsproletarier waren noch ihre einzige Rettung. Sie wußte ihre Herzen zu gewinnen, indem sie sich zu ihnen setzte und mit ihnen Schnaps trank und jede Woche einmal ihren Namenstag kundgab, an dem sie die ganze Bande traktierte. Sie schickten ihr dafür ihre Frauen und Kinder zum Milchholen.

Wenn nur die Jahreswende erst überstanden war. Die Gräfin hatte alle ihre Gläubiger, und die sollen nach Legionen gezählt haben, auf das brillant gehende Geschäft vertröstet. Wir alle zitterten mit ihr.

Die ersten Januartage verliefen noch ruhig. Aber das konnte die allgemein gedrückte Stimmung nicht heben. Am 5. oder 6. Januar begann es Rechnungen zu regnen. Eines Tages vermißten wir die Dackel. ›Ich hab sie dem Schreiner gegeben, der mir den Ladentisch und die Regale gemacht hat‹, sagte sie fast mit Tränen in den Augen. ›Und dem Spengler hab ich sie auch versprochen, damit er einstweilen Ruh' gibt. Und dann war der Schnapslieferant da, dem bin ich an die 100 Mark schuldig. Der Kerl wollte mich denunzieren, weil ich ohne Konzession ausschenke, aber Willy und ich haben mit ihm gekneipt, bis er gerührt und versöhnlich abgezogen ist.‹

Wir versuchten sie zu trösten, aber es kam nicht recht von Herzen. Wir sahen ›la débâcle‹ herankommen und wußten nicht, wie man sie davor retten sollte.

Bald darauf kamen sie und Willy eines Abends ganz verstört zu uns. Die Komtesse war sichtlich nervös, sie warf die Reitpeitsche in die Ecke, pfiff den Dackeln, stieß dann einen tiefen Seufzer aus, als ihr einfiel, daß sie nicht mehr da waren. Dann setzte sie sich an den Tisch und sagte resigniert: ›Jetzt haben wir den Dalles, wir sind ruiniert!‹

Der Kompagnon sah rotbackig und geknickt zu ihr herüber und erzählte dann, daß der Buchhändler die Komtesse auf Betrug verklagt habe; sie hatte schon längst keine Raten mehr für die Prachtwerke gezahlt, und als er dann die Werke selbst zurückverlangte, mußte sie zugeben, sie verkauft zu haben. Nun würde sie brummen müssen, und wer sollte dann das Geschäft führen? Willy kannte sich in der ›Branche‹ nicht genügend aus, und die Ophelia war zu faul. Heute schlief sie seit 24 Stunden, weil sie gestern in der Schnapskantine hat ausschenken müssen. Morgen sollte ihr gekündigt werden. Die ganze Tafelrunde war mit niedergeschmettert.«

Fritz Beier machte eine lange Pause und bestellte 2 Melanges.

»Nun und?« fragte Lichtwitz, während er in seinem Glase rührte.

»Ja, damit war die Geschichte eigentlich zu Ende. Der Krach war nicht mehr aufzuhalten. Es gingen noch ein paar Wochen hin, während denen sie unaufhörlich vor Gericht zitiert wurde. Der Schnapslieferant hatte sie sofort denunziert, nachdem er seinen Rausch ausgeschlafen, und die Schnapskantine wurde polizeilich aufgehoben. Ein paarmal hatten wir uns allesamt wegen nächtlicher Ruhestörung zu verantworten, denn weil keine Kunden mehr kamen, saßen wir schließlich Tag und Nacht im Laden und tranken Milchpunsch, um sie wenigstens noch etwas aufzuheitern. Willy war ganz verzweifelt. Die Komtesse tröstete sich noch damit, daß man vielleicht noch mit Vorteil betrügerischen Bankrott machen könne. Der Maxl hatte ein Pleitelied komponiert, das den ganzen Tag gesungen wurde. Ich sage dir, die Nachbarn standen oft scharenweise vor der Tür und vor den Fenstern und hörten dem Radau zu. Schließlich wurde eines Tages das Inventar gepfändet und die Bude bis auf weiteres geschlossen.«

»Und sie, die Gräfin, was tat sie nachher?«

»Was sollte sie tun? An dem Abend, wie das geschehen war, waren wir natürlich wieder hier, und sie kam auch, schlug einmal wieder mit der Reitgerte auf den Tisch, was sie schon lange nicht mehr getan hatte, und verlangte einen Nervenreiz nach dem andern. Sie schien ganz aufgekratzt, aber wir wußten schon, daß sie nur so tat, die Geschichte war ihr doch sehr nahe gegangen. Als wir aufbrechen wollten, sagte sie: ›Na, Kinder, mich werdet ihr nicht so bald wieder sehen. Ich gehe ins Ausland. Sonst kann ich den ganzen Rest meiner kostbaren Jugendzeit hinter Schloß und Riegel sitzen. Ich habe einen ganzen Stoß von Vorladungen und Anklagen, die lasse ich euch zum Andenken da. Und meine Ahnen würden sich gar zuviel im Grabe umdrehen müssen, dazu habe ich doch noch zuviel Pietät. Ich gehe lieber fort.‹«

»Ist sie denn wirklich ins Ausland?«

»Wenigstens war sie fort. Sie soll damals irgendwo hier in der Nähe aufs Land gegangen sein, und die Münchener Polizei hat sie nicht ausfindig gemacht. Sie schrieb nie und ließ nichts von sich hören, um jede Spur zu verwischen. Man hörte nur hier und da noch irgendwelche Gerüchte über sie.«

»Schade«, sagte der »jeune homme chic«, »ich hätte sie doch gerne einmal wiedergesehen.«

»Wer weiß«, antwortete Fritz Beier tiefsinnig, »solche Existenzen tauchen immer mal wieder auf. – Zahlen –«

Diese herrlichen Texte, entstanden aus erlittener Erfahrung, großer Ernsthaftigkeit und niemals gebrochener menschlicher Haltung, gaukeln uns kein leichtes Leben vor, obwohl auf so leichte oder sogar vergnügliche Weise darüber zu lesen ist. »Alles möchte ich immer« – »an heißer Arbeit und heißem Leben«. So hat zu uns nur eine Franziska zu Reventlow sprechen können.

Hermynia Zur Mühlen

Hermynia Zur Mühlen

»Ich ziehe dieser ›besten Gesellschaft‹ die Solidarität mit jenen vor, die im Dritten Reich um ihrer Überzeugung willen verfolgt, in Konzentrationslager gesperrt oder ›auf der Flucht erschossen‹ werden.«
Aus dem Brief an den Verlag J. Engelhorns Nachfahren Stuttgart 1933

HERMYNIA ZUR MÜHLEN
(1883-1951)

Im schon erwachenden, aber noch dunklen Morgen des 9. November 2017 las ich die Erzählung mit dem kargen Titel »Kultur«. Sie ist eine der »Sechsundsechzig Stationen« aus dem 1936 veröffentlichten Band »Fahrt ins Licht«, dem mir teuersten der Hermynia Zur Mühlen, zeichnet er doch mit begeisterter, leichter Feder ihren erworbenen, geradezu überbordenden Menschen- und Welterfahrungsschatz. Skizziert wird in der kleinen Erzählung die Episode einer sehr wohlhabenden, zivilisiert erscheinenden Engländerin, die, kaum versetzt in die afrikanische Wüste, unkontrolliert »verrauft, ungepflegt, mit hässlichen Gebärden ... und kreischender Stimme« der Kultur entgleitet, zu einem wilden Wesen degradiert. Wieder im Takte reichen englischen Wohlbehütetseins verwandelt sich die Barbarin in die anfängliche, zivilisiert erscheinende Dame. Was ist das wahre Ich des Menschen, was ist Kultur, weshalb bricht sie weg? So fragte mich diese Erzählung – ausgerechnet am 9. November, einem der dunkelsten Tage deutscher Geschichte. Empört hatte sich bereits Bertha von Suttner über die Kluft der ihr ebenfalls sehr gut vertrauten, blendenden Aristokratie und ihrem wahren Gesicht, ihrer Schuld an der kriegerischen Zerstörung der Zivilisation: »Die Glänzenden, Heiteren, Vornehmen selber sind es ja, welche den Jammer in Szene setzen, welche nichts tun wollen, ihn abzuschaffen, welche, im Gegenteil, ihn glorifizieren und mit ihren Goldborten und Sternen den Stolz bekunden, den sie darein setzen, die Träger und Stützen des Jammersystems zu sein.« Jene kleine, aber starke Erzählung »Kultur« lenkt unsere Befürchtungen zwangsläufig auf das immer eklatantere Schwinden menschlicher Kultur, auf die aktuellen Zivilisationsbrüche, den Alptraum endgültiger Barbarei.

Ihr eigenes schwieriges Überleben sowie ihre tiefe soziale Empathie für Benachteiligte, Unterdrückte und Vertriebene flocht Hermynia Zur Mühlen zu literarischen Glanzstücken. Dafür sollte sie büßen; verboten und verbrannt ihre Bücher, gejagt und geschädigt ihr Körper, beschlagnahmt ihr Vermögen, tot und vergessen für alle Zeit, so planten es die deutschen Faschisten. Zu den von ihnen Meistgehassten, Ersten zählte sie, die außer Landes fliehen mussten. In seltener Kompromisslosigkeit, intellektueller Begabung und erlittenem Elend kommt sie dem Charakter einer Jenny Marx sehr nah. Beide zahlten für ihre politischen Entscheidungen, einer gerechten Gesellschaft verpflichtet zu sein, einen unermesslich hohen Preis. Ihre Hoffnungen auf bessere Zeiten ließen sie dennoch niemals fahren.

Hermynia Zur Mühlens Nachlass ist wahrscheinlich nicht mehr auffindbar, ihre Bücher nur mit Mühen greifbar, wenn überhaupt. Sie dem Vergessen zu entreißen, wertzuschätzen und den Lesern zurückzugeben, haben vornehmlich Verlage der DDR, ich zählte acht verschiedene, bereits in den 50er Jahren begonnen und das Wiederentdecken bis zum Ende ihres Landes fortgesetzt. Vieles kam dabei ans Licht, so dass sich Jahre später Wissenschaftler und Verleger, insbesondere Österreichs, dem geweckten Interesse anschlossen und ihrerseits ebenfalls lange nicht Gedrucktes fanden und der Öffentlichkeit zugänglich machten. Dazu gehört der 1999, nach 63 Jahren, erstmalig wieder aufgelegte, anfänglich erwähnte Erzählungsband »Fahrt ins Licht«. Eine Gesamtausgabe hätten ihre vielen, allzu verstreut und in der Öffentlichkeit rar gewordenen oder erst kürzlich entdeckten Exilromane und Erzählungen oder noch gänzlich ungehobenen Hörspiele, Märchen und publizistischen Schriften verdient. Unvergessen sollten auch ihre zahllosen Übersetzungen namhafter

Weltliteraten, allen voran des Amerikaners Upton Sinclair, den sie früh entdeckte und im berühmten Malik-Verlag fast vollständig übersetzte, bleiben. Sie liebte die Literatur und widmete sich ihrer Entstehung bzw. Vermittlung ein Leben lang, ohne sich und ihre kranke Lunge zu schonen. Der sechs Jahre währende Aufenthalt im Davoser Sanatorium konnte sie von ihrem, teils schwer ausbrechenden Leiden nie befreien. Sie ging umso mehr – dem trotzend – einen sehr aufrechten Gang. Ja, diese einmalig mutige und kluge Kriegsgegnerin und Antifaschistin wird mich, fordernd wie tröstend, nicht mehr loslassen. Mit ihrer nie versiegenden Würde hetzte man sie durch Europa. Von ganzem Herzen hätte ich ihr nach den vielen katastrophalen Jahren eine Rückkehr in ihre österreichische Heimat gewünscht, aber dort wollte man sie und ihresgleichen nicht. Verarmt und krank starb sie abgelegen im englischen Exil.

Während Franziska zu Reventlow es ablehnte, sich jemals als Schriftstellerin zu bezeichnen, verstand sich Hermynia Zur Mühlen bewusst als eine solche. Im Leben der beiden Frauen fallen ein paar äußere Ähnlichkeiten auf, beide, geborene Gräfinnen, jedoch von Herkunft und Bestimmung sich konsequent Abwendende, hatten eine Lehrerinnenausbildung absolviert, die Ausübung des Berufes aber wurde von den Eltern aus Standesgründen verboten. Sie entschieden, ihre unabhängige Existenz im Wesentlichen durch Übersetzungsarbeit zu bestreiten. Von bedrängender Armut wurden sie nicht verschont, denn sie hatten die für die Erbschaften erforderlichen Anpassungen – aus jeweils unterschiedlichen Gründen – abgelehnt. Beide machten sich durch Heirat mit baltischen Gutsherren zu russischen Staatsbürgerinnen. Franziska zu Reventlow geht, mit der Aussicht auf eine ihre Probleme lösende Erbschaft, vorsätzlich nur eine Scheinehe ein und betritt niemals russischen Boden, hingegen verschlägt es Hermynia Zur Mühlen tatsächlich in die fernen livländischen, heute estnischen, Weiten. Den 1. Weltkrieg erleben sie – versehen mit russischen Pässen und dadurch erschwerter Mobilität – allein in der Schweiz, Franziska, ihren prekären Münchner Lebensverhältnissen entkommen, im schönen Tessin, Hermynia im Davoser Sanatorium, für immer losgelöst von ihrer unglücklichen Ehe. Die eine schlägt sich mit Kind durch, die andere, Hermynia, bleibt kinderlos. Während Franziska zu Reventlow für die körperliche Selbstbestimmung der Frau schreibend streitet, engagiert sich Hermynia Zur Mühlen als kommunistisch gesinnte und zeitweilig organisierte Autorin für die Befreiung unterdrückter Menschen, Männer wie Frauen. Ihre Fallhöhe von der »Behaglichkeit« österreichischer Hocharistokratie in das armselige Elend politischer Emigration ist beispiellos. Angehörige, die das Lebenswerk hätten hüten können, gab es nicht. Da traf es Franziska zu Reventlow mit ihrer Schwiegertochter, die über Jahre die editorischen Grundlagen für die heute existierenden Gesamtausgaben legte, viel günstiger.

Nach wenigen, rasch abgebrochenen österreichischen Veröffentlichungen in der Nachkriegszeit, erschienen Bücher der Hermynia Zur Mühlen in der DDR umso zahlreicher. Erfolgreich beteiligte sich daran der Literaturwissenschaftler Manfred Altner, seine jahrelangen Forschungen gipfelten in der 1997 erschienenen ersten und bisher einzigen Biografie. Da all seine einst genutzten Verlage und staatlichen Unterstützungen 1989 entfielen, vertraute er seine Arbeitsergebnisse nun einem Verlag außerhalb deutscher Grenzen, dem Schweizer Peter Lang Verlag an. Dieser Publikation folgten dann lose einige andere ihrer belletristischen Arbeiten in Österreich und der Schweiz. Auch wissenschaftliche österreichische Einrichtungen begannen, endlich die lange vernachlässigte antifaschistische Literatur ihres Landes aufzuarbeiten.

Vieles ist über Hermynia Zur Mühlen inzwischen zu erfahren, aber längst nicht alles. Der Rechtsruck in Europa bedeutet nichts Gutes, nicht zuletzt für das Werk dieser Autorin, die auf Grund ihres einzigartigen Weges und ihrer literarischen wie publizistischen Äußerungen eine weitere Annäherung gerade heute verdient hätte. In ihren Büchern finden sich reichlich Spuren ihrer selbst, am umfassendsten in ihrer Autobiografie »Ende und Anfang. Ein Lebensbuch«, allerdings lässt sie diese schon mit dem Jahr 1919 enden. Ihre Davoser

Hermynia Zur Mühlen

Weltkriegs- und Revolutionsjahre münden in einem großen verheißungsvollen Aufbruch.

Verheißung versprechend ist eigentlich schon ihr Start 1883 ins Wiener Leben mit dem klangvollen Namen Herminia Isabella Maria Gräfin Folliot de Crenneville-Poutet. In den Grabstein im englischen Radlett hingegen ist ein knappes, slawisch endendes Hermynia Kleinova gemeißelt. Dazwischen liegen Welten im wahrsten Sinne. In ihrer Jugend bereiste sie mit ihren Eltern viele Länder Europas und Nordafrikas, denn ihr Vater ist Diplomat der k. u. k. Monarchie. Später, als sie sich auf die kommunistisch-antifaschistische Seite geschlagen hatte, folgten die unfreiwilligen Reisen in die Länder des Exils. Sie wurde eine ausgewiesene Kennerin der Welt und ihrer Zusammenhänge, mühelos wechselte sie von einer Sprache in die andere. Dem Wissen fügte sich ein starkes soziales Gewissen hinzu, sie wollte wirken, kämpfen für eine neue, humane Welt. Elektrisiert wird sie von der Oktoberrevolution, und nach der Übersiedlung nach Deutschland eines der ersten Intellektuellen-Mitglieder der gerade gegründeten Kommunistischen Partei. Bis 1932 gehört sie ihr an und ist die längste Zeit eine emphatische Propagandistin der kommunistischen Idee, in all ihren Büchern und Presseartikeln. Ein genaues Austrittsdatum bzw. eine Erklärung sind nicht überliefert, lediglich in zwei Briefen, aus dem tschechoslowakischen Exil 1938 von ihr und in Erwiderung auf einen unkorrekten Nachruf 1951 von ihrem Mann, findet die Abkehr Erwähnung. Hermynia zog es vor, sich diesbezüglich niemals demonstrativ öffentlich zu distanzieren. Ihre Entfernung von der Partei war nicht Angst vor dem rechten Terror, vielmehr vorstellbar eine seit Lenins Tod 1924 sich verstärkende Stalinisierung der Partei, das heißt, eine von der Moskauer Komintern aufgezwungene, an den realen deutschen Verhältnissen vorbeidekretierte, falsche Politik und der Mangel an innerparteilicher Demokratie. Die politischen Verfehlungen und einsetzenden Verbrechen in der Sowjetunion mussten sie ebenfalls enttäuscht haben. Ihre einstige Hoffnung auf eine schnelle Übertragung der russischen Revolution auf Deutschland war der Realität gescheiterter Versuche gewichen. Vollends ernüchtert, entsetzt erlebte sie das nach dem Reichstagsbrand 1933 umgehend ergangene Verbot der Partei und die Verfolgung und Ermordung von Kommunisten und Sympathisanten, was sie zur Flucht veranlasste.

In keinem einzigen ihrer Bücher oder Artikel findet sich auch nur ein Hauch von Antikommunismus, im Gegenteil, ihre grundsätzliche Kritik am Zustand gesellschaftlichen Unrechts, ihre früh erkannte »Gegensätzlichkeit«, der beklagte, niemals hinzunehmende unversöhnliche Antagonismus von Arm und Reich durchzieht sämtliche, auch die späten, mit einem historischen Abstand geschriebenen großen Romane. Jakobiner, oppositionelle Demokraten, Kommunisten, »die jungen Toren, die mit dem Feuer der Revolution spielen«, sind durchweg in ihrem Agieren sympathisch gezeichnet, gelegentlich ist beim Lesen, so schien es mir, ein nachsichtiges Lächeln der Autorin ob der aufrührerischen Rebellion einzelner Protagonisten zu spüren. Die Brutalität des Faschismus, insbesondere das Versagen des deutschen Volkes hatten sie und ihre kommunistische Überzeugung schwer geprüft. Sie überlagerte bzw. verdrängte diese nun zugunsten eines katholischen, allerdings sehr linken, Glaubens. Ich bin geneigt zu sagen, sie hatte einen neuen, sie mit dem Leben, dem Schicksal vertröstenden Gott gefunden, von dem sie eine gerechtere, alternative Welt erhoffte. Ihren historischen Roman, die Familiensaga »Ewiges Schattenspiel«, verfasst im slowakischen Exil, lässt sie mit der friedlichen Revolution von 1848 und der dann folgenden blutigen Konterrevolution in Wien enden. Ihr Sinn stand eindeutig für diese Revolution, aber sanft – ihr meistgebrauchtes Wort überhaupt –, gewaltfrei, ohne Blutvergießen, von Gott und den Generationen gleichermaßen gewollt, sollten künftige Revolutionen sein. Hermynia war eine Gläubige geworden, in der kommunistische und katholische Veränderungs- und Aufopferungsideen verschmolzen. Verbrüderung aller Menschen und Versöhnung aller Menschen mit der Erde, ohne Organisiertheit, ohne Partei, nur noch der Anständigkeit einzelner Individuen vertrauend, das war ihr neuer Traum. Sie hatte sich korrigiert und war dicht an ihre Landsmännin Marie von Ebner-Eschenbach gerückt. Folglich überarbeitet Hermynia Zur Mühlen ihre 1929 veröffentlichte Autobiografie »Ende und Anfang« für eine serielle Neuveröffentlichung 1949/50. Die Veränderung bedeutete Streichung des letzten Kapitels »Strastwui Revoluzia!«, in dem sie ihre Begeisterung für die Oktoberrevolution und ihre persönlichen Konsequenzen, den Eintritt in die KPD, überschwänglich schilderte. Veränderung am Buch bedeutete gleichfalls Erweiterung – ursprünglich endete der Text 1919 –, sie bezog sich nun wesentlich auf die Jahre des Exils, beginnend mit der Flucht nach Österreich 1933, in die Tschechoslowakei 1938 und schließlich die Odyssee nach England 1939. Kurz vor ihrem Tod 1951 gab sie nochmals ihrer Gewissheit Ausdruck, dass erst »in ferner Zukunft eine friedliche und gerechte Welt zustande kommen würde«. Die hoffnungsvollen jugendlichen Gedanken und Kämpfe wie die Bitternis späterer Jahre sollten von den Nachkommenden bedacht und nicht vergessen werden. Aufgegeben hatte sie uns, die Menschheit keinesfalls.

Wie konnte sich unter den abgehobenen Bedingungen österreichischer Hocharistokratie ein solches Wesen überhaupt entfalten? Wie ihr Vater sind auch andere Verwandte in der ganzen Welt »auf Posten«, man besucht sich und Hermynia erwirbt früh »internationale Gefühle«. Sie kommt nach Venedig, Florenz, Lissabon, Mailand, Algier, Tanger, London, Cannes, Genf, Kairo, Beirut, Damaskus, Konstantinopel, Athen, Korfu, Triest, Wien, Frankfurt am Main, über den Rhein nach Süddeutschland und schließlich nach Meran. Sie beherrscht die Sprachen vieler Länder, das Russische wird sie später, in Livland, ebenfalls erlernen. Ihr Verhältnis zu den Eltern macht sie nicht glücklich, am wenigsten das zu ihrer mit sich selbst beschäftigten, narzistischen und unbeherrschten Mutter. Der autoritäre Vater ist für aristokratische Verhältnisse gebildet, führt immer eine Bibliothek bei sich, die von Hermynia reichlich genutzt wird. Er ist ein Liebhaber von Shakespeare, und so trägt er seiner Tochter gerne Monologe aus den Stücken vor. Wir erinnern uns: Jenny von Westphalen, spätere Marx, erging es ähnlich, ihr Vater war der Auslöser für ihre große Shakespeare-Verehrung und ihre feinsinnigen Theaterkritiken während des Londoner Exils. Hermynias privater Schulunterricht ist bei dem ständigen Ortswechsel unstet, als 14-Jährige besucht sie in Algier ein Kloster und wird von Nonnen auf Französisch unterrichtet. In Genf, 1905, befreundet sie sich mit russischen Emigranten, die nach dem Studium in ihre Heimat zurückkehren werden, um »Revolution zu machen«. Solche Begegnungen bleiben nicht ohne Folgen, sie bestärken sie in ihrem bereits erwachten Sozialismus.

Die Grundlage dafür erhielt sie bei der englischen Großmutter in Gmunden, bei der sie immer dann weilte, wenn die Reisen der Eltern mit ihr beendet waren oder ohne sie stattfanden. Die Großmutter liebte sie sehr. Sie war ungewöhnlich liberal, las Zeitungen, die sonst in den aristokratischen Kreisen verpönt waren, und war eine leidenschaftliche Dreyfus-Anhängerin. Durch das Lesen von Zolas Manifest »Ich klage an« erschloss sich Hermynia »eine neue Welt«. Die Großmutter liest ihr auch andere Bücher vor, von Dickens, Thackeray, Trollope, Jerome K. Jerome, Swift, Tennyson, Miltons »Verlorenes Paradies«, und liebt besonders den rebellischen Engel. Die Großmutter, die Ideale der Französischen Revolution vertretend, lehrte sie politisch sehen und denken. Mit 12 Jahren will Hermynia einen Verein zur Verbesserung der Welt, den sogenannten »Anker-Verein« gründen. Die erste Forderung ist die Abschaffung des Adels. Sie macht sogar eine kleine Zeitschrift mit politischen Leitartikeln und Gedichten von Freiligrath, Lenau und Anastasius Grün. Noch blieben solche Aktivitäten folgenlos, erst 1920 setzte eine drastische Observierung ein, und 1924 sollte sie sich in einem Hochverratsprozess vor dem deutschen Reichsgerichtshof für die Erzählung »Schupomann Karl Müller« verantworten. Sensibilisiert für soziale Fragen, entgehen ihr im Umfeld keine Ungerechtigkeiten. Sie verteidigt einen vom Pfarrer gejagten Lehrer, der die Darwinsche Lehre vermittelt. Dem Religionslehrer erklärt sie, der liebe Gott könne nicht gerecht sein, »sonst würde er nicht zugeben, dass es Arme und Reiche gibt«. Das Evangelium versteht sie als Anleitung zum Handeln. Sie entdeckte »drei wichtige Dinge: das Bürgertum, tugendhaft, edel und fleißig im Gegensatz zu unserer leichtfertigen, faulen, verschwenderischen Klasse, das Parlament, das den Willen des Volkes ausdrückt, und die Presse, die berufen ist, der Wahrheit und Gerechtigkeit zum Sieg zu verhelfen!« Am Vorabend des 15. Geburtstags schreibt sie in ihr Tagebuch: »Morgen werde ich fünfzehn, und ich habe immer noch nichts getan, um die Welt zu verbessern.« Zu ihren frühen Jahren zählte auch der Besuch eines Pensionats in Dresden, wo sie sich bereits als Sozialistin versteht und begeistert Tolstoi, Turgenjew und Ibsen aufnimmt und für »Geschichtsbücher eine Leidenschaft entwickelt«, beispielsweise für »Die deutsche Revolution von 1848/49« von Hans Blum, dessen Vater am 9. November 1848 in Wien erschossen wurde. Im englischen Exil wird sie rückblickend sagen, dass Turgenjews Romane und das Neue Testament sie am meisten beeinflusst haben. Mit 16 Jahren verliert sie ihre geliebte Großmutter.

Von nun an muss sie allein mit ihrem Leben fertig werden. Angelegt waren eine große Belesenheit und Liebe zur Literatur und gleichermaßen stark ein soziales Wissen um das »Problem aller Probleme, Reichtum und Armut«. Sie entscheidet sich für eine zweijährige Ausbildung als Volksschullehrerin im Gmundener Kloster. Der Vater lehnt die Ausübung des Berufes allerdings ab: »So etwas tut man doch nicht« und zwingt sie, bei den Eltern zu bleiben, zu reisen statt zu arbeiten. Der Vater, zeitig in »Disposition«, also nicht mehr aktiv im Dienst, hält sich zu jener Zeit in Meran auf. Außer Gesellschaften und Bällen ist hier nichts los, und Hermynia beginnt zu schreiben, zwei Feuilletons für die »Meraner Zeitung«, und geht eine Woche in eine Buchbinderlehre und versteht danach, warum die Arbeiterbewegung um den 8-Stunden-Tag kämpft. »Diese eine Woche hat mich mehr gelehrt als viele dicke Bände über soziale Fragen.« Als der Vater endgültig in Pension geht und sich mit seiner Frau nach Indien verabschiedet, bleibt Hermynia allein zurück. Sie ist 24 Jahre alt und volljährig. Auf einem Ball verliebt und drei Wochen darauf verlobt sie sich und stürzt sich sehr schnell, im Juni 1908, in eine Heirat mit dem baltischen Landjunker namens Victor von zur Mühlen. Er hat weder einen Grafentitel noch ist er katholisch. Die Eltern sind mit dieser Heirat nicht einverstanden. Ihre Tochter wird trotzdem evangelisch und russische Staatsbürgerin und zieht nach Eigstfer, auf ein abgelegenes Gut im fernen Livland. Im Haus finden sich an Büchern lediglich die Bibel und das pornografische Werk »Die Memoiren einer Sängerin«. Außer Jagden und Bällen, Trinken und Langeweile erregt sie wenig. Ihr entgeht nicht, wie unmenschlich die estnischen und russischen Arbeiter auf dem Gut behandelt werden. Die Ehe ist schon bald zerrüttet, auch kinderlos. Hermynia war zu schwach, um Kinder auszutragen, zweimal ging es schief. Ihrem Auszug 1913 folgte 1914 der Einzug eines unehelichen Sohnes ihres Mannes, aber da war sie bereits über alle Berge im Davoser Sanatorium, ihrer Tuberkulose wegen. Ihren Mann sah sie nie wieder, Kontakte aller Art waren in dieser Kriegszeit ohnehin schwierig, er diente, notgedrungen, in der russischen Armee. 1920 ist das offizielle Scheidungsdatum. Ihre Mitgift und ihren Schmuck behält ihr Ex-Mann ein. Aus Protest gegen die Familie nannte sie sich nun ohne Adelstitel, lediglich Zur Mühlen. Ihre unterschiedlichen politischen Ansichten waren unüberbrückbar, Victor von zur Mühlen war Monarchist, Antisemit und später aktives SA- und NSDAP-Mitglied. Er geriet nach dem 2. Weltkrieg nach Mecklenburg, wo er im Güstrower Dom dem baltischen Schriftsteller Alexander Stenbock-Fermor, dem »Roten Grafen« begegnete, der einst wie Hermynia dem Bund proletarisch-revolutionärer Schriftsteller angehört hatte. Victor von zur Mühlen verstirbt 1950 im Bautzner Gefängnis. In ihrer Autobiografie äußert sich Hermynia zu dieser Beziehung, sie hatte geglaubt, ihren Mann »bekehren« zu können, aber das war illusorisch.

In Davos ist sie von 1913 bis 1919 mit wenigen Unterbrechungen vor dem Krieg in Sicherheit. Ihr wird in dieser Zeit klar, dass sie nach der vollzogenen Trennung von der aristokratischen Welt für ihre Existenz selbständig sorgen muss. Knapp fixiert sie: »Ich darf nicht von der Arbeit anderer leben.« In der Schweiz allgemein, auch in Davos, leben revolutionäre Intellektuelle aus aller Herren Länder. Mit einigen von ihnen und ihren Büchern kommt Hermynia in Kontakt und trifft eine Lebensentscheidung, sie beginnt zu übersetzen und wenig später als Schriftstellerin zu debütieren. Ihr erstes substanzielles Werk war die Übersetzung des russischen Antikriegsromans »Das Joch des Krieges« von Leonid Andrejew. Gleich hinterher folgten Übersetzungen von Galsworthy, Zangwill, Guilbeaux und natürlich Upton Sinclair, den sie zuerst mit den Titeln »König Kohle« und »Jimmie Higgins« für die europäischen Leser entdeckte und ab 1921 bis zum folgenreichen Zerwürfnis mit Wieland Herzfelde 1927 für den Malik-Verlag übersetzte und dem Autor als Agentin diente. Mehr als 150 Übersetzungen aus dem Englischen, Französischen, Amerikanischen und Russischen hat sie im Laufe ihres Lebens angefertigt, allesamt sind es Werke, die heute größtenteils zum Bestand der Weltliteratur zählen. Hermynia verfügte über ein sehr sicheres sozialkritisches Urteil. In Davos wird sie nicht nur von der Oktoberrevolution begeistert, sie verliebt sich in einen Mann, der wie sie aus Wien stammt, aber in Ungarn (später Slowakei) aufwuchs, wie sie politisch tickt, wie sie Übersetzungen macht und ebenfalls lungenkrank ist. Er heißt Stefan Isidor Klein und übersetzt aus dem Ungarischen. Die Liste seiner von ihm übertragenen ungarischen Autoren ist lang, die Vertreibungen allerdings dünnen sie aus, im englischen Exil bricht sie schlagartig ab. Von da an musste Hermynia für beide allein sorgen. Erst ihr Tod trennte alles gemeinsam Durchgestandene, Arbeit für die Literatur, Flucht, Armut, Krankheit. 1938 heiraten sie im tschechoslowakischen Exil – Hermynia nun mit neuer Staatsbürgerschaft offiziell Kleinova heißend – und werden wenige Monate später, da das Land von den Nazis besetzt wird, genauer gesagt, die Slowakei, ihr Fluchtort, sich zu einem faschistischen Separatstaat wandelte, doppelt gejagt, als Kommunisten und er außerdem als Jude. Beide sind mittellos, auf Spenden angewiesen.

1919 verlassen sie zusammen die Schweiz und siedeln sich in Frankfurt am Main an. Diese Stadt bleibt bis zu ihrer Flucht nach Österreich im März 1933 ihr produktivster Lebensmittelpunkt, sie intensivieren ihre Übersetzungsarbeiten und vielfältigen Verlagskontakte. Hermynia tritt wie ihr Mann in die kommunistische Partei ein und debütiert 1921 als Schriftstellerin Hermynia Zur Mühlen mit dem Märchenband »Was Peterchens Freunde erzählen«, illustriert von George Grosz, im berühmten Malik-Verlag. Damit ist ein Kontakt befestigt, der die nächsten Jahre überaus schaffensreich und erfreulich wird, bis ein aufreibender Streit zwischen ihr auf der einen und Wieland Herzfelde und Upton Sinclair auf der anderen Seite die Zusammenarbeit beendet. Dokumentiert sind diese brieflichen Auseinandersetzungen in dem Band »Werter Genosse, die Maliks haben beschlossen ...«

Enzündet hatte sich der Streit an Zweifeln von Upton Sinclair an Hermynias Übersetzungsqualitäten. Wieland Herzfelde als Verleger, der beide Seiten zu schätzen gelernt hatte, versuchte sehr behutsam, für Hermynia jedoch schon ausreichend verletzend, den Konflikt gütlich zu klären. Er hatte selbst Unzulänglichkeiten bei Begrifflichkeiten, von ihr angeblich zu propagandistisch, zu tendenziell übersetzt, bemerkt und fuhr deshalb für sechs Wochen, im Mai 1927, nach Frankfurt am Main und überarbeitete gemeinsam mit Hermynia ihre Übersetzung des Romans »Petroleum«. Die Übersetzung der nachfolgenden Bücher Sinclairs »Der Sündenlohn« und »Boston« wurde ihr schon nicht mehr angetragen, obwohl das auf Grund der Vertragslage ausgeschlossen war, und genau darum eskalierte dann der Streit. Für Hermynia stellte er nicht nur ihre Berufsehre infrage, sondern auch eine existenzielle Bedrohung dar. Wieland Herzfelde bedachte sehr wohl ihre Lage, wusste er doch um die Schwere ihrer Krankheit und die hohen Kosten für Behandlungen wie Medikamente. Er fand sie großzügig ab, aber für Hermynia blieb die endgültige Trennung von Malik »die größte Enttäuschung ihres Lebens«. Trotzdem arbeitete sie an der von Herzfelde in seinem Prager Exil 1933 herausgegebenen Zeitschrift »Neue Deutsche Blätter« als Autorin mit. Keiner von beiden hat in seinen Memoiren je ein Wort über den anderen verloren. Dieser Streit wog umso bitterer, wurde er doch von zwei hochbegabten, aufrechten Kommunisten verfochten, die ein politisches Ziel und in Konsequenz persönliche Verfolgung und Zerstörung ihrer literarischen Leistungen verband, bei der konkreten literaturpolitischen Umsetzung durch nicht vereinbare Positionen aber auseinandergingen. Sinclair ließ dennoch einige Übersetzungen, nun bei anderen Verlagen, von ihr anfertigen und sich von ihr als Agentin, unzählige Male engagiert, verlässlich und selbstlos, vertreten. Insgesamt hatte sie 24 Titel von ihm übersetzt und die Gesamtausgabe bei Malik initiiert.

In der Weimarer Republik wurde die »Rote Gräfin« neben ihren Übersetzungen sozialkritischer Literatur aus aller Welt eine international anerkannte, vielfach übersetzte Schriftstellerin und Publizistin. Sie veröffentlichte etliche Aufsätze in »Die Rote Fahne«, »Der Revolutionär« und »Der Junge Genosse« und vielen anderen, auch sozialdemokratischen Zeitungen. Für Kinder schrieb sie 29 Märchen, die in verschiedenen Ausgaben wie »Ali, der Teppichweber«, »Das Schloss der Wahrheit« und »Es war einmal ... und es wird sein« erschienen. Insbesondere richteten sie sich an Arbeiterkinder, um sie über komplexe gesellschaftliche Zusammenhänge aufzuklären und zu ermutigen, das für sie Unerträgliche mit Fantasie und Solidarität zu lindern oder gänzlich zu beseitigen. Damit hatte sie sich eingereiht in die linke Literaturbewegung und war dem 1928 gegründeten und 1933 verbotenen Bund proletarisch-revolutionärer Schriftsteller beigetreten, neben ihr sind als weitere Adlige noch die beiden Schriftsteller Alexander Stenbock-Fermor und Ludwig Renn Mitglied. Es enstanden gleichermaßen für Erwachsene Romane und Erzählungen: 1922 die Romane »Der Tempel« und »Licht«, 1924 die Erzählung »Schupomann Karl Müller« (belegt mit Verbot und Prozessandrohung durch das Leipziger Reichsgericht) und die Novellensammlung »Der rote Heiland«, 1925/26 die Erzählungen »Kleine Leute« und »Lina«, die sofort beschlagnahmt wird. Im gleichen Jahr veröffentlicht sie den Polit-Krimi »Die weiße Pest« unter dem Pseudonym Traugott Lehmann, fünf weitere sozialkritische Krimis dann unter dem Pseudonym Lawrence H. Desberry. 1929 erscheint »Ende und Anfang. Ein Lebensbuch«, 1932 »Das Riesenrad« und 1933 »Reise durch ein Leben«. In ihnen verknüpft sie meist das eigene aristokratische Erfahrungsmilieu mit ihren neugewonnenen

Erlebnissen und Erkenntnissen. Die Frankfurter Jahre sind die literarisch ergiebigsten. Das Pensum ist enorm, neben der reichen publizistischen und Übersetzungstätigkeit kommt die politische nicht zu kurz. Zur Opposition des Schutzverbandes Deutscher Schriftsteller gehörend, kämpft sie 1930 mit ihrer Unterschrift gegen den Bau des Panzerkreuzers A und für die sofortige Freilassung Friedrich Wolfs, eingesperrt wegen seines Einsatzes gegen den Paragrafen 218.

Der Faschismus, an die Macht gekommen, schloss ein Weiterleben in Deutschland aus, sie floh mit ihrem Lebensgefährten nach Wien. 27 Jahre hatte sie die Heimatstadt nicht mehr gesehen, ihr Domizil wird nicht das alte Familienstadtschloss, sondern eine flohverseuchte Pension. Und sie nimmt die Arbeit auf, »wir mussten sofort die Wahrheit über den Nationalsozialismus schreiben«, »die schreckliche Gefahr, die Österreich drohte«. Ihre Anti-Nazi-Geschichten werden ihr, bis auf die »Arbeiter-Zeitung«, kaum abgenommen und so schreibt sie innerhalb von drei Wochen in »Wut« den Roman »Unsere Töchter, die Nazinen« (wo man nebenbei wunderbare Sätze, in den Mund einer widerständigen Gräfin gelegt, über Annette von Droste-Hülshoff lesen kann: »Annette hatte einen Trost in ihrer Traurigkeit, sie konnte schreiben, konnte eine Schöpferin sein.« Da sprach unverkennbar selbstredend eine begeisterte Hermynia). Es dauerte lange, einen Verlag zu finden, überall wurde sie zu Änderungen gedrängt, wozu sie nicht bereit war. Diese Kompromisslosigkeit wird sie noch einige Male auszeichnen. 1935 druckt der kleine österreichische Gsur-Verlag ohne Änderungen den Roman, um zwei Wochen später auf Geheiß des deutschen Gesandten von Papen verboten zu werden, erst 1983 brachte der Berliner Aufbau-Verlag den Roman wieder an die Öffentlichkeit.

Gegen Hermynia wurde ein Verfahren eingeleitet, dessen Wirkung darin bestand, dass sie nun regelmäßig ein Detektiv aufsuchte. Politisch bleibt sie dennoch aktiv, als Mitglied in der »Vereinigung Sozialistischer Schriftsteller Österreichs« und in der österreichischen Sektion des Internationalen PEN-Clubs. 1936 erscheint im Wiener Ludwig Nath Verlag der Erzählungsband »Fahrt ins Licht«, dem mir neben der Autobiografie »Ende und Anfang« teuersten Band. Im gleichen Jahr werden in Österreich sämtliche Schriften von ihr als »schädlich und unerwünscht« aufgelistet. Sie beginnt Hörspiele zu schreiben, die im Prager Rundfunk gesendet werden. Später, im slowakischen Exil, wird sie ebenfalls Hörspiele für den belgischen Rundfunk entwickeln. Noch drei Romane, »Nora hat eine infame Idee«, »Ein Jahr im Schatten«, »Vierzehn Nothelfer«, und viele Kurzgeschichten, publizistische Beiträge und Übersetzungen gehören zur Bilanz der Wiener Zeit. Abermals wird das Leben mit wehenden Hakenkreuzfahnen deutscher Truppen und »Sieg-Heil«-Schreien jubelnder Österreicher bedrohlich vergiftet, allein 2700 Widerstandskämpfer werden unmittelbar nach dem Einmarsch hingerichtet. Wieder geht es Hals über Kopf zum Bahnhof, diesmal nach Bratislava, in die Tschechoslowakei. Am 14. März 1938 treffen sie völlig mittellos ein, ihr Vermögen war in Wien beschlagnahmt worden. Von der amerikanischen Hilfsorganisation »American Guild for German Cultural Freedom« fließt etwas Geld, aber es reicht keinesfalls zum Leben. Hermynia schreibt den bereits erwähnten Roman »Ewiges Schattenspiel«, der in der Schweiz als Fortsetzungsroman erscheint, und beginnt den nächsten Roman »Als der Fremde kam«. Es entstehen Novellen, Hörspiele und Übersetzungen und sie kämpft um die Unterbringung ihrer Arbeiten. 29 Geschichten schickt sie in die USA, aber man bringt nichts, das Interesse an den europäischen Zeitthemen ist gering.

Die Stimmung in der neuen Heimat ist auch gefährlich, nationalistisch, antikommunistisch und judenfeindlich. In dieser Situation heiratet Hermynia ihren jüdischen Lebensgefährten, dann zieht man, Hermynia schwer erkrankt, der besseren Luft wegen, nach Piestany. Als sich das Münchner Abkommen, die Okkupation der Tschechoslowakei anbahnt, beginnt sie mit den aufwendigen Vorbereitungen der weiteren Flucht. Am 29. Mai 1939 ist es wieder soweit, die Tschechoslowakei seit März von der deutschen Wehrmacht besetzt, der slowakische Separatstaat ein Vasallenstaat Hitlers geworden, geht das Ehepaar, mit vielen Transitvisa ausgestattet, erneut auf die Flucht. Es wird eine Odyssee über

Ungarn, Jugoslawien, Italien, die Schweiz und Frankreich nach England. Am 19. Juni 1939 erreicht man London. Die gesamte Zeit des Krieges wohnt das Ehepaar hier in verschiedenen Miethäusern bzw. in einem Internierungslager für Flüchtlinge und erlebt Tag und Nacht die fürchterlichen deutschen Bombardierungen. Dem Ehepaar geht es sehr schlecht, viele Freunde hatten aus Verzweiflung Selbstmord gemacht. Für Hermynia war das ausgeschlossen. Trotz aller Beschwernisse, akutem Geldmangel und ihrer inzwischen bedrohlich zunehmenden ernsten Erkrankungen und Operationen arbeitet Hermynia weiter wie immer, nur werden ihre Veröffentlichungs- und Verdienstmöglichkeiten immer eingeschränkter. Sie übersetzt ihre beiden letzten Romane ins Englische, schreibt Novellen, gibt einen Band internationaler Märchen heraus und beteiligt sich an der Herausgabe von »Stimmen aus Böhmen« deutschsprachiger Flüchtlinge. Zum materiellen Erfolg führen die Anstrengungen nicht, sie bleibt auf Hilfsgelder angewiesen. 1948 zieht das Ehepaar ins ländliche Radlett, nördlich von London gelegen. Als ihr Ende kommt, kann der Mann den nahen, aber teuren Arzt nicht rufen, der billigere, fernere erscheint zu spät.

Hermynia hatte sich nach dem Krieg intensiv um eine Rückkehr nach Österreich bemüht. Sie wechselte viele Briefe, veröffentlichte alte und neue Texte im kommunistischen Globus-Verlag und den Unterhaltungsroman »Eine kleine Flasche Parfüm« im Schönbrunn-Verlag, die anderen Verlage zuckten gar nicht erst, fuhr selbst nach Wien, aber die Kulturträger des befreiten Österreichs wollten sie nicht, der alte Mief saß noch fest oder schon wieder in seinen Satteln.

Unverdrossen schrieb sie gegen den Faschismus und andere Formen menschlicher Unterdrückung. Ihre letzten zwei großen Romane sind Auseinandersetzungen mit den Milieus ihrer Herkunft, im ersten Fall, »Ewiges Schattenspiel«, aus der Zeit vom Wiener Kongress 1814/15 bis zur Revolution von 1848 und im zweiten, »Als der Fremde kam«, einem der besten Exilromane überhaupt, die selbsterlebte Zeit von der tschechoslowakischen Republik Tomáš Masaryks bis zum Einmarsch der deutschen Truppen 1939. Für die österreichischen Jugendlichen entsteht ihr allerletztes Buch, die Miniaturen »Kleine Geschichten von großen Dichtern«, eine Verbeugung vor jenen österreichischen Dichtern, die von den Nazis missbraucht oder vergessen werden sollten, darunter ihre geliebte Marie von Ebner-Eschenbach. So wie sie sich über andere Dichter verbreitete, sie tat es auch über alte englische – z. B. Fanny Burney, Zeitgenossin von Sophie von La Roche – in Form kleiner Miniaturen, haben sie wiederum viele Kollegen verehrt. Albert Ehrenstein widmet ihr das Gedicht »Noch nicht«, Oskar Maria Graf und Egon Erwin Kisch lernten sie ebenfalls als Mensch wie Erzählerin schätzen, Sándor Márai, der mit ihr und ihrem Mann in Frankfurt eine Wohnung teilte, schreibt in seinen »Bekenntnissen eines Bürgers«: »Keine andere Frau hat einen so starken, so tröstlichen, im komplizierten Sinn des Wortes erschütternden Eindruck auf mich gemacht wie diese junge österreichische Aristokratin. Sie war groß von Wuchs und krankhaft mager; in ihrem bis auf die Knochen eingefallenen Gesicht lebten nur die beseelten Augen, von Todesfurcht geadelte, in menschlicher Solidarität warm leuchtende Augen. Ihre Kleider nähte sie selbst, sie kam in beunruhigenden Umhängen einher, die die Deutschen bestaunten. Wo wir in der Stadt auftauchten, empfingen uns feindselige Blicke, denn von dieser Frau ging etwas Außergewöhnliches aus, eine alarmierende, anziehende Einmaligkeit, das Strahlen einer in Schmerz, Erkenntnis und Leidenschaft geläuterten Seele. ... ich habe keine andere Frau kennengelernt, die in ihrem Gebaren den Hochmut einer Persönlichkeit und die Unnahbarkeit einer Dame von Welt auf so wunderbare Weise mit der leidenschaftlichen Tatkraft einer politisch engagierten Frau in Einklang gebracht hätte wie sie. Wo sie sich niedersetzte, erblühte rundum sogleich ein ›Salon‹ ... den Salon der Gräfin besuchten die Revolutionäre inkognito, als kämen sie zu einer Verschwörung ... Eines Tages besuchte uns Stefan Zweig, und nach dem Besuch spazierten wir stundenlang durch den Regen. Zweig erzählte mir die Lebensgeschichte der ungewöhnlichen Gräfin, er tat es mit der Gründlichkeit eines Biographen und mit gerührtem Enthusiasmus – so können wir nur von Menschen sprechen, die über

Kraft und Widerstand genug verfügen, im Gleichgewicht zu bleiben, wenn rundum Klasse, Prinzipien und Werte aus dem Gleichgewicht geraten. Gelegentlich fuhren wir in die Umgebung von Frankfurt, in Arbeitersiedlungen, die Gräfin las auf Arbeiterabenden der großen Chemiefabrik Hoechst am Main etwas vor, und auch dort umgaben die ›Engagierten‹ sie mit verlegener Zuneigung wie jeden, zu dem man sich bekennen muß, selbst wenn er nicht ganz und gar dazugehört.«

Wilhelm Sternfeld nennt sie »eine Aristokratin von Geist, nicht nur von Geblüt«, Karl Kraus lobt die Zivilcourage, die dissidente Gräfin habe zwar gesellschaftlich ihren Adel verloren, ihn jedoch charakterlich nie eingebüßt. Für ihre ungewöhnliche Zivilcourage und Kompromisslosigkeit dürfen zwei Beispiele keinesfalls unerwähnt bleiben. Nach dem Tod ihrer Mutter verzichtete sie auf die Erbschaft – die sie so dringend für die Flucht nach England gebraucht hätte –, weil sie dafür einen »Ariernachweis« hätte erbringen müssen, aber sich nicht zum »Ariertum« bekannte. Eine öffentlich gemachte und politisch wesentlich folgenreichere Entscheidung war ihr Protest im Oktober 1933. Sie richtete einen geharnischten Brief an ihren Stuttgarter Verlag J. Engelhorns Nachf., der gerade ihr Buch »Das Riesenrad« herausgebracht hatte und sie nun, unter dem Druck der »Reichsstelle zur Förderung des deutschen Schrifttums«, aufforderte, nicht an Emigrantenzeitschriften wie den Prager »Neuen Deutschen Blättern« mitzuarbeiten. Während sich namhafte Autoren dem Ansinnen der Nazis beugten, ließ sie mutig verlauten: »... Da ich ihre Ansicht, das Dritte Reich sei mit Deutschland und die ›Führer‹ des Dritten Reiches seien mit dem deutschen Volke identisch, nicht teile, kann ich es weder mit meiner Überzeugung noch mit meinem Reinlichkeitsgefühl vereinbaren, dem unwürdigen Beispiel der von Ihnen angeführten vier Herren – (gemeint sind Alfred Döblin, René Schickele, Stefan Zweig und Thomas Mann, die tatsächlich ihre Mitarbeit an der von den Nazis angegriffenen Zeitschrift »Sammlung«, herausgegeben von Klaus Mann in Amsterdam, zurückzogen – K. D.) – zu folgen, denen scheinbar mehr daran liegt, in den Zeitungen des Dritten Reiches, in dem sie nicht leben wollen, gedruckt und von den Buchhändlern verkauft zu werden, als treu zu ihrer Vergangenheit und zu ihren Überzeugungen zu stehen. Ich ziehe dieser ›besten‹ Gesellschaft die Solidarität mit jenen vor, die im Dritten Reich ihrer Überzeugung willen verfolgt, in Konzentrationslager gesperrt oder ›auf der Flucht erschossen‹ werden. Man kann Deutschland und dem deutschen Volk keinen besseren Dienst erweisen, als das Dritte Reich, dieses zur Wirklichkeit gewordene Greuelmärchen, zu bekämpfen, und daher kann dieser Kampf logischerweise von niemand, der mit dem deutschen Volk und der deutschen Kultur verbunden ist, als deutschfeindlich bezeichnet werden. Was aber den Vorwurf des Landesverrats betrifft, wenn wir schon dieses pathetische Wort gebrauchen wollen, so würde ich als Österreicherin, nach dem Verhalten des Dritten Reiches Österreich gegenüber, dann Landesverrat begehen, wenn ich mit meinen bescheidenen Kräften das Dritte Reich nicht bekämpfen würde ...« Diese Wucht erinnert mich an den Ausruf »Verbrennt mich!« von Oskar Maria Graf, 1934 ebenfalls im österreichischen Exil, der unter keinen Umständen von den Nazis vereinnahmt werden wollte. Prompt folgte eine eigens für Graf nachträglich angesetzte Bücherverbrennung im Innenhof der Münchner Universität. Auch Ricarda Huch, in Deutschland verbleibend, zeigte einzigartige Zivilcourage als ihr eine Loyalitätsbezeugung gegenüber dem neuen Regime abverlangt wurde, sie dem Präsidenten der Preußischen Akademie der Künste entschieden mitteilt: »Was die jetzige Regierung als nationale Gesinnung vorschreibt, ist nicht mein Deutschtum.« und tritt als erstes Mitglied aus der Akademie aus. Hermynias mutige Reaktion wurde sofort pariert, »Das Riesenrad« verboten, weitere Arbeiten untersagt, postalische Sendungen mit ihren in der ganzen Welt übersetzten Büchern beschlagnahmt.

Nach Hermynias Tod unternahm Stefan Isidor Klein intensivste Bemühungen, das Werk seiner Frau der Öffentlichkeit wiederzugeben. Fast noch nervenaufreibender war der Kampf um die Honorierung. Allein diese verzweifelten Briefe, wofür er nur schwerlich Porto und Papier auftreiben konnte, zu lesen, ist kaum erträglich. Ebenso schmerzhaft sind seine vergeblichen Bemühungen um Entschädigung als verfolgter Jude. Er starb in tiefster Armut und Verzweiflung einsam 1960 in St. Albans. Ihrer beider Nachlass gelangte achtlos in den Müll. Vergessen ist Hermynia Zur Mühlen dennoch nicht, obwohl – das muss gesagt sein –, die Nazis mit ganzer »Arbeit« wüteten. Es gab zum Glück einen deutschen Staat, in dem eine Reihe ihrer Bücher, erschwinglich für jedermann, bis zu seinem Verschwinden erscheinen konnte. Noch 1989 war für unser damaliges Fernsehen Hermynias »Die weiße Pest«, das System von Mord und Totschlag der »Schwarzen Reichswehr« als Vorwegnahme des faschistischen Terrors verfilmt worden. Nur wenige Monate nach der Sendung wurde Schlag Mitternacht unser Fernsehen, die nur für kurze Zeit neugewonnene Stimme, abgeschaltet – eine niemals zu vergessende Spukgeschichte. Ich saß und fiel, fiel und saß doch nur verstummt und verloren in einem wahnsinnig flimmernden, ausgeleerten Rauschen. Da hatte mich das neue alte Deutschland, wegen dem Hermynia Zur Mühlen sich heute allemal zu lesen lohnt, kalt erwischt. Zu gerne wäre ich Hermynia begegnet. Als ich geboren wurde, war sie bereits zwei Wochen tot. Tröstlich halten können mich ihre Texte.

Die folgende Erzählung ist dem Band »Fahrt ins Licht« entnommen. Sie lässt an die »Kraft der Schwachen« von Anna Seghers, deren große Frauengestalten, vor allem an »Agathe Schweigert« denken. Wie diese auch ist Hermynias Protagonistin, Madame Verena, auf der Suche nach ihrem verschollenen Sohn und wird dabei mit der Welt schicksalhaft verwickelt.

Madame Verena

Der Vulkan, der vor langen Zeiten einmal den Landstrich Aden bedroht hat und mit seinem kahlen, unfreundlichen Gipfel, dem Dschebel Schamschan, mürrisch auf die Hafenstadt blickt, ist längst erloschen. Aber seine Glut, sein plötzliches Aufflackern, seine zerstörerische Wut leben weiter in den Bewohnern dieser Landschaft und erfassen auch die Fremden, die länger dort verweilen. Vielleicht gibt es auf der Alm wirklich keine Sünde, in Aden jedoch gibt es fast nur Sünde, häßliche, grell schreiende, sich breitmachende Laster, verschlagenes Gaunertum und wilde Brutalität. Die Vergnügungsstätten und verdächtigen Kneipen sind mehr als einem harmlosen Matrosen zum Unheil geworden, und dennoch sind sie auch jetzt noch immer überfüllt.

Von allen diesen Lokalen war das des Senor Valera das unheimlichste. Rauchgeschwärzte Wände, Holztische, die die Narben von Messerstichen tragen, braune Flecke auf den Tapeten, die von dem Tod unzähliger Wanzen berichten. (Die Blutflecke, die von andern Toten erzählen, wurden jede Woche einmal abgewaschen, darauf sah Senor Valera.) Ein seltsamer Mensch war dieser Tavernenbesitzer: seine Anzüge waren der dernier cri von Aden, seine Hände weiß, vornehm, mit langen, schmalen Fingern. Sein Gesicht war bis zu den Augen das eines spanischen Granden. Aber die Augen, diese schwarzen Augen, bei denen fast keine Iris zu sehen war, verrieten ihn: hinterlistig, ein wenig schielend, habgierig, viel zu nahe beieinander. Sein Alter war nicht festzustellen: er hätte ebenso gut dreißig wie fünfzig sein können, aber auch noch älter, uralt, wie der erste Gauner und Betrüger der Welt.

Die Matrosen kamen gern zu ihm; wenn etwas Unerlaubtes vorkam, schielte er stets in die andere Ecke, und außerdem fand man in seinem Lokal die schönsten arabischen Mädchen, bisweilen auch weiße Frauen. »Die Armen«, sagte Senor Valera mit tiefem Mitgefühl in der Stimme, »müßten verhungern, gäbe ich ihnen nicht Gelegenheit, ihr Brot zu verdienen.« An der Kasse saß ebenfalls eine weiße Frau und die war vielleicht das Seltsamste in dem ganzen Lokal. Schneeweiße Haare, fast kindliche blaue Augen, abgearbeitete Hände, die nie ruhten. In das Toben und Grölen der Betrunkenen tönte der leise Klang von Madame Verenas Stricknadeln, und die biederen grauen Wollstrümpfe, die sie strickte, machten hier, in der feuchten Hitze, inmitten der halbnackten arabischen Tänzerinnen, einen recht merkwürdigen Eindruck.

Madame Verena sprach fast nie ein Wort. Sie strickte, strich das Geld ein, gab Geld heraus, nickte den Stammgästen freundlich zu und blickte mit den blauen Augen durch Dunst und Rauch, als sähe sie nichts von dem, was sich hier zutrug. Nicht wie Senor Valera, der nicht sehen wollte, sondern wie jemand, der auf ein ganz anderes Bild blickt und von diesem völlig gefangen ist.

Wer war sie? Was war sie? Wie war sie hergekommen?

Sie trug zwei Eheringe an den leicht geschwollenen Fingern, und selbst an den heißesten Tagen ein schwarzes Kleid. Um ihren mageren, faltigen Hals hing eine schwere Goldkette mit einem Medaillon und man fragte sich, wie es kam, daß noch niemand die Kette gestohlen hatte.

Vor sich, auf dem kleinen Tisch, wo die Kasse stand, hatte sie ein Nähkästchen mit Zwirnen, Fingerhut und Schere. Ein altes rauchgebeiztes Holzkästchen, auf dem einige Worte standen. Doch ließ Madame Verena keinen Gast so nahe heran, daß er die Worte hätte lesen können. Nicht einmal ihren Arbeitgeber Senor Valera. Bisweilen, wenn sie die Strickerei fortlegte, fuhr ihre eine Hand streichelnd und zärtlich über das Nähkästchen und ein sanftes Lächeln kam auf das alte runzlige Gesicht.

In dem großen Raum war jeden Abend die Hölle los, aber an der Kasse saß die leibhaftige Ehrbarkeit und strickte. Man konnte sich an die betrunkenen Matrosen, an die schamlos sich enthüllenden arabischen Frauen, an Senor Valeras Gaunerlächeln gewöhnen, aber nicht an Madame Verena, an diese Frau aus einer andern Welt, die von unsichtbaren Mauern umgeben schien.

Nacht für Nacht saß die alte Frau da, Nacht für Nacht hörte sie das Kreischen und Grölen, Nacht für Nacht mußten ihre Augen Dinge sehen, die jede andere Frau ihrer Art zu Tode erschreckt hätten. Ihr Gesicht aber veränderte sich nie, die Stricknadeln in ihren Händen zitterten nie, sie war da und war doch nicht da. Sie lebte in dieser wilden Welt, aber sie gehörte ihr nicht an. Nur zweimal sah ich, wie Madame Verena sich in das Treiben der Taverne einmischte. An einem besonders heißen Abend, der den

Europäern an den Nerven riß und sie fast unzurechnungsfähig machte, kam ein junger dunkelhaariger Mann in das Lokal. Er schien ein wenig verwirrt, ein wenig ängstlich. Als eine Araberin sich ihm auf die Knie setzte, ließ er sie höflich, aber entschlossen hinuntergleiten. Dann jedoch, als schäme er sich dieser unwillkürlichen Gebärde, bestellte er laut einen Absinth.

Madame Verena hob lauschend den Kopf. Ihr strenges Gesicht wurde weich. Sie stand auf und winkte den jungen Matrosen zu sich. Er starrte sie erstaunt an: was will die Alte von ihm? Mißtrauen auf dem Gesicht, trat er zur Kasse.

Madame Verena legte ihm die Hand auf den Arm. Sie redete flüsternd auf ihn ein. Der junge Matrose schien verblüfft. Auch er senkte die Stimme. Niemand im Lokal konnte ihre Worte verstehen. Schließlich hörten wir Madame Verena in ihrem gebrochenen Spanisch zögernd sagen:

»Also, Sie zahlen einen Absinth.«

Der junge Matrose zahlte, aber er trank den Absinth nicht. Er drückte Madame Verena die Hand und ging in die Nacht hinaus.

Senor Valera zuckte resigniert die Achseln. Ich jedoch, die ich zu Studienzwecken das schreckliche Gasthaus besuchte, wurde neugierig. Ich trat zu Madame Verena.

»Warum haben Sie den jungen Mann fortgeschickt, Madame Verena?« fragte ich.

Sie sah mich lange an und meinte dann:

»Weil er nicht sein Geld verlieren soll. Außerdem ist er ein Landsmann von mir.« »Ein Landsmann?«

»Ja.«

Sie schüttelte den Kopf.

»Sie sollten auch nicht herkommen, Madame.«

»Warum?«

»Tut es Ihnen nicht weh, zu sehen, was aus Menschen werden kann?«

»Und Sie?« fragte ich etwas gereizt.

»Ich muß hierbleiben«, erwiderte die alte Frau.

Sie sah mich wieder lange an.

»Sind Sie allein in dieser gottverlassenen Stadt?« fragte sie dann.

»Ja.«

»Wollen Sie mich besuchen? Vielleicht morgen nachmittag. Da habe ich frei.«

»Gern«, sagte ich erfreut.

Sie gab mir ihre Adresse und ich suchte sie am folgenden Tag auf.

Madame Verena wohnte in einem abscheulichen, schmutzigen Mietshaus. Auf den Korridoren zankten verraufte Weiber miteinander und unglaublich dreckige Kinder schrien. Als ich jedoch bei Madame Verena eintrat, vergaß ich völlig, wo dieses Zimmer sich befand. Alles glänzte vor Sauberkeit. Und an den Wänden hingen unzählige bunte Ansichtskarten. Ich betrachtete sie. Es waren lauter Schweizer Landschaften. Der Rigi, der Pilatus, der Mönch, die Jungfrau, der Eiger. Und Schweizer Städte, darunter ein ganz großes Bild von St. Gallen. Und nun sah ich auf dem Tisch das geheimnisvolle Nähkästchen, in das eingebrannt war: »Souvenir von St. Gallen«.

»Sie sind Schweizerin?« fragte ich erstaunt und unwillkürlich deutsch sprechend.

»Freilich«, erwiderte Madame Verena, als könnte sie unmöglich aus einem anderen Lande stammen.

»Was tun Sie dann in Aden?« wollte ich wissen.

Sie überhörte die Frage, trug Tee auf, bewirtete mich.

Als ich ihr erzählte, daß ich St. Gallen gut kenne, taute sie auf.

»Das ist meine Vaterstadt«, sagte sie, und mit jedem Wort, das sie von nun ab sprach, wurde der Schweizer Akzent stärker. Ihre blauen Augen glänzten durch Tränen.

»Meine Vaterstadt«, meinte sie. »Die schönste Stadt auf der Welt. Meine Heimat, die Schweiz. Wenn ich sie nur noch einmal sehen könnte.«

»Warum reisen Sie nicht heim, Frau Verena?«

Sie schwieg und sah mich prüfend an, als wollte sie herausfinden, ob ich ihres Vertrauens würdig wäre. Schließlich sagte sie: »Mein Sohn. Ja, ich habe einen Sohn. Er wurde hier geboren. Ich war mit einem Engländer verheiratet. Er war im Hafen angestellt. Und mein Bub wurde Matrose. Seit zwanzig Jahren ist er verschollen. Aber wenn er wiederkommt, wird er mich in Aden suchen, das weiß ich ...«

»Und deshalb Senor Valeras Spelunke ...?«

»Ich bin alt«, entgegnete sie. »Wo soll ich Arbeit finden? Valera weiß, daß ich ihn nicht betrügen werde. Er wird mich behalten, solange es geht. Und es kommen so viele Matrosen hin, vielleicht bringt mir einmal einer eine Botschaft von meinem Sohn. Wenn er zurückkommt, fahren wir mit dem nächsten Schiff fort. Heim nach St. Gallen.«

Sie lächelte.

»Dann werde ich wieder die Glocken des Klosters hören und durch die liebe Stadt gehen. Wirklich, nicht nur im Traum. Aber«, fügte sie hastig hinzu, »Sie dürfen nicht glauben, daß ich unglücklich bin. Wenn ich so an der Kasse sitze, weiß ich wenigstens, daß die armen Teufel beim Zahlen nicht betrogen werden. Sonst kann ich ja nichts tun. Doch auch das ist etwas.

Und manchmal kann ich noch Böseres verhindern.«

Sie goß mir eine frische Tasse Tee ein und schob mir den Teller mit Kuchen hin. Dann griff sie nach dem Strumpf, und in der Stille des Zimmers tönte das Klappern der Nadeln.

»Für meinen Sohn«, sagte sie. »Wenn er heimkommt.«

*

Eine Woche später erlebte ich, wie Madame Verena »Böseres verhinderte«. Es war schon sehr spät. Einige Gäste schliefen, den Kopf auf der Tischplatte, andere sangen vor sich hin. Plötzlich erhob sich ein wildes Gebrüll. Ein betrunkener russischer Matrose und ein hagerer Araber stritten um ein Mädchen. Senor Valera schielte nach der andern Ecke. In Rauch und Dunst blitzte etwas auf: ein Messer, das der Russe plötzlich zog. Und dann sah ich in der Hand des Arabers einen Revolver.

Auch Madame Verena sah all dies. Sie zögerte keinen Augenblick. Das Strickzeug in der Hand, lief sie zu den Gegnern hin. Sie schrie sie an; in ihrer Aufregung sprach sie Schwyzer Dütsch und das Wort »Chaibe« kam einigemal vor. Sie stand zwischen dem Messer und dem Revolver, die kleine alte Frau, ohne Angst, ohne Furcht. Die fremde Sprache, die keiner der beiden verstand, ließ sowohl den Araber als auch den Russen einen Augenblick fast erstarren. Das Mädchen flüchtete schreiend in den Hintergrund. Madame Verena aber hob die Hand und gab jedem der beiden eine feste Ohrfeige.

Mein Herzschlag setzte aus. Was wird jetzt geschehen? Werden die beiden sich auf die alte Frau stürzen? Werden sie ...? Nichts davon geschah. Der Russe steckte das Messer ein, der Araber den Revolver. Senor Valera schielte nun in diese Ecke. Beruhigt, als wisse er genau, daß alles vorüber sei.

Madame Verena aber sagte auf englisch, das die beiden Gegner verstanden, ärgerlich:

»So, jetzt ist mir die eine Stricknadel fortgerollt. Sucht sie, aber rasch.«

Und der Russe und der Araber bückten sich und suchten die Stricknadel mit einem Eifer, als gäbe es auf der Welt nichts Wichtigeres, als sie zu finden.

Madame Verena kehrte langsam an ihren Platz hinter der Kasse zurück. Der Araber fand die Nadel, und der Russe begleitete ihn bis zur Kasse, damit auch er ein wenig Lob für sein eifriges Suchen einheimse. Madame Verena nickte ihnen freundlich zu. Eine Minute später klapperten die Nadeln von neuem leise durch das still gewordene Lokal. Madame Verena strickte an einem Strumpf für den Sohn, der seit zwanzig Jahren verschollen war.

Hermynia Zur Mühlen

Hermynia Zur Mühlen bevorzugte manches Mal, Erzähltes mit einem Blick aus dem Fenster enden zu lassen. Wenn ich es ihr gleichtäte und schriebe: »Draußen sehe ich November, von den kahlen Bäumen weint es unaufhörlich«, so hätte sie es gewiss nicht gelten lassen. Ihr war die »tieftraurige Melodie, ... die an den Tod gemahnte« allzu vertraut, umso mehr wollte sie immer das »Helle Herz«, »Die Fahrt ins Licht«, das Aufklarende und dem Weinen, schon gar unaufhörlichem, sich nicht ergeben. Ihren charakterlichen Adel hatte sie nie eingebüßt, nie ihr Knie gebogen.

Bildnachweis

S. 22: Sophie von La Roche, unbekannter Maler, 18. Jahrhundert
S. 62: Karoline von Günderrode, Lithographie von Schertle
S. 104: Bettina von Arnim, unbekannter Maler, um 1890
S. 142: Annette von Droste-Hülshoff, Gemälde von Johann Joseph Sprick (1838)
S. 178: Jenny Marx, geb. von Westphalen, unbekannter Maler, um 1835
S. 202: Malwida von Meysenbug, unbekannter Fotograf
S. 252: Marie von Ebner-Eschenbach, Gemälde von Karl von Blaas, 1873
S. 294: Bertha von Suttner, Fotografie von Carl Pietzner, 1903
S. 330: Lou Andreas-Salomé, ca. 1914, unbekannter Fotograf
S. 372: Franziska zu Reventlow, ca. 1890-1900, unbekannter Fotograf
S. 420: Hermynia Zur Mühlen, unbekannter Fotograf